Humankapital

Europäische Hochschulschriften
Publications Universitaires Européennes
European University Studies

Reihe II
Rechtswissenschaft

Série II Series II
Droit
Law

Bd./Vol. 4897

PETER LANG
Frankfurt am Main · Berlin · Bern · Bruxelles · New York · Oxford · Wien

Christella Kraft

Humankapital

Die kommerzielle Verwertung von Bestandteilen des Persönlichkeitsrechts am Beispiel von Lizenzfußballspielern

PETER LANG
Internationaler Verlag der Wissenschaften

Bibliografische Information der Deutschen Nationalbibliothek
Die Deutsche Nationalbibliothek verzeichnet diese Publikation in der Deutschen Nationalbibliografie; detaillierte bibliografische Daten sind im Internet über <http://www.d-nb.de> abrufbar.

Zugl.: Frankfurt (Oder), Europa-Univ., Diss., 2008

Gedruckt auf alterungsbeständigem,
säurefreiem Papier.

521
ISSN 0531-7312
ISBN 978-3-631-59183-3

Printed in Germany 1 2 3 4 5 7

www.peterlang.de

Vorwort

Die vorliegende Arbeit wurde im Sommersemester 2008 von der Juristischen Fakultät der Europa-Universität Viadrina in Frankfurt (Oder) als Dissertation angenommen. Rechtsprechung und Literatur konnten bis einschließlich September 2007 berücksichtigt werden.

Mein erster Dank gilt an dieser Stelle meinem Doktorvater, Herrn Prof. Dr. Stephan Breidenbach, für seine Unterstützung und das mir entgegengebrachte Vertrauen. Durch seine wertvollen Hinweise sowie kritische Anregungen hat er zum Gelingen der Arbeit unschätzbar beigetragen.

Zu Dank verpflichtet bin ich darüber hinaus auch meinem Zweitgutachter Herrn Prof. Dr. Burkhard Hess, vor allem für die schnelle Erstellung seines Gutachtens.

Und bedanken möchte ich mich schließlich bei all jenen, die mich während des Promotionsverfahrens unterstützt haben, insbesondere bei Bianka, Daniela, Denise, Mandy und Steffi, für ihren fachlichen Rat und ihre praktische Hilfe, vor allem aber für ihre Freundschaft.

Ein ganz besonderer Dank gebührt meiner Familie und meinen Freunden. Ihre Geduld und ihr Zuspruch waren für die Entstehung der Arbeit unendlich wichtig.

Wellington, im Januar 2009 Christella Kraft

Inhaltsverzeichnis

Abkürzungsverzeichnis

a.A., A.A.	anderer Ansicht
a.a.O.	am angegebenen Ort
ABl.	Amtsblatt der Europäischen Gemeinschaften; seit 01.02.2003 Amtsblatt der EU
Abs.	Absatz
AcP	Archiv für die civilistische Praxis
a.E.	am Ende
a.F.	alte Fassung
AfP	Archiv für Presserecht
AG	Amtsgericht/ Aktiengesellschaft
AGB	Allgemeine Geschäftsbedingungen
AGG	Allgemeines Gleichbehandlungsgesetz
allg.	allgemein
Alt.	Alternative
AJP	Aktuelle Juristische Praxis
amtl. Begr.	amtliche Begründung
Anh.	Anhang
Anm.	Anmerkung
Art.	Artikel, Article
Aufl.	Auflage
Az.	Aktenzeichen
BAG	Bundesarbeitsgericht
BAGE	Entscheidungen des Bundesarbeitsgerichts (Amtliche Sammlung)
BB	Der Betriebs-Berater
Bd.	Band
Begr.	Begründung
Beschl.	Beschluss
BGB	Bürgerliches Gesetzbuch
BGBl.	Bundesgesetzblatt
BGE	Entscheidungen des schweizerischen Bundesgerichts (Amtliche Sammlung)
BGH	Bundesgerichtshof
BGHZ	Entscheidungen des Bundesgerichtshofes in Zivilsachen (Amtliche Sammlung)
BKartA	Bundeskartellamt
Bsp.	Beispiel
BR	Bundesrat
BT	Bundestag
BVerfG	Bundesverfassungsgericht
BVerfGE	Entscheidungssammlung des Bundesverfassungsgerichts
bzw.	beziehungsweise

CR	Computer und Recht
DB	Der Betrieb
ders.	derselbe
DFB	Deutscher Fußball-Bund
DFL	Deutsche Fußball Liga GmbH
d.h.	das heißt
dies.	dieselbe(n)
Diss.	Dissertation
DM	Deutsche Mark
Dok.	Dokumentation
EBU/E.B.U.	European Broadcasting Union/ Europäische Rundfunkunion
EG	Europäische Gemeinschaft(en)
EGV	Vertrag zur Gründung der Europäischen Gemeinschaft
Einf.	Einführung
Einl/Einl.	Einleitung
EMGR	Europäischer Gerichtshof für Menschenrechte
EMRK	Europäische Menschenrechtskonvention
etc.	et cetera
EU	Europäische Union
EuGH	Gerichtshof der Europäischen Gemeinschaften
evtl.	eventuell
EWG	Europäische Wirtschaftsgemeinschaft
EWiR	Entscheidungen zum Wirtschaftsrecht
f.	folgende
ff.	folgende
FAZ	Frankfurter Allgemeine Zeitung
FC	Fußballclub
FIFA	Fèdèration Internationale de Football Association (Internationaler Fußballverband)
Fn.	Fußnote
FS	Festschrift
GebrMG	Gebrauchsmustergesetz
GeschMG	Gesetz über den rechtlichen Schutz von Mustern und Modellen, Geschmacksmustergesetz
GewArch	Gewerbearchiv
GG	Grundgesetz für die Bundesrepublik Deutschland
ggf.	gegebenenfalls
GK	Grenzkosten
GmbH	Gesellschaft mit beschränkter Haftung

grds.	grundsätzlich
GRUR	Zeitschrift für Gewerblichen Rechtsschutz und Urheberrecht, Inlandsteil
GRURInt.	Zeitschrift für Gewerblichen Rechtsschutz und Urheberrecht, Internationaler Teil
GRUR-RR	Gewerblicher Rechtsschutz und Urheberrecht Rechtsprechungs-Report
GWB	Gesetz gegen Wettbewerbsbeschränkungen
Habil	Habilitation
HGB	Handelsgesetzbuch
h.M.	herrschende Meinung
Hrsg.	Herausgeber
hrsg. v.	herausgegeben von
Hs.	Halbsatz
IAS	International Accounting Standard
i.d.R.	in der Regel
i.E.	im Ergebnis
IFRS	International Financial Reporting Standards
i.H.v.	in Höhe von
insbes.	insbesondere
Int.	International
i.S.	im Sinne
i.S.d.	im Sinne des
i.S.v.	im Sinne von
i.V.m.	in Verbindung mit
JA	Juristische Arbeitsblätter
JR	Juristische Rundschau
Jura	Juristische
JUS	Juristische Schulung
JZ	Juristische Zeitung
KassGer	Kassationsgericht (Schweiz)
Kap.	Kapitel
KG	Kammergericht (Berlin)
krit.	kritisch
KoR	Zeitschrift für kapitalmarktorientierte Rechnungslegung
KUG	Gesetz betreffend das Urheberrecht an Werken der bildenden Künste und der Photographie von 1907 (Kunsturhebergesetz)

LG	Landgericht
LMK	Kommentierte BGH-Rechtsprechung Lindenmaier-Möhring
LSpSt	Lizenzspielerstatut
LOS	Lizenzordnung für Spieler
MarkenG	Gesetz über den Schutz von Marken und sonstigen Kennzeichen; Markengesetz
m.E.	meines Erachtens
Mio.	Million(en)
MMR	Multimedia und Recht - Zeitschrift für Informations-, Telekommunikations- und Medienrecht
m.w.N.	mit weiteren Nachweisen
N.	Note, Randnote
n.F.	neue Fassung
NJOZ	Neue Juristische Online Zeitschrift
NJW	Neue Juristische Wochenschrift
NJW-RR	Neue Juristische Wochenschrift Rechtsprechungsreport
Nr.	Nummer
OLG	Oberlandesgericht
OR	Bundesgesetz über das Obligationenrecht
OVG	Oberverwaltungsgericht
OVR	Ordnung für die Verwertung kommerzieller Rechte
o.V.	ohne Verfasserangabe
PatG	Patentgesetz
RabelZ	Zeitschrift für ausländisches und internationales Privatrecht
RegE	Regierungsentwurf
RG	Reichsgericht
RGZ	Entscheidungen des Reichsgerichts in Zivilsachen (Amtliche Sammlung)
RL	Richtlinie
Rdnr.	Randnummer(n)
RStV	Staatsvertrag für Rundfunk und Telemedien, Rundfunkstaatsvertrag (vom 31.08.1991, zuletzt geändert durch Artikel 1 des Neunten Staatsvertrages zur Änderung rundfunkrechtlicher Staatssverträge vom 31.07. bis 10.10.2006 (GBl. BW 2007 S. 111), in Kraft getreten am 01.03.2007)
Rspr.	Rechtsprechung

S.	Satz
s.	siehe
Sec.	Section
Sfr	Schweizer Franken
sic!	Zeitschrift für Immaterialgüter-, Informations- und Wettbewerbsrecht
Slg.	Sammlung
sog.	sogenannte/sogenannter
SpuRt	Zeitschrift für Sport und Recht
StGB	Strafgesetzbuch
st. Rspr.	ständige Rechtsprechung
StPO	Strafprozessordnung
SZJ	Schweizerische Juristen-Zeitung
SZR	Zeitschrift für Schweizerisches Recht
TPG	Gesetz über die Spende, Entnahme und Übertragung von Organen, Transplantationsgesetz
TRIPS	Agreement on Trade-Related Aspects of Intellectual Property Rights, Including Trade in Counterfeit Gods von 1994
u.a.	unter anderem
u.ä.	und ähnliches
Überbl.	Überblick
UEFA	Union des associations européennes de football (Europäische Fußballverband)
UFITA	Archiv für Urheber-, Film-, Funk- und Theaterrecht, seit 2000 Archiv für Urheber- und Medienrecht
UrhG	Gesetz über Urheberrecht und verwandte Schutzrechte, Urheberrechtsgesetz
US$	US Dollar
US	United States
USA	Vereinigte Staaten von Amerika
U.S.C.	United State Code
Urt.	Urteil
u.U.	unter Umständen
UWG	Gesetz gegen den unlauteren Wettbewerb
v.	vom
VdV	Spielergewerkschaft der Vertragsfußballspieler eV.
Verf.	Verfasser
VersR	Versicherungsrecht
VG	Verwaltungsgericht
vgl.	vergleiche
Vorb.	Vorbemerkung

WIPO	World Intellectual Property Organization, Weltorganisation für geistiges Eigentum
WM	Weltmeisterschaft
WRP	Wettbewerb in Recht und Praxis
WZG	Warenzeichengesetz
z.B.	zum Beispiel
ZEuP	Zeitschrift für Europäisches Privatrecht
ZGB	Zivilgesetzbuch (der Schweiz)
ZHR	Zeitschrift für das gesamte Handels- und Wirtschaftsrecht
Ziff.	Ziffer
ZIP	Zeitschrift für Wirtschaftsrecht
Zit.	Zitiert
ZSR	Zeitschrift für Schweizerisches Recht
ZSteu	Zeitschrift für Steuern & Recht
ZPO	Zivilprozessordnung
z.T.	zum Teil
ZUM	Zeitschrift für Urheber- und Medienrecht
ZUM-RD	Zeitschrift für Urheber- und Medienrecht - Rechtsprechungsdienst
zust.	Zustimmend
ZWS	Zeitschrift für Wirtschafts- und Sozialwissenschaften
z.Zt.	zur Zeit
zzgl.	zuzüglich

Einleitung

§ 1 Anlass der Arbeit

Superstars, „gekaufte Helden“ oder „Fehleinkäufe“ sind aus dem Fußballgeschäft nicht mehr wegzudenken. Die Zeiten, als Fußball *nur* die schönste Nebensache der Welt war, sind schon lange vorbei. Fußball ist ein Wirtschaftsfaktor geworden, vor allem seit auch die werbetreibende Wirtschaft den Fußball als strategisch wertvolle Quelle entdeckt hat. Zudem eröffnete auch die Entwicklung der Massenmedien einigen Sportlern die Möglichkeit, aus ihrer Bekanntheit beträchtliches Kapital zu ziehen. Die Verwertung von Persönlichkeitsmerkmalen nimmt auch in Deutschland enorm zu. Ein Blick auf den Markt zeigt, dass eine Vermarktung von prominenten Sportlern nicht mehr hinweg zu denken ist. Nicht jeder Sportler ist (zeitlich, organisatorisch etc.) in der Lage, seine Persönlichkeitsmerkmale selbst effektiv zu verwerten und unautorisierten Gebrauch entschieden entgegenzutreten. Daher liegt es im Interesse des Sportlers, sich fremder professioneller Hilfe zu bedienen. Die Berater respektive die Verwerter haben ebenfalls ein berechtigtes Interesse an einer nicht nur *relativ*, sondern *absolut* wirkenden Rechtsposition.

Die Vermarktung des Sportes beschränkt sich nicht auf Sportveranstaltungen, vielmehr werden die Rechte des Sportlers selbst zur *Ware*. Dabei geht es nicht mehr nur um rein ideelle persönlichkeitsrechtliche Interessen, sondern vor allem um kommerzielle, materielle Belange. Nicht zuletzt die zahlreichen Monografien zeigen, dass die Auseinandersetzung mit dem Persönlichkeitsrecht im Fluss ist. Bislang erfolgte diese zumeist aus der Perspektive der Verletzung der Rechte, und zwar unter der Fragestellung, in welche Rechte bei einer unbefugten Fremdvermarktung eingegriffen wurde. Nun scheint sich der Verwertungscharakter langfristig durchzusetzen.

Der traditionelle Schutzcharakter des Deliktsrechts steht scheinbar dabei zunächst im Widerspruch mit dem Verwertungsgedanken, jedenfalls wurde die Möglichkeit der Eigenvermarktung nur am Rande erörtert. Die Arbeit knüpft deshalb an die juristische Diskussion um die Möglichkeit der Verwertung von Persönlichkeitsmerkmalen an und setzt die Debatte vor allem unter zivilrechtlichen Gesichtspunkten fort.

Um die Entwicklung des Persönlichkeitsrechts vom reinen Abwehrrecht zum vermögenswerten Recht zu skizzieren, erfolgt die Darstellung beider Bereiche, soweit es für diesen Zweck erforderlich ist. Sofern die Nennung als Vermögensrecht nach dem Abwehrrecht erfolgt, symbolisiert diese Reihenfolge nicht die Interessenlage, vielmehr spiegelt sie die historische Entwicklung wider.

Das Allgemeine Persönlichkeitsrecht im klassischen Sinne stellt ein Abwehrrecht dar, das dem Einzelnen die Möglichkeit gibt, sich gegen die widerrechtliche Verletzung zu wehren. Die zunehmende ökonomische Verwertung von Persönlichkeitsmerkmalen in der Rechtswirklichkeit stellt die Rechtswissenschaft vor neue Herausforderungen, welche zugleich die Abkehr von der klassischen Dichotomie von Vermögensrechten und Persönlichkeitsrechten mit sich bringt und die Ausrichtung des Persönlichkeitsschutzes verändert. Sowohl Lehre als auch Rechtsprechung tragen der wirtschaftlichen Bedeutung vermehrt Rechnung, indem sie das Persönlichkeitsrecht über die Wahrung ideeller Interessen auch auf die wirtschaftlicher Interessen ausdehnen.

Ohne an dieser Stelle eine rechtliche Würdigung vorweg zu nehmen, sei darauf hingewiesen, dass das ideelle Persönlichkeitsrecht stets unveräußerbar und unübertragbar bleiben muss. Das Persönlichkeitsrecht als Ganzes kann nicht Gegenstand einer Rechtsübertragung sein. Dennoch soll niemand endgültig auf sein Selbstbestimmungsrecht im Hinblick auf die Verwertung verzichten müssen. Die in der Rechtswirklichkeit bestehenden Vermögenswerte dürfen nicht einfach ignoriert werden. Wem die Entscheidungsbefugnis über den Vermögenswert zukommt, sollte die Rechtsordnung entscheiden.

§ 2 Gegenstand der Arbeit

Die Ansätze, den Menschen und dessen Fertigkeiten als *Kapital* aufzufassen, und als *Humankapital* zu betrachten, sind alles andere als neu. So finden sich erste Ansätze dazu bereits bei *Adam Smith* (1776), der den Menschen und seine erworbenen Fähigkeiten dem Kapital zurechnete[1]. In der Volkswirtschaftslehre wird das Humankapital definiert als die Fähigkeiten und Fertigkeiten sowie das Wissen, das in Personen verkörpert ist, um ökonomisch verwertbare Tätigkeiten auszuüben und Einkommen zu erzielen[2]. Individuelles Humankapital ist am Arbeitsmarkt nur erhältlich und nutzbar, soweit es der Einzelne über entsprechende Mechanismen gegen Entgelt anbietet und produktiv einsetzt[3].

Auch im Fußballgeschäft ist der einzelne Spieler ein wesentlicher Aspekt bei der Wertschöpfung. Die Untersuchung soll zeigen, ob der Einzelne - und wenn ja - wie er rechtlich in das Gesamtsystem eingebunden ist. Im Vordergrund der

---

1 *Smith*, 158 f.: "When any expensive machine is erected, the extraordinary work to be performed by it before it is worn out, it must be expected, will replace the capital laid out upon it, with at least the ordinary profits. A man educated at the expense of much labour and time to any of those employments which require extraordinary dexterity and skill, may be compared to one of those expensive machines. The work which he learns to perform, it must be expected, over and above the usual wages of common labour, will replace to him the whole expense of his education, with at least the ordinary profits of an equally valuable capital. It must do this, too, in a reasonable time, regard being had to the very uncertain duration of human life, in the same manner as to the more certain duration of the machine." Zum historischen Überblick hinsichtlich Humankapital, vgl. nur *Rissiek*, 4 ff.

2 *Rissiek*, 2.

3 *Rissiek*, 17 f.

Arbeit steht insofern die Beantwortung der Frage, ob ein kommerzielles Persönlichkeitsrecht überhaupt existiert und ob dieses Recht übertragbar ist.

Der Schwerpunkt der Arbeit liegt in der Analyse des allgemeinen zivilrechtlichen Persönlichkeitsrechts. Eine Differenzierung zwischen dem allgemeinen und den besonderen Persönlichkeitsrechten wird allerdings nicht vorgenommen[4], zumal es sich bei den besonderen Persönlichkeitsrechten nur um eine spezielle Ausgestaltung handelt. So spricht der BGH von einer Erscheinungsform des durch § 823 Abs. 1 BGB geschützten allgemeinen Persönlichkeitsrechts[5].

Um den Rahmen der Arbeit nicht zu sprengen, werden im Zusammenhang mit dem Persönlichkeitsrecht zudem nur ausgewählte rechtliche Probleme behandelt. Das verfassungsrechtliche allgemeine Persönlichkeitsrecht, welches in Art. 2 Abs. 1 GG i.V.m. Art. 1 Abs. 1 GG verankert ist, soll deshalb allenfalls - soweit es dem Verständnis der Abhandlung dient - ergänzend betrachtet werden[6].

Um Fußball - Sport allgemein - hat sich ein eigener Wirtschaftsbereich entwickelt, z.B. Unterhaltung (Sportevents und deren Übertragungen) und Merchandising (der Vertrieb von Fan- und Sportartikel). Da die unterschiedliche Verwendung von Begriffen die Darstellung der rechtlichen Probleme erschwert, sollen an dieser Stelle einige Begriffe definiert werden, auf die es für die weitere Betrachtung ankommt.

Sofern in der Arbeit von *Sportler* die Rede ist, sind jene Personen gemeint, die den Sport als Beruf bzw. als Tätigkeit zur Sicherung ihrer Existenz betreiben. Für diese Profisportler werden synonym die Begriffe Spitzensportler bzw. Lizenzfußballspieler benutzt. Nicht erfasst werden hingegen Breitensportler, die Sport lediglich als Freizeitbeschäftigung ohne Erwerbshintergrund (zur Erholung bzw. zur Gesundheitsförderung) ausüben.

Der Begriff des *Vereins* wird nicht im Sinne der Rechtsform, sondern untechnisch als Oberbegriff für alle am Wettbewerb teilnehmenden Sportvereinigungen verwendet. Folglich sind damit auch die Kapitalgesellschaften[7] erfasst. Synonym wird deshalb die Bezeichnung *Klub* verwandt.

Die *Fédération Internationale de Football Association* (FIFA) ist der Zusammenschluss aller nationalen Fußballverbände im internationalen Verband mit Sitz in Zürich. Innerhalb dessen gibt es kontinentale Konföderationen, die die nationalen Verbände des Erdteils erfassen.

---

4 Zum Diskussionsstand siehe insbesondere *Ahrens,* 220 ff. und *Lichtenstein*, 57 ff. jeweils m.w.N.

5 BGH, Urt. v. 01.12.1999, I ZR 49/97, BGHZ 143, 214, 217 - Marlene Dietrich; BGH, Urt. v. 05.10.2006, I ZR 277/03, NJW 2007, 684 - Kinski.

6 Vgl. dazu nur *Erman/Ehmann*, § 12 BGB Anh. Rdnr. 9.

7 Die Fußballabteilungen sind in Deutschland zumeist vom eingetragenen Verein iSd. §§ 21 ff. BGB ausgegliedert. So ist z.B. die des FC Bayern München oder die der Eintracht Frankfurt eine AG; bei Bayer 04 Leverkusen hingegen ist es eine GmbH. Ein Großteil der Fußballabteilung der Bundesligaklubs ist eine GmbH & Co. KGaA, z.B. Werder Bremen oder Borussia Dortmund.

Die *Union des associations européennes de football* (UEFA) mit Sitz in Nyon ist der europäische Verband. Der jeweilige Landesfußballverband verpflichtet sich, die Statuten, Regelungen sowie Entscheidungen der UEFA zu befolgen. Der *Deutsche Fußball-Bund* (DFB) unterwirft sich als Mitglied beider internationalen Verbände deren jeweils[8] gültigen Bestimmungen, vgl. § 3 Nr. 1 und 2 der DFB - Satzung.

Unter *Kommerzialisierung* wird die Käuflichkeit eines Guts zu Marktpreisen verstanden[9]. *Merchandising* ist die umfassende, neben die jeweilige Primärverwertung tretende Sekundärvermarktung von populären Erscheinungen außerhalb ihres eigentlichen Betätigungsfeldes zum Zwecke des Absatzes von Waren und Dienstleistungen[10]. Darunter fallen z.B. der Vertrieb von Tassen, Postern, T-Shirts mit Namens- oder Bildnisaufdrucken. Merchandising basiert ausschließlich auf der Affinität des Konsumenten zum Imagegeber, d.h. die Person selbst ist das Produkt[11]. Mit anderen Worten: Je mehr Fans, desto größer die Erlöse aus dem Merchandising, so beispielsweise der Verkauf von Trikots von David Beckham[12]. Bei der *Leitbildwerbung* hingegen wird nicht die Person selbst als Produkt verkauft, sondern dient lediglich als Verkaufshilfe für fremde Produkte. Zweck ist es, Aufmerksamkeit zu erzeugen. Die Person wird genutzt, um das mit ihr verbundene Image auf das (beworbene) Produkt zu übertragen. Bei der Produktempfehlung (z.B. über sog. Testimonials[13] oder Endorsements[14]) wird die Persönlichkeit als tatsächlicher Konsument bzw. als Sponsor des beworbenen Produktes ausgegeben und trifft eine möglichst positive und glaubwürdige Qualitätsaussage über dieses Produkt[15].

§ 3 Gang der Darstellung

Um nicht dem Motto des Deutschen Sportfernsehens „Mittendrin statt nur dabei" zu folgen, wird im ersten Teil der Arbeit der ökonomische Bezugsrahmen gesetzt. Dabei soll zunächst der rechtstatsächliche Hintergrund dargestellt werden. Das Persönlichkeitsrecht des Profifußballers darzustellen, bietet sich hier

8 Ein Vorteil dieser sog. dynamischen Verweisung ist der Gleichlauf der Regelungen.

9 So auch *Wagner*, NJW 2006, Beilage zu Heft 22, 5.

10 *Schertz*, Rdnr. 14.

11 *Neben*, 84 f.

12 Als David Beckham 2003 zu Real Madrid wechselte, verkaufte Real Madrid allein zwischen September und Dezember 2003 eine Million Beckham-Trikots zu je 78 Euro. Vgl. *Heider*, Das Spiel mit dem Kommerz, <http://www.br-online.de/politik-wirtschaft/mittagsmagazin/dynamisch/specials/Fussballvereine/Fussballvereine.htm> (letzter Stand: 21.11.2004, letzter Zugriff: 03.06.2007).

13 Bei der Testimonialwerbung (aus dem Englischen testimony - die Aussage, Zeugnis) steht der Sportler als Zeuge für die Qualität und Erfolg des beworbenen Produktes.

14 Aus dem Englischen endorsement - die Unterstützung, Befürwortung.

15 *Neben*, 85. Erwähnenswert erscheinen David Beckham und Gilette, Ronaldinho und Pepsi, Wayne Rooney und Coca Cola sowie Michael Ballack und McDonalds.

insbesondere deshalb an, weil Fußball nicht nur in Deutschland, sondern (zumindest) auch europaweit eine sehr hohe Medienpräsenz erreicht und ein großes Zuschauerinteresse besteht. In diesem Zusammenhang soll auf den Stellenwert der Fußballfernsehübertragungen sowie die Wechselwirkung zwischen der Medienberichterstattung, Einschaltquoten und Werbeeinnahmen eingegangen werden.

Die rechtliche Einordnung des Persönlichkeitsrechts im Teil 2 nimmt sodann den zentralen Raum ein. Zunächst wird in § 1 das Phänomen „Persönlichkeitsrecht" umschrieben. § 2 thematisiert das Schutzbedürfnis des Sportlers. Bei der Betrachtung wird sowohl auf einen möglichen Schutz infolge der bildlichen Darstellung (A) sowie der Darbietung (B) des Sportlers eingegangen. Wie zu zeigen sein wird, reicht der traditionell ideell geprägte Persönlichkeitsschutz nicht aus, um die Persönlichkeit umfassend zu schützen. § 3 widmet sich dann dem vermögenswerten Aspekt des Persönlichkeitsrechts. Die Feststellung des kommerziellen Bestandteils als solches ist nicht neu, allerdings zeigt sich die konkrete Ausgestaltung des vermögenswerten Bestandteils als schwierig. Bei der Untersuchung der Tendenzen in der Lehre (A) werden zunächst die Ansätze der eigenen als auch der Rechtsordnungen der Schweiz und der USA dargestellt. Hierdurch sollen Übereinstimmungen und Unterschiede verdeutlicht und die so gewonnenen Erkenntnisse bei der Gestaltung des Persönlichkeitsrechts im deutschen Recht berücksichtigt werden. Unter der Überschrift Tendenzen der Rechtsprechung (B) wird vorab ein allgemeiner Überblick über persönlichkeitsrechtliche Entscheidungen gegeben, sodann wird die jüngere Rechtsprechung anhand exemplarisch ausgesuchter Entscheidungen kritisch untersucht und ausgewertet. Dabei wird die Marlene Dietrich - Entscheidung den Ausgangspunkt bilden. Diese am Ende des 20. Jahrhunderts getroffene Entscheidung des BGH löste einen bis heute kontrovers geführten Diskurs aus. Das Urteil zeigt, dass die Frage nach der Zulässigkeit der Verwertung von vermögenswerten Persönlichkeitsmerkmalen zunächst nur den postmortalen Bereich betraf. Ähnlich stellt sich die Lage aber auch unter Lebenden dar, wie die Entscheidungen in den Rechtssachen von Caroline von Monaco, Oliver Kahn oder Oskar Lafontaine belegen.

Die Problematik, ob ein kommerzielles Persönlichkeitsrecht besteht, wird in § 4 umfassend erörtert. Bei der Untersuchung der dafür sprechenden Argumente (A) erfolgt - auch hier - zunächst eine kritische Auseinandersetzung mit der einschlägigen Rechtsprechung, insbesondere deren Begründungsansätzen (I). Anschließend werden der eigene Zuweisungsgehalt des kommerziellen Persönlichkeitsrechts (II), die Aktivierung des Spielerwertes in der Bilanzierung (III), der Wandel des Rechtscharakters (IV) und das überwundene Dogma der Unvererblichkeit (V) eingehend betrachtet. Die Stellungnahme zum Gegenargument, dass die Verwertung von Persönlichkeitsmerkmalen die Menschenwürde verletze, erfolgt im Abschnitt B. Dabei wird erläutert, dass sowohl der Begriff der Menschenwürde (I) als auch die Verletzung der Menschenwürde kaum definiert werden können. Erneut soll anhand von ausgewählten Entscheidungen das

Spannungsfeld zwischen der eigenverantwortlichen Selbstbestimmung und der Fremdbestimmung (II) aufgezeigt werden. Anschließend wird erläutert, warum die kommerzielle Verwertung von Persönlichkeitsmerkmalen, sofern sie nicht ideelle Bestandteile tangiert, nicht gegen Art. 1 GG verstößt.

Spricht man sich für die Zulässigkeit der Verwertung von kommerziellen Persönlichkeitsmerkmalen aus, muss man der Frage nachgehen, wie das Recht ausgestaltet werden soll. Dafür werden in § 5 zunächst die drei möglichen Ansätze erläutert. Nachdem der Weg über das Markenrecht (I) oder ein eigenständiges Immaterialgüterrecht (II) abgelehnt wird, ist zu prüfen, ob das Persönlichkeitsrecht (III) ein kommerzielles Selbstbestimmungsrecht umfasst. In diesem Zusammenhang wird untersucht, ob die Voraussetzungen für ein subjektives Recht - nämlich die Ausschluss- und die Zuweisungsfunktion - der Einordnung als Persönlichkeitsrecht nicht entgegenstehen. Aus den bisher geschützten Persönlichkeitsmerkmalen werden allgemeingültige Voraussetzungen abgeleitet, die zur Bestimmung herangezogen werden. Diese Kriterien werden sodann auf sog. „fußballbezogene Persönlichkeitsmerkmale“ angewandt. Im Anschluss an die rechtliche Klassifizierung wird die Frage der Schutzdauer beantwortet (C).

Die Übertragbarkeit des vermögenswerten Bestandteils des Persönlichkeitsrechts unter Lebenden wird in § 6 thematisiert. Als Ausgangspunkt (A) stand die Prämisse, dass das Persönlichkeitsrecht aufgrund seiner Höchstpersönlichkeit nicht übertragbar sei. Um der „Untrennbarkeit“ der ideellen und vermögenswerten Bestandteile zu entgegnen, wird zunächst das Verhältnis der beiden Aspekte dargelegt (B).

Die Übertragung von Persönlichkeitsmerkmalen ist gegenwärtig noch eine offene, nicht unumstrittene Frage. Daher werden verschiedene Formen der Übertragung dargestellt, die eine rein schuldrechtliche bis dingliche Wirkung entfalten. Kritisch bewertet werden einerseits die rein schuldrechtlich wirkenden Gestaltungsmittel (I) als auch jene Konstruktionen, die zumindest im Ergebnis eine Übertragung zulassen (II). Aus dem Ziel der Arbeit leitet sich dann die Frage nach einer übertragbaren Rechtsposition ab (III). Dies erfordert es zu klären, unter welchen Voraussetzungen eine Übertragung zulässig ist. Deshalb wird das Meinungsspektrum zum Umfang der Übertragung beschrieben, wobei die Vorteile und Einwände berücksichtigt werden. Die darauf folgenden praxiserprobten Vertragsformulierungen (D) werden zeigen, dass die Anwender den Theoretikern weit voraus sind. Allein der Umfang der Klauseln signalisiert, dass es sich um keine einfache kautelarjuristische Aufgabe handelt.

Einzelne vermeintlich problematische Fragen werden im siebten Abschnitt des Hauptteils behandelt. Da die Karriere eines Lizenzfußballers in der Regel vor seiner Volljährigkeit beginnt, wird kurz auf die Auswirkungen der beschränkten Geschäftsfähigkeit eingegangen (A). Unter (B) wird der Frage nachgegangen, ob sich die Verwertung der vermögenswerten Bestandteile im Rahmen der Zwangsvollstreckung gegen die eigene Person richten kann.

In Teil 3 werden schließlich die wesentlichen Untersuchungsergebnisse zusammengefasst.

Teil 1 Einführender Hintergrund - Rechtstatsächliche Grundlagen: Die Verflechtung von Sport, Medien und Wirtschaft

Um die folgenden juristischen Fragen besser verstehen und beantworten zu können, ist zunächst ein Blick auf die Entstehung und die Entwicklung der Verwertung eines Sportlers unerlässlich.

Sport ist ein Wirtschaftsfaktor mit enormen Zuwachsraten. Die exorbitanten Beträge[16], die für die Übertragungsrechte ausgegeben werden, sollen sich auch durch entsprechende Werbeeinnahmen amortisieren[17]. Medienmacht ist Verwertungsmacht. Medien können die Verwertungsmöglichkeiten vervielfachen, sie sind „die Hefe im Teig“[18]. In Zeiten der Kommerzialisierung steht der Fußball den anderen Branchen nicht nach. Die Entwicklung der Massenmedien brachte nicht nur eine größere Präsenz in einer größeren Öffentlichkeit mit sich, sondern schuf für einige Sportler auch die Möglichkeit, aus ihrer Bekanntheit beträchtliches Kapital zu ziehen. Die Persönlichkeit ist damit auch eine wirtschaftliche Ressource, die gern zu einer Absatzförderung genutzt wird, indem einzelne Persönlichkeitsmerkmale und das dahinterstehende Image des Sportlers verwertet werden. Faktisch kommt den Persönlichkeitsmerkmalen ein bedeutender Vermögenswert zu. Dabei geht es nicht um die Preisgabe von personenbezogenen Informationen als solche, sondern um deren nicht kompensationslose Preisgabe, d.h. die Selbstbestimmung des Sportlers hinsichtlich der Nutzung seiner Persönlichkeitsmerkmale steht im Vordergrund.

Die Gretchenfrage ist die: Wie wird der Sportler an der Vermarktung finanziell beteiligt und wie bleiben seine ideellen Interessen dennoch gewahrt? Der Ausgangspunkt ist das allgemeine Persönlichkeitsrecht, wobei nicht mehr nur an ideelle, sondern vielmehr an kommerzielle, materielle Interessen angeknüpft wird. Um die Verflechtung von Sport, Medien und Wirtschaft (sog. magisches Dreieck) in Bezug auf den dadurch geschaffenen Vermögenswert einordnen zu können, soll zunächst der Sportler in seinem Umfeld dargestellt werden.

§ 1 Der Sportler und sein Umfeld

Während der Fußballweltmeisterschaft 2006 gab es für einige Zuschauer einen „ungewöhnlichen Anblick“: Warum spielten z.B. Miroslav Klose und Jens Lehmann in Sportbekleidung der Marke adidas[19], obwohl sie in ihren Klubmannschaften in Sportbekleidungen von Nike auflaufen? Dem besseren Verständnis

16 Siehe dazu Teil 1 § 2 B. I.

17 *Gleich*, Media Perspektiven 2000, 511, 512.

18 *Ogi*, in: Sport und Kommerz, 129, 131.

19 Adidas ist der aktuelle Ausrüster der deutschen Fußballnationalmannschaft.

der Zusammenhänge soll der folgende kurze Überblick über das sportliche Umfeld dienen[20].

A. Der Sportler

Fragt man Sportler, warum sie sich für ihr Sportlerdasein entschieden haben, hört man häufig: Was kann einem besseres passieren, als sein Hobby zum Beruf zu machen? Damit bekunden sie die Absicht, sich durch sportliche Betätigung eine Existenz aufzubauen oder zu sichern. Doch sind Lizenzfußballspieler Arbeitnehmer? Kann man bei solch einem hohen Einkommen noch von Arbeitnehmern sprechen oder gleichen sie vielmehr eigenständigen Unternehmern? *Schaub* macht die Arbeitnehmereigenschaft eines Profisportlers davon abhängig, ob seine Tätigkeit zur Befriedigung von Fremdbedarf (dann Arbeitnehmer) oder zum Selbstzweck (Nichtarbeitnehmer) dient[21]. Wodurch zeichnet sich der Arbeitnehmer aus? Nach ständiger Rechtsprechung des BAG ist es die persönliche Abhängigkeit des zur Dienstleistung Verpflichteten gegenüber dem Arbeitgeber[22]. Der Lizenzfußballspieler wird aufgrund eines privatrechtlichen Vertrages für seinen Klub (unabhängig von der Rechtsform) in persönlicher Abhängigkeit tätig und ist zu einer von Dritten bestimmten Arbeitsorganisation zur Arbeit verpflichtet. Er ist an Trainings-, Spielzeiten etc. gebunden, d.h. er ist weisungsgebunden und damit von seinem Arbeitgeber abhängig. In der hauptsächlichen Tätigkeit, dem Spiel, dem Training, der Taktik oder bei Sponsorenterminen bleibt der Spieler fremdbestimmt. Es mag sein, dass die Höhe des Einkommens den Eindruck erweckt, das könne keine Vergütung eines gewöhnlichen Arbeitnehmers sein; aber nach der Rechtsprechung des BAG ist die Höhe des Einkommens kein Kriterium zur Klassifizierung[23]. Entscheidend ist allein das Abhängigkeitsverhältnis, so dass der Lizenzfußballspieler ein Arbeitnehmer ist[24].

---

20 Die sportliche Leistung als solche ist nicht Hauptgegenstand der vorliegenden Arbeit. Sie dient quasi als Vehikel für die in Rede stehende Verwertung von Persönlichkeitsmerkmalen. Im Rahmen des zweiten Teils wird dennoch auf sie eingegangen, um den tatsächlichen Ist-Stand des Schutzes des Sportlers bzw. seiner sportlichen Leistung nachzuzeichnen.

21 *Schaub*, § 8 Rdnr. 11; *MueHdbArbR II/Gitter* § 202 Rdnr. 5.

22 BAG, Urt. v. 13.12.1962, 2 AZR 128/62, BAGE 14, 17, 19; BAG, Beschl. v. 25.03.1992, 7 ABR 52/91, BAGE 70, 104, 109.

23 BAG, Urt. v. 27.07.1961, 2 AZR 225/60, BAGE 11, 225, 230; RAG, Urt. v. 06.11.1935, RAG 189/35, ARS 15, 350, 353.

24 So bereits BAG, Urt. v. 24.11.1992, 9 AZR 564/91, NZA 1993, 750. Die Arbeitnehmereigenschaft soll hier nicht weiter erörtert werden. Diese Diskussion ist an verschiedenen Stellen eingehend nachgezeichnet und gewürdigt worden, so dass sich diese Arbeit auf die obigen Ausführungen beschränken kann; zumal es sich um einen Randproblem der Arbeit handelt. Verwiesen wird auf *Bepler*, Lizenzfußballer: Arbeitnehmer mit Beschäftigungsanspruch?, 43 ff. m.w.N. insbes. in Fn. 2, in: *Bepler* (Hrsg.) Sportler, Arbeit und

B. Die Struktur des Profifußballs

Sportler schließen Vereinbarungen mit Vereinen und Verbänden. In erster Linie erbringt der Sportler eine sportliche Tätigkeit (Sportleistung), die wie *Fritzweiler* zutreffend formuliert „zeitgleich, in unmittelbarem Zusammenhang oder im Anschluss daran ... eine Werbeleistung“[25] ist. Um den Sportler im System der Vernetzung verorten zu können, sollen die Strukturen des Profifußballs kurz erläutert werden. Dabei ist zunächst zu berücksichtigen, dass das Sportgeschehen kein nationales Geschehen ist, es ist vielmehr durch den pyramidenförmigen Aufbau des Sportverbandswesens gekennzeichnet, sog. Ein-Platz-Prinzip[26]. An der Spitze im Bereich Fußball steht die FIFA. Durch entsprechende Verweisungen/Verpflichtungserklärungen wird sichergestellt, dass das Regelwerk im Wesentlichen einheitlich angewandt wird[27]. Die folgenden Ausführungen beschränken sich auf den deutschen Fußballsport, für dessen Organisation der Deutsche Fußball-Bund (DFB) zuständig ist[28].

Das Sepp Herberger zugeschriebene Zitat „Elf Freunde müsst Ihr sein“ verdeutlicht, dass Fußball eine Mannschaftssportart ist, und ein einzelner Spieler nichts „bewerkstelligen“ kann. Nach der Präambel der Lizenzordnung für Spieler (LOS)[29] sind im Spielbetrieb des Lizenzfußballs Amateure, Vertragsspieler und Lizenzspieler zugelassen. Der Status wird in § 8 der DFB-Spielordnung geregelt: 1. Amateur[30], 2. Vertragsspieler[31] und 3. der hier interessierende Lizenzfußballspieler.

Statuten, Berlin 2000; *Rybak*, 49 ff. Weitere Nachweise siehe *PHB SportR/Fritzweiler*, 3. Teil Rdnr. 15.

25 *PHB SportR/Fritzweiler*, 3. Teil Rdnr. 4 f. Dort findet man auch einen Überblick über die verschiedenen Leistungen und mögliche Vertragsbeziehungen.

26 Siehe *Hess/Dressler*, 5 ff.

27 Siehe beispielsweise § 3 Abs. 2 und § 16 Abs. 3 DFB Satzung.

28 Vgl. Präambel DFB Satzung.

29 <http://www.bundesliga.de/media/native/dfl/ligastatut/neue_lo_2/lizenzordnung_spieler_los.pdf> (Stand: 21.12.2005, letzter Zugriff: 03.06.2007).

30 Amateur ist, wer aufgrund seines Mitgliedschaftsverhältnisses Fußball spielt und als Entschädigung kein Entgelt bezieht, sondern seine nachgewiesenen Auslagen und allenfalls einen pauschalierten Aufwendungsersatz bis zu 149,99 Euro im Monat erstattet erhält. Im pauschalierten Aufwendungsersatz sind insbesondere eventuelle Kosten für Ausrüstung, Vorbereitung und Versicherungen erfasst; Auslagenerstattung erfolgt insbesondere für Reise, Unterkunft und Verpflegung im Zusammenhang mit Spiel und Training.

31 Vertragsspieler ist, wer über sein Mitgliedschaftsverhältnis hinaus einen schriftlichen Vertrag mit seinem Verein abgeschlossen hat und über seine nachgewiesenen Auslagen hinaus (Nr. 1) Vergütungen oder andere geldwerte Vorteile von mindestens 150, - Euro monatlich erhält.

Er muss sich im Vertrag verpflichten, die steuerlichen und sozialversicherungsrechtlichen Abgaben abführen zu lassen, und die Erfüllung dieser Verpflichtungen zusammen mit dem Antrag auf Spielerlaubnis, spätestens jedoch binnen drei Monaten nach

> Lizenzspieler ist, wer das Fußballspiel aufgrund eines mit einem Lizenzverein oder einer Kapitalgesellschaft geschlossenen schriftlichen Vertrages betreibt und durch Abschluss eines schriftlichen Lizenzvertrages mit dem Ligaverband zum Spielbetrieb zugelassen ist. Er ist Vertragspartner besonderer Art eines vom Ligaverband lizenzierten Vereins oder einer vom Ligaverband lizenzierten Kapitalgesellschaft.

Aus dem Dreiecksverhältnis Fußballer-Klub-DFB[32] folgt ein Geflecht von vertrags- und vereinsrechtlichen Pflichten.

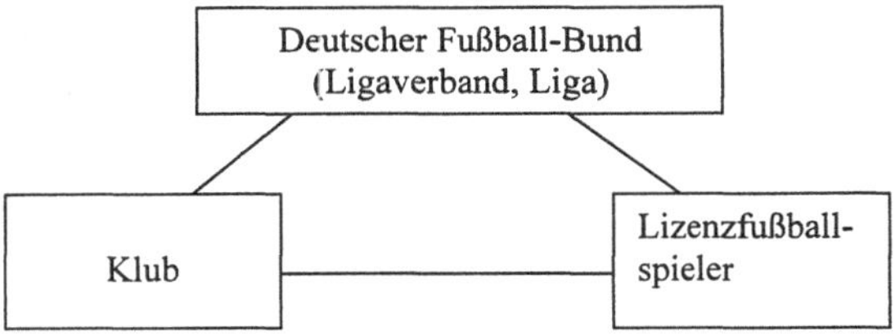

Berufsfußballspieler schließen Verträge mit einem Klub (einem Verein oder einer Kapitalgesellschaft). Diese Verträge müssen allerdings durch den Ligaver-

Vertragsbeginn, durch den Verein nachweisen oder zumindest glaubhaft machen; andernfalls hat er nachzuweisen, dass diese Abführungspflicht nicht besteht.

Der Vertrag ist mit dem Verein oder dessen Tochtergesellschaft, die am Spielbetrieb der Lizenzligen teilnimmt, zu schließen. Der Spieler muss Mitglied des Vereins sein.

32 Die folgende Untersuchung der Rechtsbeziehungen des Spielers mit dem Verein/der Kapitalgesellschaft und dem DFB versteht sich nicht als umfassend, sondern soll nur insoweit dargestellt werden, wie es zum Verständnis erforderlich ist und sich daraus Auswirkungen auf die persönlichkeitsrechtlichen Positionen ergeben könnten.

Die traditionellen Vereinsstrukturen konnten der zunehmenden Kommerzialisierung nicht gerecht werden, der Deutsche Fußball Bund (DFB) wurde reformiert. So löste man den Profi-Spielbetrieb und die Vermarktung heraus und übertrug sie auf den Liga-Fußball-verband e.V. (Ligaverband) zur Nutzung. Der Ligaverband ist gemäß § 7 Nr. 2b der Satzung des DFB ordentliches Mitglied des DFB. Nach § 16 Abs. 1 der Satzung des DFB ist der Ligaverband der Zusammenschluss der lizenzierten Vereine und Kapitalgesellschaften der Bundesliga und der 2. Bundesliga. Die Vereine bzw. Kapitalgesellschaften der Lizenzligen erwerben die Mitgliedschaft im Ligaverband mit Erteilung der Lizenz durch den Ligaverband, § 16 c Nr.1 Satzung des DFB.

Der Ligaverband gründete die Deutsche Fußball Liga GmbH (DFL) zur Durchführung des operativen Geschäfts. Deren vier Bereiche (Recht/Lizenzen/Vermarktung; Spielbetrieb; PR/Kommunikation; Finanzen/Rechnungswesen) dienen der weiteren Professionalisierung. Gegenstand der Arbeit ist es nicht, der Frage nach der Struktur des Deutschen Fußball Bundes (DFB) im Einzelnen nachzugehen. Einen Überblick dazu gibt *PHB SportR/Summerer*, 2. Teil Rdnr. 38. Zu einer knappen, aber präzisen Einführung zur Neuorganisation des Verbandes siehe *Summerer*, Die neue Struktur des Profi-Fußballs, SpuRt 2001, 263 ff. Auf den Seiten der DFL stehen u.a. die Musterverträge (Lizenz-, Schiedsgerichtsvertrag) zum Download zur Verfügung.
<http://www.bundesliga.de/de/dfl/interna/index.php> (letzter Zugriff: 04.06.2007).

band lizenziert werden, § 1 Abs. 1 Lizenzordnung Spieler (LOS). § 1 Abs. 1 S. 2 LOS stellt explizit klar, dass der Lizenzvertrag kein Arbeitsverhältnis zwischen Ligaverband und Spieler begründet. In diesem Lizenzvertrag erkennt der Lizenzspieler das Geflecht von Statuten, Satzungen, Ordnungen usw. als verbindlich an, § 1 Abs. 3 LOS.

Zusätzlich zum Lizenzvertrag hat der Lizenzspieler einen Vertrag mit dem DFB, der DFL und dem Ligaverband zu unterzeichnen: den Schiedsgerichtsvertrag (§ 25 Abs. 3 S. 2 LOS). Durch diesen standardisierten Mustervertrag werden sämtliche Streitigkeiten zwischen dem Ligaverband, der DFL, dem DFB und dem Lizenzspieler an das Ständige Schiedsgericht verwiesen, vgl. § 1 Abs. 1 Schiedsgerichtsvertrag. Damit ist das Verhältnis von Lizenzfußballspieler und DFB durch den Lizenz- und Schiedsgerichtsvertrag geprägt.

Davon zu unterscheiden ist das Verhältnis vom Lizenzspieler zum Verein/zur Kapitalgesellschaft. In der Regel wird dafür der vom DFL und der Interessenvereinigung der Vertragsfußballspieler (VdV) gemeinsam erarbeitete Musterarbeitsvertrag verwendet[33]. In der Ausgestaltung der Verträge mit Lizenzspielern sind die lizenzierten Vereine/Kapitalgesellschaften grundsätzlich frei, § 6 Abs. 2 LOS. Relevant für diese Arbeit ist jedoch § 6 Abs. 4 LOS: „Die Verträge müssen eine Vereinbarung enthalten, wonach der Spieler dem Verein oder der Kapitalgesellschaft oder ihm von ihr beherrschter Gesellschaften die Verwertung seiner Persönlichkeitsrechte überträgt und erklärt, diese keinem anderen übertragen zu haben. Die Übertragung der Verwertungsrechte bezieht sich auch auf den Bereich aller gegenwärtigen und künftigen technischen Medien und Einrichtungen einschließlich der Multimedia - Anwendungen (Internet, Online-Dienste etc.). Dies gilt insbesondere für die vom Verein oder der Kapitalgesellschaft veranlasste oder gestattete Verbreitung von Bildnissen des Spielers als Mannschafts- oder Einzelaufnahmen in jeder Abbildungsform, besonders auch hinsichtlich der Verbreitung solcher Bildnisse in Form von Spielszenen und/oder ganzer Spiele der Lizenzligamannschaft, um somit durch öffentlich- und/oder privatrechtliche Fernsehanstalten und/oder andere audiovisuelle Medien die erforderlichen Nutzungen zu ermöglichen und sie dem Ligaverband und dem DFB zur Erfüllung seiner vertraglichen Verpflichtungen einzuräumen.“

Ferner ist noch eine Verbindung von Verein/Kapitalgesellschaft zum DFB erforderlich. Gemäß § 13 Abs. 1 LOS bedarf der Lizenzspieler einer Spielerlaubnis, die vom Verein/Kapitalgesellschaft beim Ligaverband zu beantragen ist. Dies setzt wiederum voraus, dass der Verein/die Kapitalgesellschaft mit dem DFB einen Lizenz- und einen Schiedsgerichtsvertrag abgeschlossen hat.

Im Hinblick auf die Verwertung von persönlichkeitsrechtlichen Positionen bleibt festzuhalten: Der Vertrag zwischen Lizenzfußballspieler und Verein oder Kapitalgesellschaft enthält eine Klausel zur Übertragung der Verwertung der Persönlichkeitsrechte. Soweit die sportliche Tätigkeit im Zusammenhang mit

33 *Rybak*, 39 f.

dem Arbeitsverhältnis betroffen ist, hat der Arbeitgeber ein berechtigtes Interesse an der Nutzung von Persönlichkeitsmerkmalen des Spielers[34].

Dem steht jedoch das vom Persönlichkeitsrecht des Sportlers umfasste Recht auf Eigenwerbung gegenüber, d.h. auf eigene Rechnung werbend tätig zu werden, und zwar zumindest insoweit als dies dem Arbeitsverhältnis nicht entgegensteht. Aus der Treuepflicht ergibt sich zugleich die Verpflichtung des Sportlers zur Wahrnehmung von Sponsorenterminen oder ein Kontrahierungsverbot mit Konkurrenten des Vereinssponsors[35].

An dieser Stelle soll noch einmal auf den eingangs angeführten „Schuhkrieg" Bezug genommen werden. Zwischen dem DFB und der adidas AG besteht ein Ausrüstervertrag. Auch die Nationalspieler, die in ihren Klubs, aufgrund anderer Ausrüsterverträge, nicht in adidas spielen, haben sich durch die Unterzeichnung des Vertrages mit dem DFB, der Klauseln zum Umgang mit den Sponsoren enthält, zur Einhaltung des Vertrages verpflichtet. Wären Jens Lehmann und Miroslav Klose in Nike aufgelaufen, so hätten sie gleichwohl eine Vertragspflicht verletzt und die rechtlichen Folgen zu tragen[36].

§ 2 Der wirtschaftliche Hintergrund

Die Interessengemeinschaft von Sport, Medien und Wirtschaft, häufig als „magisches Dreieck" bezeichnet, die von gegenseitigen Einflussnahmen und Abhängigkeiten gekennzeichnet ist[37], scheint nicht mehr reibungslos zu funktionieren. Alle Beteiligten sollten profitieren: die Medien sollten mit attraktiven Programminhalten versorgt werden, die Sponsoren sollten durch das Publikumsinteresse am Sport ein interessantes Werbeumfeld erhalten und die Veranstalter sollten mit den Einnahmen aus Werbung und Übertragungsrechten zusätzliche Ereignisse organisieren.

34 Ob sich diese Treuepflicht (die Persönlichkeitsmerkmale zur Werbung zur Verfügung stellen) ausdrücklich oder durch eine ergänzende Vertragsauslegung ergibt, kann dahingestellt bleiben.

35 Angenommen, der Sponsor des Klubs ist Coca-Cola, so besteht ein Kontrahierungsverbot dahingehend, einen Vertrag mit Pepsi abzuschließen.

36 Es mag sein, dass ihnen besser dotierte Werbeverträge mit Nike etc. entgangen sind. Nach der WM haben sich die adidas AG, der DFB und der Spielerrat auch weiterhin für eine enge Kooperation mit adidas ausgesprochen. Nur für das Schuhwerk und die Handschuhe des Torwarts sollen die Spieler die freie Auswahl haben. Ob diese weitere Kooperation bereits den Abschluss eines Ausrüstervertrages darstellt, ist umstritten, soll aber nicht Gegenstand dieser Arbeit sein.

37 *Gleich*, Media Perspektiven 2000, 511.

A. Der Marktwert des Spielers

Wie zeichnet sich ein Fußballspieler als Starspieler aus? Sind es seine fußballerischen Fähigkeiten, wie z.B. sein Stellungsspiel, die Zweikampfstärke, die Beidfüssigkeit oder seine Torgefährlichkeit? Was hebt ihn über die Stufe des „durchschnittlichen" Profispielers?

Es sind nicht nur fußballerische Fähigkeiten, die den Wert des Spielers ausmachen. In einem Interview ging es um die „Adidas-Medienstars wie Michael Ballack oder David Beckham", *Hainer* deutet darin an, dass nicht nur die sportliche Qualität/Leistung für einen Sponsorenvertrag ausschlaggebend sei. Vielmehr würden auch sie, wie die Fans, auf gutes Aussehen, Auftreten, Lebenswandel achten[38].

Der Wert eines Spielers hängt somit auch von seinem persönlichen Format ab. Michael Ballack und David Beckham sollen hier als Beispiel dienen.

Als Michael Ballack im Sommer 2006 zum FC Chelsea London wechselte, mag es daran gelegen haben, dass er für den FC Chelsea London nicht nur ein Fußballer ist. Als Werbeträger für adidas sollte er auch ein Werbeträger des Klubs werden. Die adidas AG zahlte 30 Millionen Euro, um das Engagement des (bisherigen) Ausrüsters Umbro vorzeitig zu beenden, um so FC Chelsea London bis 2014 selbst auszurüsten. Als Gegenleistung soll der Klub bis 2014 150 Millionen Euro erhalten.

Zur Saison 2003/04 verpflichtete Real Madrid David Beckham für eine Ablösesumme von 37,5 Millionen Euro. Beckham galt bereits als Werbeikone. Die „Marke" David Beckham war eine riesige und gut durchorganisierte Werbemaschinerie[39]. So konnte Real Madrid durch die Merchandisingprodukte von David Beckham dessen Ablösesumme sehr zeitnah refinanzieren. Allein zwischen September und Dezember 2003 verkaufte Real Madrid eine Million Beckham-Trikots zu je 78 Euro. Damit waren die ursprünglichen Erwartungen des Real Marketing-Managers aus dem Beckham-Trikot-Verkauf 140 Millionen Euro bis 2006 zu erzielen[40], bereits über 50 % erfüllt.

---

38 *O.V.*, Fußball ist manchmal brutal, Spiegel 2006, Heft 25, 88, 89 mit dem Vorstandsvorsitzenden der adidas AG Herbert Hainer.

39 *Germann*, Werbe-Ikone Beckham stürmt ins Abseits, Die Welt vom 14.04.2004 <http://www.welt.de/print-welt/article306433/Werbe-Ikone_Beckham_stuermt_ins_Abseits.html> (letzter Zugriff: 02.06.2007).

40 *Heider*, Das Spiel mit dem Kommerz, <http://www.br-online.de/politik-wirtschaft/mittagsmagazin/dynamisch/specials/Fussballvereine/Fussballvereine.htm> (letzter Stand: 21.11.2004, letzter Zugriff: 03.06.2007).

Zudem soll der folgende kurze Überblick zur Entwicklung des Marktwertes im Zusammenhang mit der WM 2006 zur besseren Verdeutlichung der Problematik dienen. Unter „www.transfermarkt.de" findet man ferner eine umfangreiche Dokumentation[41] zu den Marktwerten verschiedener Spieler[42].

Sportler (Alter)	Verein	Marktwert (in Euro) vor der WM 2006 im Dez. 2005; Abweichungen zu Beginn der WM (12.6.2006) in Klammern	Marktwert (in Euro) nach der WM 2006 (Stand Oktober 2006)
Michael Ballack (30)	FC Chelsea London	35.000.000	35.000.000
Miroslav Klose (28)	Werder Bremen	15.000.000 (20.000.000)	30.000.000
Lukas Podolski (21)	FC Bayern München	12.000.000	15.000.000
Bastian Schweinsteiger (21)	FC Bayern München	8.000.000	12.500.000
Oliver Kahn (37)	FC Bayern München	4.500.000	4.500.000
Kevin Kuranyi (24) [nicht nominiert]	FC Schalke 04	6.500.000 (5.500.000)	5.500.000
Torsten Frings (29)	Werder Bremen	10.000.000	15.000.000

41 Näheres auch zur Höhe der Transfersummen unter <www.transfermarkt.de>. Beeindruckend liest sich die Liste der 100 teuersten Transfers. Auffällig ist die häufige Nennung von italienischen, spanischen, englischen und französischen Klubs und Spielern: So wechselte Zidane 2001/02 für 73,5 Millionen Euro von Juventus Turin zu Real Madrid, Beckham von Manchester United zu Real Madrid 2003/04 für 37,5 Millionen (nur Platz 16); als deutscher Klub wird Borussia Dortmund geführt, der in der Saison 2001/02 für Amoroso von FC Parma 25 Millionen Euro zahlte.

42 Die folgende Tabelle enthält nur einige Spieler.

B. Der Fußballfernsehrechtemarkt

I. Die Entwicklung des Fußballrechtemarktes

Der Fußballrechtemarkt hat sich rasant entwickelt. Immer höhere Summen wurden ausgegeben, um neue Formen des Fernsehens am Markt durchzusetzen. Bezüglich des Rangs den Übertragungsrechte für die Fernsehveranstalter im Wettbewerb um die Zuschauer und für ihre Marktstellung haben, sei an folgende Beispiele erinnert: die (Zahlungs-)Krise Kirchs, das Ende des Millionenpokers um die Übertragungsrechte der Bundesligasaison 2006/07 mit dem Zuschlag für die bis dahin weniger bekannte Arena Sport Marketing GmbH sowie der infolge des Verlusts der Fernsehübertragungsrechte der Fußballbundesliga eingetretene Einbruch des Aktienkurses des Privatsenders Premiere.

Mit der Zulassung privat-kommerzieller Rundfunkveranstalter erfuhr der früher rein öffentlich-rechtlich organisierte Rundfunk eine zunehmend nach ökonomischen Regeln organisierte Ausrichtung. Der Wettbewerb um die Sportübertragungsrechte in Deutschland änderte sich mit dem Sendebeginn privater Fernsehprogramme Mitte der 80er Jahre. Nach *Amsinck*[43] lassen sich drei Entwicklungsstufen unterscheiden: Für die erste Stufe von 1984/85 bis 1990 war der Wettbewerb der öffentlich-rechtlichen und privaten Fernsehanbieter kennzeichnend. Die privaten Sender RTL und SAT 1 wollten sich mit attraktiven Sportprogrammangeboten[44] etablieren. Die Zuschauerbindung sollte sich dann auch auf andere Programmangebote ausweiten. Daher mussten die Übertragungsrechte an attraktiven Sportarten gesichert werden. Dies führte zu einer Erhöhung der Preise für Sportübertragungsrechte. Die Investitionen sollten durch den Mehrfachverkauf dieser Rechte besser refinanziert werden, so z.B. durch Aufspaltung der Rechte in Erst- und Nachverwertungsrechte, Live und/oder zeitversetzte
Übertragungen. Sowohl Veranstalter als auch die Sportverbände erkannten, dass durch die Konkurrenz der Fernsehsender untereinander höhere Erlöse erzielt werden konnten. Zugleich zogen intensivierte Marketingmaßnahmen ein größeres Publikum an. Das führte zu einer Verbreiterung der Berichterstattung, welche wiederum Sponsoren anreizte, Werbeflächen zu erwerben.

Die zweite Stufe von 1991 bis 1994 war geprägt von einer Preisexplosion bei den Sportrechten, vor allem bedingt durch das Tätigwerden von Sportrechteagenturen. Hinter der Ufa Sports GmbH stand der Bertelsmann Konzern, der sein Vollprogramm RTL etablieren wollte. Aus dem gleichen Grund erwarb die Internationale Sportrechteverwertungsgesellschaft mbH (ISPR) - an der je zur

43 Auch im Folgenden *Amsinck*, Media Perspektiven 1997, 62.

44 Den Wimbledonsieg Boris Beckers 1985 verfolgten 10 Millionen (west-)deutsche Zuschauer, den von 1986 bereits 14 Millionen, nach *Amsinck*, Media Perspektiven 1997, 62, 63.

Hälfte der Kirch- und der Springer Konzern[45] beteiligt waren - kurz nach ihrer Gründung 1991 die Exklusivrechte an der Fußballbundesliga vom DFB für fünf Spielzeiten für 700 Millionen DM. Die ISPR vergab dann die Erstverwertungsrechte an SAT 1, an dem sowohl Kirch und Springer beteiligt waren. Der Konkurrenzdruck und das Auslaufen des Globalvertrages[46] führten zu einem drastischen Anstieg der Rechtekosten für Sportübertragungen.

Mit der Etablierung der zwei genannten Sportrechteagenturen und der zunehmenden Internationalisierung ihrer Geschäfte boten diese Agenturen auch ausländischen Veranstaltern beziehungsweise Verbänden Garantiesummen für den Erwerb deutscher und europäischer Übertragungsrechte an. Und das „Paket" der Agenturen umfasste nicht nur die Rundfunkverwertungsrechte, sondern auch die Vermarktungsrechte, wie Banden-, Trikotwerbung und Sponsoring. So erhielten die Verbände neben der finanziell höheren Garantiesumme eine professionelle Vermarktung.

ARD und ZDF gründeten im September 1995 eine eigene Sportrechte- und Marketing-Agentur (SportA)[47], um so im Wettbewerb mit den anderen Agenturen zumindest die Kosten für die Zwischenhändler (z.B. eine Vermarktungsagentur) sparen zu können.

Die dritte Stufe (ab Ende 1995, Anfang 1996) wurde durch die neue digitale Verbreitungstechnik und Pay-TV bestimmt. Die Preise für Sportübertragungsrechte konnten (selbst in Boomzeiten) kaum refinanziert werden. Um dennoch Gewinne zu erzielen, musste das Gut Sport verknappt werden, wie durch die ausschließliche Ausstrahlung im Pay-TV. Die Sportberichterstattung zeichnet sich durch ihre Zeitinelastizität aus, d.h. je mehr Zeit zwischen dem Ereignis und der Berichterstattung verstreicht, desto geringer ist das Interesse des Zuschauers daran. Die Präferenz der Zuschauer liegt damit maßgeblich bei Liveübertragungen. Sportsenderechte sind insofern kurzlebig und müssen sofort genutzt werden. Um die Wertschöpfung weiter zu optimieren, wurden ferner Erst-, Zweit- und Drittverwertungsrechte, wenn möglich mit Sendezeitverpflichtung, vergeben.

Im Zuge der Digitalisierung entstanden dann neue Finanzierungsmöglichkeiten für die Fernsehsender. Sport, insbesondere Fußball, sollte ein Faktor sein, der Zuschauer dazu bewegt, ein oder mehrere Programmpakete zu abonnieren

---

45 Im Folgenden Kirch und Springer genannt.

46 Die öffentlich-rechtlichen Rundfunkanstalten (ARD) sowie das ZDF schlossen am 29.06./03.09.1985 mit dem Deutschen Sportbund den sog. Globalvertrag mit einer Laufzeit von fünf Jahren. Durch diesen Vertrag sicherten sie sich die rundfunkmäßige Verwertung von Sportveranstaltungen der beteiligten 38 Sportverbände. Erwähnenswert ist, dass der Deutsche Fußball-Bund nicht beteiligt war. Der Globalvertrag war Gegenstand verschiedener Verfahren, so z.B. vor dem Bundeskartellamt 1986, vor dem KG, Urt. v. 08.07.1988, Kart 38/87, AfP 1989, 406 und vor dem BGH, Urt. v. 14.03.1990, KVR 4/88, BGHZ 110, 371 ff.

47 *Amsinck*, Media Perspektiven 1997, 62.

und die Empfangsvorrichtung zu erwerben[48]. Um davon zu profitieren, könnten in Zukunft auch die Fußballklubs[49] ihre eigenen Sender gründen. Der FC Bayern München hat bereits vor Jahren sein Interesse kundgetan.

Zur Wettbewerbsintensivierung bei der Übertragung tragen auch neue Medien wie Internet und mobile Kommunikation bei. Das sog. Web-TV wird populärer, teilweise werden bereits Heimspiele auf der Website des Vereins übertragen[50].

Und auch der Versand von Bewegtbildern auf Mobiltelefone[51] wird zunehmend in Anspruch genommen. Insgesamt ist ein Ende der kontinuierlichen Wettbewerbsverschärfung bislang noch nicht absehbar. Momentan drängen sich „billige" Telenovelen mit intermedial konzipierten Formaten auf den Markt. Es bleibt abzuwarten, ob es dadurch zu einer Übersättigung mit den neuen Formaten kommen wird. Der Markt um Zuschauer und die damit einhergehende Werbung dürfte durch die Digitalisierung der Übertragungswege bis 2010 und den damit verbundenen Wegfall der Frequenzknappheit zu neuen Herausforderun-

---

48 *Westerloo*, Media Perspektiven 1996, 514, 516.

49 In Großbritannien hat Manchester United am 10.08.1998 einen TV- Sender errichtet.

50 Einer der Vorreiter ist der FC Bayern München mit der Online-Übertragung unter <www.fcb.tv/de>. Nach den allgemeinen Programmhinweisen auf der Seite des FCB.tv erscheinen regelmäßig folgende Beiträge: z.B. Bundesliga (Highlights direkt nach dem Schlusspfiff, zudem Interviews, Vorberichte und Pressekonferenzen rund ums Spiel), Champions League (90 Minuten nach Schlusspfiff: die Highlights, sowie das Spiel in voller Länge), DFB-Pokal und alle Freundschaftsspiele (Live oder in Highlights), große „Homestories" mit den Spielern des FC Bayern, Berichte aus den Fanklubs, FCB Inside (Berichte vom „Team hinter dem Team"), dazu noch Starportraits, Interviews, Hintergrundberichte etc. <http://www.fcb.tv/de> (letzter Zugriff: 03.06.2007). Das FCB-Premium-Angebot (Matches, Infos, Interviews etc.) kann für 3 Monate zum Preis von 12 Euro, für 6 Monate für 20 Euro und für ein Jahr für 36 Euro erworben werden.

Über Schalke 04 TV kann man sich 90 Minuten nach Spielende das Spiel in voller Länge mit eigenem Schalke-Kommentar ansehen. Das kostet monatlich 2,99 Euro, bereits eine halbe Stunde nach Abpfiff gibt es die Highlights der Partie für 0,49 Euro bzw. das Spiel des Schalke 04 für 1,99 Euro. <http://www.maxdome.de/sport/schalke/> (letzter Zugriff: 03.06.2007).

Der FC Energie Cottbus hat ebenfalls ein Web-TV. Über FCEnergie.TV kann man die Spielhighlights der Bundesliga und des DFB-Pokals, alle Spiele der Saison in voller Länge aus dem Archiv, exklusive Interviews mit Trainern, Spielern, Pressekonferenzen etc. verfolgen. Für ¼ Jahr zahlt man 3,95 Euro pro Monat, für ½ Jahr noch 19,75 Euro und für ein Jahresabonnement 39,50 Euro. <http://www.fcenergie.tv/de/f/index.php> (letzter Zugriff: 03.06.2007).

51 So bietet der FC Bayern München mit dem „FCB Tor" - kostenpflichtig - die Meldung aller Tore eines FC Bayern-Spiels auf das Handy an. Nach jedem Tor soll man eine SMS mit einem Download-Link erhalten, über den das Tor-Video herunter geladen werden kann. <http://www.fcbayern.t-com.de/de/fun/ringtones/index.php?fcb_sid> (letzter Zugriff: 03.06.2007).

gen führen. Fest steht nur, dass zumindest Spitzensport[52] ein „Quotenrenner" bleibt. Auf das Format darf man gespannt sein.
Mit den folgenden Tabellen soll die rasante Entwicklung der Fußballrechtekosten dargestellt werden.

TV-Rechtekosten für die Bundesliga-Berichterstattung

Jahr	Rechtepreise in Millionen Euro	Erwerber	Programm
1965 – 1969	0,33	ARD/ZDF	ARD/ZDF
1969 – 1974	1,33	ARD/ZDF	ARD/ZDF
1974 – 1978	2,25	ARD/ZDF	ARD/ZDF
1978 – 1983	3,44	ARD/ZDF	ARD/ZDF
1983 – 1988	4,09	ARD/ZDF	ARD/ZDF
1988 – 1991	20,25	Ufa	RTL/ ARD/ZDF
1991 – 1994	40,90	Ufa	RTL/Premiere/ ARD/ZDF
1994 – 1999	112,48	ISPR	Premiere/Sat.1
1999 – 2000	168,73	ISPR/Ufa	Premiere/Sat.1
2000 – 2001	355,00	Kirch-Gruppe	Premiere/Sat.1
2001 – 2002	328,00	Kirch-Gruppe	Premiere/Sat.1
2002 – 2003	290,00	KirchSport	Premiere/Sat.1
2003 – 2004	290,99	Infront	Premiere/DSF/ARD
2004 – 2006	300,00	Premiere/DSF/ARD u.a.	Premiere/DSF/ARD
2006 – 2009	420,00	Arena/DSF/ARD u.a.	Arena/DSF/ARD

Europäischer Preisvergleich für das Jahr 2005[53]

Fußball-Liga	Land	Rechtepreis
Bundesliga	Deutschland	300 Millionen Euro
Premiere League	Großbritannien	710 Millionen Euro
Serie A	Italien	550 Millionen Euro
Ligue 1	Frankreich	550 Millionen Euro
Primera Division	Spanien	500 Millionen Euro
Ehrendivision	Niederlande	80 Millionen Euro

52 Zu den heute in Deutschland beliebten Sportarten zählen Fußball und Formel 1. Die Befürchtungen, dass durch das Karriereende von Michael Schumacher die Einschaltquote sinken werde, trafen nicht zu. Es mag dahingestellt bleiben, ob dies an den Leistungen des deutschen Nick Heidfeld oder des Formel 1- Neulings Lewis Hamilton und/oder am Wechsel von Kimi Räikkönen von McLaren-Mercedes zu Ferrari liegt. Dieses Beispiel verdeutlicht, dass sich die Antwort auf die Frage, was Spitzensport ist, jederzeit ändern kann.

53 *Kurp*, Fußball-Poker: ARD siegt, Premiere verliert, http://www.medienmaerkte.de/artikel/digital/052112_bundesliga.html> (Stand: 21.12.2005, letzter Zugriff: 03.06.2007).

Rechtekosten der Europameisterschaften[54]

Jahr	In Millionen Schweizer Franken bezogen auf Europa	Zuwachs in %
1980	3,2	
1984	4,1	28
1988	5,2	27
1992	25	381
1996	80	220
2000	140	75
2004	800	470
2008[55]	Geschätzt 994 bis 1243	119

Rechtekosten der Fußballweltmeisterschaften

Jahr	in Millionen Schweizer Franken*	Zuwachs in %
1982	10,9	
1986	13,7	26
1990	37**	170
1994	43**	16
1998	53**	23
2002	750***	1315
2006	750***	

* Bezogen auf Kreis der EBU (Europäische Rundfunk Union) 1990, also ohne Mittel- und Osteuropa

** Geschätzter europäischer Anteil der weltweiten Rechte

*** Bezogen auf geschätzte 67 Mio Schweizer Franken Rechtekosten für Gesamteuropa in 1998

II. Eine allgemeine ökonomische Betrachtung der Fernsehrechte

Die Zahlungsbereitschaft[56] ZB_i eines Fernsehveranstalters i für die Senderechte an einem Sportereignis setzt sich grundsätzlich aus verschiedenen Komponenten zusammen: $ZB_i \leq E_i - SK_i + EZ_i + SW_i - OW_i$.

54 Nachfolgendes Zahlenmaterial nach *Westerloo*, Media Perspektiven 1996, 514 ff.

55 Die UEFA hat erstmals die Fernsehrechte nicht an die EBU vergeben, sondern die Sportfive Agentur mit der Vermarktung beauftragt. http://de.uefa.com/competitions/euro/organisation/kind=268435456/newsid=365145. html> (Stand 10.11.2005, letzter Zugriff 03.06.2007) Soweit ersichtlich erwartet die UEFA Erlöse zwischen 600 und 750 Millionen Euro, dies entspricht der oben angegebenen Zahl in Schweizer Franken. Allein ARD und ZDF haben die Liveübertragungsrechte an 27 EM-Spielen in Deutschland für 115 Millionen Euro erworben. *Keil*, Süddeutsche Zeitung vom 19.06.2007, Nr. 138, 17.

56 Auch im Folgenden *Kruse*, 68 ff; *Walter*, Der Erwerb von Sportsenderechten, 6.

E_i ist der Erlös, den der Fernsehsender bei der Nutzung des Rechts zu erzielen erhofft. Die Erlöse eines Pay-TV-Anbieters bestehen entweder aus dem sendungsspezifischen Erlös (pay-per-view) oder aus dem monetär bewerteten Beitrag der Sendung zur Attraktivität des Gesamtprogramms bei einem Monatsabonnement. Durch die Vergabe von Zweit- oder Drittrechten kann der Sender zusätzliche Einnahmen in Höhe von EZ_i erzielen. Ein weiterer zu addierender Faktor ist der strategische Wert SW_i der Sportsendung. Durch attraktive Sportsendungen soll der Zuschauer zum Kauf eines Decoders bewegt und von der Qualität des Pay-TV-Angebots überzeugt werden. Dem stehen die Kosten SK_i für die Produktion des Sendesignals, Moderation etc., sowie der Opportunitätswert der Sendezeit OW_i, also die entgangenen Erlöse für nicht gesendete Programme, gegenüber.

Zur Erläuterung des strategischen Wertes sollen folgende Ausführungen dienen: Die Marktdurchsetzung des Pay-TV ist in Deutschland mit Schwierigkeiten verbunden, da im Vergleich zu anderen europäischen Ländern das Angebot an werbefinanzierten Free-TV in Deutschland sehr groß ist. Die Nachfrager (Zuschauer) sind nicht bereit, für ein substituierbares Gut einen Preis zu zahlen, das sie bislang scheinbar kostenlos konsumierten[57], denn bei den werbefinanzierten Fernsehsendern (z.B. RTL) zahlen die Zuschauer für den Konsum eines Programms keinen unmittelbaren, monetär bewertbaren Preis. Durch den Verkauf von Werbezeiten realisieren diese Anbieter (TV-Sender) ihre Gewinne[58]. Da der Zuschauer ex ante die Qualität des Fernsehprogramms nicht beurteilen kann, ist er regelmäßig auch nur bereit, den Preis für das Minimum der zu erwartenden Qualität zu zahlen[59]. Beim werbefinanzierten Fernsehen schaltet der Zuschauer nur dann ein, wenn seine Opportunitätskosten sehr gering sind. Beim Pay-TV stehen der Anbieter und der Nachfrager des Programms dagegen in unmittelbarer (preislicher) Marktbeziehung. Um Pay-TV konsumieren zu können, müssen die Zuschauer neben dem Preis für das jeweilige Programm von (ihnen zunächst) unbekannter Qualität die Kosten für die technische Ausrüstung (Decoder) tragen. Der Nachfrager kalkuliert von vornherein das Risiko einer geringen Qualität und möchte einen dementsprechend niedrigen Preis zahlen. Die Zahlungsbereitschaft liegt daher nicht selten unter den Kosten für die Empfangsausrüstung. Daher wäre ein Pay-TV Anbieter kaum in der Lage, eine derartige Nachfrage hervorzubringen, so dass ein Markt für Pay-TV nicht entstehen würde[60]. Ob allein die Kommunikation und der Informationsaustausch der Pay-TV-Interessenten und Nutzer untereinander die aufgezeigten Defizite zu kompensieren vermag, ist fraglich.

---

57 *Walter*, Preispolitik von Pay-TV-Anbietern, 27.

58 *Walter*, Der Erwerb von Sportsenderechten, 9.

59 *Ungern-Sternberg/Weizsäcker*, ZWS 1981, 607, 612.

60 Vgl. dazu *Tirole*, Industrieökonomik, 238 ff., der das sog. „Zitronenproblem" ausführlich darstellt.

Um die Informationsasymmetrien ab- und die Reputation aufzubauen, ist es notwendig, die Grenzkosten der Information zu senken oder den erzielbaren Grenznutzen für die Konsumenten zu erhöhen. Mit sinkenden Grenzkosten nimmt der Informationsgrad der Nachfrager zu, d.h. die Nachfrage (der Konsum) wird bei einem besseren Kenntnisstand steigen. Daher werden die Anbieter versuchen, die Grenzkosten künftig noch weiter zu senken[61].

Mangels Refinanzierbarkeit trotz intensiverer Nutzung der Fernsehrechte gingen die Fernsehsender dazu über, die Kosten für den Rechtekauf aus dem operativen Einkommen zu finanzieren. Einbezogen wurde so nicht mehr nur der Verkauf der Programme, sondern auch der der notwendigen Empfangsvorrichtungen[62].

Um die Finanzierung effizienter zu gestalten, sind zur Sicherung von Verwertungsketten Zusammenschlüsse entstanden, die rechtlich unterschiedlich ausgerichtet sind, z.B. Konzerne, Gemeinschaftsunternehmen, Fusionen. Im Mediensektor existieren auffallend viele Gemeinschaftsunternehmen. Zentrale Aspekte für die Zusammenschlüsse sind die Risikodiversifikation, die Überwindung von Markteintrittsbarrieren bzw. das Erreichen einer Mindestunternehmensgröße, die Kosten- und die Machtvorteile[63]. Mit der Verstärkung der Senderfamilien können sowohl beim Rechtekauf durch eine erhöhte Verhandlungsmacht als auch durch die Nutzung von Kostendegressionseffekten durch Mehrfachverwertungen Kosten eingespart werden. Außerdem wird auch auf kostengünstige massenattraktive TV-Formate (die sich im Ausland bereits bewährten) zurückgegriffen, wie z.B. tägliche Talkshows, Quizshows oder Reality Soaps. Eine weitere Möglichkeit zur Kostenreduktion besteht durch die vertikale Integration. Ökonomisch bedeutet die vertikale Integration, dass mehrere aufeinander folgende Wertschöpfungsstufen bzw. Produktionsebenen in einem Unternehmen zusammengefasst werden. D.h. der Gütertransfer wird nicht über den

61 *Kubat*, 156, siehe auch seine Abbildung tiefere Grenzkosten der Information, 68.

62 Als Beispiel dient das Angebot von Premiere: Ein Jahresabonnement von Premiere Sport (Formel 1, Golf, Basketball, Tennis etc.) kostet monatlich 14,98 Euro. Bindet sich der Kunde zwei Jahre, beliefe sich der Monatsbetrag auf 9,99 Euro. Die gleichen Preiskategorien gelten auch für Premiere Fußball (UEFA Champions League, Europäische Ligen [England, Italien, Frankreich, Portugal, Niederlande]) und für Premiere Bundesliga/Arena. Allerdings kann der Kunde aus dem Premiere Programmpaket kombinieren, so dass eine 5er-Kombination für 34,99 Euro pro Monat bzw. bei der 7er-Kombination für 44,99 Euro pro Monat bei einem 24-Monats-Vertrag erhältlich ist. Der Receiver kann sowohl gemietet als auch gekauft werden. Wird der erforderliche Digital Receiver gemietet, so beträgt die monatliche Miete zwischen 4,99 und 9,99 Euro. Der Kaufpreis ist abhängig von der Anzahl der Programmpakte und der Ausstattung des Receivers. Bei einer Anzahl von 1 bis 3 Pakten beträgt er 99 bis 399 Euro, bei einer 5er-Kombination zwischen 1 und 349 Euro und bei der 7er-Kombination 1 bis 248 Euro. <http://www.premiere.de/premweb/cms/de/abos_start.jsp> (letzter Zugriff: 04.06.2007).

63 *Mazurkiewicz*, 40.

Markt, sondern innerhalb eines Unternehmens gesteuert[64]. Die Kosten werden bei der vertikalen Integration durch den Wegfall von Transaktionskosten[65] reduziert. Diese Integration erspart z.B. die Informations-, Such-, Verhandlungs-, Überwachungs- und Durchsetzungskosten. Weitere Einsparungen sind durch die Nutzung gemeinsamer Rahmenressourcen möglich, z.B. der Verwaltung, der Logistik oder der Vermarktung.

Ergänzt man die vertikale durch die horizontale Integration, führt dies zur Abschöpfung von Skalen- und Verbundvorteilen. Der Zweck der horizontalen Integration ist die Fixkostendegression. D.h. die hohen, fest anfallenden Kosten für die Produktion der First Copy eines Medieninhalts sollen durch die Ausweitung der Märkte für Kopien und breitere Verwertung verteilt werden. Diese multimediale Verwertung soll zu einem Synergieeffekt führen[66], um eine optimale Kosten-Nutzen-Relation zu realisieren. Bei der Synergieerzielung lassen sich wiederum vier Ebenen unterscheiden[67]: die Verknüpfung von Inhalten, die Synergien zwischen Hard- und Software[68], die Konvergenz ehemals abgegrenzter Hardwarekomponenten[69] und die Konvergenz der Verteilungstechniken[70].

Ein anderes ökonomisches Model ist die flexible Spezialisierung durch Vernetzung anstatt der Integration. Es wird ausgelagert, um profitabler zu arbeiten. In flexiblen Industrien gibt es eine Balance zwischen Kooperation und Konkurrenz, der Wettbewerb treibe zu ständigen Innovationen an. Gerade durch die Digitalisierung seien die Vorteile (Kostenreduzierung, insbesondere der Transaktionskosten) fraglich geworden, zudem werde ein Medienprodukt nicht durch die Produktionskosten, sondern allein durch die Nachfrage werthaltig[71].

Statt zu konkurrieren und so die Preise steigen zu lassen, kam es bei den Fernsehsendern auch im Wege der fortschreitenden Internationalisierung und Globalisierung zu Fusionen, z.B. SAT. 1 und ProSieben (2000)[72]. In Spanien

64 Im Mediensektor gibt es mindestens drei zentrale Wertschöpfungsebenen, zunächst die Produktionsebene der Inputs (also der Inhalte wie Nachrichten), gefolgt von der publizistischen Ebene (Zusammenstellung von räumlich/zeitlich strukturierten Paketangebot an Medieninhalten) und die Multiplikation und Distribution (die bei elektronischen Medien zusammenfallen, bei den Printmedien mit Druck und Vertrieb auseinander fallen), *Kiefer*, Media Perspektiven 2002, 491, 493.

65 Transaktionskosten sind die Kosten, die entstehen, wenn der Gütertransfer zwischen den Wertschöpfungsstufen über den Markt abgewickelt wird. *Kiefer*, Media Perspektiven 2002, 491, 494.

66 *Kiefer*, Media Perspektiven 2002, 491, 494.

67 *Negus*, in: Production of culture, 67, 85 f.

68 So z.B. das Programmangebot von Premiere und die erforderliche technische Ausrüstung, der Decoder.

69 Durch die Digitalisierung, die Werke werden als binäre Daten produziert und gespeichert, verlieren die Trägermedien (Papier, Frequenzen usw.) ihre Bedeutung.

70 Digitalisierte Information kann sowohl über Frequenz, Kabel, Satellit oder Internet verbreitet werden.

71 *Kiefer*, Media Perspektiven 2002, 491, 496 f.

72 Damit firmieren die vier Fernsehsender SAT.1, ProSieben, Kabel 1 und N24 unter ProSiebenSat.1 Media AG. Die geplante Fusion von Kirch Media und ProSiebenSat.1 Me-

gingen die bisher rivalisierenden Fernsehsender Sogecable (Canal+, Prisa) und Via Digital (Telefónica) eine „Vernunftheirat“ ein[73]. In Italien fusionierten der Pay-TV-Sender Stream (Murdoch) und das Abonnentenfernsehen Telepiu (Vivendi) zu Sky Italia[74].

Der Weg der Internationalisierung ist auch bei den Vermarktungsgesellschaften und Rechtehändlern sichtbar. Die nachfolgende Tabelle zeigt die führenden Vermarktungsgesellschaften und Rechtehändler[75] in Europa im Bereich des Sports, insbesondere des Fußballsgeschäfts 1997.

Händler	Eigentümer	Sitz	Hauptereignis
Ufa	Bertelsmann	Hamburg	Wimbledon 1997
ISPR	50 % Kirch und 50 % Springer	München	Fußballbundesliga 1997
T.E.A.M.	Hempel/Lenz und Partner	Luzern	Champions League
ISL	90 % Sporis (Familie Dassler)	Luzern	Fußball - WM 2002 und WM 2006[76]

Die Sportfive GmbH (bis Frühjahr 2002 Ufa sports GmbH) z.B. ist die deutsche Tochtergesellschaft der internationalen Vermarktungsgruppe Sportfive S.A., die die Sportrechteaktivitäten von RTL Group (Bertelsmann), Canal+ Group (Vivendi universal) und Groupe Jean-Claude Darmon bündelt. Mit über 20 Tochtergesellschaften in dreizehn Ländern verfügt die Gruppe über umfangreiche internationale TV- und Marketingrechte im Sport. In der Fußballvermarktung sieht das Unternehmen seine Kernkompetenz[77]. Die Ufa sports GmbH brachte die Vermarktungsrechte von weltweit mehr als 350 Sportvereinen und -verbänden ein, darunter über 250 europäische Fußballvereine[78]. Der vom französischen

---

dia AG fand aufgrund der gesamtwirtschaftlichen Situation der Kirch Gruppe nicht mehr statt.

73 Pressemitteilung der EU vom 08.05.2003, IP 03/655, <http://europa.eu/rapid/press ReleasesAction.do?reference=IP/03/655> (letzter Zugriff: 03.06.2007).

74 Wobei die EU-Kommission die Fusion nach fünfmonatiger Wettbewerbsprüfung unter Auflage genehmigte. *O.V.*, Sky Italia soll entstehen, Handelsblatt vom 02.04.2003, 17.

75 *Meier*, Sport und Fernsehen sind untrennbar miteinander verknüpft, <http://www. unicom.unizh.ch/magazin/archiv/4-96/sportundfernsehen.html> (Stand: 09.07.1997, letzter Zugriff: 18.03.2003).

76 Aufgrund der Insolvenzanmeldung der ISL im Frühjahr 2001 fielen die Fernsehrechte an die FIFA zurück, die daraufhin beschloss, das Marketing hausintern durch die neu gegründete FIFA Marketing AG zu gestalten. Die AG, die sich zu 100 % im Eigentum der FIFA befindet, nahm seine Geschäftstätigkeit am 01.06.2001 auf. *O.V.*, Die FIFA Marketing AG, der neue Marketing-Arm der FIFA, <http://access.fifa.com/de/ article/0,4151,100497,00.html> (Stand: 18.05.2002, letzter Zugriff: 04.06.2007).

77 <http://www.sportfive.com/index.php?id=170&L=1> (letzter Zugriff: 04.06.2007).

78 Z.B. Borussia Dortmund, Hertha BSC.

Pay-TV-Anbieter Canal Plus gegründete Sport Plus besitzt u.a. die Übertragungsrechte der Fußballligen in Frankreich, Großbritannien, Spanien und Portugal[79]. Selbst wenn sich unter den Klubs und den Verbänden viele „graue Mäuse" befinden, rechnet sich das für den Vermarkter. Denn auch die vermeintlich „kleinen" Teams spielen gegen „große" Mannschaften, z.B. bei der Qualifikation zu europäischen Wettbewerben bzw. zu Europa- oder Weltmeisterschaften.

III. Die Inszenierung des Sports

Um Sportereignisse zu einer hohen medialen Präsenz zu führen, soll Sport neben der Information auch der Unterhaltung dienen. Die Grenze zwischen Information und Unterhaltung verschwimmt jedoch zunehmend, was die inzwischen geläufige Bezeichnung „Infotainment" belegt.

Die Medien versuchen, die Verantwortlichen des Sports für eine fernsehgerechte Inszenierung zu gewinnen und entsprechenden Einfluss auf den Veranstaltungsverlauf zu nehmen, um so den Spannungsbogen bis zur letzten Minute zu halten.

Auf jedem Kontinent gibt es nur wenige Sportarten, auf die sich die Medien konzentrieren[80]. In Europa ist Fußball für diesen „Mediensport" geeignet. In Deutschland ist Fußball die Volkssportart Nummer eins. Die Dramatik des Spielverlaufs, die Ergebnisoffenheit oder die Freude am Sieg der favorisierten Mannschaft spielen eine entscheidende Rolle für das Interesse am Sportkonsum[81]. Für die Vermarktung kommt es auf den Unterhaltungswert der Sportberichterstattung an, daher wird ein Fußballspiel meist als Medienereignis inszeniert. „Herberger sagt: *Ein Spiel dauert 90 Minuten.* Im Fernsehen dauert kein Spiel mehr 90 Minuten. Herberger sagt: *Nach dem Spiel ist vor dem Spiel.* Fernsehen sagt: Nach dem Spiel ist zurück zum Spiel."[82] Die erworbenen Übertragungsrechte müssen intensiver genutzt werden. Neben den Spielbericht folgen z.B. zahllose Interviews, Analysen, Statistiken und Gewinnspiele. Die derart ausgedehnten Sendezeiten bedeuten zumindest für die privaten Sender einen

---

79 *Kurp*, Sportfive als sportiver Fusions-Riese, <http://www.medienmaerkte.de/artikel/unternehmen/011511_sportfive.html> (letzter Zugriff: 03.06.2007).

80 Die beliebtesten Sportarten in Nordamerika (USA, Kanada) sind Baseball, Basektball, Eishockey und Football, hingegen in Ozeanien (Neuseeland oder Australien) Rugby und Kricket.

81 *Gleich*, Media Perspektiven 2000, 511, 515.

82 *Taubert*, Hattrick Fußballmagazin 1996 Heft 6, 26, 29; wobei die Hervorhebung von der Verfasserin stammt, um kenntlich zu machen, welche Zitate von Herberger stammen. Josef Herberger war von 1936 bis 1964 Reichs- bzw. Bundestrainer der deutschen Fußballnationalmannschaft. Unter seiner Leitung wurde Deutschland 1954 Fußballweltmeister.

wirtschaftlichen Mehrwert, indem zusätzliche Werbeblöcke ausgestrahlt werden können[83].

Die entscheidende Frage ist jedoch: Welche Möglichkeiten bestehen, das Spiel medientauglich, publikumsfreundlich und unterhaltungswerterhöhend zu gestalten? Dies wird durch eine angepasste Ausgestaltung der Medienberichterstattung versucht. So sind ca. 60 % der Handlungsträger in der deutschen Sportberichterstattung Deutsche. Auffallend sind in den Berichten ferner häufige sprachstereotypische Wendungen, wie z.B. „wir-Form", „uns Olli"[84] sowie der Bezug auf die vemeintlichen deutschen Tugenden, wie Kampfkraft und Disziplin[85]. Durch eine personalisierte Berichterstattung werden Sportler in einen „Starstatus" gehoben, aber auch fallen gelassen. Publikumslieblinge, wie Franz Beckenbauer oder Rudi Völler, werden verstärkt eingesetzt. Dass die Anzahl prominenter fachkundiger Co-Kommentatoren ist in den letzten Jahren gestiegen ist, mag auch daran liegen, dass die Hintergrundinformationen von ehemaligen Profifußballern vom fußballbegeisterten Konsumenten geschätzt werden.

Wie bereits gezeigt[86], kann eine höhere Attraktivität einer Sportart dadurch erreicht werden, indem man die Grenzkosten der Information senkt oder den erzielbaren Grenznutzen für die Zuschauer erhöht. Ersteres kann durch die Einführung von Ranglisten, die Vereinfachung von Spielregeln, den Einsatz von Statistiken und durch die Kreation von Superstars erreicht werden.

Aspekte wie das Verändern der Spielregeln dient zudem auch der Erhöhung des Nutzens für den Zuschauer[87], da unterhaltsamere und spannendere Wettkämpfe begünstigt werden.

Ungeachtet einer möglichen Übersättigung[88] kann man Fußballspiele mittlerweile die ganze Woche am Bildschirm verfolgen, meistens zu einer Zuschauer freundlichen Anstoßzeit in der „Prime-Time" um 20.15 Uhr oder 20.30 Uhr. Nicht von ungefähr kam die Aufsplittung eines Spieltages der ersten Fußballbundesliga von Freitag bis Sonntag, der zweiten Bundesliga von Freitag bis Montag. Zusätzliche Spiele werden an den übrigen Wochentagen übertragen, die Spiele in der Champions League dienstags/mittwochs und die Spiele im Rahmen des UEFA-Pokals donnerstags.

---

83 Den öffentlich-rechtlichen Sendern ist nach 20.00 Uhr, an Sonntagen und an bundeseinheitlich anerkannten Feiertagen die Ausstrahlung von Wirtschaftswerbung untersagt, § 16 Abs. 1 S. 3 RSTV.

84 Gemeint ist Oliver Kahn in Anlehnung an den Hamburger Fußballer „Uns" Uwe Seeler.

85 *Gleich*, Media Perspektiven 2000, 511, 513.

86 Vgl. Teil 1 § 2 B. II.

87 *Kubat*, 156.

88 Zu den aktiven Zeiten von Boris Becker und Steffi Graf war Tennis ein Publikumsmagnet. Das Überangebot führte zu einer Übersättigung der Zuschauer und zu einem nachlassenden Interesse der Zuschauer. *Amsinck*, Media Perspektiven 1997, 62, 69. Zudem mag das Zuschauerinteresse auch deshalb abgenommen haben, da nur wenige deutsche Tennisspieler ein nur annäherungsweise hohes Leistungsniveau erreicht haben bzw. erreichen.

Um den Sport für die Zuschauer attraktiver zu gestalten, modifizierten auch die Verbände ihre Regelungen[89]. Die Fußballverbände (FIFA, UEFA) haben in den letzten Jahrzehnten ihre Wettbewerbsmodi geändert, beispielsweise den Austragungsmodus der Weltmeisterschaft. Seit 1954 nahmen 16 Mannschaften an der von der FIFA organisierten Fußballweltmeisterschaft teil, 1982 hingegen waren es bereits 24 Mannschaften. 1998 stieg die Zahl der teilnehmenden Mannschaften auf 32 an, mit der Folge, dass nicht mehr 51, sondern 64 Spiele ausgetragen werden. Mit der Erhöhung der Teilnehmerzahl entfiel jedoch die Möglichkeit, sich als Gruppendritter für die zweite Runde zu qualifizieren. Über den Zweck dieser Änderung mag man spekulieren, allerdings dürfte damit der Anreiz gegeben sein, dass die Mannschaften auf Angriffsfußball und Tore setzen.

Auch die UEFA beschloss 1992, die Zahl der an der Europameisterschaft teilnehmenden Länder von acht auf 16 zu erhöhen. Gleichzeitig erteilte die UEFA der Schweizer Agentur TEAM den Auftrag, den von der UEFA als Champions League veranstalteten ehemaligen Europapokal der Landesmeister zu vermarkten[90]. Durch den Übergang vom K.o.-System zum Gruppenspiel-

---

89 Mazurkiewicz, 84 ff.

90 *Amsinck*, Media Perspektiven 1997, 62, 68.
Zum nachfolgend umschriebenen Modus siehe <http://de.uefa.com/competitions/ucl/format> (letzter Stand: 13.07.2005, letzter Zugriff: 03.06.2007): Ursprünglich wurde der seit der Saison 1955/56 laufende Wettbewerb im K.o.-Modus ausgetragen. Zur Spielzeit 1992/93 wurde der Spielmodus dahingehend geändert, dass zunächst drei K.o.-Runden ausgespielt wurden. Die acht verbliebenen Mannschaften wurden in zwei Vierergruppen aufgeteilt, in welchen jede Mannschaft gegen die drei anderen Gruppengegner sowohl zu Hause als auch auswärts antreten musste. Die beiden Gruppensieger bestritten anschließend das Endspiel. In der Saison 1993/94 wurde der Modus erneut modifiziert. Die beiden Erstplatzierten in beiden Gruppen zogen ins Halbfinale ein, wo sie über Kreuz in Hin- und Rückspielen die Endspielteilnehmer ermittelten. In der folgenden Saison erfolgte eine Ausweitung des Wettbewerbs. Zunächst mussten die Mannschaften eine Ausscheidungsrunde überstehen und wurden anschließend in vier Vierergruppen eingeteilt. Die zwei Bestplatzierten jeder Gruppe qualifizierten sich und zogen in das neu eingeführte Viertelfinale ein. Die nächste Veränderung fand in der Saison 1997/98 statt, als der Wettbewerb noch weiter aufgestockt wurde. Nach nunmehr zwei Qualifikationsrunden wurden die qualifizierten Mannschaften in sechs Vierergruppen eingeteilt. Die sechs Gruppensieger sowie die beiden besten Zweitplatzierten zogen ins Viertelfinale ein. Seit der Saison 1999/2000 ziehen nach drei Qualifikationsrunden 16 Mannschaften in die erste Gruppenphase ein, in der sie zusammen mit 16 weiteren bereits automatisch qualifizierten Mannschaften (der Titelverteidiger, die Meister aus den Verbänden 1 bis 9 der UEFA-Fünf-Jahreswertung sowie die Vizemeister aus den Verbänden 1 bis 6 der UEFA-Fünf-Jahreswertung [<www.dfb.de/index.php?id=200142>, letzter Zugriff: 03.06.2007]) in acht Vierergruppen aufgeteilt werden. Die beiden Erstplatzierten jeder Gruppe qualifizieren sich für die zweite Gruppenphase und bilden dort vier Vierergruppen. Die beiden jeweils Bestplatzierten der Gruppe ziehen ins Viertelfinale ein, das in Hin- und Rückspielen ausgetragen wird. Das Halbfinale wird ebenso mit Hin- und Rückspiel entschieden. Die Sieger bestreiten dann das in einem Spiel ausgetragene Finale. Steht es nach der regulären Spielzeit Unentschieden, wird eine Verlängerung über zweimal 15 Minuten gespielt, in deren Verlauf das „Golden Goal" (die tref-

system sollte Planungssicherheit für die ausstrahlenden Sender und Sponsoren geschaffen werden, zumindest für die Vorrunde der Champions League.

Die seit 1992 gültige Rückpass-Regel, um Spielverzögerungen seitens des Torwarts entgegenzuwirken, oder die Nichtbehandlung verletzter Spieler auf dem Rasen sollten die Spannung und Attraktivität des Spiels erhöhen[91]. Die Drei-Punkte-Regelung[92] für einen Sieg wurde in der Saison 1995/1996 eingeführt. Durch den zusätzlichen Gewinn eines Punktes bei einem Sieg sollte ein Anreiz für eine offensive Spielausrichtung gegeben werden. Mehr Torszenen sollten das Spiel für die Zuschauer noch attraktiver gestalten. Einige Regeländerungen wurden angedacht, um ein Fußballspiel noch besser vermarkten zu können, z.B. zusätzliche Auszeiten, welche zur Werbung genutzt werden könnten, oder die Vergrößerung der Tore, um den Unterhaltungswert zu erhöhen. Diese Gedanken sind jedoch (noch) nicht umgesetzt.

C. Der Werbemarkt

Ein Eckpunkt des sog. magischen Dreiecks ist die Werbung. Warum lohnt sich Werbung? Spitzenfußball ist ein internationales Geschäft. Unternehmer suchen internationale Stars wie beispielsweise Ballack, Beckham, Ronaldhinho oder Zidane, die in allen Kontinenten als Idole funktionieren. Fußball weckt Emotionen und interessiert - vielleicht gerade deswegen - weltweit eine enorme Zielgruppe. Zumeist sind Weltklassefußballer Stars mit positivem Image und eigener Markenqualität. Diesen bewährten Imagetransfer machen sich die Unternehmer für die Vermarktung ihrer Produkte zu nutzen[93].

---

fendere Bezeichnung „Sudden Death" wird im Eishockey verwendet) die Entscheidung bringen kann. Bleibt die Verlängerung torlos, folgt das Elfmeterschießen. Die erwähnte „Golden Goal"- Regelung entschied dreimal das Spiel bei UEFA Wettbewerben. Die UEFA änderte diese Reglung 2002 zum „Silver Goal System". Der Unterschied zum „Golden Goal" besteht darin, dass das Spiel nicht mehr beendet ist, sobald das erste Tor gefallen ist, sondern das andere Team in dieser Verlängerung die Möglichkeit erhält, einen Rückstand noch auszugleichen.

91 *Babin*, 97.

92 § 2 III a der aktuellen Spielordnung lautet: Ein gewonnenes Spiel wird für den Sieger mit drei Punkten, ein unentschiedenes Spiel für beide Mannschaften mit je einem Punkt gewertet.

93 Ein gelungenes Beispiel ist der Paulaner-Werbespot. Er griff die aktuelle Thematik des Dauerbrenners Torwart 1a, 1b im Vorfeld der WM 2006 auf, als sich Jürgen Klinsmann für Jens Lehmann als Nr. 1 im deutschen Tor entschied: Oliver Kahn und Waldemar Hartmann (Sportreporter, Waldi genannt) sitzen an einem Sommertag im Paulanergarten. Kahn ist offensichtlich schlecht gelaunt. Waldi bestellt zwei Weißbier. Als die Bedienung zwei Paulaner Hefe-Weißbier auf den Tisch stellt, hellt sich Kahns Miene auf. Mit einem breiten Lächeln schaut die Nummer 2 im deutschen WM-Tor zu Waldi rüber und sagt: „Weißt Waldi, auf der Bank ist es halt doch am schönsten."

Selbst wenn der eine oder andere Zuschauer versucht, dem gewöhnlichen - in der Spielunterbrechung gesendeten - Werbeblock durch „Zapping“ zu entgehen, wird ihm das zumindest bei programmintegrierter Werbung kaum gelingen, also jener Werbung, die eine untrennbare Symbiose mit dem Programm eingeht und oft auch nur unbewusst als Werbung wahrgenommen wird. Gerade im Rahmen von Sportübertragungen kommen „Split-Screening“, virtuelle Werbung[94], Bandenwerbung und Presenting[95] als Werbeformen zum Tragen. Aber selbst in Zeiten, in denen der Werbemarkt boomte, konnten die Preise für die Übertragungsrechte nicht refinanziert werden. Nach dem lang anhaltenden und stetigen Wachstum im Werbemarkt[96], das 2000 seinen Höhepunkt erreichte, blickt die Branche seit 2001 düster drein. Ausschlaggebend für die Einbrüche sind die Kürzungen der Werbeaufwendungen im Vergleich zum Vorjahr um 39 % in der Telekommunikationsbranche, um 30 % im Bereich der Finanzanlagen, bei Onlinedienstleistungen um 16 % und beim E-Commerce um 47 %.

Um eine Vorstellung von dem zu erhalten, was die Ausstrahlung von Werbung dem Sender einbringt, folgen exemplarisch ausgewählte Daten: Die Fernsehübertragung der WM Halbfinalbegegnung zwischen Deutschland und Italien am 04.07.2006 verfolgten knapp 30 Millionen ZDF-Zuschauer (29,66 Millionen, das entspricht einem Marktanteil von 84,1 Prozent). Der Spitzenwert von 31,31 Millionen Zuschauern wurde in der Verlängerung erreicht[97]. Das ist der höchste gemessene Zuschauerwert in Deutschland seit Einführung der personenbezogenen Reichweitenmessung[98]. Auch diese Daten zeigen, dass das Geschäft Fußball ein enormes wirtschaftliches Potential aufweist.

Hingegen kam es bei AOL durch Boris Becker, und bei der Telekom durch das vermeintliche Doping von Jan Ullrichs zu großen Imageverlusten, so dass die Werbespots abgesetzt und teilweise sogar gekündigt worden sind.

94 Virtuelle Werbung ist das Abbilden von Produkten, Logos, Marken- und Firmennamen sowie 3-D-Animationen, die in der filmisch abgebildeten Realität nicht vorhanden sind. *Duvange*, 10. Weiterführend zur virtuellen Werbung: *Ladeur*, Virtuelle Werbung in Sportübertragungen, SpuRt 2000, 45 ff. und 100 ff.

95 Unter Presenting versteht man einen 5 bis 7- Sekunden - Trailer zu Beginn und Ende der Sendung sowie bei Nachrichtenunterbrechung der auf das Engagement des Gezeigten hinweist.

96 *Engländer*, Media Perspektiven 2002, 242.

97 <http://www.focus.de/sport/fussball/wm2006/einschaltquote_nid_31449.html> (Stand: 05.07.2006, letzter Zugriff: 04.06.2007).

98 Geese/Zeughardt/Gerhard, Media Perspektiven 2005, 454.

Werbeinselschema ZDF[99] für Samstag, 24.06.2006 - Deutschland – Schweden

Uhrzeit	Umfeld	Tarif (Euro/30 Sekunden)
15.25	Vorbericht	
16.05	Werbeblock	24.000
16.10	Vorbericht	
16.45	Werbeblock vor der 1. Halbzeit	255.000
17.00	1. Halbzeit	
17.45	Werbeblock	255.000
17.55	Werbeblock vor der 2. Halbzeit	255.000
18.00	2. Halbzeit	255.000

Werbeinselschema ZDF[100] für Dienstag, 04.07.2006 - Halbfinale Deutschland – Italien als auch Samstag, 08.07.2006 - Spiel um den 3. Platz Deutschland – Portugal

Uhrzeit	Umfeld	Tarif (Euro/30 Sekunden)
19.00	heute/Wetter	
19.20	Werbeblock	36.000
19.25	WM-Studio aus der ZDF-Arena Vorberichte des jeweiligen Spiels	
19.50	Werbeblock	49.500
19.55	Vorberichte	
21.00	Anstoß des Spieles	

99 <http://www.zdf-werbefernsehen.de/sport/ctb_uploads_documents/WM_2006_001.pdf> (Stand: 16.12.2006, letzter Zugriff: 04.06.2007).

100 An dieser Stelle sei bemerkt, dass die öffentlich-rechtlichen Sender nach § 16 Abs. 1 S. 1, 3 RSTV einem Werbezeitlimit von grundsätzlich maximal 20 Minuten werktäglich vor 20.00 Uhr unterliegen.

Teil 2 Rechtliche Einordnung

Nach dem Einblick in den wirtschaftlichen Hintergrund des Fußballgeschäfts gilt es darzustellen, wie der Sportler daran partizipiert. Er ist zwar einer der Leistungserbringer, aber erhält er eine angemessene Vergütung? Exemplarisch genannt seien hier nur die Grundgehalte (!) für das Jahr 2006 von Michael Ballack 9,4 Millionen Euro, Ronaldinho 8,5 Millionen Euro und David Beckham 8,0 Millionen Euro[101]. Aufgrund der Millionenverträge der Sportler könnte man meinen, sie erhielten mehr als genug. Sie bedürften keines näheren Schutzes im Hinblick auf die Nutzung ihrer Persönlichkeitsmerkmale. Zu berücksichtigen ist jedoch, dass der Lizenzfußballer seinen Sport auf einem gewissen Leistungsniveau nur über einen beschränkten Zeitraum betreiben kann.

In diesem Teil sollen deshalb folgende Fragen geklärt werden: Hat der Sportler hinter der Position „Verdienst" weitere Interessen, die schützenswert sind? Sind seine Leistungen ausreichend geschützt? Was kann der Klub als Arbeitgeber von seinem Sportler fordern? Beim Lesen des DFB - Musterarbeitsvertrages könnten Assoziationen an die Zeiten des Sklavenhandels im alten Rom auftreten. Maßgebend ist hier nicht der Leistungsaustausch im Arbeitsverhältnis zwischen dem Sportler und seinem Verein. Es geht nicht um den Abruf einer sportlichen Höchstleistung, wenn der Arbeitgeber diese anordnet, sondern darum, wer an der Leistung und deren mittelbaren Auswirkungen (der Schaffung des Starkults, dem Merchandising etc.) finanziell beteiligt werden sollte. Aus den Regelwerken der Fußballverbände[102] ergibt sich nur, dass der Verband zur Nut-

---

101 Bei den Gesamteinnahmen, insbesondere durch Werbeeinnahmen, kommt Michael Ballack nur auf Platz fünf in Europa mit 13,4 Millionen Euro, Spitzerreiter ist mit 23,5 Millionen Euro Ronaldinho, gefolgt von David Beckham mit 23,2 Millionen und Ronaldo mit 18, 6 Millionen Euro. Vgl. *O. V.*, Ballack weltweit Top-Verdiener, <http://www.sportbild.de/sportbild/generated/article/fussball/2007/03/30/5870300000.html> (Stand: 20.03.2007, letzter Zugriff: 10.07.2007). Beim FC Bayern München verdienen selbst (noch) weniger bekannte Spieler schon ein Millionengehalt, z.B. der 22jährige Christian Nell oder der 25jährige Andreas Görlitz (1,2 Millionen). *O. V.*, Die Gehaltsliste in München, Sportbild vom 13.06.2007, 28 f.

102 **Art. 72 FIFA Statuten**: Rechte
Die FIFA, ihre Mitglieder und die Konföderationen sind ohne inhaltliche, zeitliche, örtliche und rechtliche Einschränkung originäre Eigentümer aller Rechte, welche an den Wettbewerben und sonstigen Veranstaltungen, die in ihren Zuständigkeitsbereich fallen, entstehen können. Zu diesen Rechten gehören insbesondere Vermögensrechte aller Art, audiovisuelle und hörfunktechnische Aufnahme-, Wiedergabe- und Ausstrahlungsrechte, multimediale Rechte, Marketing- und Promotionsrechte und Immaterialgüterrechte wie Kennzeichen- und Urheberrechte.
Das Exekutivekomitee entscheidet über die Art und Weise der Verwertung und über den Umfang der Nutzung dieser Rechte und erlässt zu diesem Zweck spezielle Bestimmungen. Das Exekutivekomitee entscheidet, ob es diese Rechte alleine, zusammen mit Dritten oder durch Dritte verwerten lassen will. <http://de.fifa.com/aboutfifa/federation/statutes.html> (in der Fassung vom 01.08.2006, letzter Zugriff: 04.06.2007).

zung der Rechte berechtigt ist. Der Sportler bleibt unerwähnt. Sofern der Sportler erwähnt wird, hat er sämtliche „Rechte“[103] abgetreten. Abtretbar sind jedoch nur Forderungen, also Bestandteile des Vermögens. Das lässt wiederum die Frage zu, ob es sich tatsächlich um Vermögen handelt, oder ob Abwehransprüche nicht geltend gemacht werden können.

Zum Vergleich nur die Fassung vom 04.07.1996, Art. 49 Abs. 1 FIFA Statuten: Die FIFA, ihre Verbände, Konföderationen und Klubs sind Eigentümer aller exklusiven Rechte der audiovisuellen oder rundfunktechnischen direkten, zeitverschobenen oder zusammenfassenden Übertragungen von Veranstaltungen, die in ihren jeweiligen Zuständigkeitsbereich fallen.
Art. 47 UEFA Statuten: Verwertung von Rechten
Die UEFA verwertet alle Rechte, die ihr allein und/oder mit Dritten zustehen, wozu u.a. gehören: Vermögensrechte aller Art, Immaterialgüterrechte, Rechte für audiovisuelle und hörfunktechnische Ausstrahlung mittels Bild- und Tonträgern aller Art (inkl. aller technisch bereits entwickelten oder noch zu entwickelnden Verfahren zur Wiedergabe von Computerbildern mit/ohne Ton wie Internet, Online-Diensten etc.), einschliesslich [sic!] der Herstellung, Vervielfältigung und Verbreitung von Ton-, Bild-, Bildton- und sonstigen Datenträgern jeglicher Art, sei es durch die UEFA selbst oder durch Dritte.
Die UEFA kann zur Erreichung dieses Zwecks selbst und/oder mit Dritten Unternehmungen gründen und/ oder betreiben, wozu sie sich aller nach dem schweizerischen Recht zulässigen juristischen Personen bedienen kann.
Art. 48 UEFA Statuten: Audiovisuelle und Hörfunkübertragungen
Die UEFA und ihre Verbände besitzen für die Spiele, die in ihren Zuständigkeitsbereich fallen, das ausschließliche Recht, sie mittels Bild-, Ton und sonstiger Datenträger jeglicher Art (auch zukünftige, heute noch nicht bekannte) zu verbreiten und zu nutzen sowie Dritten zu bewilligen, sei es direkt, zeitversetzt, ganz oder in Ausschnitten… <http://de.uefa.com/newsfiles/64675.pdf> (in der Fassung vom 26.01.2007, letzter Zugriff: 04.06.2007).
In der **Satzung der Deutschen Fußball Liga GmbH** findet sich in **§ 2 Abs. 1.3**. Gegenstand ist „die exklusive Vermarktung im eigenen Namen der sich aus der vom DFB an die „Die Liga - Fußballverband e.V.“ und von diesem der Gesellschaft zur Nutzung überlassenen Vereinseinrichtungen Bundesliga und 2. Bundesliga ergebenden Rechte einschließlich deren gerichtliche Geltendmachung. Zur Vermarktung zählen u.a. die abschließende Verhandlung von Verträgen über die Vergabe von Rechten an Spielen der Lizenzligen für Fernseh- und Hörfunkübertragungen, für alle anderen Bild- und Tonträger, künftige technischer Einrichtungen jeder Art, in jeder Programm- und Verwertungsform und über vergleichbare Vermarktungsrechte von erheblichem Umfang“. Selbst in § 9 der Ordnung für die Verwertung kommerzieller Rechte (OVR), deren Name eine wohl zu hohe Erwartung an Klärung erzeugte, fehlt es an einer Begriffsbestimmung, obwohl das Recht über die Fernseh- und Hörfunkübertragungen von Spielen genannt wird, die sich im Verantwortungsbereich des Ligaverbandes befinden. <http://www.bundesliga.de/de/dfl/interna/index.php> (Stand: 23.08.2004, letzter Zugriff: 04.06.2007).

103 Diese Position wird zunächst untechnisch als „Recht“ bezeichnet. Im Laufe der Arbeit wird eine Einordnung erfolgen.

§ 1 Die Umschreibung des Persönlichkeitsrechts

Um die aufgeworfene Frage zu beantworten, muss zunächst folgende Frage geklärt werden: Was ist das für ein Recht, das die Persönlichkeit schützt? Eine gesetzliche Regelung, die die Verwertung persönlichkeitsrechtlicher Positionen erschöpfend erfasst, fehlt in der deutschen Rechtsordnung. Das 1900 in Kraft getretene Bürgerliche Gesetzbuch enthält bis heute keine positiv-rechtliche Regelung des allgemeinen Persönlichkeitsrechts. Selbst § 823 BGB schützt nur einzelne Persönlichkeitsmerkmale. So wird der Schutz der Ehre über § 823 Abs. 2 BGB in Verbindung mit den Schutzgesetzen der §§ 185 ff. StGB gewährt. Darüber hinaus hat der Gesetzgeber für Teilbereiche wie das Bildnis (§§ 22 ff. KUG) oder den Namen (§ 12 BGB) Schutzvorschriften geschaffen.

Mit der Einfügung des § 201a StGB reagierte der Gesetzgeber auf die technischen Möglichkeiten, und erweiterte den Schutz des höchstpersönlichen Lebensbereichs, indem bereits die unbefugte Herstellung[104] von Bildaufnahmen sanktioniert wird.

Eine Definition des Begriffs Persönlichkeit findet sich im Bürgerlichen Gesetzbuch nicht. Allerdings weisen einzelne Vorschriften Anknüpfungspunkte auf. Einen Ansatz mag man allenfalls in der in § 1 BGB normierten Rechtsfähigkeit des Menschen sehen, wonach der Mensch nur als Rechtssubjekt erscheint. Hingegen wird in Art. 2 Abs. 1 GG an die freie Entfaltung der Persönlichkeit angeknüpft. Die Persönlichkeit ist folglich ein unbestimmter Begriff, der konkretisiert werden muss. Denn das, was rechtlich „die Persönlichkeit" umfasst, ist tatsächlich zu vielschichtig. Offensichtlich unterblieb eine Normierung infolge der Schwierigkeit der begrifflichen Erfassung.

Die Vielfältigkeit des Begriffs Persönlichkeit setzt sich bei den Bezeichnungen[105] fort: verdinglichte oder einer Vergegenständlichung zugängliche Persönlichkeitsdetails[106], vergegenständlichte oder zur Fixierung geeignete Persönlich-

---

104 Die Vorschriften des KUG sanktionieren die unerlaubte Verbreitung und Zurschaustellung von Bildnissen, vgl. dazu Teil 2 § 2 A. I. In der Praxis ist der Schutz des Betroffenen nicht effektiv, daher wohl auch die erheblichen Rechtsverstöße, da die Medien erst nach der Veröffentlichung mit rechtlichen Schritten rechnen müssen. *Schertz* (AfP 2005, 421, 428) begrüßt die zusätzliche strafrechtliche Sanktionierung, meldet aber Zweifel an der faktischen Wirkung des § 201a StGB an. Immerhin scheuen die Betroffenen eine rechtliche Auseinandersetzung mit den Medien, aber möglicherweise ändert eine strafrechtliche Auseinandersetzung die bei zivilrechtlichen entstandene „Business as usual Einstellung". Auch *Mitsch* (Jura 2006, 117 ff.) begrüßt grundsätzlich die Einführung des neuen Straftatbestandes, kritisiert jedoch zugleich die Unbestimmtheit und die Strafbarkeitseinschränkung (besonders geschützter Raum oder höchstpersönlicher Lebensbereich).

105 Es handelt sich hierbei nur um eine beispielhafte jedoch chronologische Aufzählung. Eine (noch) größere Übersicht ist bei *Lichtenstein*, 111 f. zu finden. Eine rechtliche Qualifizierung ist damit zunächst nicht verbunden, daher unterbleibt hier ein Einordnungsversuch.

106 *Schlechtriem*, DRiZ 1975, 65, 66.

keitsdetails[107], vergegenständlichte Persönlichkeitsmerkmale[108], Objektivierungen der Persönlichkeit[109], Objektivierungen von Teilaspekten der Person[110], Persona[111], Identitätsmerkmale oder Assoziationsmerkmale[112], persönliche Ausprägungen[113], Persönlichkeitsgüter[114], Persönlichkeitsdetails[115], Persönlichkeitselemente[116], Identifizierungszeichen[117], Identifizierungsmittel[118], kennzeichnende Persönlichkeitsmerkmale[119], Gegenstände mit nahem Persönlichkeitsbezug[120], wirtschaftlich nutzbare verdichtete Ausprägungen[121], persönlichkeitsrechtliche Positionen[122], Persönlichkeitsabdruck[123] oder Persönlichkeitsbild[124] etc.

Die Vielzahl der Bezeichnungen zeigt bereits, dass der Kreis der „persönlichkeitsrechtlichen Positionen" ein offener ist und entwicklungsbedingt offen bleiben muss. Der Schutz wird deshalb durch ein flexibles, nicht durch ein starres, System effektiver gewährleistet, da sich dieses dem technischen Fortschritt besser anpassen kann. Dennoch muss der Kreis der infrage stehenden Positionen bestimmbar sein.

Fest steht, dass sich aus der Begriffssammlung zwei maßgebende Aspekte für eine kriteriengeleitete Bestimmung der „persönlichkeitsrechtlichen Position" entnehmen lassen: Gegenständlichkeit und Identifizierbarkeit. Insbesondere bei den etwas älteren Bezeichnungen[125] wird Wert auf „vergegenständlicht" oder „objektiviert" gelegt. Gegenwärtig wird zunehmend auf die Identifizierung/Identifikation abgestellt. So deuten Gegenstand bzw. Objektivierbarkeit auf die Wahrnehmbarkeit hin, die mit der sozialtypischen Offenkundigkeit des Herrschaftsrechts zusammenhängt[126]. Die Identifizierung dient zudem der Zuordnung. Bei Namen (z.B. Gerd Müller) kann die eindeutige Zuweisung fehlen, al-

107 *Schlechtriem*, FS Hefermehl, 445, 449.
108 *Brehmer/Voegeli*, JA 1978, 374, 380.
109 *Forkel*, FS Neumayer, 229, 242.
110 *Forkel*, GRUR 1988, 491, 498.
111 *Magold*, 7.
112 *Seemann*, 148.
113 *Krneta*, GRURInt. 1996, 298, 300.
114 *Beuthien*, NJW 2003, 1220, 1222.
115 *Ullmann*, AfP 1999, 209, 214.
116 *Schlechtriem*, FS Hefermehl, 445, 452; *Götting*, 134; *Ullmann*, AfP 1999, 209, 210; *Wandtke*, GRUR 2000, 942, 947.
117 *Peifer*, 156.
118 *Peifer*, 252.
119 *Jacobs*, WRP 2000, 896,
120 *Beuthien/Hieke*, AfP 2001, 353, 355.
121 *MünchKomm/Rixecker*, § 12 BGB Anh. Rdnr. 128.
122 *Ahrens*, 61.
123 *Beuthien*, NJW 2003, 1220, 1221.
124 *Beuthien*, NJW 2003, 1220, 1222.
125 Vgl. die Fußnoten 106 bis 110.
126 Auf eine rechtliche Einordnung kommt es hier noch nicht an. Ob das Kriterium „Gegenständlichkeit" im Zusammenhang mit dem Persönlichkeitsrecht als Herrschaftsrecht (noch) relevant ist, wird an anderer Stelle erörtert, vgl. Teil 2 § 5 B. III. 1.

lerdings kann sich durch eine Merkmalskombination (z.B. der Fußballer Gerd Müller) der entsprechende, eindeutige Rückschluss ergeben.

Um jedoch den Schutzbereich eines Rechts festzulegen, muss zumindest eine ungefähre Umschreibung des Begriffs Persönlichkeit erfolgen: Das Schutzobjekt ist ein Bestandteil der lebenden Person. Unter Persönlichkeit versteht man das Steuerungssystem des Menschen, welches mit einer Seele, einem Bewusstsein der eigenen Identität, der Vernunft, dem freien Willen sowie individuellen geistigen und musischen Anlagen ausgestattet ist[127]. Jede Person zeichnet eine unverwechselbare Eigenart aus. Allein der Mensch kann bewusst entscheiden, ob, wann, wie und wo er etwas tut oder unterlässt. Diese individuelle personale Identität - diese Selbstbestimmung - prägt die Persönlichkeit. Aber was wiederum umfasst der Begriff Selbstbestimmung? Bedeutet dies: Ich bestimme selbst (über wen oder was) oder ich bestimme über mich selbst? Letzteres dürfte für das Verständnis in unserem Kulturkreis am ehesten geeignet sein. Zudem wird diese Umschreibung begrifflich auch nicht jenen zu wider laufen, die meinen, die Selbstbestimmung sei nur in einem gewissen Rahmen zulässig. Dass die Freiheit des Einzelnen nicht allumfassend sein kann und darf ist unbestritten. Problematisch ist insbesondere, dass der Schutz einer Person die Entfaltungsfreiheit (Art. 2 Abs. 1 GG) einer anderen Person tangieren kann. Daher erscheint die Umschreibung des Selbstbestimmungsrechts als die Bestimmung über sich selbst zutreffender[128]. Dadurch wird deutlich, dass es um die *eigene* Person geht, und dass das Selbstbestimmungsrecht die Verletzung anderer nicht umfasst. Es geht letztendlich um die eigenverantwortliche Wahrnehmung und die rechtliche Durchsetzbarkeit bestimmter Persönlichkeitsinteressen. Das bedeutet aber auch, dass das Persönlichkeitsrecht nicht auf einen Minimalschutz ausgerichtet ist[129].

Mit dem Begriff „Entfaltung" (wie in Art. 2 Abs. 1 GG normiert) wird ein gestaltender, bewusst handelnder Mensch assoziiert, ihm wohnt ein aktives Element inne[130]. Mithin bedeutet Entfaltung ein individuelles Gestalten, frei zu entscheiden, was man tut oder lässt, sofern man die Rechte anderer nicht verletzt. Insoweit geht der Schutzbereich über den eines reinen Abwehrrechts hinaus[131].

§ 2 Das Schutzbedürfnis des Sportlers

Die Materie der „Stars" und der „Promis" ist stark von kommerziellen Aspekten geprägt, so dass sie bei wirtschaftlicher Betrachtung immense finanzielle Werte präsentieren kann, an deren Verteilung wiederum ein großes Interesse besteht. Es entbehrt nicht der inneren Logik, wenn diese faktisch vorhandenen Werte nicht von einem beliebigen Dritten abgeschöpft werden sollen, sondern demje-

127 *Beuthien/Schmölz*, 62.
128 So bereits *Baston-Vogt*, 219.
129 *Baston-Vogt*, 103.
130 *v. Münch/Kunig - Kunig*, Art. 2 GG Rdnr. 11.
131 Wie weit der Schutz reicht, wird noch zu erörtern sein.

nigen rechtlich zugeordnet werden, auf dessen Investition sie beruhen. Dass ein effektiver Schutz wünschenswert ist, ist eines, ob er rechtlich erforderlich ist, etwas anderes. Es ist deshalb zunächst zu fragen, warum der Sportler schützbedürftig ist. Anschließend wird die Frage beantwortet, wie dieser Schutz ausgestaltet sein müsste.

A. Ein Recht infolge der bildlichen Darstellung als Teilnehmer des Spiels

Es gibt verschiedene Verwertungsformate der Persönlichkeit. Da die Bildnisverwertung bei der Kommerzialisierung von Persönlichkeitsrechten eine Vorreiterrolle einnimmt, folgt zunächst die Betrachtung der Reichweite des Bildnisschutzes.

I. Bildschutz nach §§ 22 ff. KUG

Nach § 22 S. 1 Alt. 1 KUG dürfen Bildnisse nur mit Einwilligung des Abgebildeten verbreitet oder öffentlich zur Schau gestellt werden. Ein Bildnis ist die Wiedergabe der äußeren Erscheinung einer Person, durch die diese erkennbar ist[132], unabhängig vom Material der Abbildung. Folglich fällt auch das flüchtige, bewegte Bild bei der Übertragung im Fernsehen darunter[133]. Unter Verbreiten versteht man das In-Verkehr-Bringen einer Verkörperung des Bildnisses. Zwar sind die Fernsehbilder für den Zuschauer nicht greifbar, jedoch fällt die Ausstrahlung der Bilder unter den Begriff der öffentlichen Zurschaustellung, der unabhängig von einer verbleibenden Verkörperung auch das Zugänglichmachen des Anblicks umfasst[134].

§ 23 KUG regelt die Ausnahmen zum Einwilligungserfordernis, wobei hier Nr. 1 in Betracht kommt, Bildnisse aus dem Bereich der Zeitgeschichte. Nach ständiger Rechtsprechung[135] sind Sportler, so auch die Fußballspieler[136], „Perso-

---

132 BGH, Urt. v. 09.06.1965, Ib ZR 126/63, NJW 1965, 2148, 2149; *Schricker/Götting*, Anh. zu § 60/§ 22 KUG Rdnr. 14.

133 So auch *Rehbinder*, Rdnr. 857.

134 BGH, Urt. v. 16.09.1966, VI ZR 268/64, NJW 1966, 2353, 2354.

135 RG, Urt. v. 26.06.1929, I 97/29, RGZ 125, 80, 82 - Tull Harder; BGH, Urt. v. 26.06.1979, VI ZR 108/78, GRUR 1979, 732, 734 - Fußballtor - wobei beide Gerichte auf „bekannte Fußballspieler“ abstellen - anders dagegen (auf Bundesligaspieler abstellend): BGH, Urt. v. 20.02.1968, VI ZR 200/66, BGHZ 49, 288, 292 f. - Ligaspieler; BGH, Urt. v. 06.02.1979, VI ZR 46/77, GRUR 1979, 425, 426 - Fußballspieler.

136 Das gilt zumindest für die Spieler der 1. und 2. Bundesliga. Der Bekanntheitsgrad des Sportlers soll dabei keine Relevanz haben. Das ist zutreffend, denn § 23 KUG stellt nicht auf die „Bekanntheit“ einer Person, sondern auf „Person der Zeitgeschichte“ ab, so dass bereits die erstmalige Teilnahme eines Sportlers an einem die Öffentlichkeit interessierenden Sportereignis genügt, um ihn als Person zu Zeitgeschichte einzuordnen.

nen der Zeitgeschichte“ und müssen somit grundsätzlich die Veröffentlichung ihres Bildnisses als Teilnehmer des Spiels durch eine Fernsehübertragung hinnehmen. Der EGMR[137] dagegen scheint eine andere Auffassung zu vertreten. Danach wäre der Begriff der absoluten Person der Zeitgeschichte auf Politiker in amtlicher Funktion begrenzt. Die mit dem Urteil implizierte Aussage, alle Nichtpolitiker seien keine Personen der Zeitgeschichte, ist jedoch zu pauschal. *Nolte* kritisiert den EGMR, denn das Gericht verkenne die Interessenabwägung im Rahmen des §§ 22, 23 KUG und führe so eine präjudizierende Gewichtung des allgemeinen Informationsinteresses herbei[138]. Schließlich könne es erhebliche Abgrenzungsschwierigkeiten geben, sofern es Politiker gebe, die Sport treiben und Sportler, die in der Politik tätig sind. Deshalb sollte man vom Wortlaut des § 23 KUG - Bildnisse aus dem Bereich der Zeitgeschichte - ausgehen, abzustellen ist zutreffend auf die zeitgeschichtliche Bedeutung des Bildnisses. Ein allgemeines Informationsinteresse bestehe unabhängig von der Qualität der Information und damit auch für sportliche Angelegenheiten[139]. Übersehen wird, dass es einer einzelfallbezogenen konkreten Abwägung zwischen den Interessen bedarf. Der EGMR fordert nichts anderes.

Die grundsätzlichen Bedenken des EGMR bezüglich der Beschränkung des Schutzes der Privatsphäre bei sog. absoluten Personen der Zeitgeschichte nahm der BGH[140] zur Kenntnis und wies zu Recht auf das abgestufte Schutzkonzept[141] hin: Eine relative Person der Zeitgeschichte, also eine Person, die durch ein bestimmtes zeitgeschichtliches Ereignis Interesse auf sich gezogen habe, darf ohne ihre Einwilligung nur im Zusammenhang mit dem Ereignis abgebildet werden. Bei der absoluten Person der Zeitgeschichte, die allein wegen ihres Status und ihrer Bedeutung Aufmerksamkeit finde, also Gegenstand der Zeitgeschichte ist, darf grundsätzlich berichtet werden. Aber auch sie habe ein Recht auf Privatsphäre[142].

Damit ist die Rechtsfigur „die absolute Person der Zeitgeschichte“ relativiert worden. Das entspricht dem Grundsatz des § 23 Abs. 2 KUG, wonach sich die Befugnis nicht auf die Verbreitung und Schaustellung erstreckt, durch die ein berechtigtes Interesse des Abgebildeten verletzt wird.

Bei der Interessenabwägung zwischen dem Informationsinteresse der Öffentlichkeit und dem Interesse des Abgebildeten am Schutz seiner Privatsphäre kommt es insbesondere auf den Informationswert an. Der Schutz des Betroffe-

---

So *v. Westerholt*, ZIP 1996, 264; *PHB SportR/Summerer*, 4. Teil Rdnr. 125; *Schricker/Götting*, § 60/§ 23 KUG Rdnr. 29.

137 EGMR, Urt. v. 24.06.2004 - 59320/00, GRUR 2004, 1051 ff. (von Hannover/Deutschland) siehe dazu Teil 2 § 3 B. II. 1. Fn. 540.

138 *Nolte*, in: Persönlichkeitsrechte im Sport, 13, 22. Er sieht die Begriffsjurisprudenz als wenig hilfreich an.

139 BVerfG, Urt. v. 17.02.1998, 1 BvR 1/91, BVerfGE 97, 228, 257.

140 BGH, Urt. v. 06.03.2007, VI ZR 13/06, GRUR 2007, 523, 525.

141 BGH, Urt. v. 06.03.2007, VI ZR 13/06, GRUR 2007, 523, 524.

142 BGH, Urt. v. 06.03.2007, VI ZR 13/06, GRUR 2007, 523, 524.

nen überwiegt, je geringer der Informationswert ist. Das Schutzinteresse an bloßer Unterhaltung oder an einen Bericht, der nicht über die Befriedigung bloßer Neugier der Konsumenten hinausgeht, tritt regelmäßig hinter dem Interesse am Schutz der Privatsphäre zurück[143]. Insofern wird das Schutzkonzept den Anforderungen des EGMR gerecht. Der BGH merkt dazu - zu Recht - kritisch an, dass sich dies „bei richtigem Verständnis bereits aus dem abgestuften Schutzkonzept“ [144] des § 23 KUG ergibt.

Die berechtigten Interessen des teilnehmenden Sportlers und das Publikationsinteresse stehen folglich in einem Spannungsverhältnis. Bei der Interessenabwägung ist deshalb stets zu unterscheiden, ob das Informationsinteresse der Allgemeinheit oder etwa die Unterhaltung in Verbindung mit der kommerziellen Verwertung im Vordergrund steht. Diese Abgrenzung bereitet teilweise Schwierigkeiten, wie z.B. auch der Begriff „Infotainment“[145] nahe legt. Dennoch erscheint eine Differenzierung nach dem Informationsträgermedium möglich, sofern sich kommerzielle und informatorische Interessen überschneiden[146]. Bestimmte Medien sind besser geeignet, um das dem Schutzinteresse des Abgebildeten überwiegende Informationsinteresse zu begründen, so z.B. die Printmedien und das Fernsehen. Anders verhält es sich hingegen bei Sammelbildern und Computerspielen, bei Kalendern und Büchern, wo es auf das Konzept ankommt. Bei der sog. Sammelbild - Entscheidung[147] erklärte der BGH, dass das Informationsinteresse hinter dem Bestreben, Bildnisse der beliebten Sportler zu erlangen, zurücktrete.

Anders urteilte der BGH in der sog. Wandkalender - Entscheidung[148]. In den Entscheidungsgründen verwies das Gericht darauf, dass das Informationsinteresse überwiege, denn schließlich enthalte der Kalender insgesamt die Darstellung der Bewegungsdynamik kampfbetonter Aktionen in Fußballspielen; auch ein ei-

---

143 BGH, Urt. v. 06.03.2007, VI ZR 13/06, GRUR 2007, 523, 526.
Um dies zu verdeutlichen, sei hier ein Beispiel aus der neueren Rechtsprechung aufgeführt: Es bestehe kein berechtigtes öffentliches Interesse an der Abbildung von Lukas Podolski an einem mallorquinischen Strand wenige Tage nach der Beendigung der Fußballweltmeisterschaft, wenn sich die Wort- und Bildberichterstattung in der Wiedergabe eines privaten Strandaufenthalts erschöpfe. Ein besonderer Bezug zu dieser könne nicht durch eine Bildunterschrift „unser Torjäger“ hergestellt werden. So zutreffend das LG Berlin, Urt. v. 12.09.2006, 27 O 856/06, GRUR-RR 2007, 198, 199.

144 BGH, Urt. v. 06.03.2007, VI ZR 13/06, GRUR 2007, 523, 525.

145 Aus dem Englischen *inf*ormation und enter*tainment.* Damit wird die Verbreitung von In formationen zur Unterhaltung bezeichnet, die über bloße Nachrichten hinausgehen.

146 *Fikentscher, A.*, in: Persönlichkeitsrechte im Sport, 27, 34 f.

147 BGH, Urt. v. 20.02.1968, VI ZR 200/66, BGHZ 49, 288, 294. Der Hintergrund der Entscheidung war, dass jemand Einzelbildnisse von Bundesligafußballers zusammenstellte und diese vertrieb.

148 BGH, Urt. v. 06.02.1979, VI ZR 46/77, NJW 1979, 2203, 2204. Dort wurde ein Bildnis eines Zweikampfs vom Spielführer der deutschen Nationalmannschaft Franz Beckenbauer als Titelblatt eines Fußballkalenders verwendet.

genes wirtschaftliches Interesse des Herausgebers mindere nicht das Informationsinteresse.

Trotz des zu konstatierenden zunehmenden Unterhaltungswertes des Fußballsports in den letzten Jahren ist davon auszugehen, dass die Fernsehberichterstattung primär dem Informationsinteresse dienen soll und folglich einwilligungsfrei bleibt[149]. Teilweise wird jedoch die Auffassung[150] vertreten, dass das Informationsinteresse durch die Kurzberichterstattung gewahrt werde, und alle darüber hinausgehenden Berichte die Zustimmung des Sportlers bzw. des Veranstalters erfordern. Als Grund gibt *Wertenbruch*[151] den Widerspruch zu den Verwertungsinteressen der Sportler respektive der Veranstalter an. Die sich daran anschließende Frage, wie denn die Zustimmung bei Mannschaftssportarten aussehe, sei nur von theoretischer Natur, da diese dem Arbeitgeber bzw. dem Veranstalter überlassen werde. Da die Frage des „wie" insofern ungeklärt bleibt, soll mangels Regelung auf die vom BGH in der sog. Opernorchester - Entscheidung[152] entwickelten Grundsätze zurückgegriffen werden. Danach müsse nicht jeder zustimmen, sondern die Zustimmung eines Vertretungsorgans sei ausreichend. Der Ansatz als solcher erscheint zunächst zutreffend, jedoch vermag dies aufgrund der fehlenden Begründung des Verwertungsinteresses und der nur angedeuteten Konsequenzen nicht - jedenfalls nicht so - zu überzeugen. Letztlich kommt *Wertenbruch* zu dem Schluss, dass das Recht am eigenen Bild „im Ergebnis nur bedingt Grundlage für Fernseh-Übertragungsrechte"[153] sei.

Da der Fußballspieler sich dem Fernsehzuschauer wie auch dem Publikum im Stadion in seiner Funktion als Sportler darstellt, lässt auch der Hinweis auf das „Zeitalter der Vermarktung des Rechts am eigenen Bild"[154] keine andere Betrachtung zu. Bei der Übertragung eines Fußballspiels wird zwar Werbung gesendet. Der Sender nutzt die teilnehmenden Spieler insoweit auch mittelbar zur kommerziellen Verwertung, aber dass der Sender sich den Bekanntheitsgrad insofern zu Nutze macht und ein erhöhtes Entgelt für den ausgestrahlten Werbespot verlangen kann, liegt nicht nur an einem beteiligten Spieler, sondern auch an dem großen Publikumsinteresse am Spiel selbst. Allerdings gestattet § 23 Abs. 2 KUG nicht, dass Bilder von Sportlern ohne deren Einwilligung zu kommerziellen Zwecken genutzt werden. Das bedeutet aber nicht, dass die §§ 22 ff. KUG ein wirtschaftliches Verwertungsinteresse des Abgebildeten schützen. In diesem Zusammenhang sei noch einmal darauf hingewiesen, dass das berechtigte Interesse nach § 23 Abs. 2 KUG nicht mit dem Interesse des Abgebildeten zu

149 *Hausmann*, BB 1994, 1089, 1090; *Haas/Reimann*, SpuRt 1999, 182, 184.

150 *Wertenbruch*, SpuRt 2001, 185, 186.

151 *Wertenbruch*, SpuRt 2001, 185, 186.

152 BGH, Urt. v. 31.05.1960, I ZR 64/58, BGHZ 33, 20, 30 ff.

153 *Wertenbruch*, SpuRt 2001, 185, 186.

154 *Roth*, AfP 1989, 515, 516. *Roth* deutet an, dass § 23 Abs. 2 KUG nicht mehr nur die Persönlichkeitssphäre schütze, sondern auch das wirtschaftliche Interesse des Abgebildeten umfasse.

verwechseln ist, an der Veröffentlichung wirtschaftlich beteiligt zu werden[155]. Folglich stellt die bildliche Darstellung des Fußballspielers bei der Übertragung eines Spiels im Fernsehen keine Verletzung des § 22 KUG dar.

II. Das allgemeine Persönlichkeitsrecht

Ein Recht des Sportlers, die bildliche Darstellung desselben bei der Teilnahme an einer Sportveranstaltung zu verhindern, könnte sich aus dem allgemeinen Persönlichkeitsrecht ergeben. Das allgemeine Persönlichkeitsrecht[156] wurde ursprünglich aus Art. 1 Abs. 1 GG und Art. 2 Abs. 2 GG abgeleitet. Es ist als sonstiges Recht des § 823 Abs. 1 BGB anerkannt. Die Subsidiarität des allgemeinen Persönlichkeitsrechts[157] steht der Anwendung nicht entgegen. Das Recht aus § 22 Abs. 1 S. 1 KUG bezieht sich ausweislich seines Wortlauts „Bildnisse dürfen nur mit Einwilligung des Abgebildeten verbreitet und öffentlich zur Schau gestellt werden“ auf die Verbreitung und der öffentlichen Zurschaustellung, nicht dagegen auf die Herstellung des Bildnisses. Folglich wird die ungestattete Aufnahme nicht von § 22 KUG erfasst, sondern könnte in den Anwendungsbereich des allgemeinen Persönlichkeitsrechts fallen.

Die Rechtsprechung entwickelte deshalb Fallgruppen[158], um eine uferlose Ausweitung des Schutzes zu verhindern. Die hier in Betracht kommende Individualsphäre schützt das Selbstbestimmungsrecht und bewahrt die persönliche Eigenart des Menschen in seinen Beziehungen zur Umwelt, nämlich in seinem öffentlichen, beruflichen und wirtschaftlichen Wirken[159]. Im Gegensatz dazu ist das Recht des Fernsehsenders, auf freie Berichterstattung aus Art. 5 Abs. 1 S. 2 GG zu berücksichtigen. Trotz des eng gefassten Wortlauts des Art. 5 GG „Berichterstattung“ umfasst die Rundfunkberichterstattung auch Sendungen außerhalb des Bereichs der eigentlichen Information und Meinungsbildung. Diese können durch Sendungen aller Art vermittelt werden[160], also auch durch eine Sportübertragung. Wenn der Einzelne in Kommunikation mit anderen tritt, ob durch seine Gegenwart oder durch konkretes Verhalten, können sich Einschränkungen seines ausschließlichen Bestimmungsrechts über seinen Privatbereich ergeben, jedoch nicht in seinem unantastbaren innersten Lebensbereich[161]. Der

---

155 BGH, Urt. v. 06.02.1979, VI ZR 46/77, NJW 1979, 2203, 2204.

156 An dieser Stelle soll nicht auf die Entwicklung des allgemeinen Persönlichkeitsrechts eingegangen werden, zumal es hier für die weiteren Ausführungen nicht ankommt, siehe Teil 2 § 3 B.

157 *Soergel/Beater,* § 823 BGB Anh. IV Rdnr. 10.

158 *Erman/Ehmann,* § 12 BGB Anh. Rdnr. 4 f.; *Soergel/Beater,* § 823 BGB Anh. IV. Rdnr. 34.

159 *Palandt/Sprau,* § 823 BGB Rdnr. 87.

160 BVerfG, Urt. v. 27.07.1971, 2 BvF 1/68, 2 BvR 702/68, BVerfGE 31, 314, 327; BVerfG, Urt. v. 05.06.1973, 1 BvR 536/72, BVerfGE 35, 202, 222 - Lebach.

161 BVerfG, Urt. v. 05.06.1973, 1 BvR 536/72, BVerfGE 35, 202, 220 - Lebach.

bei der Übertragung eines Spiels betroffene Bereich stellt einen Ausschnitt des beruflichen Lebens eines Sportlers dar, so dass der unantastbare Kernbereich grundsätzlich[162] nicht tangiert ist. Die Übertragung eines Fußballspiels im Fernsehen unter dem Aspekt der bildlichen Darstellung stellt damit keine Verletzung des allgemeinen Persönlichkeitsrechts dar[163]. Das ist insofern konsequent, als hier die gleichen Rechtsgüter abgewogen werden wie bei der Interessenabwägung im Rahmen des § 22 KUG. Eine andere Beurteilung wäre widersprüchlich, da dann die Verbreitung erlaubt wäre und die dazu erforderliche Herstellung des Bildnisses dagegen verboten bliebe. Demnach ergibt sich aus dem allgemeinen Persönlichkeitsrecht kein Recht des Sportlers, seine bildliche Darstellung bei einer Sportveranstaltung zu verhindern.

B. Ein Recht des Sportlers infolge seiner Darbietung

Die Ausübung des Sports und die Kommerzialisierung von Persönlichkeitsmerkmalen der Sportler stehen im unmittelbaren Zusammenhang.

I. Ein Urheberrecht

Die Darbietungen der Sportler können originell und damit ein Werk im Sinne des Urheberrechts sein. Daher gilt es zu klären, ob Urheberrechtsverletzungen in Betracht kommen. Sowohl Werke als auch Fußballspiele zeichnen sich mehr oder weniger durch Originalität aus. Originalität bedeutet Eigentümlichkeit, Individualität oder persönliche Prägung. Der Anknüpfungspunkt des Urheberrechts ist also das Werk. Der geistige Inhalt wird in eine Form „gegossen", so dass etwas Neues, noch nie Dagewesenes entsteht, ein abgrenzbarer geistiger Gegenstand, welcher durch individuelle Züge geprägt ist[164]. Daher erfordert die Anwendung des Urheberrechtsgesetzes zunächst ein Werk im Sinne des § 2 Abs. 2 UrhG, also eine persönliche geistige Schöpfung. Diese Definition ist *ausfüllungs*bedürftig; es muss sich um eine persönliche Schöpfung handeln, der ein geistiger Gehalt innewohnt, welcher wiederum in einer bestimmten Form Ausdruck gefunden hat. Teils wird behauptet, dass Fußball ein Wettkampf mit feststehenden Regeln ist, und dass es sich um eine ständige Wiederholung eines sportlichen Vorgangs handelt[165] und folglich die betroffenen sportlichen Leis-

162 Mit den Übertragungen sind „gewöhnliche" Übertragungen gemeint. Dies umfasst keine Berichte, die die Intimsphäre des Sportlers betreffen, z.B. besteht kein Informationsinteresse an „nackten Tatsachen" - etwa eine zerrissene Hose eines Sportlers. So das OLG Hamburg, ArchPR XVII 1972, 150 zitiert nach *Schricker/Götting*, § 60/§ 23 KUG Rdnr. 102.

163 Im Ergebnis so auch *Haas/Reimann*, SpuRt 1999, 182, 184; *Rehbinder*, Rdnr. 777.

164 *Rehbinder*, Rdnr. 53.

165 *Haas/Reimann*, SpuRt 1999, 182; *Hausmann*, BB 1994, 1089, 1090 jeweils m.w.N.

tungen keine persönlichen geistigen Schöpfungen und damit keine Werke sind[166].

Einhellig gehen Rechtsprechung[167] und Literatur[168] davon aus, dass das Urheberrecht keine unmittelbare Grundlage für ein Recht des Sportlers bildet. Im Ergebnis mag das noch überzeugen, die Begründungen dagegen weisen Defizite auf. Fraglich ist zunächst, ob man überhaupt von einer geistigen Schöpfung sprechen kann. Der geistige Inhalt muss in gedanklicher oder ästhetischer Art zum Ausdruck gebracht werden, unabhängig davon, ob dies in begrifflicher, anschaulicher oder hörbarer Form erfolgt. Häufig wird den Leistungen der Sportler eine „Geistigkeit“ abgesprochen, da es sich lediglich um „Zufallsprodukte“ handelt.

Osterwalder wendet sich gegen diese Einordnung. Er vergleicht sie einerseits mit abstrakten Kunstwerken, bei denen der Betrachter in der Regel „nicht erkennen [kann], ob das Werk tatsächlich dem geistigen Schöpfungsprozess des Präsentators entspringt, oder allenfalls von einem farbklecksenden Affen ...'geschaffen' wurde“[169]. Zum anderen könne man Bewegungsabläufen nicht aufgrund der Zufälligkeit, des Reflexes oder anderer Faktoren (Mitspieler, Gegenspieler, Spielregeln etc.) bedingte Bestimmtheit absprechen. Eine sportartspezifische Differenzierung sei auch nicht angemessen, es gebe keinen Grund einstudierte/eintrainierte Choreographien (wie beim Eiskunstlaufen) anders zu beurteilen als andere Darbietungen, wie die Spielzüge beim Fußball, und schon aus diesem Grund etwas geistig Vorgeformtes zu verneinen[170]. Nach *Osterwalder*[171] ist die sportliche Darstellung stets Ausfluss einer gedanklichen Auseinandersetzung des Sportlers mit sich selbst und den äußeren Umständen, wobei der Sportler negative äußere Umstände mit seinem Antizipations- und Konzentrationsvermögen möglichst zu minimieren bzw. zu seinen Gunsten zu nutzen sucht. Eine geistige Schöpfung liegt auch bei sportlichen Leistungen vor, ob diese „persönlich“ ist, ist dagegen eine weitere Frage, die es im Folgenden zu klären gilt.

---

166 *Fromm/Nordemann - Hertin*, § 73 UrhG Rdnr. 11, 17; *Schricker/Krüger*, § 73 UrhG Rdnr. 41, 11. Es mag Sportarten geben, bei denen etwas anderes gelten könnte, z.B. wenn das künstlerische Element im Vordergrund steht. So der BGH in den Eisrevue Entscheidungen I u. II (jeweils vom 18.03.1960, I ZR 121/58 bzw. I ZR 75/58, GRUR 1960, 604ff.). *Haas/Reimann*, SpuRt 1999, 182 Fußnote 3 und *Schricker/Krüger*, § 73 UrhG Rdnr. 10 meinen - zu Recht - das ginge zu weit. Der Umstand, dass es sich um eine künstlerische Choreographie handelt, die als „B-Note“ dem Unterstreichen der sportlichen (Höchst-)Leistung dient, findet zu wenig Berücksichtigung.

167 BGH, Urt. v. 14.03.1990, KVR 4/88, BGHZ 110, 371, 383.

168 *Haas/Reimann*, SpuRt 1999, 182; *Roth*, AfP 1989, 515, 516; *Wertenbruch*, SpuRt 2001, 185, 186; *Tumbrägel*, 54; *Hausmann*, BB 1994, 1089, 1090; *v. Westerholt*, ZIP 1996, 264.

169 *Osterwalder*, 181.

170 *Osterwalder*, 185.

171 *Osterwalder*, 187.

Was unter „persönlich“ zu verstehen ist, definiert das Gesetz nicht. Abzustellen ist auf die Individualität, gefordert ist also Eigenständigkeit. Die Bewegungsabläufe beim Sport sind allgemein typisch bzw. üblich, d.h. sie werden im weitesten Sinne durch das Regelwerk bedingt, das der einzelne Spieler zu berücksichtigen hat. Wären die Bewegungsabläufe bei jedem ohne Unterschied dieselben, könnte nicht mehr von *individuell* gesprochen werden. Routinemäßige Leistungen sind folglich nicht schutzfähig. Was aber versteht man unter *Routine*? Wann kann eine (sportlichen) Leistung als etwas *Besonderes* bezeichnet werden?

Der Gestaltungsspielraum des Sportlers ist bei „künstlerischen Sportbereichen“ (deutlicher) wahrnehmbar und damit die Leistung scheinbar etwas *Besonderes*. Sie wird dadurch besonders, dass der Mensch sie für besonders hält[172]. Was der eine für genial und deshalb für etwas Besonderes hält, ist für einen anderen nicht ungewöhnlich. Der Übergang vom Gewöhnlichen zum Besonderen oder von der Masse zum Individuellen ist fließend.

Schulze ist zuzustimmen, wenn er meint, es habe etwas Verlockendes, die Anforderungen an die Schutzfähigkeit beliebig herabzusetzen. Er erkennt auch, dass der Schein trügt, weil dadurch lediglich eine Problemverlagerung und keine Lösung erfolge[173]. Daher ist ein bestimmtes Maß an Individualität zwingend erforderlich. Das ergibt sich bereits aus dem Vergleich von Urheberrecht und den verwandten Schutzrechten. Bei den verwandten Schutzrechten wird auf das Erfordernis der Individualität, der Gestaltungshöhe etc. verzichtet. Dementsprechend eingeschränkt ist auch der Schutzumfang. Folglich ist der Schutz des Sportlers als Urheber mangels Individualität zu verneinen[174]. Im Gegensatz zum

172 *Schulze,* GRUR 1984, 400, 404.

173 *Schulze,* GRUR 1984, 400, 405.

174 Anders sieht es *Osterwalder* (209) bei massenattraktiven sportlichen Wettkämpfen. Die hohen Einschaltquoten/ hohen Lizenzgebühren würden die Besonderheit, die Individualität zeigen, unabhängig vom Grund (Seltenheit der Darbietung, deren Exklusivität, der Beliebtheit von Sportlern und Sportarten etc). „Deshalb müssen aus der Optik der Wahrnehmenden im Vergleich mit Millionen gleichartiger Wettkämpfe jene Wettkämpfe etwas besonderes, d.h. individuelles an sich haben, deren audiovisuelle Aufzeichnung und Weiterverbreitung von Dritten begehrt wird.“ Diese Argumentation vermag nicht zu überzeugen. Schließlich sprach *Osterwalder* (203) sich gegen eine Unterscheidung der Sportarten bezüglich des Urheberschutzes aus, nun nutzt er aber dieses Argument mittelbar. Damit kann man nicht konsistent begründen, warum die Leistung z.B. eines Handballers weniger individuell sein soll als die eines Fußballers, nur weil dessen Spiel im Fernsehen zur Primetime übertragen wird.

Noch deutlicher wird es, wenn man nicht wie eben auf eine andere Sportart abstellt, sondern nur auf die äußeren Umstände bei einer Sportart. Warum sollte Bastian Schweinsteiger beim FC Bayern München schutzwürdiger sein, als Marek Mintal (1. FC Nürnberg) oder Tomasz Bandrowski (FC Energie Cottbus), die bei anderen Bundesligaklubs spielen und deren Spiele deutlich weniger medienpräsent sind? Zudem ist gerade, wenn man auf das Massenpublikum abstellt, zu berücksichtigen, dass die Medien an der Inszenierung eines Top-Events keine untergeordnete Rolle spielen (vgl. dazu Teil 1 § 2 B.).

Urheberrecht, bei dem ein neuer geistiger Gegenstand in der Außenwelt erschaffen wird, sind die Leistungen, die nur einem vorhandenen Gut gewidmet sind, indem sie dieses entdecken, realisieren oder wiedergeben, über die Leistungsschutzrechte erfasst[175].

II. Ein Leistungsschutzrecht nach dem Urheberrechtsgesetz

Wenn der Sportler kein Urheber ist, könnte er möglicherweise als ausübender Künstler gelten mit der Folge, dass die §§ 73 ff. UrhG einschlägig sind. Der Begriff „ausübender Künstler" in § 73 UrhG wurde durch das Gesetz zur Regelung des Urheberrechts in der Informationsgesellschaft geändert. Ausübender Künstler ist nunmehr, wer ein Werk oder eine Ausdrucksform der Volkskunst aufführt, singt, spielt oder eine andere Weise darbietet oder an einer solchen Darstellung künstlerisch mitwirkt. Mit Ausnahme der „Volkskunst" handelt es sich gleichwohl nur um eine sprachliche Umformulierung, die sich an Art. 2a WIPO-Vertrag orientiert[176]. Die sportliche Leistung eines Fußballers unter Volkskunst[177] zu subsumieren, wird indes nicht gelingen. Fußballer sind zwar oft „Ballartisten", aber trotz Geschicklichkeit und Perfektion keine ausübenden Künstler im Sinne des Urhebergesetzes. Jedoch könnte die zunehmende Kommerzialisierung für die Ausdehnung des Schutzes des Sportlers sprechen, und zwar in Form einer analogen Anwendung der §§ 73 ff. UrhG.

Die Novellierung des Urhebergesetzes durch das Gesetz zur Regelung des Urheberrechts in der Informationsgesellschaft[178] führte zum einen zu einer inhaltlichen Erweiterung der persönlichkeitsrechtlichen Befugnisse eines ausübenden Künstlers (§§ 74 bis 76 UrhG n.F.), zum anderen zu einer dogmatischen Umorientierung. Wie beim Urheber und den Inhabern der übrigen verwandten Schutzrechte wird auch dem ausübenden Künstler ein ausschließliches Verwertungsrecht - anstelle des bisherigen Einwilligungsrechts - zuerkannt. Ihm wird durch den neu gefassten § 79 Abs. 2 UrhG die Möglichkeit eingeräumt, einem Dritten ein Nutzungsrecht an der Darbietung einzuräumen. Dies ist - wie auch

175 *Rehbinder*, Rdnr. 776.

176 Der WIPO-Vertrag über Darbietungen und Tonträger (von 1996) erweitert die Begriffsdefinition des Art. 3a Rom Abkommen (von 1961). Nach der Begriffsbestimmung in Artikel 2a sind „ausübende Künstler" Schauspieler, Sänger, Musiker, Tänzer und andere Personen, die Werke der Literatur und Kunst oder Ausdrucksformen der Volkskunst aufführen, singen, vortragen, vorlesen, spielen, interpretieren oder auf andere Weise darbieten. (ABl. 2000 L 89, 15, 16).

177 Auch die Schlagzeilen der Presse vergangener Jahre, z.B. „Komödienstadl" oder „FC Hollywood" (gemeint war der FC Bayern München), reichen nicht aus, um folkloristische Elemente zu gewinnen.

178 Die Richtlinie 2001/29/EG des Europäischen Parlaments und des Rates vom 22.05.2001 zur Harmonisierung bestimmter Aspekte des Urheberrechts und der verwandten Schutzrechte in der Informationsgesellschaft (veröffentlicht: ABl. 2001 L 167/10) wird damit umgesetzt.

den Begründungen des Entwurfs zu entnehmen ist - im Hinblick auf den Verwertungsrahmen multimedialer Produktionen „sinnvoll, auch in bezug auf Darbietungen die Möglichkeit der Einräumung einfacher Nutzungsrechte als dingliche Rechte vorzusehen“[179]. Die Ergänzung des § 79 UrhG dient damit der Klarstellung, dass die Verwertungsrechte des ausübenden Künstlers vollständig übertragbar und verkehrsfähig sind[180]. Der Gesetzgeber zeigte mit den Änderungen, dass er aufgrund der neuartigen Verwertungsformen auch den ausübenden Künstler als schutzbedürftig ansah. Allerdings scheitert eine Analogie zu §§ 73 ff. UrhG an einer planwidrigen Regelungslücke[181].

Bei der Neufassung des Urheberrechtsgesetzes im Jahr 1965 hat der Gesetzgeber - die Problematik des Leistungsschutzes war bekannt[182] - bewusst auf eine Ausdehnung des Schutzes in Bezug auf Darbietungen verzichtet, die nicht Vorträge oder Aufführungen eines Werkes darstellen. In der Begründung des Regierungsentwurfs heißt es dazu, dass „ein Schutzbedürfnis für solche Darbietungen in gewissem Umfang nicht schlechthin zu verneinen sein dürfte“, jedoch fehlt es „für eine gesetzliche Regelung zur Zeit an der notwendigen Klärung und Abgrenzung dieses Problems“[183]. Als Argument für die fehlende Regelung bei der Neuregelung des UrhG im Jahr 1965 wurde angeführt, dass die notwendige Klärung und die Abgrenzung des Problems nicht vorlagen. Knapp 50 Jahre später scheint sich nur die Literatur mit diesem Problem auseinanderzusetzen. Selbst wenn man die Änderungen des Urheberrechtsgesetzes[184] als Ansatz der Legislative für eine Diskussion ansehen wollte, führt dies zu keinem befriedigenden Ergebnis. Die Novellierung des Urheberrechts im Jahr 2002 durch das Gesetz zur

179 Entwurf eines Gesetzes zur Regelung des Urheberrechts in der Informationsgesellschaft vom 06.11.2002, BT-Drucksache 15/38, Einzelerläuterungen zu Nummer 25 und 26 (§§ 73 bis 84), 23; BR-Drucksache 684/02 vom 16.08.2002, Einzelerläuterungen zu Nummer 25 und 26 (§§ 73 bis 84), 51 ff.

180 Beschlussempfehlung und Bericht des Rechtsausschusses vom 09.04.2003, BT-Drucksache 15/837, 35.

181 Anders *Dieckmann*, UFITA Band 127, 35, 49. Ohne jede Erläuterung hält *Dieckmann* das Schutzbedürfnis eines Sportlers mit dem eines „ausübenden Künstlers“ für vergleichbar und erachtet eine ausdrückliche Ansprache des Sportlers bei der Änderung des Urheberrechts als Grundlage für eine Analogie für nicht erforderlich. Das überzeugt schon insofern nicht, als dass - wie bereits erwähnt - neben der Vergleichbarkeit auch eine planwidrige Regelungslücke Voraussetzung für eine analoge Anwendung ist.

182 BGH, Urt. v. 31.05.1960, I ZR 64/58, BGHZ 33, 20, 22, 28.

183 Entwurf eines Gesetzes über Urheberrecht und verwandte Schutzrechte (Urheberrechtsgesetz) vom 23.03.1962, BT-Drucksache IV/270, 27, 90. Zwar wurde nicht ausdrücklich auf Sportveranstaltungen als solche abgestellt, aber aus der Formulierung in der Regel - Zirkus- und Varietévorführungen - ergibt sich keine abschließende Aufzählung. Hinzu kommt, dass schon damals die Problematik des Leistungsschutzes für Sportler bekannt war, vgl. BGH, Urt. v. 31.05.1960, I ZR 64/58, BGHZ 33, 20, 28. Im Urteil vom 06.02.1979, VI ZR 46/77, GRUR 1979, 425, 428 - Fußballspieler, weist der BGH ausdrücklich auf die Kompetenz des Gesetzgebers hin.

184 Hinsichtlich der Entwicklung zum Urheberrecht siehe die Seiten des Instituts für Urheber und Medienrecht e.V. München: <http://www.urheberrecht.org>.

Stärkung der vertraglichen Stellung von Urhebern und ausübenden Künstlern ist hauptsächlich auf eine angemessene Vergütung für die Nutzung des Werkes gerichtet. Sie befasst sich nicht mit der Einordnung von Sportlern als ausübende Künstler. Da dieser Punkt nicht aufgegriffen wurde, kann daraus nur geschlussfolgert werden, dass eine Lücke nicht gesehen wird bzw. der Gesetzgeber keinen Änderungsbedarf sah.

III. Ein Recht gemäß §§ 8, 3 UWG

Auch wenn Fußball regelmäßig als Wettbewerb ausgetragen wird, z.B. in der Bundesliga oder in der Champions League, kann man nicht vom Wettbewerb im Sinne des Gesetzes gegen den unlauteren Wettbewerb sprechen. Gegenstand des Wettbewerbsrechts ist der wirtschaftliche Wettbewerb. Damit hat der Sportler nur dann einen Anspruch auf Unterlassung gegen den Fernsehsender, wenn das Verhalten des Fernsehsenders gegen § 3 UWG verstößt und eine Wiederholungsgefahr (§ 8 Abs. 1 Var. 2 UWG) besteht.

1. Anwendbarkeit

Dies wiederum setzt voraus, dass das Gesetz gegen den unlauteren Wettbewerb anwendbar ist. Das erscheint problematisch, da sich aus dem Wortlaut des § 1 UrhG - „nach Maßgabe dieses Gesetzes“ - ergibt, dass das Urhebergesetz einen Sonderrechtsschutz gewährt. Für bestimmte Fälle, in denen das Urheberrechtsgesetz keinen Schutz gewährt, scheidet grundsätzlich ein Rechtsschutz nach anderen Rechtsnormen aus[185]. Damit ist das Gesetz gegen den unlauteren Wettbewerb dem Urheberrechtsgesetz nachrangig; allerdings nicht im Sinne des Grundsatzes „lex specialis derogat legi generali“. Ob das Wettbewerbsrecht das sonderschutzrechtliche Urheberrecht ergänzt (§ 97 Abs. 3 UrhG), ist umstritten, wird aber überwiegend[186] abgelehnt. Angesichts der umfassenden Regelung haben die subsidiären wettbewerbsrechtlichen Ansprüche kaum praktische Bedeutung[187]. Dennoch ist der Grundsatz der Nachahmungsfreiheit zu berücksichtigen[188]. Ein genereller Ausschluss eines Leistungsschutzes für sportliche Darbietungen ist - nach den obigen Erläuterungen - mit dem Urheberrechtsgesetz nicht gewollt. Demnach bleibt das Gesetz gegen den unlauteren Wettbewerb anwendbar.

185 *Fromm/Nordemann - Nordemann,* § 1 UrhG Rdnr. 3.

186 *Dreier, T./Schulze - Dreier, T.*, § 97 UrhG Rdnr. 96; *Möhring/Nicolini - Lütje,* § 97 UrhG Rdnr. 269 m.w.N.

187 *Möhring/Nicolini - Lütje*, § 97 UrhG Rdnr. 269.

188 *Ekey/Klippel/Kotthoff/Meckel/Plaß - Kotthoff,* § 4 UWG Rdnr. 372.

2. Unlautere Wettbewerbshandlung

Des Weiteren muss eine unlautere Wettbewerbshandlung im Sinne von § 3 UWG vorliegen.

a) Wettbewerbshandlung

Eine „Wettbewerbshandlung" ist nach § 2 Abs. 1 Nr. 1 UWG jede Handlung einer Person mit dem Ziel, zugunsten des eigenen oder eines fremden Unternehmens den Absatz oder den Bezug von Waren oder die Erbringung oder den Bezug von Dienstleistungen, einschließlich unbeweglicher Sachen, Rechte und Verpflichtungen zu fördern. Aus dieser gesetzlichen Begriffsbestimmung ergibt sich, dass ein *Nachteil* für eine Wettbewerbshandlung nicht mehr erforderlich ist. Vor der Neufassung des Gesetzes gegen den unlauteren Wettbewerb[189] wurde eine Handlung zu Zwecken des Wettbewerbs gefordert (§ 1 UWG a.F.). Das bedeutete das Bestehen einer Wechselbeziehung zwischen den Vorteilen, die jemand durch eine Maßnahme zu erreichen sucht, und den Nachteilen, die ein anderer dadurch erleidet, dass der eigene Wettbewerb gefördert und der fremde Wettbewerb beeinträchtigt werden kann[190]. Erforderlich war somit ein konkretes Wettbewerbsverhältnis.

Auf den ersten Blick scheint die bisherige Argumentation zum Verhältnis zwischen Fernsehsender und Sportler insgesamt infrage gestellt. Gerade an diesem Punkt, an dem man vormals das Wettbewerbsverhältnis Sportler und Fernsehsender mangels Nachteil des Sportlers grundsätzlich verneinen konnte, muss nunmehr anders argumentiert werden. *Helbig* weist indirekt darauf hin, dass ein Nachteil nun nicht mehr erforderlich sei[191], aber ohne zu begründen, warum bzw. ob tatsächlich darauf verzichtet wird. Der Nachteilsbezug im Gesetz gegen den unlauteren Wettbewerb a.F. sollte nur verdeutlichen, dass es sich um einen Mitbewerber, d.h. um miteinander konkurrierende Wettbewerbsteilnehmer handelte. Sofern sich die Wettbewerber nicht auf dem Markt begegnen, liegt kein Handeln zu Zwecken des Wettbewerbs vor. Diese Anforderung eines „gemeinsamen" Markts besteht nach wie vor, sofern Mitbewerber aktivlegitimiert sind (§ 8 Abs. 3 Nr. 1 UWG bzw. § 9 S. 1 UWG). Dies ergibt sich bereits aus der Definition des Mitbewerbers gemäß § 2 Abs. 1 Nr. 3 UWG. Darunter versteht man einen Unternehmer, der mit einem oder mehreren Unternehmern als Anbieter oder Nachfrager von Waren oder Dienstleitungen in einem konkreten Wettbewerbsverhältnis steht. Demnach ist zumindest bei Mitbewerbern nach wie vor

189 Vom 03.07.2004, in Kraft getreten am 08.07.2004.

190 *Hefermehl/Köhler/Bornkamm - Köhler*, § 2 UWG Rdnr. 48.

191 *Helbig*, 80 Fn. 227.

eine Wechselbeziehung erforderlich[192]. Noch deutlicher wird das soeben Erläuterte durch die Generalklausel § 3 UWG, die auf eine Wettbewerbshandlung abstellt, die geeignet ist, den Wettbewerb zum Nachteil der Mitbewerber, der Verbraucher oder der sonstigen Marktteilnehmer nicht nur unerheblich zu beeinträchtigen. Im Ergebnis hat die gesetzliche Umgestaltung hier keine Auswirkungen. Im Interesse eines effektiven Schutzes wird man an die Mitbewerbereigenschaft nicht all zu strenge Maßstäbe anlegen dürfen[193].

Zwischen dem Sportler und dem Fernsehsender muss ein konkretes Wettbewerbsverhältnis bestehen. Dies setzt voraus, dass sich die beteiligten Unternehmen auf demselben sachlich und räumlich relevanten Markt betätigen[194]. Dabei ist unerheblich, ob sich der Kundenkreis und das Angebot von Waren und Dienstleistungen völlig oder nur teilweise decken[195]. Das entscheidende Merkmal ist, ob sich diese derart gegenüberstehen, dass sie sich nach der Verkehrsauffassung einander im Absatz behindern können[196]. Unter Waren und Dienstleistungen werden auch technische und nichttechnische Erzeugnisse, Aufführungen, Sendungen, Formate von Fernsehserien u.Ä. verstanden[197]. Fernsehsender wollen mit der Übertragung eines Sportereignisses ihre Einschaltquoten erhöhen und letztlich dadurch ihre Einnahmen u.a. durch Werbung vergrößern[198]. Aber auch der Sportler möchte durch die Teilnahme am Sportereignis sein Einkommen und seinen Marktwert steigern. Dass zwischen Fernsehsender und Sportveranstalter ein Wettbewerb um potentielle Kunden, zum einen um „sehende" Konsumenten (die Zuschauer im Stadion bzw. die Zuschauer bei der Übertragung über das TV)[199] und zum anderen um die „gesehene" Werbung (im

---

192 Gesetzesentwurf der Bundesregierung zum Entwurf eines Gesetzes gegen den unlauteren Wettbewerb vom 22.08.2003, Begründung zu § 2 Abs. 1 Nr. 3 UWG, BT- Drucksache 15/1487, 16.

193 *Hefermehl/Köhler/Bornkamm - Köhler*, § 2 UWG Rdnr. 57; *Ekey/Klippel/Kotthoff/Meckel/Plaß - Meckel,* § 2 UWG Rdnr. 29.

194 BGH, Urt. v. 24.05.2000, I ZR 222/97 GRUR 2001, 78 - Falsche Herstellerpreisempfehlung; *Köhler* fügt ohne Erläuterung das Merkmal „zeitlich" hinzu, in *Hefermehl/Köhler/Bornkamm,* § 2 UWG Rdnr. 63.

195 BGH, Urt. v.07.12.1989, I ZR 3/88, GRUR 1990, 375, 377 - Steuersparmodell; *Hefermehl/Köhler/Bornkamm - Köhler,* § 2 UWG Rdnr. 63.

196 BGH, Urt. v. 20.09.1955, I ZR 194/53, BGHZ 18, 175, 182 - Werbeidee; hinsichtlich der hier in Betracht kommenden Sendung wird auf die Figaro-Entscheidung (siehe unten Teil 2 § 2 B. VI.) verwiesen. Eine Wechselbeziehung zwischen einer Rundfunkausstrahlung des Programms „POINT" und einer Diskothek, die sich „POINT" nennt, wurde verneint (BGH, Urt. v. 27.01.1982, I ZR 61/80, GRUR 1982, 431, 433*)*. Es wurde nicht dargelegt, dass der Bezeichnungsgebrauch Jugendliche veranlasse, anstelle des Hörgenusses die Diskothek aufzusuchen. Dies entspreche auch nicht der Lebenserfahrung; selbst wenn, würde der für den Besuch einer Diskothek geworbene Jugendliche damit nicht dem Rundfunkhören entfremdet. Eine Wechselbeziehung sei nicht begeben.

197 Hefermehl/Köhler/Bornkamm - Köhler, § 4 UWG Rdnr. 9.22.

198 Vgl. die Erörterungen oben, Teil 1 § 2 B. III. und C.

199 Anzumerken ist, dass eine negative Auswirkung nur dann vorliegen kann, wenn die Sportveranstaltung nicht ausverkauft ist. So bereits *Siegfried*, 31 f.

Stadion oder bei der Übertragung im TV) besteht, bedarf keiner Erörterung; zumal es hier darauf nicht ankommt[200]. Es geht allein darum festzustellen, ob zwischen dem Fernsehsender und dem Sportler ein Wettbewerbsverhältnis und damit eine Wechselbeziehung bestehen. Das ist sehr zweifelhaft. Es kann nicht davon ausgegangen werden, dass die Fernsehverwertung zu sinkenden Zuschauerzahlen im Stadion führt. Es handelt sich um eigenständige Märkte, die nicht substituierbar sind. Die Fernsehverwertung eröffnet eine neue Einnahmequelle, die sich positiv auf das Gehalt des Sportlers auswirken kann[201].
Selbst wenn man - ausnahmsweise[202] - eine Kopplung zwischen den Einnahmen des Spielers und der steigender Zuschauerzahl festmachen könnte, wäre das bei bereits ausverkauften Stadien und bei stark zeitversetzten Fernsehausstrahlungen ausgeschlossen. Letztlich ist durch die Fernsehübertragung keine Verschlechterung des Marktwertes des Spielers erkennbar[203]. Es ist eher vom Gegenteil auszugehen: Durch die Übertragung eröffnet sich dem Spieler eine zusätzliche Einnahmequelle.

Ein Markt, auf dem der Sportler selbst seine Leistung dem Fernsehsender anbietet, existiert nicht. Eine derartige Korrelation zwischen Einnahmeverlust des

---

200 Zur Problematik des Wettbewerbsverhältnisses zwischen dem Fernsehsender und dem Veranstalter siehe *Siegfried*, 31; *Waldhauser*, 127 ff.; *Helbig*, 80 ff.

201 So ist wohl auch die Forderung vom Manager des FC Bayern München Uli Hoeneß zu verstehen, der den Gehaltspoker bei Top-Spielern aufgrund der zu niedrigen Fernsehgelder nicht mitgehen kann, im Gegensatz zu seinen italienischen oder spanischen Kollegen.

Demgegenüber meint *Hausmann,* BB 1994, 1089, 1090, dass die Erwerbschancen des einzelnen Spielers gar nicht von den Fernsehübertragungen betroffen seien, da dieser kein unmittelbares wirtschaftliches Risiko infolge des Dienst- und Arbeitsverhältnisses mit seinem Klub trage.

Eine Regelung zur Vergütung von Lizenzspielern findet sich in § 10 LOS. Danach können Verein/Kapitalgesellschaft und Spieler im Vertrag ein Grundgehalt und/oder eine erfolgsorientierte Vergütung vereinbaren. Der Veranstalter trägt das wirtschaftliche Risiko. Aus Gründen der thematischen Stringenz findet hier keine Auseinandersetzung mit dem Veranstalterbegriff statt. Vgl. jedoch § 6 der Richtlinien zur Spielordnung, daraus ergibt sich u.a., dass die Kosten für die Spiele die Vereine/Kapitalgesellschaften tragen und dass der gastgebende Verein/Kapitalgesellschaft im Gegenzug die Einnahmen aus seinen Heimspielen erhält. Zur ausführlichen Diskussion siehe: *Petersen,* 16 ff.; *Tumbrägel*, 74 ff.; *Waldhauser*, 51 ff.

202 Insofern kann es sich nur um eine Ausnahme handeln, da der Normalfall der Zahlung des Gehalts solche Entgelte umfasst. Zu denken ist hier insbesondere an die sog. Auflaufprämie. Denkbar wäre eine Wechselbeziehung zum Beispiel bei einer Liveübertragung eines Abschiedsspiels eines Fußballers. Als Beispiel dient das vom FC Bayern München organisierte Abschiedsspiel von Lothar Matthäus am 26.05.2000. Nach der Abrechnung seines früheren Arbeitgebers betrugen die erzielten Einnahmen 9.447.504 Mark, davon erhielt Matthäus 3.927.671 Mark. *Schlammerl*, Der Streit mit den Bayern um die Abrechnung des Abschiedsspiels endet mit einem Vergleich, FAZ vom 25.07.2003, Nr. 170, 29.

203 So grundsätzlich auch *Siegfried*, 17 f.; *Hausmann*, BB 1994, 1089, 1090; *v. Westerholt*, ZIP 1996, 264, 265; *Haas/Reimann*, SpuRt 1999, 182, 183; *Helbig*, 87.

Sportlers und dem Vorteil des Senders fehlt. Demnach ist auch ein Wettbewerbsverhältnis zu verneinen[204].

Osterwalder hält den genannten Begründungsansatz für unzutreffend. Eintrittskarten im Rahmen einer lokalen Sportveranstaltung (ein Liveerlebnis) und Ausstrahlung des Ereignisses im Fernsehen sind grundsätzlich nicht substituierbar: Für kleinere Veranstaltungen im lokal begrenzten Radius mag es noch zutreffen und für die Vergangenheit (aufgrund der eingeschränkten technischen Möglichkeiten), aber bei den hier interessierenden Sportevents, die national und international übertragen werden, könne man keine Allgemeingültigkeit ableiten[205]. Zudem erfasse dieser Ansatz nur solche Veranstaltungen, die in einem abgeschlossenen, nicht frei zugänglichen Veranstaltungsort stattfinden und eine begrenzte Anzahl von Zuschauerplätzen aufweisen. Das sei bei Stadien, Arenen zwar meist der Fall, aber es gebe Sportarten, bei denen dies nicht möglich sei (so z.B. bei Straßenradrennen, wie die Tour de France oder Ski-Wettbewerbe, wie Langlauf oder Biathlon). *Osterwalders* Ausführungen sind insoweit zutreffend. Allerdings meint er auch, dass aufgrund der Änderung des Gesetzes gegen den unlauteren Wettbewerb auf das Wettbewerbsverhältnis ganz verzichtet werden müsse und es damit nicht mehr auf „das wenig sachgerechte Kriterium der Substitutionsbeziehung"[206] ankomme. Wegen des Individualschutzes seien keine besonderen Anforderungen an ein Wettbewerbsverhältnis zu stellen. Vielmehr müsse man ein Wettbewerbsverhältnis annehmen[207].

Anders begründet es *Waldhauser*: Einerseits stellt er auf das Interesse am wettbewerbsrechtlichen Individualschutz ab, d.h. bereits durch die Möglichkeit der entgeltlichen Gestattung wird ein Wettbewerbsverhältnis begründet, so dass auch das Zusammenspiel mehrerer Sportler nichts an dieser Beurteilung ändert[208]. Andererseits erkennt er, dass „es praktisch weniger um die Möglichkeit des einzelnen Sportlers [geht], den Fernsehsender auf Unterlassung oder Schadensersatz in Anspruch zu nehmen, als vielmehr um die Schaffung einer rechtlichen Verhandlungsposition gegenüber dem Sportveranstalter"[209].

Gegen die Argumentation, dass dem Sportler ähnlich wie dem einzelnen Orchestermusiker ein potentielles Verwertungsrecht zustehe, kritisiert *Helbig* - zu Recht -, dass der BGH dem Orchestermitglied auf Basis des Persönlichkeitsrechts ein Verwertungsrecht zugestehe. Zudem beruht der Markt (für Orchesterleistungen) auf der entgeltlichen Wiederholbarkeit der Aufführung. Beim Sportler fehle bereits der Markt, so dass ohnehin keine Verschlechterung der Marktposition eintreten könne.[210]

---

204 *Petersen*, 13; *Tumbrägel*, 58 f.; *Haas/Reimann*, SpuRt 1999, 182, 186; *Hausmann*, BB 1994, 1089, 1090; *Siegfried*, 17 f.

205 *Osterwalder*, 139.

206 *Osterwalder*, 140 f.

207 *Osterwalder*, 141

208 *Waldhauser*, 181 f.; so auch *Hannawald*, 163.

209 *Waldhauser*, 183.

210 *Helbig*, 88 Fn. 252.

Unbeachtet in der Literatur blieb ein weiteres Argument *Waldhausers*, die Verbesserung der Sportlerposition. Dem ist jedoch entgegenzuhalten, dass es, zwar als Hintergrund sicher zutreffend, bei der Frage nach dem Wettbewerbsverhältnis zwischen Sportler und Fernsehsender aber nicht weiterhilft, da es sich um andere Beteiligte handelt und so maximal mittelbare Wirkungen auf das entscheidende Verhältnis entfaltet.

b) Unlauterbarkeit

Selbst wenn man - im Ausnahmefall - ein Wettbewerbsverhältnis annähme, muss eine unlautere Wettbewerbshandlung vorliegen. Als Handlung käme dann wiederum nur die ungenehmigte Übertragung des Fußballspiels in Betracht, denn nur diese könnte eine unlautere Handlung im Sinne des § 4 Nr. 9b UWG darstellen. Sofern kein Sonderschutz vorliegt, ist im Grundsatz von der Nachahmungsfreiheit auszugehen. Infolge der gesetzlichen Anerkennung besonderer ausschließlicher Rechte für technische und nichttechnische geistige Schöpfungen (z.B. nach dem Patentgesetz oder dem Urhebergesetz) folgt zwingend, dass die wirtschaftliche Betätigung des Einzelnen außerhalb der geschützten Sonderbereiche frei, d.h. jedermann überlassen, sein soll. Durch die Regelung des § 4 Nr. 9 UWG - und zwar die Fallgruppe des wettbewerbsrechtlichen Leistungsschutzes - soll die grundsätzliche Nachahmungsfreiheit nicht infrage gestellt werden. Das schlichte Nachahmen ist nur dann unlauter, wenn wettbewerbswidrige Umstände vorliegen[211]. Der wettbewerbsrechtliche Nachahmungsschutz bezieht sich nach dem Wortlaut des § 4 Nr. 9 UWG nur auf Waren und Dienstleistungen. Diese Begriffe sind allerdings weit zu fassen. Es ist nicht erforderlich, dass es sich um Produkte handelt, die unmittelbar Gegenstand des Leistungsaustausches sind, in Betracht kommen vielmehr Leistungs- und Arbeitsergebnisse aller Art. Ob sie ihrer Art nach sonderrechtsschutzfähig sind, oder ob ein an sich möglicher Sonderrechtsschutz noch nicht oder nicht mehr besteht, ist nicht maßgebend[212]. Bei der Nachahmung unterscheidet man zwischen der unmittelbaren, fast identischen und der nachschaffenden Leistungsübernahme. Von einer unmittelbaren Leistungsübernahme spricht man, wenn die fremde Leistung unverändert übernommen wird. Dies erfolgt zumeist mit Hilfe technischer Vervielfältigungsverfahren, z.B. durch Scannen, Kopieren oder Nachdrucken[213]. Aber auch wenn die Leistung - hier das Spiel - *visuell* übernommen wird, so kommt durch die Kommentierung des Spielverlaufs eine eigene Leistung hinzu, so dass nicht von einer reinen Leistungsübernahme gesprochen werden kann. Es kann

---

211 Gesetzesentwurf der Bundesregierung zum Entwurf eines Gesetzes gegen den unlauteren Wettbewerb vom 22.08.2003, Begründung zu § 4 Nr. 9, BT-Drucksache 15/1487, 18.

212 *Hefermehl/Köhler/Bornkamm - Köhler,* § 4 UWG Rdnr. 9.21.

213 *Hefermehl/Köhler/Bornkamm - Köhler,* § 4 UWG Rdnr. 9.35.

auch nicht von einer fast identischen Leistungsübernahme gesprochen werden, was nur der Fall ist, wenn die Nachahmung nur geringfügige, im Gesamteindruck unerhebliche Abweichungen vom Original aufweist[214]. Ebenso wenig ist von einer nachschaffenden Leistungsübernahme auszugehen. Eine solche liegt nur vor, wenn die fremde Leistung lediglich als Vorbild benutzt und nachschaffend unter Einsatz eigener Leistung wiederholt wird. Zwar erfolgt hier eine eigene Leistung - durch das Zusammenspiel von Kamera/Bild/Ton - aber es fehlt an einer Wiederholung. Damit bleibt festzuhalten, dass § 4 Nr. 9 UWG nicht einschlägig ist.

§ 4 UWG enthält gemäß seinem Wortlaut „insbesondere" keine abschließende Aufzählung der Beispiele des unlauteren Wettbewerbs, so dass eine weitere Variante, das Ausnutzen einer Leistung, in Betracht kommt. Ein Ausnutzen liegt jedoch im Allgemeinen nur dann vor, wenn man sich ein mit erheblichen Mühen und Kosten gewonnenes Ergebnis fremder Arbeitsleistung ohne eigenen Aufwand (Zeit, Arbeit, Geld etc.) zur Verwendung im Wettbewerb aneignet[215]. Die Begriffe „Ausnutzung" oder auch „Schmarotzen" erwecken den Eindruck, als sei das Vorliegen des Handlungsunrechts damit schlüssig dargetan, aber das entspricht nicht der Realität. Diese Erwägung kann jedoch nicht herangezogen werden, denn das Leistungsergebnis als solches wird nicht geschützt, und zwar selbst dann nicht, wenn es mit „Mühe und Kosten" geschaffen worden ist[216]. Zutreffend daher auch *Kur*[217], die sich eben nicht mit gefühlsmäßigen Unwerturteilen und einer Verschleierung mangelhafter Argumentation durch verbale Inkriminierung begnügt. Eine unlautere Wettbewerbshandlung lässt sich so nicht begründen.

3. Fazit

Selbst wenn sich ausnahmsweise noch ein Wettbewerbsverhältnis konstruieren ließe, so fehlt es an einer unlauteren Handlung. Zu berücksichtigen ist die Struktur des Gesetzes gegen den unlauteren Wettbewerb als Marktverhaltensrecht. Es geht also nicht darum, *ob* jemand etwas nachahmt, sondern *wie* die Nachahmung erfolgt. Abschließend ist festzuhalten, dass der Sportler keinen Anspruch auf

---

214 *Hefermehl/Köhler/Bornkamm - Köhler,* § 4 UWG Rdnr. 9.36.

215 RG, Urt. v. 29.04.1930, II 355/29, RGZ 128, 330, 343 f. Hintergrund der Entscheidung war die einmalige gewerbliche Verwertung einer durch den Rundfunk verbreiteten Nachricht in einer (kostenlosen) Sonderausgabe einer Zeitung. Das Gericht verneinte einen Verstoß gegen die guten Sitten, da der Beklagte nur die Schnelligkeit des Rundfunks und die Nachricht als solche, nicht aber eine Leistung (kein Erzeugnis ihrer selbstständigen Arbeit) der Sendegesellschaft ausgenutzt habe. Vgl. ferner BGH, Beschl. v. 27.02.1962, I ZR 118/60, BGHZ 37, 1, 20 f.

216 *Hefermehl/Köhler/Bornkamm - Köhler,* § 4 UWG Rdnr. 9.4; BGH, Urt. v. 21.11.1958, I ZR 61/57, BGHZ 28, 387, 396 - Nelkenstecklinge.

217 *Kur*, GRUR 1990, 1, 3 (insbes. Fn. 17) und 6.

Beseitigung bzw. Unterlassung gemäß §§ 3, 8 UWG gegenüber dem Fernsehsender hat.

IV. § 826 BGB

Da Spezialgesetze - insbesondere die Vorschriften des Urheber- und gewerblichen Rechtsschutzes - nicht zur Anwendung gelangen, kommt der Auffangtatbestand des § 826 BGB[218] in Betracht, der infolge der Anspruchskonkurrenz[219] anwendbar ist. Bei der Zweckbestimmung des § 826 BGB - illoyalen Handlungen im Verkehr wirksam entgegenzutreten - kommt es nicht auf die Natur des verletzten Rechtsguts an[220]. Dann müsste die Ausnutzung einer fremden Leistung, die regelmäßig nur gegen ein Entgelt erbracht wird, eine sittenwidrige Vermögensschädigung darstellen. Es ist fraglich, ob es dem Anstandsgefühl aller billig und gerecht Denkenden[221] widerspricht, sich Leistungen Dritter, die erfahrungsgemäß nur gegen eine angemessene Vergütung zur Verfügung gestellt werden, ohne Erlaubnis des Leistenden anzueignen und kostenlos zur Förderung des eigenen Gewinnstrebens auszunutzen, und zwar weil es dem Leistenden verwehrt bliebe, den Wirkungsbereich und die Art der Auswertung seiner Leistung in tatsächlicher Beziehung zu beherrschen[222]. Das bedeutet konkret, dass durch die Übertragung des Spiels die Erwerbschancen des Spielers unmittelbar verkürzt werden müssten, d.h. die ungenehmigte Übertragung müsste den Spieler „um die Früchte seiner Arbeit bringen“. Allerdings beruhen die Einnahmen des Sportlers größtenteils auf dem Arbeitsverhältnis mit seinem Klub; hinzukommen die Einnahmen aus den Sponsorenverträgen. Der Spieler trägt deshalb (derzeit) kein unmittelbares wirtschaftliches Risiko, welches durch eine Übertragung möglicherweise betroffen wäre. Eine Abhängigkeit der Spielereinnahmen von einer Fernsehübertragung ist grundsätzlich[223] nicht gegeben. Somit lässt sich auch aus § 826 BGB kein Abwehrrecht des Sportlers ableiten.

---

218 So bereits RG, Urt. v. 11.04.1901, VI 443/00, RGZ 48, 114, 119.

219 *Palandt/Sprau,* § 826 BGB Rdnr. 2.

220 RG, Urt. v. 11.04.1901, VI 443/00, RGZ 48, 114, 124; *MünchKomm/Wagner,* § 826 BGB Rdnr. 6.

221 St. Rspr. seit RG , Urt. v. 11.04.1901, VI 443/00, RGZ 48, 114, 124; BGH, Urt. v. 09.07.1953, IV 242/52, BGHZ 10, 228, 232; so bereits in Motive zum BGB II, 727.

222 BGH, Urt. v. 31.05.1960, I ZR 64/58, BGHZ 33, 20, 28 f. - Tonbandaufnahme von Opernaufführung; BGH, Urt. v. 31.05.1960, I ZR 87/58, BGHZ 33, 38, 47; *MünchKomm/Mertens*[3], § 826 BGB Rdnr. 189; Soergel/Hönn, § 826 BGB Rndr. 195; *Soergel/Hönn/Dönneweg*[12], § 826 BGB Rdnr. 222. Allerdings hat der Gesetzgeber für den Bereich des Urheberrechts diesem Schutzbedürfnis durch die §§ 70 ff. UrhG Rechnung getragen. Siehe auch die Ausführungen unter Teil 2 § 2 B. II.

223 Vgl. Fn. 202.

V. § 823 Abs. 1 BGB - der eingerichtete und ausgeübte Gewerbebetrieb

Beim eingerichteten und ausgeübten Gewerbebetrieb handelt es sich nach ständiger Rechtsprechung[224] um ein sonstiges Recht im Sinne des § 823 Abs. 1 BGB. Dieser Auffangtatbestand[225] ist ebenfalls nur dann einschlägig, wenn keine spezialgesetzlichen Regelungen Anwendung finden[226]. Ausgangspunkt war zunächst der Schutz des Bestands eines Gewerbebetriebs[227]. Diese Einschränkung[228] gab der BGH allerdings auf und entwickelte den Schutzgegenstand dahingehend weiter[229], dass neben dem Bestandsschutz nunmehr auch die wirtschaftliche Betätigung erfasst wird. Umfasst wird all das, was in seiner Gesamtheit den wirtschaftlichen Wert des Betriebes ausmacht, so z.B. der Bestand, die Erscheinungsform, der Tätigkeitskreis, der Kundenstamm und die Organisationsstruktur[230]. Diese Ausdehnung des Schutzes stellt zugleich eine Rückbesinnung auf die Rechtsprechung des Reichsgerichts auf den Gebieten des Warenzeichen- und Wettbewerbsrechts dar, in der jede unmittelbare widerrechtliche Beeinträchtigung der Betätigung als Eingriff in den Gewerbebetrieb bewertet wurde[231]. Ebenso wie das Eigentum nicht nur in seinem Bestand, sondern auch in seinen einzelnen Ausstrahlungen geschützt wird, müsse dies auch für das Recht am eingerichteten und ausgeübten Gewerbebetrieb gelten[232]. Der Ansatzpunkt für den Schutz ist nicht ein Gewerbebetrieb oder die Berufstätigkeit

---

224 RG, Urt. v. 25.06.1890, I 96/90, RGZ 28, 238, 247 f. Grundlegend: RG, Urt. v. 27.02.1904, I 418/03, RGZ 58, 24, 29 - „subjektives Recht"; RG, Urt. v. 08.07.1933, I 95/33, RGZ 141, 336, 338; BGH, Urt. v. 15.06.1951, I ZR 59/50, BGHZ 2, 387, 393; BGH, Urt. v. 26.10.1951, I ZR 8/51, BGHZ 3, 270, 279.

225 BGH, Urt. v. 21.06.1966, VI ZR 261/64, BGHZ 45, 296, 307; *Erman/Schiemann,* § 823 BGB Rdnr. 49; *Soergel/Beater,* § 823 BGB Anh. V Rdnr. 1; *Staudinger/Hager,* § 823 BGB Rdnr. D 20; *Palandt/Sprau,* § 823 BGB Rdnr. 126.

226 *Soergel/Beater,* § 823 BGB Anh. V Rdnr. 15.

227 RG, Urt. v. 17.02.1921, VI 473/20, RGZ 101, 335, 337; RG, Urt. v. 02.06.1921, VI 112/21, RGZ 102, 223, 225; *Soergel/Beater,* § 823 BGB Anh. V Rdnr. 3 m.w.N.

228 Dass nicht nur der Bestand des Gewerbebetriebes nach § 823 Abs. 1 BGB zu schützen ist, deutete jedoch das Reichsgericht bereits an, vgl. RG, Urt. v. 19.11.1938, II 69/38, RGZ 158, 377, 379.

229 BGH, Urt. v. 26.10.1951, I ZR 8/51, BGHZ 3, 270, 279 f.; BGH, Urt. v. 28.01.1957, III ZR 141/55, BGHZ 23, 157, 163. Auf eine Darstellung der Problematik in ihrem Gesamtumfang wird bewusst verzichtet, da es sich nur um einen Randaspekt handelt, auf den es hier nicht ankommen soll.

230 *Palandt/Sprau,* § 823 BGB Rdnr. 127; *Staudinger/Hager,* § 823 BGB Rdnr. D 9; *Soergel/Beater,* § 823 BGB Anh. V Rdnr. 28 f.

231 RG, Urt. v. 27.10.1888, I 228/88, RGZ 22, 93, 96; RG, Urt. v. 25.06.1890, I 96/90, RGZ 28, 238, 247 f.

232 BGH, Urt. v. 26.10.1951, I ZR 8/51, BGHZ 3, 270, 279 f.; BGH, Urt. v. 28.01.1957, III ZR 141/55, BGHZ 23, 157, 162.

schlechthin, sondern deren Verdinglichung[233], so dass auch Angehörige von freien Berufen, die eine vergleichbare Einrichtung haben, geschützt werden.

Zweifelhaft ist jedoch, ob dem Spieler eine solche Einheit zukommt. Prägend für die Sportausübung der Fußballer ist, dass sie für das Training und die Wettkämpfe eine fremde Infrastruktur, fremdes Know-how und fremde Leistungen zur Erzielung eigener Einkünfte nutzen[234]. Dem einzelnen Sportler einer Mannschaft fehlt jedoch eine derartige organisatorische Einheit. Anders bereits *Pfister*[235], der in seiner Anmerkung zum sog. Krabbe-Urteil[236] festhält, dass ein Schadensersatz „hier wohl leichter ... über das Rechtsinstitut des Eingriffs in den Gewerbebetrieb (selbständige Betätigung) gem. § 823 Abs. 1 BGB“ zu begründen wäre. Die Sportlerin übe einen freien Beruf aus, und die verhängte Dopingsperre sei ein direkter Eingriff in das Gewerbe bzw. den Beruf.

Zeuner zweifelte am Kriterium der „Verdinglichung“. Er hält den gleichen Schutz für jemanden geboten, der „nicht Inhaber eines irgendwie gearteten ‚Betriebes' ist“[237]. Die Argumentation im Hinblick auf das Festhalten an einer gegenständlichen Verkörperung des Willens für die Annahme eines subjektiven Rechts sei nicht schlüssig. Die Differenzierung ist unter den heutigen Umständen umso weniger überzeugend, als inzwischen ein von einer gegenständlichen Verkörperung unabhängiges allgemeines Persönlichkeitsrecht anerkannt wird.[238]

Mittlerweile bezeichnet *Beater* in der Folgeauflage des Soergel-Kommentars den eingerichteten und ausgeübten Gewerbebetrieb als Recht am Unternehmen und stellt auf die unternehmerische Tätigkeit ab[239]. Eine solche Tätigkeit liegt vor, wenn jemand als Anbieter den Marktmechanismen unterworfen ist und spezifischen geschäftlichen Risiken unterliegt. Das setzt nicht zwingend einen Betrieb oder eine ähnlich gegenständliche Einrichtung voraus. Soweit der sich vermarktende Sportler in besonderem Maße den markttypischen Risiken ausgesetzt, sei er in das Recht am Unternehmen einzubeziehen[240].

Soweit ersichtlich hat sich die Rechtsprechung noch nicht mit der Einbeziehung von Profisportlern in den eingerichteten und ausgeübten Gewerbebetrieb auseinandergesetzt. Der BGH betont jedoch, dass das Institut ergänzenden, haf-

---

233 So die h.A.: *Erman/Schiemann*, § 823 BGB Rdnr. 54 f., 60; *RGRK/Steffen*, § 823 BGB Rdnr. 38. A.A. *Soergel/Beater*, § 823 BGB Anh. V Rdnr. 21.

234 *Haas/Prokop*, JR 1998, 45, 48.

235 *Pfister*, SpuRt 1995, 250, 251 f.

236 Der Hintergrund der Entscheidung war, dass Katrin Krabbe, Weltmeisterin mit erheblichen Werbeeinahmen, ein Medikament, das Clenbuterol enthielt, ohne medizinische Indikation einnahm. Wegen des Dopings wurde sie vom Deutschen Leichtathletikverband vorläufig national und international gesperrt. Der Vorwurf des Dopings wurde später fallen gelassen, da Clenbuterol damals nicht auf der Dopingliste stand. Die Klägerin begehrte u.a. Schadenersatz wegen entgangenen Gewinns und entgangener Start- und Siegprämien.

237 *Soergel/Zeuner*[12], § 823 BGB Rdnr. 151.

238 *Soergel/Zeuner*[12], § 823 BGB Rdnr. 151.

239 *Soergel/Beater*, § 823 BGB Anh. V Rdnr. 1, 20 f.

240 *Soergel/Beater*, § 823 BGB Anh. V Rdnr. 21.

tungsausfüllenden Charakter habe. Allerdings dürfe dieser auch nicht in einen generellen Vermögensschutz ausufern[241]. Nach *Beater*[242] tendiere der BGH, der neben dem Recht am Unternehmen auch das allgemeine Persönlichkeitsrecht prüft, zur Anwendung des letzteren, trotz des nicht geltenden Subsidiaritätsprinzips.

Einzelne Überschneidungen der Anwendungsbereiche sind durchaus möglich, aber wenn man auf das menschliche Tätigwerden abstellt, dann im Rahmen des allgemeinen Persönlichkeitsrechts. Nicht nur die gedankliche Assoziation, sondern auch die Nutzung der eigenen Persönlichkeitsmerkmale führen zum Persönlichkeitsrecht. Es mag zutreffen, dass der Sportler „markttypischen Risiken ausgesetzt ist (z.B. durch die Abhängigkeit von Popularität, die Gefahr schwankender Nachfrage und die wechselnden Publikumsvorlieben etc.)“[243], aber das entscheidende (das unternehmerische) Risiko - jedenfalls bezüglich der sportlichen Tätigkeit - trägt in erster Linie sein Arbeitgeber (sein Klub). Daher kommt ein Schutz des Spielers über den eingerichteten und ausgeübten Gewerbebetriebs ebenfalls nicht in Betracht.

VI. Ein Leistungsschutzrecht für sportliche Darbietungen

Breitner hat einmal Folgendes bemerkt: „Was sind wir Fußballer denn? Künstler, Entertainer, die ihr Publikum unterhalten, den Leuten eine gewisse Show bieten. Also nichts anderes als Filmschauspieler, Opernsänger, Geigenvirtuosen oder eine Popgruppe.“[244] Dies eröffnet die Frage, ob überhaupt ein Leistungsschutzrecht besteht. Sportler sind keine ausübenden Künstler, so dass ein Leistungsschutz nach dem Urheberrechtsgesetz ausscheidet. Gleichwohl kann ein ergänzender Leistungsschutz in Erwägung gezogen werden. Dass das Persönlichkeitsrecht durchaus gewisse Leistungen zu schützen vermag, deutete bereits der BGH in der nachfolgend dargestellten „Figaros Hochzeit“ - Entscheidung an.

1. Ausgangspunkt in der Rechtsprechung

Ein Ansatz für die Entwicklung des Schutzes von sportlichen Leistungen ist die sog. „Figaros Hochzeit“ - Entscheidung[245]. Folgender Sachverhalt lag dieser zugrunde: Das beklagte Sendeunternehmen nahm eine Aufführung der Oper „Die Hochzeit des Figaro“ mit Zustimmung der Bühnenleitung und des Gastdirigenten, jedoch ohne die Zustimmung der mitwirkenden Musiker, auf Tonband auf,

241 BGH, Beschl. v. 10.12.2002, VI ZR 171/02, NJW 2003, 1040, 1041.
242 *Soergel/Beater*, § 823 BGB Anh. V Rdnr. 18, § 823 BGB Anh. IV Rdnr. 15 m.w.N.
243 *Soergel/Beater*, § 823 BGB Anh. V Rdnr. 21.
244 *Breitner*, 14.
245 BGH, Urt. v. 31.05.1960, I ZR 64/58, BGHZ 33, 20 ff.

sendete sie und überließ sie anderen Rundfunkanstalten zur Übertragung. Klägerin war die Deutsche Orchestervereinigung, die aufgrund von Beitritts- und Abtretungserklärungen die Rechte der an dieser Aufführung beteiligten Orchestermitglieder geltend machte. Die Klägerin meinte, dass die Zustimmungsrechte der Musiker nicht auf den Arbeitgeber übergegangen seien. Den Unterlassungs- und Auskunftsanträgen der Klägerin wurde stattgegeben. Ferner wurde auch dem Antrag auf Unbrauchbarmachung der Tonbänder entsprochen, soweit diese Darbietungen des Orchesters enthalten. Auf die Revision des beklagten Sendeunternehmens hat der BGH die Klage abgewiesen.

Der BGH stellte zunächst klar, dass dem ausübenden Künstler grundsätzlich das Recht zustehe, darüber zu entscheiden, ob seine Darbietung auf einem Tonträger festgehalten werden dürfe. Obwohl auch der BGH die Bestrebungen zu einer gesetzlichen Sonderregelung des Schutzes sah, erschien es dem Gericht bedenklich, dass das Berufungsgericht das Ergebnis aus einem „Leistungsschutzrecht" annahm, ohne dessen rechtliche Grundlagen näher zu erörtern. Demnach war es erforderlich zu prüfen, ob und inwieweit die Ansprüche nach der gegenwärtigen Gesetzeslage begründet waren[246]. Jede lautliche Äußerung, so auch die Darbietung eines Werkes der Tonkunst, unterliege als Ausdruck der Persönlichkeit des Einzelnen seiner freien Selbstbestimmung. Daher sei „bereits aus persönlichkeitsrechtlichen Erwägungen davon auszugehen ..., daß jedem ausübenden Künstler unabhängig von dem Rang seiner künstlerischen Leistung und ohne Rücksicht darauf, ob seine Leistung mehr oder weniger in einer Gruppenleistung aufgeht, im Grundsatz das Recht zusteht, über Art und Umfang der Verwertung seiner Leistung selbst zu entscheiden ..."[247]. Unabhängig von dem Wahrnehmungsvermögen des Zuhörers sei jede Einzelleistung unlösbar mit der Individualität des betreffenden Mitglieds verknüpft. Erst das Zusammenspiel unter dem Einsatz der individuellen Fähigkeiten des Einzelnen bilde die Gesamtheit[248]. Die Errungenschaften der Technik machen deshalb einen weitergehenden Schutz erforderlich. Denn werden die Werke der Öffentlichkeit preisgegeben, so sind sie einer tatsächlichen Herrschaftsmacht entzogen und sofern keine Ausschließlichkeitsrechte eingreifen, der unentgeltlichen Ausbeutung durch Dritte ausgesetzt.

Sodann betrachtete der BGH die Besonderheiten der Leistung und fand darin einen Anknüpfungspunkt für den Schutz. Die Darbietung des ausübenden Künstlers ohne körperliche Festlegung zeichne sich durch die Vergänglichkeit, eine zeitliche und räumliche Gebundenheit aus, d.h. ein den Schaffungsvorgang überdauerndes „Leistungsergebnis" bestehe nicht. Aufgrund der nichtwiederholbaren Darbietung könnte - sofern dies gewünscht wird - der Darbietende erneut auftreten und ein entsprechendes Entgelt dafür verlangen. Durch die Aufnahme werde das Selbstbestimmungsrecht des ausübenden Künstlers, d.h. ob, wann, für

246 BGH, Urt. v. 31.05.1960, I ZR 64/58, BGHZ 33, 20, 22.
247 BGH, Urt. v. 31.05.1960, I ZR 64/58, BGHZ 33, 20, 24.
248 Auch im Folgenden BGH, Urt. v. 31.05.1960, I ZR 64/58, BGHZ 33, 20, 23.

wen und für welches Entgelt er die Leistung erneut erbringe, ebenso beeinträchtigt wie sein damit verbundenes wirtschaftliches Interesse[249].

Besonders hervorzuheben - vor allem im Rahmen der weiteren Ausführungen - ist die folgende Passage: „Das gleiche Problem stellt sich bei allen stofflich nicht gebundenen, ihrer Natur nach vergänglichen Darbietungen, bei denen eine Nachfrage nach ihrer Wiederholung besteht, wie beispielsweise bei Darbietungen von Artisten oder Sportlern. Ihre eigenmächtige Ausnutzung außerhalb des vertraglich vorgesehenen Rahmens, der in der Regel für die Höhe des Leistungsentgeltes maßgebend ist, stehen nicht nur persönlichkeitsrechtliche, sondern auch allgemein bürgerlichrechtliche Grundsätze entgegen.“[250]

Die Entscheidung des BGH verdeutlicht einmal mehr die Problematik. Fraglich ist demzufolge, ob sich ein Leistungsschutz für sportliche Darbietungen über persönlichkeitsrechtliche Grundsätze konstruieren lässt. Zur Beantwortung wird zunächst auf die Grundlage und die Vergleichbarkeit des Schutzes der Künstler mit dem der Fußballspieler eingegangen.

2. Im Schrifttum vertretene Auffassungen

In Anlehnung an eine Aussage eines italienischen Fußballtrainers: „Eine Mannschaft ist wie ein Orchester, das schöne Musik spielt. Der FC Bayern soll klingen wie Fugen von Johann Sebastian Bach"[251] ist zu erörtern, ob die Begründungsansätze des BGH auch auf das „Orchester Fußballmannschaft“ übertragen werden können.

Nach *Westermann* ähneln Sportler Künstlern; zumindest hinsichtlich des wirtschaftlichen Risikos, sofern man die von einem Spitzensportler gebotene Leistung als Tätigwerden auf einem Markt ansieht. So gehen Fußballer als Anbieter, wie Künstler, sogar ein recht hohes Risiko ein, wobei viele Fußballer wie auch Künstler bereits an dem Erreichen einer wirtschaftlich auskömmlichen Karrierestufe scheitern.[252]

Ob Fußballer und Künstler rechtlich gleich behandelt werden können, wird im Anschluss noch konkreter zu erörtern sein. Sofern dieser Vergleich als zutreffend empfunden wird, stellen die Vertreter[253] vor allem darauf ab, dass auch sportliche Leistungen durch höchstpersönliche Fähigkeiten geprägt seien und sich durch eine Einmaligkeit auszeichnen, die nicht wiederholbar sei. Zudem sei das Schutzbedürfnis infolge der Kommerzialisierung des Hochleistungssports

---

249 BGH, Urt. v. 31.05.1960, I ZR 64/58, BGHZ 33, 20, 27.

250 BGH, Urt. v. 31.05.1960, I ZR 64/58, BGHZ 33, 20, 28.

251 Ein Zitat von Giovanni Trapattoni.

252 *Westermann*, FS Rittner, 771, 778. In seinem Beitrag kommt *Westermann* zu dem Schluss, dass das Recht des Leistungssports am ehesten mit der Interessenlage beim Wirtschaftsrecht korrespondiere.

253 *PHB SportR/Summerer*, 4. Teil Rdnr. 127; *Jessen*, 160 f.; *Dieckmann*, UFITA (Band 127), 35, 49.

gestiegen. Vorweg genommen werden kann an dieser Stelle, dass sich - soweit ersichtlich - nur *Siegfried*[254] und *Waldhauser*[255] eingehend mit der Figaro - Entscheidung auseinandersetzten.

a) Argumente für eine Vergleichbarkeit

Neben den wirtschaftlichen Veränderungen in den Bereichen des Hochleistungssports hat derjenige, der die „Ware ‚Sportereignis'" überhaupt erst produziert"[256] nach dem damaligen Stand der Rechtsprechung (im Jahr 1990) die schwächste Rechtsposition im Verhältnis Sportler-Veranstalter-Verband und Fernsehanbieter inne.

Siegfried zufolge dränge sich nach der Wiedergabe der Entscheidungsgründe des BGH die Vergleichbarkeit der Situationen geradezu auf[257]. Höchstpersönliche Fähigkeiten prägen die sportliche Leistung und drücken deren Einmaligkeit aus. Ob das Besondere, sich vom Durchschnitt Abhebende und Individuelle auf künstlerischem oder sportlichem Gebiet zeige, dürfe keinen Unterschied machen. Die sportliche Leistung unterliege sogar einem gesteigerten Schutzbedürfnis, denn die Zuschauer nehmen die höchstpersönlichen Fähigkeiten - aber auch die Fehlleistungen - deutlich visuell wahr. Beide Leistungen ähneln sich in Bezug auf das Kriterium der Vergänglichkeit. Die sportliche Leistung ist unkörperlich sowie an die Spieldauer und die Sportstätte gebunden. Zutreffend stellt *Siegfried*[258] darauf ab, dass der ausübende Künstler seine Darbietung üblicherweise beliebig oft aufführen kann, wogegen der sportliche Wettkampf regelmäßig nicht wiederholbar ist. Es mag einstudierte Einzelleistungen oder Spielzüge geben, aber zu einer Nachfrage einer erneuten Durchführung des exakt gleichen Spiels könne es nicht kommen. Er deutet an, dass bei einer zeitgleichen oder zeitnahen Ausstrahlung des Spiels ein einschneidender Eingriff in die Erwerbsmöglichkeiten der Sportler vorliege. Zugleich stellt er aber fest, dass es darauf jedoch nicht ankomme. Zum einen finde eine solche Kopplung des Spielergehalts mit den Zuschauereinnahmen (vor allem den Eintrittsgeldern) in der Praxis gewöhnlich nicht statt. Zum anderen sei es keine Voraussetzung, sondern ein zusätzliches Argument für das Schutzbedürfnis des Sportlers. Ein Grund, warum man die Leistung des Sportlers rechtlich anders betrachten und weniger Schutz als der Wiedergabeleistung eines ausübenden Künstlers gewähren solle, sei nicht ersichtlich[259]. *Siegfried*[260] spricht sich deshalb ausdrücklich für die Verankerung eines derartigen Leistungsschutzrechtes im Rahmen des allgemeinen Persönlichkeitsrechts aus. Einerseits bedarf es jeweils der Konkretisierung sei-

254 *Siegfried*, Die Fernsehberichterstattung von Sportveranstaltungen, Diss. 1990.
255 *Waldhauser*, Die Fernsehrechte des Sportveranstalters, Diss. 1999.
256 *Siegfried*, 22, 23.
257 *Siegfried*, 25 f.
258 *Siegfried*, 26.
259 *Siegfried*, 26 f.
260 *Siegfried*, 23.

nes Schutzbereiches, zum anderen wären im Rahmen der vorzunehmenden Interessenabwägung die im Einzelfall zugrunde liegenden Umstände zu berücksichtigen.

b) Argumente gegen eine Gleichstellung

Gegen einen Vergleich der Situation der Sportler und der ausübenden Künstler spricht sich *Waldhauser* aus folgenden Gründen aus: Eine sportliche Leistung stelle nicht in jedem Falle den Ausdruck der Individualität dar, „[s]o ist beispielsweise ein rein mechanischer, wenngleich äußerste Präzision erfordernder Vorgang wie beim Sportschießen wohl kaum mit der schauspielerischen Fähigkeit einer Person, einen Gefühls- und Gedankeninhalt darzustellen, vergleichbar.“[261] Der durch die unautorisierte Verwertung erfolgende Eingriff in das Selbstbestimmungsrecht des Sportlers sei nicht so schwerwiegend wie bei einem ausübenden Künstler, schließlich sei der sportliche Wettkampf nicht wiederholbar. Für eine erneute Durchführung fehle die Nachfrage. Schließlich sinke, nachdem das Ergebnis bekannt sei, die Attraktivität und somit das Interesse der Konsumenten am Spiel. Das Recht des Sportlers wäre darauf reduziert, zu entscheiden, ob das Spiel aufgenommen werde oder nicht. Zudem trete der Sportler, der an dem Ereignis teilnimmt, bewusst aus der Intim- und Privatsphäre in die Öffentlichkeit. Darüber hinaus sei zweifelhaft, ob allein die Vergrößerung der Zuschaueranzahl durch die Fernsehübertragung einen Eingriff in das Persönlichkeitsrecht hervorrufe. *Waldhauser*[262] wählt deshalb einen anderen Ansatz: Es sei zweifelhaft, ob sich ein Leistungsschutz, der primär auf materiellen Interessen beruhe, über das als Rahmenrecht ausgestaltete allgemeine Persönlichkeitsrecht herleiten lasse. Zwar sei die sportliche Leistung mit der Person des Sportlers verbunden, aber sie sei - bis auf Einzelfälle - kein dem Sportler auf Dauer anhaftendes Persönlichkeitsmerkmal. Aus diesem Grund solle der wirtschaftlich orientierte Leistungsschutz über das dafür primär zuständige Wettbewerbsrecht ausgestaltet werden.

3. Stellungnahme

Sportliche Leistungen sind schützenswert. Sie sind stofflich nicht verbunden, vergänglich und es besteht ein Interesse an der Wiederholung. Nicht gefolgt werden kann der Auffassung von *Waldhauser*, der scheinbar einigen Sportarten die Individualität des Ausführenden abzusprechen versucht. Sofern er hierfür das Beispiel Sportschießen (der Sportschütze habe ein Schuss pro Zielscheibe) anführt, vermag seine Argumentation nicht zu überzeugen. Wenn man das

261 Auch im Folgenden *Waldhauser*, 177.
262 *Waldhauser*, 179.

Scheibenschießen (z.B. beim Biathlon) betrachtet, mag es für den Einzelnen zwar der rein mechanische Vorgang sein, mit fünf Schüssen fünf Scheiben zu treffen. Die Einzigartigkeit wird jedoch nicht nur dadurch sichtbar, dass jemand in einer bestimmten Reihenfolge zielt und trifft oder daneben schießt (von rechts nach links, oder umgekehrt oder in der Mitte beginnend), sondern auch der Bewegungsfluss und die Geschwindigkeit (eine gleichmäßige Reaktionszeit oder ein Warten vor dem letzten entscheidenden Schuss). Gerade in dieser (dem Sportler überlassenen) eigenen Entscheidung kommt die Eigenart (und damit zugleich die Eigenheit) der Person zum Ausdruck.

Unabhängig davon, dass die Arbeit speziell auf den Sport Fußball zugeschnitten ist, ist eine Differenzierung hinsichtlich des Schutzes zwischen den einzelnen Sportarten nicht zu rechtfertigen. Nur weil etwas mehr oder weniger deutlich individuell ist, kann nicht davon ausgegangen werden, dass es sich um einen Standard, also nicht mehr um eine Eigenart, handelt. In der Entscheidung des einzelnen Sportlers, die Leistung so zu erbringen, wie er es für die Erzielung eines guten Ergebnisses notwendig erachtet, kommt seine Persönlichkeit zur Geltung.

Richtig ist zwar, dass sportliche Leistungen vergänglich sind. Fraglich ist nur, was unter „ihrer Natur nach vergänglichen Darbietungen, bei denen eine Nachfrage nach ihrer Wiederholung besteht“[263] zu verstehen ist.

In diesem Zusammenhang ist zunächst zu klären, was unter Wiederholung verstanden wird. Der Duden[264] hilft an dieser Stelle wenig weiter: Danach wird „wiederholen“ u.a. als „etwas kehrt immer wieder“ oder „etwas geht nochmals vor sich“ verstanden. Wie konkret die Ausführung sein muss, um nicht als etwas anderes zu gelten, lässt sich daraus nicht entnehmen.

In der Ausgangsentscheidung des BGH ging es um die Möglichkeit, Noten wahrzunehmen. Dem Orchester dürfte es keine Schwierigkeit bereiten, die Stücke wiederzugeben, schließlich sind die Noten (Notenwerte, Pausen, Tonart, Stimmen usw.) vorgegeben. Demgegenüber ist - beruhend auf der Natur des Fußballspiels - eine exakte Wiederholung des Spiels nicht möglich[265]. Es kann durchaus vorkommen, dass ein potentieller Zuschauer auf das Ansehen eines Spiels verzichtet, wenn er das Ergebnis zuvor erfahren hat. Allerdings mag es auch Zuschauer geben, die, trotz des dann nicht mehr ungewissen Ausgangs des Wettkampfes, Interesse am Spiel haben. Es sei dahingestellt, ob sie sich die Übertragung ansehen, um für sich zu entscheiden, ob der Sieg, das Unentschieden oder die Niederlage berechtigt war, oder nur um bestimmte Spieler zu sehen

---

263 BGH, Urt. v. 31.05.1960, I ZR 64/58, BGHZ 33, 20, 28 - Figaros Hochzeit.

264 Duden Band 2, Stichwort „wiederholen“.

265 Der 1. FC Nürnberg musste dies, verbunden mit dem Abstieg in die 2. Bundesliga, in der Saison 1993/1994 erfahren. Am 23.04.1994 gewann der FC Bayern München gegen den 1. FC Nürnberg 2:1 durch das sog. „Phantomtor“ von Thomas Helmer (ein Tor, das keines war [da Helmer am Tor vorbeischoss], jedoch vom Schiedsrichter gegeben wurde). Das Wiederholungsspiel am 03.05.1994 gewannen die Münchner mit 5:0. Auch aufgrund dieser Niederlage stieg der 1. FC Nürnberg in die zweite Bundesliga ab.

etc. Geht man jedoch nicht von einer *exakten* Wiederholung aus, sondern nur von der Ansetzung der gleichen Mannschaften (z.B. in der Hin- und Rückrunde der Bundesliga), so lässt sich eine Nachfrage ohne weiteres begründen[266]. Selbst wenn man wie *Waldhauser* von einer *gleichen* Wiederholung ausgeht, dann spricht - entgegen *Waldhauser* - das doch eher dafür, dass die Leistung wirtschaftlich nur *einmal* genutzt werden kann und der Leistungserbringer umso schutzwürdiger ist.

Ferner gilt es die Frage zu klären, in welchem Rechtsgebiet der Schutz anzusiedeln ist. *Waldhauser*[267] spricht sich gegen den von *Siegfried* vorgeschlagenen rein persönlichkeitsrechtlichen Ansatz aus. Seine Argumentation läuft darauf hinaus, dass es hier nicht um persönlichkeitsrechtliche Aspekte, sondern vielmehr um wirtschaftliche Interessen des Sportlers gehe. Zwar stellt er zutreffend fest, dass sich das Wettbewerbsrecht aus dem allgemeinen Deliktsrecht herausgebildet hat. Das allgemeine Persönlichkeitsrecht sowie der eingerichtete und ausgeübte Gewerbebetrieb sind als absolute Rechte anerkannt, und demnach kann der Schutz von Individualinteressen eine dingliche Rechtsposition darstellen[268]. Diesen Ansatz verfolgt er jedoch nicht weiter, insbesondere fehlt es an einer überzeugenden Begründung[269]. Auch seine Bedenken dahin gehend, ob die Vergrößerung der Zuschauerzahl durch eine Fernsehübertragung einen Eingriff darstellt, sind im Rahmen des § 823 BGB nicht von der Hand zu weisen. Allerdings dürfen sie nicht pauschal verwendet werden, und da eine mögliche Verletzung der Privatsphäre oben bereits verneint wurde, kann dies dahingestellt bleiben. Entscheidend ist, dass es sich hierbei um eine Weiterentwicklung des allgemeinen Persönlichkeitsrechts handelt.

Ohne bereits abschließend Stellung zu nehmen, soll hier ausdrücklich darauf hingewiesen werden, dass keine Anhaltspunkte dafür ersichtlich sind, warum ein Leistungsschutzrecht für sportliche Leistungen nicht gewährt werden sollte. Zwar wurde das Urheberrechtsgesetz[270] novelliert, ohne dass der Gesetzgeber dem Sportler explizit ein Leistungsschutzrecht eingeräumt hat. Zutreffend geht *Mailänder* davon aus, dass die Entscheidung des Gesetzgebers - es sei dahingestellt, ob sie richtig oder falsch ist - von den Gerichten respektiert werden sollte[271]. *Siegfrieds* persönlichkeitsrechtlicher Ansatz erscheint demgegenüber vorzugswürdig.

Das allgemeine Persönlichkeitsrecht als Rahmenrecht eröffnet Chancen, birgt aber auch Risiken. In jedem Fall bedarf der Schutzbereich einer Konkretisie-

---

266 Sonst ließe sich nicht erklären, warum die Fußballbundesliga seit 1963 existiert. Siehe auch Teil 1 § 2 B.

267 *Waldhauser*, 177.

268 *Waldhauser*, 186.

269 *Waldhauser*, 187 - vielmehr scheint es, als wolle er dem Lösungsweg der gängigen Auffassung folgen. Die h.M. als solche war und ist jedoch noch kein „Argument".

270 Vgl. oben Teil 2 § 2 B. II.

271 *Mailänder*, ZUM 2003, 820, 830.

rung, wo mittels Berücksichtigung der zugrunde liegenden Umstände eine einzelfallgerechte Interessenabwägung stattfindet.

C. Fazit: Schutzbedürftigkeit

Das geltende Recht begründet keinen umfassenden Schutz des Sportlers. Es ist jedoch zweifelhaft, ob wegen der Bedeutung der verschiedenen Persönlichkeitsmerkmale und dem Bedürfnis nach der Umlauffähigkeit entsprechender Rechte die geltende Rechtslage noch zeitgemäß ist. Die offensichtlich als unbefriedigend empfundene Situation belebte die Suche nach neuen Konzepten. Wollte man das Verwertungsrecht auf eine persönlichkeitsrechtliche Grundlage stellen, so bedarf es mehr als einer widerrechtlichen Persönlichkeitsverletzung im Falle der unberechtigten Nutzung. Da das Persönlichkeitsrecht auf ideelle Belange zugeschnitten war, versagte der Rückgriff auf den allgemeinen Persönlichkeitsschutz dann, wenn hauptsächlich vermögensrechtliche Interessen verfolgt wurden.

Begrifflich kann insofern zwischen Nichtvermögensrechten und Vermögensrechten differenziert werden. Nach traditionellen Schutzgesichtspunkten werden Persönlichkeitsrechte, da nicht wirtschaftlich bewertbar - also nicht in Geld messbar -, als Nichtvermögensrechte eingeordnet. Dagegen sind Vermögensgegenstände dazu bestimmt, auf dem Markt als Gut eingesetzt zu werden. Im Gegensatz zu den Nichtvermögensrechten sind sie übertragbar und vererblich. Dies beantwortet jedoch nicht die Frage, was passiert, wenn bestimmte Rechtsträger die Möglichkeit haben, ihre Persönlichkeitsmerkmale einer wirtschaftlichen Nutzung zuzuführen. Insofern besteht weiterhin Klärungsbedarf.

Eine weitere, nicht trennscharfe Linie ist die Unterscheidung zwischen Persönlichkeitsrechten und Immaterialgüterrechten. Immaterialgüterrechte vermitteln die Herrschaft eines Subjekts über gegenständlich abgrenzbare geistige Güter. Beim Persönlichkeitsrecht sind Schutzobjekt und Schutzsubjekt kaum voneinander zu unterscheiden, was allerdings nicht generell zutrifft. Dies wird vor allem durch die Entwicklung z.B. des Markenrechts vom Persönlichkeitsrecht zum Immaterialgüterrecht oder im Rahmen des Urheberrechts deutlich, das aufgrund seiner persönlichkeitsrechtlichen sowie der verwertungsrechtlichen Komponente als Mischform bezeichnet wird. Eine Funktionserweiterung erscheint jedenfalls möglich: Denn warum sollte in der Abwehrfunktion und der sich daraus ergebenden Rechtsposition nicht auch eine Absicherung der positiven Verwertungsbefugnis gesehen werden? Warum sollten nicht auch die wirtschaftlichen Interessen inhärent geschützt werden? Theorie und Praxis scheinen auseinanderzuklaffen und es gilt diese in Einklang zu bringen. Um mit *Büchlers* Worten zu sprechen: Es gilt „das Spannungsfeld zwischen der Macht des Faktischen und der dogmatischen Ordnung zu beleuchten“[272].

272 *Büchler*, FS Rey, 177, 180.

§ 3 Tendenzen im Hinblick auf die Entwicklung eines Verwertungsrechts von Persönlichkeitsmerkmalen

Die Thematik der Verwertung von Persönlichkeitsmerkmalen wurde in zahlreichen Monografien[273] problematisiert und - zumindest im Ansatz - durch die Rechtsprechung bestätigt. Insgesamt zeigt diese allgemeine Tendenz zur Entwicklung der Verwertung des Persönlichkeitsrechts, dass die Lehre der Praxis folgt und Verwertungen grundsätzlich aufgeschlossener gegenübertritt. Im Folgenden werden die Tendenzen zur Entwicklung eines Verwertungsrechts dargestellt. Dabei werden zunächst die Ansätze in der deutschen Literatur betrachtet. Anschließend wird der Blick auf die Regelung der Problematik in den Rechtsordnungen der Schweiz und der USA gerichtet, um aus deren Lösungen bzw. Ansätzen geeignete Gedanken für die weitere Entwicklung des Persönlichkeitsrechts im deutschen Recht zu übertragen. Im Anschluss werden ausgewählte Urteile dargestellt, die der Verwertung von Persönlichkeitsrechten mehr oder weniger zaghaft den Weg weisen. Aus ihnen geht hervor, dass auch die Verwertung von Persönlichkeitsrechten einem Wandel unterliegt.

A. Tendenzen in der Lehre

Es gab und gibt Bestrebungen in der Lehre, ein wirtschaftliches Persönlichkeitsrecht anzuerkennen. Es besteht ein starkes praktisches Bedürfnis, materielle Interessen im Bereich des Persönlichkeitsrechts durchzusetzen. Zutreffend ist, dass

273 Stellvertretend seien genannt: *Magold*, Personenmerchandising (Diss. Mannheim 1993); *Götting*, Persönlichkeitsrechte als Vermögensrechte (Habil. München 1995); *Seemann*, Prominenz als Eigentum (Diss. Zürich 1996); *Baston-Vogt*, Der sachliche Schutzbereich des zivilrechtlichen allgemeinen Persönlichkeitsrechts (Diss. Bielefeld 1997); *v. Holleben*, Geldersatz bei Persönlichkeitsverletzungen durch die Medien (Diss. Freiburg 1998); *Hoppe*, Persönlichkeitsschutz durch Haftungsrecht (Diss. Berlin 1999); *Beuthien/Schmölz*, Persönlichkeitsschutz durch Persönlichkeitsgüterrechte (1999); *Beuter*, Die Kommerzialisierung des Persönlichkeitsrechts (Diss. Konstanz 2000); *Tessmer*, Der privatrechtliche Persönlichkeitsschutz von Prominenten vor Verletzung durch die Medien - mit rechtsvergleichenden Bezügen - (Diss. Marburg 2000); *Neben*, Triviale Personenberichterstattung als Rechtsproblem (Diss. Berlin 2000); *Peifer*, Individualität im Zivilrecht (Habil. Kiel 2000); *Dreier*, T., Kompensation und Prävention (Habil. München 2000); *Ahrens*, Die Verwertung persönlichkeitsrechtlicher Positionen (Habil. Würzburg 2001); *Schulze Wessel*, Die Vermarktung Verstorbener (Diss. Berlin 2001); *Gregoritza*, Die Kommerzialisierung von Persönlichkeitsrechten Verstorbener (Diss. Münster 2002); *Witzleb*, Geldansprüche bei Persönlichkeitsverletzungen durch Medien (Diss. Frankfurt (Oder) 2001); *Friedrich*, Internationaler Persönlichkeitsschutz bei unerlaubter Vermarktung (Diss. München 2003); *Lichtenstein*, Der Idealwert und der Geldwert des zivilrechtlichen Persönlichkeitsrechts vor und nach dem Tode (Diss. Freiburg 2004); *Kaufmann*, Die Personenmarke (Diss. Köln 2004); *Schweers*, Die vermögenswerten und ideellen Bestandteile des Persönlichkeitsrechts nach dem Tod des Trägers (Diss. Köln 2006).

das allgemeine Persönlichkeitsrecht und seine besonderen Ausgestaltungen in erster Linie dem Schutz ideeller Interessen dienen[274]. Darüber hinaus werden aber auch vermögenswerte Interessen der Person geschützt.

Dem Namen, der Abbildung oder sonstigen persönlichen Merkmalen kann ein beachtlicher wirtschaftlicher Wert zukommen. Dieser Wert wird im Allgemeinen auf der Bekanntheit und dem Ansehen der Person in der Öffentlichkeit beruhen. Beides wiederum wurde meist durch besondere Leistungen - etwa auf sportlichem oder künstlerischem Gebiet - erworben[275].

Die unerlaubte Verwertung beeinträchtigt häufig weniger ideelle als kommerzielle Interessen der Betroffenen[276]. Insofern ist es nicht abwegig, die materielle Seite des Persönlichkeitsrechts zu betonen, ohne die monistische Theorie vom Persönlichkeitsrecht aufzugeben[277].

Zum Teil[278] wird auch für die Eingliederung des vermögensrechtlichen Schutzbereichs des allgemeinen Persönlichkeitsrechts in das Immaterialgüterrecht plädiert. *Krüger*[279] sieht jedoch die Gefahr, dass durch die kommerzielle Verwertbarkeit von Persönlichkeitselementen Persönlichkeitsrechte automatisch Quasi-Immaterialgüterrechte mit entsprechendem Ausschließlichkeitscharakter werden. Sofern eine Person durch die Vermarktung nicht in ihren ideellen Interessen beeinträchtigt sei, sollte dem Betroffenen kein Verbotsrecht, sondern ein Anspruch auf eine angemessene Vergütung für die Verwertung seines Persönlichkeitsmerkmals über das Bereicherungsrecht zugebilligt werden. Dieser finanzielle Beteiligungsanspruch führt auch bei der Verwertung von bestimmt zu umschreibender Persönlichkeitsdetails zu einer vernünftigen Konfliktlösung[280].

Andere vertreten dagegen die Auffassung, dass der wirtschaftlich orientierte Leistungsschutz über das dafür primär zuständige Wettbewerbsrecht ausgestaltet werden sollte[281]. Mit der Formel: was wert ist zu kopieren, ist grundsätzlich wert zu schützen[282], könnte der Schutz der wirtschaftlichen Leistungen und Interessen deutlich artikuliert werden.

---

274 BGH, Urt. v. 01.12.1999, I ZR 49/97, BGHZ 143, 214, 218 - Marlene Dietrich.

275 BGH, Urt. v. 01.12.1999, I ZR 49/97, BGHZ 143, 214, 219 - Marlene Dietrich; *Götting*, 59, der den Bekanntheitsgrad des Fußballers nicht nur dem Spieler selbst, sondern zumindest im gleichen Maße den berichtenden Medien zuschreibt.

276 *Götting*, 266; *Schlechtriem*, FS Hefermehl, 445, 465.

277 *Wandtke*, GRUR 2000, 942, 948 f.

278 *Wagner*, ZEuP 2000, 200, 228.

279 Auch im Folgenden *Krüger*, GRUR 1980, 628, 632.

280 *Krüger*, GRUR 1980, 628, 632.

281 So *Waldhauser*, 179 ff.; allgemein zur kommerziellen Auswertung, *Krneta*, GRURInt 1996, 298, 306.

282 University of London Press, Limited v. University Tutorial Press, Limited., Chancery Division, 26.06.1916, [1916] 2 Ch. 601, 610 "after all, there remains the rough practical test that what is worth copying is prima facie worth protecting."

I. Ein wirtschaftliches Persönlichkeitsrecht

Den Begriff „wirtschaftliches Persönlichkeitsrecht" prägte *Fikentscher*[283]. Er forderte ein zweites Rahmenrecht im Sinne des § 823 BGB, und zwar ein Persönlichkeitsrecht für den wirtschaftlichen Bereich der Person. In Deutschland sei das allgemeine Persönlichkeitsrecht auf den ideellen Persönlichkeitsbereich beschränkt. Wirtschaftliche Umstände umfasst das Persönlichkeitsrecht nicht, denn das Vermögen als solches wird von § 823 Abs. 1 BGB nicht geschützt. Der wirtschaftliche Schutz, den das Recht durch den eingerichteten und ausgeübten Gewerbebetrieb, durch § 826 BGB und durch Normen des Gesetzes gegen den unlauteren Wettbewerbs und des Gesetzes gegen Wettbewerbsbeschränkungen widerfährt, beschränkt sich auf den Unternehmer; kurzum die genannten spezialgesetzlichen Regelungen sind lückenhaft[284]. Daher schlug *Fikentscher* vor, das allgemeine Persönlichkeitsrecht um den wirtschaftlichen Aspekt zu erweitern. Dadurch wird die Unternehmensbezogenheit aufgegeben und der Verbraucher stärker geschützt. Allerdings sollte kein *einheitliches* Recht geschaffen werden, vielmehr sollte das wirtschaftliche Persönlichkeitsrecht neben dem allgemeinen Persönlichkeitsrecht stehen (sog. dualistischer Ansatz)[285].

Einen ähnlichen Ansatz verfolgt *Lehmann*[286], der darauf abstellt, dass das Persönlichkeitsrecht in sich nichtwirtschaftliche Integritäts- und Handlungsrechte, wie z.B. die Ehre, und wirtschaftliche, vermögenswerte Handlungsrechte, wie z.B. das Eigentum oder das Warenzeichenrecht, vereinige. Sofern der Inhaber nichtwirtschaftliche Handlungs- und Integritätsrechte (Persönlichkeitsrechte) an Dritte zur Ausübung überlasse, werden diese zu einer wirtschaftlichen Handlungsmöglichkeit, also zu einem Property Right[287]. Unter Property Right versteht *Lehmann* nur wirtschaftliche Handlungsrechte, also ökonomisch relevante Handlungsmöglichkeiten[288], so beispielsweise das Recht, ein Gut zu benutzen oder sich den Ertrag aus der Nutzung anzueignen.

---

283 *Fikentscher, W.*, Wirtschaftsrecht Band II, § 21 III 3 e (112). *Forkel*, FS Neumayer, 229, 241 und 243, wendet sich nicht nur gegen diese Bezeichnung. Das Anliegen mag zwar berechtigt sein, aber die Bezeichnung lege fälschlicherweise nahe, dass wirtschaftliche Interessen auf dem gesamten persönlichkeitsrechtlichen Feld rundum geschützt werden müssten.

284 *Fikentscher, W.*, Wirtschaftsrecht Band II, § 22 I 2 b (134 f.).

285 *Fikentscher, W.*, Wirtschaftsrecht Band II, § 22 I 2 b (132 f.).

286 *Lehmann*, FS Hubmann, 255, 259.

287 *Lehmann*, FS Hubmann, 256, 262.

288 Der Begriff „Property Right" wird teilweise anders verstanden. So sind es nach *Hesse*, 79 f. Handlungsrechte, also akzeptierte Handlungsmöglichkeiten. *Schäfer/Ott*, 98 sehen Güter als Rechtsbündel. Handlungsmöglichkeiten sind Verhaltensweisen von Personen, die sich aus der Existenz von Gütern ergeben und sich auf ihren Gebrauch beziehen. Wobei sich das Gut nicht auf einen Gegenstand beziehe, sondern auf alles, was einer Person Nutzen bringen kann. Handlungsrechte werden von der Rechtsordnung originär zugewiesen. Sie können handelbar bzw. übertragbar sein. Beispielsweise könne der Eigentümer Wegerechte einräumen. Voraussetzung sei eine originäre Zuweisung. Dahin-

Zu diesem dualistischen Modell merkt *Forkel* kritisch an, dass *Fikentschers* Prämisse, dass der Schutz wirtschaftlicher Interessen nicht ausreichend ist, erst zu verifizieren sei: „[D]ie Berechtigung des Verlangens nach einem wirtschaftlichen Persönlichkeitsrecht"[289] stehe oder falle damit. Im Gegensatz zu *Fikentschers* Behauptung legt *Forkel* ausführlich dar, dass das allgemeine Persönlichkeitsrecht nicht ausschließlich ideelle, sondern auch wirtschaftlichen Interessen schütze[290]. Von einer ausschließlichen Beschränkung könne man jedoch nicht sprechen, allenfalls von einer tendenziellen Mehrberücksichtigung ideeller Interessen[291]. Das Urheberrecht zeige auch, dass eine Trennung der verwobenen ideellen und materiellen Interessen eine künstliche Aufspaltung eines gewachsenen Gemengegelages darstellt.

Eine generelle Ausweitung des wirtschaftlichen Persönlichkeitsrechts - *Forkel* bezeichnet es als Persönlichkeitsnutzungsrecht - ginge zu weit. Jedoch bedürfe die wirtschaftliche Seite des allgemeinen Persönlichkeitsrechts einer Erweiterung. Das allgemeine Persönlichkeitsrecht sei elastisch genug, die wirtschaftlichen Anliegen angemessen zu berücksichtigen, so könne man z.B. für gewisse Teilaspekte der Persönlichkeit eine wirtschaftliche Zuordnung treffen[292].

II. Ein wirtschaftliches Persönlichkeitsrecht als integraler Bestandteil des allgemeinen Persönlichkeitsrechts

Wenn ein Aspekt der Persönlichkeit beginnt, einen vermögensrechtlichen Wert zu entfalten, der sich kommerzialisieren lässt, so vollzieht sich diese Entwicklung im Rahmen des Persönlichkeitsrechts. Vorsicht ist jedoch bei der wirtschaftlichen Zuordnung der Vermögensgüter geboten. Ein Recht der Person an sich selbst ließe sich nicht mit der Subjekt-Objekt-Relation des von Herrschaftsvorstellungen geprägten Begriffs des subjektiven Rechts vereinbaren. Deshalb nahm man an, dass die Persönlichkeitsrechte den Vermögensrechten gegenüberstehen[293]. Sie dienen nicht dem Schutz gegenständlicher, materieller Werte, sondern vielmehr gegenständlich nicht fassbarer, immaterieller, ideeller Werte[294].

Zwar standen entwicklungsbedingt die ideellen Interessen im Vordergrund, aber in der Rechtstatsächlichkeit besteht diese Zweitrangigkeit der wirtschaft-

---

ter steht Folgendes: Güter sind ein Bündel von Rechten und damit sei auch der Tausch von Gütern als ein Tausch von Rechten zu verstehen. Der Wert eines Gutes bestimme sich nach der originären Ausstattung mit Handlungsrechten, so z.B. sei Bauland mehr wert als reine landwirtschaftliche Nutzflächen.

289 *Forkel*, FS Neumayer, 229, 230.

290 *Forkel*, FS Neumayer, 229, 231 ff. mit zahlreichen Beispielen und m.w.N.

291 Auch im Folgenden *Forkel*, FS Neumayer, 229, 237.

292 *Forkel*, FS Neumayer, 229, 242.

293 Vgl. die Ausführungen unter Teil 2 § 6 A.

294 *Götting*, 6.

ichen Belange aufgrund der Kommerzialisierung nicht mehr. *Götting* geht zutreffend davon aus, dass es „im Ansatz lebensfremd"[295] ist, den wirtschaftlichen, die materielle Lebensgrundlage bildenden Teil des Menschen aus dem Persönlichkeitsschutz auszugrenzen. Das Wesen der Persönlichkeit umfasse als Selbstbestimmungsrecht nicht nur die Privatsphäre als solche, sondern alle Lebensbereiche, also auch die wirtschaftliche Lebensgrundlage. *Götting* sieht - wie bei den spezialgesetzlich geregelten Persönlichkeitsrechten - eine wirtschaftliche Kehrseite beim allgemeinen Persönlichkeitsrecht[296]. Entgegen dem dualistischen Ansatz *Fikentschers* müsse der wirtschaftliche Aspekt als integraler Bestandteil des allgemeinen Persönlichkeitsrechts betrachtet werden. Es entspreche der einheitlichen Persönlichkeit von einem einheitlichen Persönlichkeitsrecht auszugehen, das beide Interessen umfasse[297]. Dafür sprechen zwei Gründe: Eine dem monistisch geprägten Urheberrecht vergleichbare Situation, und die in den anderen Rechtsordnungen vertretenen Ansätze, die zumindest teilweise auch auf die deutsche Rechtslage herangezogen werden können.

1. Die strukturelle Parallelität zum Urheberrecht

Angesichts der fortschreitenden Kommerzialisierung von Persönlichkeitsmerkmalen kann man durchaus die Frage stellen, ob es zu einer Annäherung an das Urheberrecht gekommen ist. Geht man davon aus, dass das Persönlichkeitsrecht nicht nur ideelle, sondern auch wirtschaftliche Interessen schützt, so stellt das eine Doppelnatur dar. Diese ist ebenso dem Urheberrecht eigen, denn im Urheberrecht wird zwischen ideellen und wirtschaftlichen Interessen unterschieden.

Ähnlich wie das urheberrechtliche Werk stellen sich bestimmte Persönlichkeitsmerkmale als Verkörperung eines persönlichkeitsbezogenen Wertes dar, der in bestimmten Grenzen losgelöst vom Rechtsträger existieren kann. Das Urheberrecht und das Persönlichkeitsrecht arbeiten mit ähnlichen Vorstellungsbildern von Individualität, Originalität oder Persönlichkeit. Werke zeichnen sich durch Originalität aus, und zwar durch Eigentümlichkeit, Individualität oder persönliche Prägung. Auch wenn die Inhalte der Begriffe originality (Copyright) und Originalität (Urheberrecht), expression (Copyright) und Form (Urheberrecht) nicht kongruent sind, so vereinigen sie sich in einem Punkt: Das Werk hat seinen Ursprung im Künstler, nur sein Schaffen verleiht ihm die nötige Schutzbedürftigkeit[298].

Das Urheberrecht ist die Berechtigung des Werkschöpfers an seinem Geisteswerk[299]. Die schöpferische Tätigkeit, ein neues geistiges Gut zum Vorschein

295 *Götting*, 137.
296 *Götting*, 136 ff.; so auch *Wandtke*, GRUR 2000, 942, 949.
297 *Götting*, 139; *Forkel*, FS Neumayer, 229, 242 f.; *Helle*, RabelZ 60 (1996), 448, 455 (Fn. 39).
298 *Troller*, FS Bappert, 269, 270; *Seemann*, 230.
299 Auch im Folgenden: *Rehbinder*, Rdnr. 3.

zu bringen, wird mit einem eigentumsähnlichen Recht an diesem Gut belohnt. Da das Gut kein körperlicher, sondern ein geistiger Gegenstand ist, ist es ein Immaterialgut. Anders als beim Eigentumsrecht kann die Sachherrschaft nicht wie beim körperlichen Gegenstand durch Besitz ausgeübt werden. Bei Geisteswerken ist eine faktische Herrschaft dann nicht mehr denkbar, sobald sie der Öffentlichkeit zugänglich gemacht wurden. Damit ist das Gut ubiquitär. Diese zeitliche und örtliche Ungebundenheit der Immaterialgüter führt dazu, dass jedermann sie auf verschiedene Weise nutzen kann.

Zudem entspricht der Charakter des Verwertungsrechts des Urhebers dem Persönlichkeitsrecht als vermögenswertes Ausschließlichkeitsrecht[300]. Der Urheber entscheidet darüber, ob sein Werk, das die Entäußerung der Individualität der Persönlichkeit ist, wirtschaftlich verwertet wird. Ebenso hat der Träger eines Persönlichkeitsrechts die alleinige Befugnis, über eine kommerzielle Verwertung zu bestimmen.

Einen weiteren interessanten Aspekt regelt § 97 Abs. 1, 2 UrhG, und zwar die Kombination von Vermögensschaden und immateriellen Schaden. Deshalb stellt sich die Frage, warum man nicht auch beim Persönlichkeitsrecht von einer möglichen materiellen bzw. immateriellen Verletzung ausgehen sollte. § 97 UrhG zeigt, dass bei einer Verletzung beider Bereiche jeweils ein entsprechender Ausgleich erfolgen kann. Insofern liegt die „Doppelspurigkeit" des Persönlichkeitsrechts nahe, so dass eine Trennung ideeller und materieller Positionen nicht von vornherein ausgeschlossen ist. Daher ist der Schutz nicht nur geboten, sondern dogmatisch konsequent[301].

Folgt man dagegen der Ansicht *Schrickers*, dass das Urheberrecht jenseits der alten Kategorien von Persönlichkeitsrechten und Immaterialgüterrechten stehe und das am intensivsten durchgearbeitete immaterielle Mischrecht sei[302], so mag man hieraus den Nutzen für die Beurteilung anderer Mischrechte ziehen. Die Vorstellung, dass man ideelle und materielle Belange strikt trennen kann und muss, müsste revidiert werden. Auch insofern bedarf das Persönlichkeitsrecht einer neuen Sichtung und Wertung.

Insgesamt erstaunt es daher kaum, dass die dogmatischen Modelle des Urheberrechts und die Argumentationslinien auch auf den Persönlichkeitsschutz übertragen werden. Das gilt nicht nur in Bezug auf die monistische/dualistische Struktur, sondern auch hinsichtlich der postmortalen Schutzdauer, der Vererblichkeit und der Übertragbarkeit.

300 So auch *Wandtke*, GRUR 2000, 942, 949.
301 So bereits *Wagner*, ZEuP 2000, 200, 223.
302 Auch im Folgenden: *Schricker*, FS Gewerblicher Rechtsschutz, 1095, 1117 f.

2. Ein Blick auf andere Rechtsordnungen

Die Internationalität des Sports zeigt sich insbesondere durch die Austragung von Länderspielen. Daher mag es nicht verwundern, wenn man im Hinblick auf den Schutz der Persönlichkeit auch andere Rechtsordnungen mit in die Betrachtung einfließen lässt. Ein summarischer Blick auf die einschlägigen Regelungen und die Rechtsprechung anderer Rechtsordnungen mag vor allem deshalb hilfreich sein, um Ideen zu erhalten, wie man den - bis dato hier - noch nicht geklärten Teil handhaben könnte. Die Auseinandersetzung mit den in anderen Rechtsordnungen vertretenen Ansätzen bietet einerseits den Vorteil, die am besten erscheinende Regelung in ihrem Grundgedanken zu übertragen, andererseits darf man nicht die Gefahr außer Acht lassen, praktische Ergebnisse hervorzuheben, ohne jedoch die prägenden Züge des fremden Rechtssystems genügend scharf herauszuarbeiten[303]. Eine pauschale Übernahme der Rechtsgedanken eines anderen Rechtssystems ist zum Scheitern verurteilt. Jedes Land hat - bedingt durch kulturelle, politische und rechtliche Unterschiede - ein eigenes Verständnis dahingehend entwickelt, wie die Persönlichkeit am besten zu schützen ist. Eine einzige Lösung (ein Patentrezept) - übertragbar auf alle Rechtsordnungen - wird es nicht geben. Dennoch scheint der Blick auf andere Rechtsordnungen lohnenswert. Als Bezugsländer sollen die Schweiz und die USA dienen.

Die Schweiz bietet sich nicht nur wegen der bestehenden gesetzlichen Regelungen zum Persönlichkeitsrecht an, sondern auch wegen des Sitzes der FIFA in Zürich und der UEFA in Nyon bzw. des Internationalen Sportschiedsgerichts (Tribunal Arbitral du Sport) in Lausanne.

Die Rechtsordnung der Vereinigten Staaten ist insofern von Interesse, als dort die Vermarktung des „großen“ Sports[304] - im Vergleich zu Europa - sehr weit fortgeschritten ist, und auch hier war die Entwicklung als professionelles Geschäft mit juristischen Problemen verbunden. Daher erscheint der Rückgriff auf die US-amerikanische Tradition des Schutzes bezüglich kommerzialisierbarer Attribute einer Person vielversprechend. Mittlerweile gibt es ein klares und konsequentes Konzept - das sog. Right of Publicity. Die vergleichende Betrachtung ist ferner sinnvoll, da auch in den USA der Persönlichkeitsschutz ur-

303 Hinsichtlich des US-amerikanischen Ansatzes ist insbesondere zu berücksichtigen, dass das US-amerikanische Verständnis ökonomischer geprägt ist.

304 Die US-amerikanische Soccer League wird als „Operettenliga“ bezeichnet. Zitat *Breitner*, 62: „Fußball made in USA - das ist für uns Hollywood, Mickymaus, Glitzer und Glamour, das ist eine gut inszenierte Komödie. Darüber schmunzeln wir. Aber viele von uns haben noch nicht kapiert, daß Fußball bei uns schon sehr bald genauso aussehen wird ... Die ‚Operettenliga'- das ist unsere Zukunft! Sicher nicht, was das Spielerische betrifft. Da ist Amerika (noch) immer das ‚Austragsstüberl' für alternde Stars. Aber was das ‚Drumherum' betrifft, da sind die Amis uns wieder einmal um Jahre voraus.“ Das schrieb er 1980 und *Breitner* behielt recht, ob hinsichtlich der Gestaltung des Rahmenprogramms oder der alternden Stars, wie einst Lothar Matthäus und nun David Beckham.

sprünglich auf ideelle Belange ausgerichtet war und erst im Laufe der Zeit das Right of Publicity als Vermögensrecht anerkannt wurde.

a) Das Schweizer Recht

aa) Die Darstellung des Rechts

Um das Schweizer Recht als Vergleichskomponente[305] besser verstehen zu können, wird zunächst auf den Regelungsinhalt, auf die Rechtsnatur und im Anschluss auf deren Konsequenz bezüglich der Übertragbarkeit eingegangen. In der Schweiz ist das allgemeine Persönlichkeitsrecht positivrechtlich in Art. 28 ZGB geregelt. Art. 28 ZGB - der als Generalklausel ausgestaltet ist - lautet:

> „Wer in seiner Persönlichkeit widerrechtlich verletzt wird, kann zu seinem Schutz gegen jeden, der an der Verletzung mitwirkt, den Richter anrufen.
> Eine Verletzung ist widerrechtlich, wenn sie nicht durch Einwilligung des Verletzten, durch ein überwiegendes privates oder öffentliches Interesse oder durch Gesetz gerechtfertigt ist."

Eine Definition des Begriffs Persönlichkeit findet sich im Gesetz nicht. Was man unter dem Begriff verstehen soll, lässt sich kaum beantworten, denn die Umschreibung - eine Persönlichkeit ist der einzelne Mensch mit seinen Anlagen in der Ausprägung und Entfaltung der Anlagen[306] - ist vielfältig. Die Persönlichkeit als Rechtsgut lässt sich in einzelne persönliche Güter aufteilen. Mit anderen Worten umfasst der Ausdruck „Persönlichkeit" die Gesamtheit der durch die Rechtsordnung geschützten Attribute einer Person[307], so zum Beispiel: Leben, körperliche Unversehrtheit, das Recht am eigenen Namen, am eigenen Bild, an der eigenen Stimme und am eigenen Wort.

Dass Persönlichkeitsrechte keine Vermögensrechte sind, ist auch der grundsätzliche Ansatz in der Schweiz, da die vom Recht geschützten Rechtsgüter nicht in Geld bewertbar sind. Das bedeutet jedoch nicht, dass sie keine vermögensrechtlichen Wirkungen aufweisen. Häufig bewirkt eine Verletzung der Persönlichkeit auch eine Vermögensschädigung. Grundsätzlich sind die Persönlichkeitsrechte jedoch keine Vermögensrechte[308]. Damit soll verhindert werden, dass reine Vermögensinteressen durch das Persönlichkeitsrecht geschützt wer-

---

305 *Götting*, 139, der die Vorbildwirkung des Schweizer Rechts nur behauptet und den Beweis bis auf den Fußnotenhinweis schuldig bleibt. *Seemann* dagegen widmet dem schweizerischen Recht ein Kapitel in Prominenz als Eigentum, 174 - 209.

306 *BSK ZGB I/Meili*, Art. 28 N. 5.

307 Zum Schutzumfang siehe nur *BSK ZGB I/Meili*, Art. 28 N. 16 ff.: Er ordnet die einzelnen Attribute drei Schutzbereichen zu, der physische, der psychische und der soziale Schutzbereich. *Grossen* hingegen unterteilt die wesentlichen Eigenschaften der Person in biologische (Leben, körperliche Unversehrtheit, Gesundheit) und geistige (Freiheit, Ehre, Privatsphäre) *Grossen*, 285, 289 und 355.

308 *Grossen*, 285, 356 f. Fn. 10.

den[309]. Dementsprechend lehnt der überwiegende Teil der Literatur[310] es bislang ab, das Persönlichkeitsrecht als Ausgangspunkt eines wirtschaftlichen Interessenschutzes zur Verwertung immaterieller Arbeitserzeugnisse zu betrachten.

Seemann[311] kritisiert, dass die Einbeziehung wirtschaftlicher Interessen verfehlt sei, denn es handle sich nicht um den Individualschutz, sondern um den Schutz der wirtschaftlichen Betätigungsfreiheit. Daraus folgt jedoch nicht, dass der Schutz der wirtschaftlichen Entfaltung mit dem wirtschaftlicher Interessen gleichzusetzen sei. Der Begriff der „wirtschaftlichen Persönlichkeit" gebe Anlass zu Missverständnissen, denn er scheint sich auf den Schutz wirtschaftlicher Interessen des Persönlichkeitsträgers zu beziehen[312].

Die Rechtsprechung - worauf im Folgenden näher eingegangen wird - stellt auf das Recht auf wirtschaftliche Betätigung ab. Das Bundesgericht[313] hat dieses stets im Zusammenhang mit Boykotten und Kartellverbindungen angewandt. Über einen dem „Figaros-Hochzeit" - Fall[314] in Deutschland vergleichbaren Sachverhalt hatte das Bundesgericht 1984 im sog. Tosca-Fall[315] zu entscheiden: Ein Chorsänger hatte zwischen Mitte 1979 und Ende 1980 im Opernhaus Zürich von ca. 15 musikalischen Bühnenwerken Tonbandaufnahmen gefertigt und die Kassetten veräußert. Das Gericht verweigerte den Orchestermitgliedern, die gegen die ungenehmigte Tonaufnahme klagten, den Anspruch aus Art. 28 ZBG auf den wirtschaftlichen Wert. Da weder die Privatsphäre, die Ehre noch das Ansehen betroffen seien, bilde Art. 28 ZGB keine Grundlage für vermögensrechtliche Ansprüche aus Werknutzung - so auch ein Teil des dritten Leitsatzes des Urteils[316]. Das Gericht schließt sich damit dem Schrifttum an, das davor warnt, in Art. 28 ZGB eine Rechtsgrundlage für geldwerte Leistungen zu erblicken. Im Urteil nimmt das Gericht ausdrücklich Bezug auf *Pedrazzini,* der meint, das Persönlichkeitsrecht würde sonst seinem Zweck entfremdet, umfunktioniert und zu einer Quelle vermögensrechtlicher Ansprüche degradiert[317].

Das lässt die Schlussfolgerung zu, dass wirtschaftliche Interessen durch die unerlaubte Nutzung von vermarktbaren Identitätsmerkmalen dann „mit"geschützt werden, wenn eine Persönlichkeitsverletzung im klassischen Sinne gegeben ist[318]. Dies führt zur grundsätzlichen Annahme, dass Art. 28 ZGB keine Anspruchsgrundlage für den Schutz der wirtschaftlichen Persönlichkeit bilde.

---

309 *Pedrazzini/Oberholzer*, 132.

310 *Seemann*, 184, *Bächli*, 144; vgl. zu weiteren Nachweisen *Osterwalder*, 96 insbes. Fn. 467.

311 *Seemann*, 184, insbes. Fn. 67.

312 *Bächli*, 146.

313 So z.B. BGE 82 II, 292, 299; BGE 86 II, 365, 376; BGE 114 II, 91, 105.

314 Siehe Teil 2 § 2 B. VI. 1.

315 BGE 110 II 411 ff. - Tosca.

316 „3. Art. 28 ZGB. Unter Umständen kann auch der ausübende Künstler durch diese Bestimmung geschützt sein; sie bildet aber keine Grundlage für vermögensrechtliche Ansprüche aus Werknutzung (E.3.)."

317 BGE 110 II 411, 418; *Pedrazzini*, ZSR 96 (1977) 1, 33 Fn. 50.

318 *Tessmer*, 57 f., so auch *Seemann*, 189.

Dass diese Aussage zu pauschal ist, zeigt das Urteil des Kassationsgerichts im sog. Rothschild-Fall[319]. Die Bankiers-Familie Rothschild klagte gegen die unerlaubte Nutzung ihres guten Rufs und berief sich dabei auf Art. 28 ZGB. Helmut Rothschild (der Beklagte) warb für seine Produkte mit dem Slogan „R wie Rothschild ... die Produkte sind würdig auch im Badezimmer eines Bankiers zu stehen". Die Instanzgerichte führten als Argumente die Erwägungen der sog. Tosca-Entscheidung an, sahen jedoch keine direkte Ansehensbeeinträchtigung, sondern nur eine Ansehensbenutzung. Eine solche Beeinträchtigung stelle jedoch bereits eine Verletzung im Sinne des Art. 28 ZGB dar. Der Klage wurde deshalb stattgegeben. Das Kassationsgericht folgte dieser Auffassung und stellte ausdrücklich Folgendes klar: Ein Verstoß gegen das Recht liegt nicht vor, wenn man Art. 28 ZGB auf die Wahrung wirtschaftlicher Interessen anwende. Art. 28 ZGB schütze durchaus auch die wirtschaftliche Persönlichkeit. Das ergibt sich daraus, dass Boykottmaßnahmen vor dem Inkrafttreten des Kartellgesetzes erfasst waren[320]. Damit setzte das Kassationsgericht den Schutz der wirtschaftlichen Persönlichkeit mit dem Schutz wirtschaftlicher Interessen gleich[321].

Bei Betrachtung der Rechtsfolge der Persönlichkeitsverletzung gemäß Art. 28a ZGB liegt der Schluss *Bächlis* nahe, dass die auf finanziellen Ausgleich gerichteten Ansprüche jedenfalls einen latenten ökonomischen Gehalt des Art. 28 ZGB implizieren[322]. Der Rechtsgrundverweis von Art. 28a Abs. 3 ZGB[323] auf Art. 423 OR deute darauf hin, dass der Gesetzgeber überzeugt war, dass Persönlichkeitsrechtsverletzungen sich möglicherweise als Nutzung verwertbarer Positionen darstellen, d.h. einen Zuweisungsgehalt innehaben. Der dem einzelnen verwertbaren Persönlichkeitsmerkmal anhaftende Vermögenswert könne somit Gegenstand des Persönlichkeitsrechts sein und als solcher wiederum ein Objekt schützenswerter Interessen darstellen[324].

Nach *Schluep*[325] sind kommerzialisierbare Persönlichkeitsrechte „property rights", nämlich subjektive Herrschaftsrechte, deren Vermarktung das Gesetz nicht verbietet. Durch den Verweis zur Gewinnabschöpfung sei erkennbar, dass der Verletzer in fremde Rechte eingreife und damit ein marktfähiges Persönlichkeitsmerkmal eines anderen ohne dessen Erlaubnis verwerte[326]. In der Literatur[327] wird - entgegen der h.M. - zunehmend vertreten, dass es ein wirtschaft-

319 KassGer Zürich, Urt. v. 07.02.1986, SZJ 1987, 151 - Rothschild; BGE 86 II, 365, 376.

320 KassGer Zürich, Urt. v. 07.02.1986, SZJ 1987, 151, 152 - Rothschild.

321 *Bächli*, 147.

322 *Bächli*, 149.

323 **Art. 28a Abs. 3 ZGB** lautet:
Vorbehalten bleiben die Klagen auf Schadensersatz und Genugtuung sowie auf Herausgabe eines Gewinns entsprechend den Bestimmungen über die Geschäftsführung ohne Auftrag.

324 *Bächli*, 149.

325 *Schluep*, Mélanges Piotet, 173, 200.

326 *Schluep*, Mélanges Piotet, 173, 203.

327 *Büchler*, FS Rey, 177, 182; *Büchler*, AJP 2003, 3, 6; *Seemann*, sic! 1997, 259, 261 ganz allgemein zu Publizitätsrechten. In Anlehnung an das amerikanische Right of Publicity

liches Persönlichkeitsrecht gebe, teilweise[328] wird dies konkret nur für das Recht am eigenen Bild als Vermögensrecht artikuliert. Nach *Osterwalder*[329] wird sich in der zukünftigen Entwicklung des allgemeinen Persönlichkeitsrechts der bloße Individualitätsschutz immer mehr seines formellen deliktsrechtlichen Charakters entledigen und damit funktionell auch dem (indirekten) Vermögensschutz zuzurechnen sein. Mit der grundsätzlich ideellen Schutzausrichtung entfalte das allgemeine Persönlichkeitsrecht noch nicht die Wirkung eines leistungsschutzrechtlichen Immaterialgüterrechts; dazu fehle die Übertragbarkeit. Weiter gehend bereits *Seemann*[330], der darauf Bezug nimmt, dass die Rechte, die die Nutzung und Verwertung des kommerziellen Wertes einer Identität betreffen, übertragen und vererbt werden können. Die Grundlage dafür sei der Funktionswandel des Persönlichkeitsschutzes. Das Recht auf Individualität habe sich von einem bloßen Verbotsrecht der unerlaubten Nutzung zu einem positiven ausschließlichen Nutzungsrecht verwandelt, zu einem „Quasi-Immaterialgüterrecht".

Die Argumentationslinien und dogmatischen Modelle des Urheberrechts werden heute auf den Persönlichkeitsschutz übertragen; das betrifft nicht nur die Struktur der Rechte, sondern auch den postmortalen Schutz, die Vererblichkeit und die Übertragbarkeit.

Bis heute gilt in der Schweiz für Persönlichkeitsrechte das Dogma der Unübertragbarkeit, d.h. Persönlichkeitsrechte sind unübertragbar und unvererblich[331]. Dies ist darauf zurückzuführen, dass Persönlichkeitsrechte untrennbar mit der Person des Trägers verbunden sind, was sich als Folge aus Art. 27 Abs. 2 ZGB ergibt[332]. Damit scheiden Verfügungen aus, denn der Rechtsträger würde durch die Übertragung - ähnlich wie beim Rechtsverlust - stehen. Nach Art. 27 Abs. 2 ZGB darf der Rechtsträger nicht generell auf seine Persönlichkeitsrechte verzichten. Nach *Bächli*[333] könnten die mit einer Übertragung verbundenen Gefahren zum Verlust der Kontrolle führen, was dem Gedanken des Art. 27 ZGB widerspreche. Zudem sei ein wirtschaftliches Bedürfnis an der Umlauffähigkeit nicht gegeben. Allerdings könne der Träger Dritten in Form von schuldrechtlichen Gestattungsverträgen Nutzungsrechte einräumen[334]. Durch diese Mög-

versteht *Seemann* unter Publizitätsrechte kommerzialisierte Persönlichkeitsrechte, also Rechte, die über die Nutzung und Verwertung des wirtschaftlichen Werts eines Identitätsmerkmals entscheiden. *Seemann*, 18.

328 *Bächli*, 125 f., 148 ff.

329 *Osterwalder*, 102.

330 *Seemann*, sic! 1997, 259, 261.

331 *Bächli*, 127 m.w.N.

332 **Art. 27 ZGB** lautet:
Auf die Rechts- und Handlungsfähigkeit kann niemand ganz oder zum Teil verzichten.
Niemand kann sich seiner Freiheit entäussern oder sich in ihrem Gebrauch in einem das Recht oder die Sittlichkeit verletzenden Grade beschränken.

333 *Bächli*, 169.

334 *Büchler*, FS Rey, 177, 181; *dies.*, AJP 2003, 3, 5; *Bächli*, 129; *Hilty*, 28; *Seemann*, 203; *Osterwalder*, 98 f.

lichkeit, auf die Geltendmachung seines Rechts zu verzichten, könne das Persönlichkeitsmerkmal infolge vertraglicher Vereinbarung einen Geldwert erlangen; dieser Vermögenswert ergebe sich dann direkt aus dem Persönlichkeitsrecht.[335] Zudem seien vermögensrechtliche Ansprüche, die sich aus der Verletzung der Persönlichkeit ergeben, im Wege der Abtretung übertragbar[336]. Demnach wäre es konsequent, wenn eine grundsätzliche Übertragung von vermögensrechtlichen Teilen nicht mehr ausgeschlossen sei, sondern vielmehr anerkannt werden würde[337].

Aus der Übertragung von Vermögen nach dem Tode könnten sich Erkenntnisse für dessen Übertragung zu Lebzeiten ergeben. Hinsichtlich der Vererblichkeit enthält Art. 31 Abs. 1 ZGB[338] die Regelung, dass die Persönlichkeitsrechte mit dem Tod - dem Verlust der Rechtsfähigkeit - untergehen. Allerdings bedeutet das Ende der Rechtsfähigkeit nicht, dass ein Mensch durch den Tod jeglichen Persönlichkeitsschutz verliert. Bestimmte Persönlichkeitsrechte bleiben auch nach dem Tod bestehen, ohne dass sie auf den Erben übergehen. In der Literatur[339] sind Ansätze vorhanden, die von der *Nachwirkung* der Persönlichkeitsrechte bis hin zu einem *eigenständigen* postmortalen Persönlichkeitsschutz reichen. Teilweise wird auch ein Recht der Angehörigen auf Pietät anerkannt; allerdings entspringe dieses nicht dem Persönlichkeitsrecht des Verstorbenen, sondern demjenigen der Angehörigen[340].

Auch in der Schweiz gilt das Prinzip der Universalsukzession (Art. 560 ZGB[341]), d.h. die gesamten Rechtspositionen gehen unabhängig von der Art der einzelnen Elemente über. Art. 560 Abs. 2 ZGB ist jedoch nicht abschließend formuliert. Vom Übergang ist alles erfasst, was vererblich ist. Übergangsfähig

---

335 *Bächli*, 47.

336 *Bächli*, 127; *Seemann*, 204; *Osterwalder*, 99.

337 *Schluep*, Mélanges Piotet, 173, 200; *Osterwalder*, 97 Fn. 473; Weitere Nachweise bei *Bächli*, 33 und 166, obwohl *Bächli* selbst die Übertragung ablehnt. Ebenso kritisch *Büchler*, FS Rey, 177, 193 ff.

338 **Art. 31 Abs. 1 ZGB** lautet:
Die Persönlichkeit beginnt mit dem Leben nach der vollendeten Geburt und endet mit dem Tode.

339 Siehe dazu *BSK ZGB I/Beretta*, Art. 31 N. 40 m.w.N.; *Pedrazzini/Oberholzer*, 178; *Kaestlin*, NJW 1959, 1009, 1012; *Seemann*, 205 f. m.w.N.

340 *Bächli*, 74 der auf den Fall Hodler (BGE 70 II 127) verweist, wonach das Ausstellen eines Bildes von Hodler auf dem Totenbett als Verletzung des Pietätgefühls der Witwe angesehen wurde.

341 **Art. 560 ZGB** lautet:
Die Erben erwerben die Erbschaft als Ganzes mit dem Tode des Erblassers kraft Gesetzes.
Mit Vorbehalt der gesetzlichen Ausnahmen gehen die Forderungen, das Eigentum, die beschränkten dinglichen Rechte und der Besitz des Erblassers ohne weiteres auf sie über, und die Schulden des Erblassers werden zu persönlichen Schulden der Erben.
Der Erwerb der eingesetzten Erben wird auf den Zeitpunkt der Eröffnung des Erbganges zurückbezogen, und es haben die gesetzlichen Erben ihnen die Erbschaft nach den Besitzesregeln herauszugeben.

ist jedes Recht, das losgelöst von der Person des Erblassers bestehen kann. Bei Persönlichkeitsrechten sei das aufgrund der engen Verbindung mit der Person gerade nicht möglich. Daher wird in der Schweiz die Übergangsfähigkeit vom Persönlichkeitsrecht fast einhellig verneint.

Dagegen wendet sich *Büchler*[342], die meint, dass eine „enge Verknüpfung" nicht zwingend „untrennbar" sei. Zudem sei die fehlende faktische Herrschaftsmöglichkeit kein entscheidendes Argument und die effektivere Gestaltung des Schutzes gegen unerwünschte Kommerzialisierung rechtspolitisch geboten. Allerdings ist sich *Büchler*[343] der Schwierigkeit der Übertragung bewusst, vor allem, was die Beschränkung der Übergangsfähigkeit auf vermögenswerte Bestandteile anbelangt oder der Frage, ob für die Übertragung eine „lifetime exploitation" Voraussetzung sei. Ihre Argumentation[344] überzeugt insofern als sie meint, es könne nicht angehen, dass Persönlichkeitsrechte nach dem Tod des Trägers gemeinfrei werden. Diese Folge ergebe sich nicht aus einer bewussten Abwägung möglicher Lösungen, sondern sei die Konsequenz des ideell ausgerichteten Persönlichkeitsschutzes. Der Schutz des Erblassers wäre zudem verstärkt, denn mit dem Wesen des Erbrechts würde man den Schutz seiner Interessen und seines Willens über den Tod hinaus verleihen, z.B. durch erbrechtliche Gestaltungsmöglichkeiten (Auflage, Vollstreckung o.Ä.).

Einzelne Stimmen in der Literatur fordern deshalb eine gesetzliche Regelung aufgrund des zunehmenden Missbrauchs verstorbener Persönlichkeiten, es sei denn, die verantwortlichen Kreise (die Medien) griffen selbst zu eindämmenden Maßnahmen[345]. Die Lösung über das Erbrecht hat den Vorteil, dass man nicht auf eine mehr oder weniger ausgeprägte Verantwortung der Medien im Hinblick auf den Schutz der Persönlichkeit vertrauen muss.

bb) Folgerungen für das deutsche Recht

Zusammenfassend bleibt festzuhalten, dass sowohl die Anknüpfung der Verletzungshandlung als auch die generalklauselartige Weite wenige Anpassungsschwierigkeiten verursachen würden[346].

Grundsätzlich fehlt es an einer Umschreibung der Verletzung. Daher wurden in der schweizerischen Literatur und Rechtsprechung Fallgruppen gebildet[347], die - wie im deutschen Recht - an die einzelnen Schutzobjekte wie auch an die Erkennbarkeit bzw. Identifizierbarkeit anknüpfen[348].

---

342 *Büchler*, AJP 2003, 3, 9.
343 *Büchler*, AJP 2003, 3, 10.
344 *Büchler*, AJP 2003, 3, 11.
345 *Pedrazzini/Oberholzer*, 178.
346 *Seemann*, 175.
347 Siehe dazu *Seemann*, 177 m.w.N.
348 *BSK ZGB I/Meili,* Art. 28 N. 39; *Seemann*, 178 insbesondere Fn. 30.

Bei der Verletzung der Persönlichkeit wird der Anspruch auf Genugtuung an die Schwere der Verletzung geknüpft, Art. 49 OR[349]. Man stellt also auf den Einzelfall[350] ab.

Im schweizerischen Recht erfolgt eine Argumentation entlang des Marktes. Kommerzialisierbare Persönlichkeitsrechte zählen zu den property rights. Das ist immer dann der Fall, wenn subjektive Rechte bzw. Positionen mit Ausschlusscharakter marktfähig verwertet werden können, und die Rechtsordnung diese Nutzung nicht verbietet. Das schweizerische Recht verbietet die Vermarktung als solche nicht. Vielmehr wird die Möglichkeit der Gewinnabschöpfung über den Verweis des Art. 28a Abs. 3 ZBG zur Geschäftsführung ohne Auftrag nach Art. 423 OR oder auf den Grundsatz der ungerechtfertigten Bereicherung nach Art. 62 OR anerkannt. Der Markt nimmt die Zuordnung vor. Und die Verwertungsrechte entwickeln sich parallel zu den marktmäßig eröffneten Verwertungsmöglichkeiten.

Zwar hat der Gesetzgeber durch die Aufnahme der Artikel 28a - 28l ZGB[351] die Generalklausel konkretisiert, um die Durchsetzung der Rechte des Verletzten zu erleichtern. Obwohl die Bestimmungen klare Anspruchsgrundlagen und prozessuale[352] Bestimmungen enthalten, fehlt es jedoch auch in der Schweiz an einem klaren Bekenntnis zum Schutz der wirtschaftlichen *Persönlichkeit*. Insoweit zeigt sich, dass die Entwicklung des wirtschaftlichen Persönlichkeitsrechts in der Schweiz trotz der gesetzlichen Regelungen ähnlich verlaufen ist wie in Deutschland. Trotz einer gesetzlichen Regelung vollzieht sich die Vermarktung von Persönlichkeitsmerkmalen dennoch rechtlich ungeklärt. Der Generaltatbestand bietet nur einen Ausgangspunkt, dessen „Ausreifung“ der Praxis überlassen ist. Insofern wäre es Aufgabe der Rechtsprechung und der Literatur die Ausgestaltung des Rechts voranzubringen.

Im Vergleich zu Deutschland gibt es jedoch wenige Diskussionen zur konzeptionellen Weiterentwicklung der Persönlichkeitsrechte[353]. Bislang greift die schweizerische Literatur auf die Vorstöße in Deutschland zurück. Demnach eignen sich die Erkenntnisse der Schweizer Rechtsordnung trotz gesetzlicher Regelung des Persönlichkeitsrechts nicht, um sie für die Entwicklung des deutschen Rechts als weiteren Ansatzpunkt heranzuziehen.

---

349 **Art. 49 OR** lautet:
Wer in seiner Persönlichkeit widerrechtlich verletzt wird, hat Anspruch auf Leistung einer Geldsumme als Genugtuung, sofern die Schwere der Verletzung es rechtfertigt und diese nicht anders wiedergutgemacht worden ist.
Anstatt oder neben dieser Leistung kann der Richter auch auf eine andere Art der Genugtuung erkennen.

350 BGE 129 III 715, 725; BGE 125 III 412, 417 .

351 In Kraft getreten am 01.07.1985.

352 Hinsichtlich der Geltendmachung der Ansprüche ist derzeit keine gewillkürte Prozessstandschaft zugelassen. *Bächli*, 130, der die Rechtsposition des Lizenznehmers durch die Einräumung der (gesetzlichen) Prozessstandschaft verstärken möchte, 170 ff.; *Büchler*, FS Rey, 177, 184; *Seemann*, 204; *Osterwalder*, 99; BGE 113 II 190, 192 f.

353 *Büchler*, FS Rey, 177, 192.

Als Ergebnis kann dennoch festgehalten werden, dass eine gesetzliche Regelung nicht zwingend mehr Klarheit oder Rechtssicherheit schafft. Deshalb sollte es auch nicht das Ziel sein, eine abschließende Regelung zu entwickeln. Nicht nur das Persönlichkeitsrecht, sondern auch die Verletzungsmöglichkeiten entwickeln sich stetig weiter. Hingegen mag ein Rahmen, der feste Konturen verleiht, hilfreich sein, um die Problematik abzugrenzen.

b) Das US-amerikanische Recht

Das US-amerikanische Recht[354] und das deutsche Recht weisen auf den ersten Blick Ähnlichkeiten auf, ob aber aus dem US-amerikanischen Right of Publicity tatsächlich Grundgedanken für die Umgestaltung des deutschen Rechts abgeleitet werden können, bedarf der eingehenden Klärung. Zunächst soll kurz erläutert werden, was das *Right of Publicity* umfasst. Daran anschließend wird ein Überblick über den Gegenstand, den Inhaber, die Entwicklung und die Übertragung des Rechts gegeben. Des Weiteren soll - zur besseren Verdeutlichung der Problematik - die Parallele von Publicity Right und Copyright (Urheberrecht) dargestellt werden. In diesem Zusammenhang soll der - auch in Deutschland vertretene - Ansatz zum Persönlichkeitsrecht, nämlich, dass das Recht vom Markenrecht erfasst sei, erörtert werden. Abschließend wird untersucht, ob das Right of Publicity bei der Weiterentwicklung des deutschen Rechts im Hinblick auf die Vermarktung von Persönlichkeitsmerkmalen eine Grundlage bilden kann.

aa) Right of Publicity

Allgemein wird das Right of Publicity als the right of a person to control and benefit from the commercial value of his name, likeness, performance style and the like definiert[355], also als das Recht einer Person, den wirtschaftlichen Wert ihres Namens, Bildes, Darbietungsweise und dergleichen, selbst zu bestimmen und zu nutzen. Die Begriffsbestimmung geht auf die grundlegende Darstellung *Nimmers* zum Right of Publicity (von 1954) zurück. Danach ist "the right of publicity … the right of each person to control and profit from the publicity values which he has created or purchased"[356].

---

354 Wenn hier und im Folgenden von „US-amerikanischen Recht" gesprochen wird, so ist damit das Recht der Bundesstaaten der USA gemeint, die das Right of Publicity anerkennen. In 28 Bundesstaaten wird es als Bestandteil des Common Law oder aufgrund gesetzlicher Regelungen anerkannt. *McCarthy*, § 6.1 [B] m.w.N.

355 *McCarthy*, § 1:1 definiert es als "[t]he Right of Publicity is the right of a person to control the commercial use of his or her identity." In der Auflage von 1998 hieß es noch § 1.1. A [1] "The Right of Publicity is simple this: it is the inherent right of every human being to control the commercial use of his or her identity."

356 *Nimmer*, 19 Law & Contemporary Problems 203, 203, 216.

(1) Inhalt

Das Right of Publicity ist also ein exklusives Recht, um die Ausnutzung des kommerziellen Wertes der Persönlichkeitsmerkmale der eigenen Person zu kontrollieren. Es besteht aus der Befugnis, die nicht autorisierte Verwertung zu untersagen bzw. die Verwertung zu gestatten, um den mit ihr verknüpften Vermögenswert zu realisieren[357]. Das Right of Publicity bezweckt den Schutz der Publizität und des damit verbundenen Vermögenswertes[358]. Gegenstand des Schutzes des Right of Publicity sind alle mit der Persönlichkeit eng verknüpften Merkmale, welche die Person repräsentieren und daher geeignet sind, sie zu identifizieren. Nicht einzelne Identitätsmerkmale werden mithin als Schutzgegenstand angesehen, sondern die Identität, die sog. Persona[359] als solche. Das Right of Publicity macht den Schutz jedoch nicht von einer Vergegenständlichung der Persönlichkeit abhängig. Neben dem aufgrund der visuellen Medien dominanten Bildnisschutz erstreckt sich der Schutzbereich über den Namen sowie die Stimme auch auf Gegenstände, die mit einer Person assoziiert werden, so z.B. der Ferrari F 2002 mit Michael Schumacher.

Das Right of Publicity ist seinem Grundgedanken nach vor allem auf Prominente zugeschnitten[360]. Eine Minderansicht[361] meint deshalb, dass nur Prominente schutzberechtigt seien. Begründet wird dies damit, dass es nicht nur entwicklungsbedingt sei. Das Hauptargument dieser Auffassung lautet sogar: Ein Schutz vor Vermögenseinbußen bestünde nur dann, wenn bereits zuvor Persönlichkeitsmerkmale vermarktet wurden.

Dem steht die herrschende Auffassung[362] gegenüber, wonach das Right of Publicity ein *Jedermann*-Recht sei. Man dürfe keine Grenze zwischen bekannten und unbekannten Personen ziehen[363].

---

357 *Nimmer*, 19 Law & Contemporary Problems 203, 203, 216; *Hoffman*, 31 De Paul Law Review, 1, 5 f.; *Götting*, 191 m.w.N.; *Götting*, GRURInt 1995, 656, 659.

358 *Magold*, 143 f.; *Götting*, 211.

359 *McCarthy*, § 4:45 „The term 'persona' is increasingly used as a label to signify the cluster of commercial values embodied in Personal identity as well as to signify that human identity 'identifiable' from defendant's usage. There are many ways in which a 'persona' is identifiable: from name, nickname and voice, to picture or performing style and other incicia which identify the 'persona' of a person." m.w.N.; auch *Magold*, 7 ff. bzw. *Götting*, 215 ff.; *ders.*, GRURInt 1995, 656, 662.

360 Das liegt daran, dass bei den meisten berichteten Fällen die Kläger sog. „Celebrities" waren. Zwar wird das *Right of Publicity* eines Prominenten einen höheren wirtschaftlichen „Wert" haben als eines Nichtprominenten, aber das bestimmt nur die Höhe des Schadens, nicht die Existenz des Rechtes. *McCarthy*, § 4:3. Siehe dazu auch *Götting*, 211 ff.; *ders.*, GRURInt 1995, 656, 661 f.

361 Siehe nur *McCarthy*, § 4:15 m.w.N.

362 So bereits *Nimmer*, 19 Law & Contemporary Problems 203, 203, 217. Sein Argument, dass Abgrenzungsschwierigkeiten hinsichtlich des Status, also „celebrity" oder noch keine Berühmtheit, entstehen können, überzeugt nicht. *McCarthy*, § 4:16 m.w.N.

363 *McCarthy*, § 4:3, dort heißt es kurz: "Don't draw a line between 'celebrities' and non-celebrities".

Allein aus der Tatsache, dass jemand bestimmte Persönlichkeitsmerkmale einer Person verwertet, ist zu schlussfolgern, dass diese kommerzialisiert sind. Der Bekanntheitsgrad ist daher nur bei der Höhe des Schadensersatzanspruchs entscheidend.

(2) Entwicklung

Die Entwicklung des Right of Publicity erfolgte durch die Rechtsprechung. Das Right of Privacy, dessen wesentlicher Gehalt im „right to be let alone"[364] (Schutz der Privatsphäre) besteht, erwies sich für einen effektiven Schutz gegen die Verwertung der Identität bekannter Persönlichkeiten als ungeeignet. Das starre Festhalten an der auf Schutz ideeller Interessen ausgelegten Konzeption des Right of Privacy führte aufgrund der zunehmenden Kommerzialisierung von Persönlichkeitsgütern zu einem größeren Auseinanderklaffen zwischen den rechtlichen und den tatsächlichen, wirtschaftlichen Realitäten[365]. Die Frage des Schutzes der Vermarktungsinteressen ist, wie *McCarthy* treffend formulierte, eine Frage der Brieftasche: „Their real complaint was damage to their ‚pocketbook', not to their ‚psyche'"[366].

In der Haelan Laboratories, Inc. v. Topps Chewing Gum, Inc. Entscheidung (1953) wurde erstmals ein Recht des Einzelnen an dem Publizitätswert seiner

---

364 *Warren/Brandeis*, Harvard Law Review (1890) 193, 195. Ihr Konzept des Right of privacy basiert auf der Behauptung, im Common Law existiere es bereits, vgl. 193: "That the individual shall have full protection in person and in property is a principle as old as the common law; but it has been found necessary from time to time to define anew the exact nature and extent of such protection ...Then the 'right of life' served only to protect the subject from battery in its various forms; liberty meant freedom from actual restraint; and the right to property secured to the individual his lands and his cattle. Later, there came a recognition of man's spiritual nature, of his feelings and his intellect. Gradually the scope of these legal rights broadened; and now the right to life has come to mean the right to enjoy life, - the right to be let alone; the right to liberty secures the exercise of extensive civil privileges; and the term 'property' has grown to comprise every form of possession - intangible, as well as tangible." Näheres zum Right of Privacy siehe *Prosser*, 802 ff.

365 *Götting*, 198. Zur Entwicklung seit der Haelan - Entscheidung über *Nimmers* Thesen siehe grundsätzlich *Götting*, 191 ff.; *Seemann*, 87 - 99.

Ähnlich wie in Deutschland wurde übereinstimmend gebilligt, den vermögenswerten Belangen Rechnung zu tragen. Der methodische Ansatz ist verschieden. Ein eher konservativer Ansatz bevorzugt eine einheitliche Lösung, nämlich die Integration der vermögensrechtlichen Interessen in das Right of Privacy. Anders die nach *Götting* (201 Fn. 41) überwiegende Ansicht. Sie forderten die Anerkennung eines eigenständigen, vom Right of Privacy unabhängigen Right of Publicity.

366 *McCarthy*, § 1:7 mit Verweis auf § 5:61 - § 5:65; *Tessmer*, 25 bzw. auf deutsch *Götting*, GRURInt. 1995, 656, 659.

Persönlichkeitsmerkmale anerkannt, als „right of publicity“[367] bezeichnet und als ein property right charakterisiert.

In der Rechtssache stritten zwei Kaugummihersteller um die Rechte am Bild prominenter Basketballspieler. Die Hersteller gaben zu ihren Produkten Bilder von Basketballspielern als Sammelstücke, um vor allem Jugendliche zu wiederholten Käufen anzureizen. Der Kläger hatte mit den Spielern Verträge abgeschlossen, in denen ihm die ausschließlichen Nutzungsrechte eingeräumt wurden. Der Beklagte verwendete die Bildnisse und die Namen einiger dieser Spieler unautorisiert. Das betrachtete der Kläger als einen Eingriff in seine Rechte und verlangte neben der Unterlassung auch Schadensersatz. Hiergegen wandte der Beklagte ein, dass dem Kläger kein Recht zustehe, da das Right of Privacy ein höchstpersönliches und damit unübertragbares Recht sei. Die Nutzungsbewilligung wirke nur inter partes.

In Übereinstimmung mit der bisherigen Rechtsprechung schien der Weg direkt zu einer Klageabweisung zu führen. Aber das Gericht entschied anders. In der Urteilsbegründung stellte das Gericht fest, dass neben und unabhängig vom Right of Privacy ein Right of Publicity existiere, welches den kommerziellen Wert der Persönlichkeitsmerkmale schütze, und worüber sein Inhaber wie über ein Eigentumsrecht verfügen könne[368].

Diese Entscheidung bildete die Grundlage für die Verwertung von Persönlichkeitsrechten. Zum Durchbruch gelangte das Right of Publicity 1977 in der Entscheidung Zacchini v. Scripps-Howard Broadcoasting Co.[369]. Der Kläger Hugo Zacchini, ein Künstler, ließ sich als „menschliche Kanonenkugel“ von einer Kanone in ein 200 Fuß entferntes Netz schießen. Seine Vorführung dauerte etwa 15 Sekunden. Im August und September 1972 zeigte er seine Darbietung regelmäßig auf der Geauga County Fair in Burton, Ohio. Ein freier Mitarbeiter des beklagten Unternehmens besuchte die Messe und nahm die ganze Vorstellung auf Video auf. Der beklagte Sender strahlte die Nummer von Zacchini als „menschliche Kanonenkugel“ in voller Länge in den Nachrichtensendungen aus.

---

367 Haelan Laboratories, Inc. v. Topps Chewing Gum, Inc., U.S. Court of Appeals, Second Circuit, 16.02.1953, 202 F.2d 866, 868, <http://www. westlaw.com> (letzter Zugriff: 17.03.2005).

368 A.a.O. 868: “We think that, in addition to and independent of that right of privacy (which in New York derives from statute), a man has a right in the publicity value of his photograph, i.e. the right to grant the exclusive privilege of publishing his picture, and that such a grant may validly be made ‘en gross’, i.e., without an accompanying transfer of a business or anything else ... This right might be called a ‘right of publicity’. For its common knowledge that many prominent persons (especially actors and ballplayers), far from having their feelings bruised through public exposure of their likeness, would feel sorely deprived if they no longer received money for authorizing advertisements, popularizing their countenances ... This right of publicity would usually yield no money unless it could be made the subject of an exclusive grant which barred any other advertiser from using their pictures.”

369 Zacchini v. Scripps-Howard Broadcasting Co., U.S. Supreme Court, 28.06.1977, 433 U.S. 562 (1977), <http://www.findlaw.com> (letzter Zugriff: 17.03.2005).

Der Kläger meint, durch die unautorisierte Sendung in seinem Recht auf Aneignung seines beruflichen Eigentums verletzt zu sein[370]. Der Court of Appeal of Ohio gab der Klage statt. Das Gericht urteilte, dass der 1. Verfassungszusatz die Presse nicht privilegiere, die gesamte Darbietung in den Nachrichten zu senden, ohne den Kläger für finanzielle Verletzungen zu entschädigen[371].

Gegen diese Entscheidung legte der Kläger ein Rechtsmittel ein. In der Urteilsbegründung heißt es dazu: „The Ohio Supreme Court agreed that petitioner had 'a right of publicity' that gave him 'personal control over commercial display and exploitation of his personality and the exercise of his talents.' This right of 'exclusive control over the publicity given to his performances' was said to be such a 'valuable part of the benefit which may be attained by his talents and effort' that it was entitled to legal protection."[372] Allerdings hielt das Gericht den Eingriff durch die Pressefreiheit privilegiert, so dass das beklagte Unternehmen berechtigt war, den gesamten Akt zu filmen und zu senden. Der Supreme Court von Ohio räumte damit der verfassungsmäßig gewährten Pressefreiheit den Vorrang ein.

Nur über *diese* verfassungsrechtliche Frage hatte der U.S. Supreme Court zu entscheiden. Er hob die Entscheidung des Ohio Supreme Court auf. Weder die durch den 1. Verfassungszusatz[373] gewährte Pressefreiheit noch der 14. Verfassungszusatz[374] rechtfertigen es, die ganze Darbietung des Klägers zu übertragen.

Der folgende Absatz macht deutlich, welche Argumente im Einzelnen für das Publicity Right sprechen. Man kommt zu dem Schluss, dass es eine ähnliche Interessenlage wie im Patent- bzw. Urheberrecht sei, die darauf fokussiert ist, dem Einzelnen den Lohn seiner Anstrengungen zu erhalten. Primär gehe es nicht um den Schutz ideeller Interessen (Empfindungen oder Ehre), sondern um eine Kompensation materieller Interessen. Der Träger des marktwerten Persönlich-

---

370 Zacchini v. Scripps-Howard Broadcasting Co., U.S. Supreme Court, 28.06.1977, 433 U.S. 562, 564 "unlawful appropriation of plaintiff's professional proverty".

371 Vgl. die Zusammenfassung durch den Supreme Court, 433 U.S. 562, 564.

372 Zacchini v. Scripps-Howard Broadcasting Co., U.S. Supreme Court, 28.06.1977, 433 U.S. 562, 569.

373 **U.S. Constitution - First Amendment** - Religion and Expression: Congress shall make no law respecting an establishment of religion, or prohibiting the free exercise therof; or abridging the freedom of speech, or of the press, or of the right of the people peaceably to assemble, and to petition the government for a redress of grievances. - Ausführlich zur Auseinandersetzung: *McCarthy*, § 8:22 ff. - Balancing the Right of Publicity against the First Amendment.

374 **U.S. Constitution - Fourteenth Amendment** - Rights Guaranteed Privileges and Immunities of Citizenship, Due Process and Equal Protection: Section. 1. All persons born or naturalized in the United States and subject to the jurisdiction thereof, are citizens of the United States and of the State wherein they reside. No State shall make or enforce any law which shall abridge the privileges or immunities of citizens of the United States; nor shall any State deprive any person of life, liberty, or property, without due process of law; nor deny to any person within its jurisdiction the equal protection of the laws.

keitsmerkmals habe nichts gegen die Verbreitung seiner Darbietung, aber der wirtschaftliche Wert solle ihm dann auch zugutekommen.

> „As we later note, the State's interest is closely analogous to the goals of patent and copyright law, focusing on the right of the individual to reap the reward of his endeavors and having little to do with protecting feelings or reputation. Second, the two torts differ in the degree to which they intrude on dissemination of information to the public. In 'false light' cases the only way to protect the interests involved is to attempt to minimize publication of the damaging matter, while in 'right of publicity' cases the only question is who gets to do the publishing. An entertainer such as petitioner usually has no objection to the widespread publication of his act as long as he gets the commercial benefit of such publication. Indeed, in the present case petitioner did not seek to enjoin the broadcast of his act; he simply sought compensation for the broadcast in the form of damages."[375]

> "The broadcast of a film of petitioner's entire act poses a substantial threat to the economic value of that performance. As the Ohio court recognized, this act is the product of petitioner's own talents and energy, the end result of much time, effort, and expense. Much of its economic value lies in the 'right of exclusive control over the publicity given to his performance'; if the public can see the act free on television, it will be less willing to pay to see it at the fair. The effect of a public broadcast of the performance is similar to preventing petitioner from charging an admission fee 'The rationale for [protecting the right of publicity] is the straight-forward one of preventing unjust enrichment by the theft of good will. No social purpose is served by having the defendant get free some aspect of the plaintiff that would have market value and for which he would normally pay.'"[376]

Um ein Präjudiz für die Einschränkung der Pressefreiheit zu verhindern, betonte das Gericht, dass es sich um einen Sonderfall handelt. Sinngemäß heißt es im Urteil, dass die Ausstrahlung der gesamten Darbietung Zacchinis - anders als in den Fällen der unautorisierten wirtschaftlichen Verwertung des Namens oder der beiläufigen Nutzung von Namen oder Bildnis durch die Presse - an das Herzstück des Klägers gehe, sich durch seine Fähigkeit, die Lebensgrundlage als Künstler zu verdienen.

---

375 Zacchini v. Scripps-Howard Broadcasting Co., U.S. Supreme Court, 28.06.1977,433 U.S. 562, 573.

376 Zacchini v. Scripps-Howard Broadcasting Co., U.S. Supreme Court, 28.06.1977, 433 U.S. 562, 575 f.
Sinngemäß übersetzt durch die Verfasserin lauten die Hauptaussagen: Die Ausstrahlung der gesamten Darbietung stelle eine erhebliche Bedrohung für deren wirtschaftlichen Wert des Klägers dar. Schließlich sei die Vorstellung ein Produkt von den eigenen Begabungen und der Arbeit des Klägers. Sie sei ein endgültiges Ergebnis von viel Zeit, Anstrengung und Aufwand. Ein Großteil des wirtschaftlichen Werts bestehe in der Kontrolle über die Verbreitung der Darstellung. Wenn das Publikum die Darbietung kostenlos im Fernsehen verfolgen könne, werde die Bereitschaft, dafür auf der Messe etwas zu zahlen geringer.

„Moreover, the broadcast of petitioner's entire performance, unlike the unauthorized use of another's name for purposes of trade or the incidental use of a name or picture by the press, goes to the heart of petitioner's ability to earn a living as an entertainer. Thus, in this case, Ohio has recognized what may be the strongest case for a 'right of publicity' - involving, not the appropriation of an entertainer's reputation to enhance the attractiveness of a commercial product, but the appropriation of the very activity by which the entertainer acquired his reputation in the first place."[377]

(3) Dogmatische Grundlage

Nachdem die Etablierung des Right of Publicity[378] festgestellt wurde, bleibt die Frage des dogmatischen Hintergrundes zu klären. Hier[379] sollen nur die wesentlichen Ansätze der Begründungen des Rights of Publicity genannt werden. Dazu zahlen die Faktizität, die Leistung, die Bereicherungsabwehr, die Analogie zum Urheberrecht, der Anreizgedanke und die Theorien der ökonomischen Analyse des Rechts.

Der Auffassung, die auf tatsächliche Gegebenheiten abstellt, wird zutreffend entgegengehalten, dass die Faktizität als solche kein zwingendes Argument für eine rechtliche Qualifizierung ist[380]. Dahinter steht vielmehr eine Wertungsfrage.

Nach einer anderen Auffassung sei die Legitimation naturrechtlich gegeben. Danach entspreche es den Regeln der Fairness und Gerechtigkeit, dass der Ein-

377 Zacchini v. Scripps-Howard Broadcasting Co., U.S. Supreme Court, 28.06.1977, 433 U.S. 562, 576.

378 In 28 Bundesstaaten wird es als Bestandteil des Common Law oder aufgrund gesetzlicher Regelungen anerkannt, *McCarthy*, § 6:3. Die Rechtsquellen des Rights of Publicity für Kalifornien sind unter § 6:10 - § 6:49 hinterlegt. Für den ersten Überblick ist *Magold*, 111 ff. und 671 - 703 empfehlenswert. Dort finden sich ausgewählte Gesetzestexte zum Right of Publicity in den USA u.a. Auszüge der Regelungen der Bundesstaaten Kalifornien und New York (Zentren der Unterhaltungsindustrie).

379 Eingehend dazu die übersichtliche Darstellung bei *McCarthy*, § 2:1 ff.; *Seemann*, 103 ff.; ausführlicher *Magold*, 202 - 216; *Götting*, 204 ff. und *ders.* in GRURInt 1995, 656, 665 f.

380 So auch *Peukert*, ZUM 2000, 710, 713; *Beuthien/Schmölz*, 28. Der Vorwurf *Schacks*, AcP 195 (1995), 594, *Götting* stelle ohne nähere Begründung auf die faktischen Gegebenheiten ab, trifft so nicht zu. Richtig ist, dass *Götting* die im US-amerikanischen Recht vorhandenen Begründungsansätze darstellt. So zunächst auch eine Auffassung, die auf faktische Gegebenheiten abstellt. Er setzt sich mit dem vermeintlichen Zirkelschluss - aus dem wirtschaftlichen Wert resultiere der rechtliche Schutz - auseinander. Ein Argumentationsansatz ist zwar vorhanden, aber ergebnistechnisch bleibt die Frage offen, warum ein solcher Schutz erforderlich erscheint. *Schack* muss insofern Recht gegeben werden, als die angesprochenen wirtschaftlichen/tatsächlichen Grundlagen nicht einmal im Ansatz (z.B. durch einen Hinweis auf weiterführende Literatur) dargestellt werden. Wenn auch Fakten und Zahlen fehlen, so genügen die Ausführungen dennoch, um in ihnen eine plausible Erklärung für den Ansatz zu finden.

zelne das Recht habe, darüber zu entscheiden, ob, wie und wann er seinen Namen oder seine Bildnisse wirtschaftlich verwerte[381]. In diesem Zusammenhang wird der Gedanke des Schutzes von "skill and labour" angeführt. In Anlehnung an *John Locke* hat derjenige, der den natürlichen Zustand mit Hilfe seiner Arbeit gemischt hat, etwas *Eigenes* hinzugefügt und es somit zu seinem *Eigentum* gemacht. Die Arbeit seines Körpers und das Werk seiner Hände sind im eigentlichen Sinne sein Eigentum[382]. Auf diesem Gedanken beruhen sowohl das Urheberrecht als auch der bereicherungsrechtliche Präventionsgedanke. Zweck der Bereicherungsansprüche ist neben der Abschreckung insbesondere die Verletzungshandlung in unprofitable Vorhaben zu verwandeln, getreu dem Motto: Einer sollte nicht dort ernten, wo er nicht gesät habe[383]. Den Anreizgedanken[384] und die damit einhergehende mittelbare Förderung von Kreativität und Leistung hält *Götting* zu Recht aus diversen Gründen für fragwürdig. Die Zuerkennung des Right of Publicity sei kaum die Triebfeder für die Erzielung künstlerischer oder sportlicher Leistungen; Haupttrieb dürfte das Streben nach Erfolg sein[385]. Zudem beruhe der geschützte Publizitätswert nicht zwingend und nicht ausschließlich auf einer Leistung.

Vertreter der ökonomischen Analyse des Rechts[386], voran *Posner*[387], versuchten, dem Right of Publicity eine rechtspolitische Grundlage zu verschaffen. Nach *Posner* büßt das vermarktbare Persönlichkeitsmerkmal ohne den Schutz

---

381 *Nimmer*, 19 Law & Contemporary Problems 203, 203, 216.

382 *Locke*, II Kap. 5 § 27; *Hoffman*, 31 De Paul Law Review, 1, 5; so auch *McCarthy*, § 2:2 mit dem Verweis auf *Locke*.

383 International News Service v. Associated Press, U.S. Supreme Court, 23.05.1918, 248 U.S. 215, 239, <http://www.findlaw.com> (letzter Zugriff: 22.03.2005); *Hoffman*, 31 De Paul Law Review, 1, 6; *Samuelson*, 57 Tulane Law Review, 836, 851.

384 Mazer v. Stein, U.S. Supreme Court, 08.03.1954, 347 U.S. 201, 219; so auch noch einmal ausdrücklich in Zacchini v. Scripps-Howard Broadcasting Co., U.S. Supreme Court, 28.06.1977, 433 U.S. 562, 577.

385 *Götting*, 208; *ders.*, GRURInt 1995, 656, 665.

386 Zwar gibt es in der deutschen Rechtsprechung keine ausdrückliche Begründungsstruktur der ökonomischen Analyse, jedoch wird auf die Allokationseffizienz abgestellt. D.h., geprüft wird die Norm im Hinblick auf ihre Rationalität und Gerechtigkeit. Das wiederum bedeutet aber nicht, dass bei Defiziten die Legalität der Norm, sondern deren Legitimität - dabei hauptsächlich die wirtschaftliche Effizienz - kritisiert wird. So *Kobbelt*, 159. Weiterführende Literatur zur Ökonomischen Analyse des Rechts in Deutschland: *Eidenmüller*, Effizienz als Rechtsprinzip. Möglichkeiten und Grenzen der ökonomischen Analyse des Rechts (4. Auflage 2005); *Schäfer/Ott*, Lehrbuch der ökonomischen Analyse des Zivilrechts (4. Auflage 2005); *Grundmann*, Methodenpluralismus als Aufgabe. Zur Legalität von ökonomischen und rechtsethischen Argumenten in Auslegung und Rechtsanwendung, RabelsZ 61 (1997), 423 - 453; *Taupitz*, Ökonomische Analyse und Haftungsrecht - Eine Zwischenbilanz, AcP 196 (1996), 114 - 167.

387 *Posner*, 12 Georgia Law Review, 393 ff.

durch das property right seinen wirtschaftlichen Wert ein[388]. Er merkt Folgendes an: „There is a perfectly good economic reason for assigning the property right in a photograph used for advertising purposes to the photographed individual: this assignment assures that the advertiser to whom the photograph is most valuable will purchase it. Making the photograph the communal property of advertisers would not achieve this goal."[389] Die Argumentation ist nachvollziehbar, wenngleich sie auf die eigentliche Frage nach der Berechtigung des Schutzes keine Antwort liefert. Jedoch geht es bei der ökonomischen Analyse des Rechts im Wesentlichen darum, ein Recht so zuzuordnen, dass derjenige, der über die Kontrolle des Rechts verfügt, den daraus größten wirtschaftlichen Vorteil ziehen kann sowie die Umlauffähigkeit durch vertragliche Gestaltungsmöglichkeiten zu erleichtern. Diese Lehre wird zumeist dahingehend kritisiert, dass die Ökonomie über ethische Grundwerte gestellt werde[390].

Eine weitere Auffassung leitet das Right of Publicity aus dem Selbstbestimmungsrecht des Menschen ab, welches auch das Recht auf Selbstdarstellung umfasse[391]. Das bedeutet dann aber auch, dass, soweit eine Person einer anderen Nutzungsrechte an ihren Persönlichkeitsrechten einräumt, diese sowohl dem Dritten als auch ihr selbst gegenüber eine absolute Wirkung entfalten[392].

Es soll dahingestellt bleiben, welcher Ansatz vorzugswürdig ist. In jedem Falle hat sich das Right of Publicity aus dem Right of Privacy entwickelt und verselbstständigt. Dazu merkte *McCarthy* zutreffend an: „[T]he Right of Publicity is a right which, while coexisting side by side with the right of privacy, is independent of the right of privacy. Like Eve from Adam's rib, the Right of Publicity was carved out of the general right of privacy"[393]. Das Right of Publicity steht folglich gleichberechtigt neben dem Right of Privacy und wird übereinstimmend als property right[394] charakterisiert.

---

388 *Posner*, 12 Georgia Law Review, 393, 411 "... the multiple use of the identical photograph to advertise different products would reduse its advertising value, perhaps to zero".

389 *Posner*, 12 Georgia Law Review, 393, 411. Sinngemäß übersetzt (durch die Verfasserin) lautet seine Aussage: Es bestehe ein guter wirtschaftlicher Grund für die fotografierte Person für die Abtretung des Eigentumsrechts an einem Foto, welches für die Werbung genutzt werden soll. Diese Abtretung sichere, dass der Werbetreibende, für den das Foto den meisten Wert habe, das Foto erwerben werde. Wäre das Foto gemeinfrei, dann würde er sein Ziel nicht erreichen.

390 Zur Kritik siehe: *Fezer*, JZ 1986, 817, 821 ff.

391 *Götting*, 211.

392 *Götting*, 279.

393 *McCarthy*, § 5.8 [A].

394 Das ergibt sich nicht nur aus der Rechtsprechung, sondern auch aus dem Wortlaut einzelner Vorschriften in einigen Bundesstaaten, z.B.
California Civil Code § 990(b): The rights recognized under this section are property rights, freely transferable, in whole or in part, by contract or by means of trust or testamentary documents, whether the transfer occurs before the death of the deceased personality, by the deceased personality or his or her transferees, or, after the death of the

Ob es sich um ein Eigentumsrecht handelt, hängt von der Übertragbarkeit des Rechts ab. Im Gegensatz zum Right of Privacy ist das Right of Publicity voll übertragbar. Der Umfang richtet sich nach der vertraglichen Vereinbarung. Nicht eindeutig ist dagegen die Kernfrage, nach der Vererblichkeit dieses Rechts, zu beantworten. Sofern sich das Recht soweit von der Person gelöst hat, dass es ein veräußerliches und damit übertragbares und vererbliches Recht darstellt, ist es von seiner Qualität kein Persönlichkeitsrecht, sondern vielmehr ein Immaterialgüterrecht. Zunächst unterblieb aufgrund der anscheinend zu gleichen Ergebnissen führenden Konzepte (Privacy- bzw. Property-Konzept) eine Auseinandersetzung[395].

Dass diese Auseinandersetzung notwendig war, zeigte sich aber insbesondere bei der Frage der Vererblichkeit. Das Spektrum[396] reicht dabei von einer Bejahung der Vererblichkeit bis zur strikten Ablehnung. So wird argumentiert, dass aufgrund des ideellen Aspekts das Right of Publicity nach dem strengen Privacy-Konzept als Bestandteil des Rights of Privacy unvererblich sei. Andere berufen sich darauf, dass das US-amerikanische Recht keinen postmortalen Persönlichkeitsschutz kenne. Deshalb könne der Schutz nur durch die Begründung ei-

---

deceased personality, by the person or persons in whom the rights vest under this section or the transferees of that person or persons. Vgl. *Magold*, 672.

Kentucky Revised Statutes Chap. 391.170: (1) The General Assembly recognizes that a person has property rights in his name and likeness which are entitled to protection from commercial exploitation. The General Assembly further recognizes that although the traditional right of privacy terminates upon death of the person asserting it, the right of publicity, which is a right of protection from appropriation of some element of an individual's personality for commercial exploitation, does not terminate upon death. <http://www.lrc.ky.vov/krs/391-00/170> (letzter Zugriff: 05.08.2005).

Oklahoma Stat. Ti. 12, § 1448 B: The rights recognized under this section are property rights, freely transferable, in whole or in part, by contract or by means of trust or testamentary documents, whether the transfer occurs before the death of the deceased personality, by the deceased personality or his or her transferees, or, after the death of the deceased personality, by the person or persons in whom such rights vest under this section or the transferees of that person or persons. <http://www.lsb.state.ok.us> (letzter Zugriff: 05.08.2005).

Tennessee Code 47-25-1103 (Property right in use of name, photograph, likeness) (b) The individual rights provided for in subsection (a) constitute property rights and are freely assignable and licensable, and do not expire upon the death of the individual so protected, whether or not such rights were commercially exploited by the individual during the individual's lifetime, but shall be descendible to the executors, assigns, heirs, or devisees of the individual so protected by this part. <http.//www.findlaw.com> (letzter Zugriff: 05.08.2005).

Zu beachten ist allerdings, dass im amerikanischen Recht sehr großzügig mit der Bezeichnung *property right* umgegangen wird, und zwar in dem Sinne, dass jedes schutzwürdige wirtschaftliche Interesse als property right bezeichnet wird, so auch *Götting*, 233 f.

395 *Prosser*, 807 "It seems quite pointless to dispute over whether such a right is to be classified as 'property;' it is at least clearly proprietary in its nature."

396 Ausführliche Darstellungen finden sich bei *Magold*, 53 - 106; *Götting*, 237 ff.

nes Vermögenswertes zu Lebzeiten begründet werden (sog. lifetime exploitation requirement)[397]. Das Right of Publicity sei so lange ein unselbstständiger Bestandteil des Right of Privacy bis der Rechtsinhaber eine Verwertungshandlung vornehme. Erst dann werde es zu einem eigenständigen Recht und sei vererblich.

Dagegen wendet die wohl h.M.[398] ein, dass das Right of Publicity beruhend auf dem Property-Konzept vererblich sei. Schließlich stehe das Right of Publicity unabhängig neben dem Right of Privacy - „in addition to and independent of"[399]. Als Argument wird angeführt, dass das Right of Publicity ein Eigentumsrecht und damit von vornherein vererblich sei. Durch die Trennung der ideellen und der wirtschaftlichen Interessen und deren Zuordnung zu unterschiedlichen Rechten folge zwangsläufig auch eine andere rechtliche Folge. Die bestehe hier darin, dass der vermögenswerte Teil des Persönlichkeitsrechts - das Right of Publicity - vererblich sei. Wie *Magold* überzeugend nahe legt, führt die Annahme zweier verschiedener, originärer Rechte an der eigenen Identität nicht zu einer Einschränkung, sondern vielmehr zu einer Erweiterung des Persönlichkeitsschutzes[400].

bb) Gegenüberstellung von Right of Publicity und Copyright

Die Gemeinsamkeiten und Unterschiede vom Copyright (Urheberrecht) und Right of Publicity sollen nun kurz dargestellt werden; einerseits wegen der Parallele von Persönlichkeitsrechten und Urheberrecht im deutschen Recht, andererseits wegen der bereits angesprochenen Nähe von Right of Publicity und Copyright im US-amerikanischen Recht. Beide Rechte ähneln sich im Hinblick auf den Gedanken der ökonomischen Philosophie[401], der Prävention und einer gleichen Interessenlage. Der Erschaffende soll ein exklusives Recht an der Verwertung haben. Er soll die Kontrolle darüber innehaben, ob und wann er an die Öffentlichkeit tritt. Insoweit stimmen beide Rechte im Hinblick auf den bezweckten Schutz überein, ohne jedoch identisch zu sein. Denn sie sind bezüglich der Rechtsquellen, der Art des Schutzgegenstandes und der Schutzdauer verschieden. Die Rechtsquelle des Urheberrechts ist das federal statutory law und des Right of Publicity das state common law. Das Urheberrecht findet nur für solche Werke Anwendung, die „fixed" sind, also greifbar, wie es z.B. bei Büchern und CDs der Fall ist. Hingegen unterliegen auch unfixierte Werke dem Right of Publicity. Der U.S. Supreme Court nahm in der oben erwähnten Zacchini v. Scripps-

397 Siehe *Magold*, 105; ausführlich *Magold*, 59 - 88 zur lifetime exploitation.

398 Siehe Darstellung bei *McCarthy*, § 9.4 m.w.N. Siehe *Magold*, 98 m.w.N.; ebenso *Götting*, 237 ff.

399 Haelan Laboratories, Inc. v. Topps Chewing Gum, Inc., U.S. Court of Appeals, Second Circuit, 16.02.1953, 202 F.2d 866, 868.

400 *Magold*, 101 ff.

401 Gemeint ist, dass derjenige, der eine Anstrengung leiste, dafür entlohnt wird.

Howard Broadcasting Co. - Entscheidung Stellung zu dem Right of Publicity und betonte, dass der vorliegende Sachverhalt nicht der typischen Fallgestaltung des Right of Publicity entspreche. Die spätere Rechtsprechung[402] schützte Livedarbietungen nur noch vereinzelt unter dem Right of Publicity, u.a. die sportlichen Darbietungen von Baseballspielern. Maßgeblich sei, ob die Aufführung in körperlicher Form (Film, Tonträger) festgehalten werde. Ist das der Fall, so richte sich der Schutz ausschließlich und abschließend nach dem Copyright Act[403]. Diese Argumentation findet auch in der Literatur Zustimmung. Denn nicht die Ausnutzung der Identität der Person stehe im Vordergrund, sondern die Aneignung seiner in einem Werk verkörperten Leistung. Fehlt es hingegen an einer körperlichen Fixierung, so scheidet ein Schutz über den Copyright Act aus. Damit gleichen die Werke wiederum Marken.

Auch vom ökonomischen Standpunkt ähneln sich das Right of Publicity und das Markenrecht. Beide umfassen Eigentumsrechte an der Information, welche zur Identifizierung und Vermarktung eines Produktes oder Services benutzt werde; daher sollen Publicity Rights auch perpetual (fortwährend, unbefristet) und inheritable (vererbbar) sein[404]. Allerdings haben Marken eine andere Funktion, nämlich die Kennzeichnung der Herkunft der Ware. Dem Erwerber soll dadurch eine bestimmte Qualität des Produkts zugesichert werden. Der Erwerber hat jedoch kein Interesse an der Marke selbst. Anders verhält es sich allerdings beim Right of Publicity. Dort ist der Name bzw. das Image ausschlaggebend. In dieser Beziehung gleicht das Publicity Right eher dem Urheberrecht.

Darüber hinaus ist die Schutzdauer verschieden: Bei Urheberrechten beträgt diese allgemein 70 Jahre nach dem Tod des Autors, 17 U.S.C. Sec. 302 (a). Beim Right of Publicity reicht das Spektrum von einer Begrenzung auf die Lebenszeit bis hin zur unbegrenzten Schutzdauer[405].

cc) Folgerungen für das deutsche Recht

Ob das US-amerikanische Right of Publicity eine „Vorbildwirkung“ für das deutsche Recht entfalten kann, lässt sich nur beantworten, indem man die Gemeinsamkeiten und Unterschiede herausarbeitet. Dies ist deshalb von Belang, weil - wenn man zu dem Ergebnis kommt, dass zumindest eine ansatzweise Übernahme des Right of Publicity angebracht wäre - sich die Problematik gera-

402 Balitmore Orioles, Inc. v. Major League Baseball Players Association, Court of Appeals, Seventh Circuit, 29.10.1986, GRURInt 1988, 791 ff.

403 Das Right of Publicity ist durch den Vorrang des Urheber-Bundesrechts durch die preemption doctrine - 17 U.S.C. Sec. 301 (a) - ausgeschlossen. Da eine Auseinandersetzung mit der Problematik den Rahmen der Arbeit sprengen würde, sei für den Überblick auf *Reber*, GRURInt 1997, 884, 887 verwiesen.

404 *Posner*, 49. Ob das Markenrecht einen möglichen Lösungsansatz bietet, bedarf der ausführlichen Klärung. Es sei auf die Ausführungen unter Teil 2 § 5 B. I. verwiesen.

405 Vgl. *Samuelson*, 57 Tulane Law Review, 836, 852.

de bei den Darstellungen der Sportler stellt. Schließlich macht das Right of Publicity den Schutz nicht von einer Materialisierung der Persönlichkeit abhängig, anders dagegen (wohl noch) das deutsche Recht[406]. In beiden Rechtsordnungen stimmen der Inhalt und die Grenzen des Rechts in den wesentlichen Grundzügen überein. Es handelt sich um ein *Jedermann*-Recht; geschützt ist die Identität als solche. Zudem ist das Recht nicht schrankenlos; eine Schranke gebietet z.B. die Pressefreiheit. In der Entwicklung des Schutzes wirtschaftlicher Aspekte der Persönlichkeit zeigen sich ebenfalls Parallelen in beiden Rechtsordnungen. Sowohl in den Vereinigten Staaten als auch in Deutschland wurden ursprünglich nur die ideellen Werte geschützt. In den USA etablierte sich dann zum Schutz des wirtschaftlichen Wertes das Right auf Publicity. Maßgebend dafür war, dass Prominenten kein Schutz gegen eine unerlaubte Werbung mit Kennzeichen ihrer Person zustand, denn mit dem Begeben in die Öffentlichkeit haben sie auf ihr Right of Privacy verzichtet.

Ein Right of Publicity - im deutschen Recht mit dem Schutz des wirtschaftlichen Bestandteils des Persönlichkeitsrechts vergleichbar - wurde in Deutschland der Sache nach seit der Paul Dahlke - Entscheidung anerkannt[407]. Der BGH stellte fest, dass es sich bei der unautorisierten Veröffentlichung „um einen unzulässigen Eingriff in ein fremdes, vermögenswertes Ausschließlichkeitsrecht“[408] handle. Der Schutz immaterieller Interessen ist zudem nach den Grundsätzen der Herrenreiter-Entscheidung[409] gewährleistet. Das deutsche Recht kennt also für beide Aspekte - den ideellen und den vermögenswerten - Möglichkeiten, die Persönlichkeit vor Eingriffen zu schützen. Der Gesetzgeber hat bereits bei anderen Ausprägungen des Persönlichkeitsrechts, so z.B. dem Namen oder Bild als Sachbezeichnung, Marke oder Firma, die Wertungsfrage zugunsten eines translativ übertragbaren Immaterialgüterrechts entschieden[410]. Das wurde jedoch kritisiert. Schließlich müsse man einer „möglichen gesellschaftlichen Fehlentwicklung“[411] - einer zu weit gehenden Kommerzialisierung - entgegentreten. Aufgabe der Rechtsordnung sei es nicht, der maximalen Kommerzialisierung Vorschub zu leisten, indem man ein „marktgängiges Immaterialgüterrecht schafft, das sich in letzter Konsequenz gegen das Individuum richtet und seine Persönlichkeit für Dritte verfügbar macht“[412]. Daher wird teilweise - entgegen dem US-amerikanischen Recht, das die Trennung des nicht übertragbaren Right of Privacy (Schutz der ideellen Interessen) und des frei übertragbaren und vererblichen Right of Publicity (Schutz der kommerziellen Interessen) vorsieht -

---

406 *Seemann*, 148, 111 insbes. Fn. 250.

407 BGH, Urt. v. 08.05.1956, I ZR 62/54, BGHZ 20, 345, 353; *Wagner*, ZEuP 2000, 200, 221. *Larenz/Canaris*, SchuldR II 2 BT, § 80 II 3 (502) spricht von einem eigenständigen Schutzbereich.

408 BGH, Urt. v. 08.05.1956, I ZR 62/54, BGHZ 20, 346, 353.

409 BGH, Urt. v. 14.02.1958, I ZR 151/56, BGHZ 26, 349 ff.

410 *Peukert*, ZUM 2000, 710, 713.

411 *Schack*, AcP 195, 594.

412 *Schack*, Rdnr. 51.

eine Überlassung von Persönlichkeitsrechten zur Ausübung als ausreichend angesehen[413]. Es soll nicht unerwähnt bleiben, dass selbst Befürworter der Übernahme des US-amerikanischen Rechtsgedankens die Gefahr erkennen. Dies wird z.B. durch folgendes Zitat deutlich: „Nicht alles, was Gegenstand wirtschaftlicher Transaktionen ist und einen Geldwert besitzt, ist schon allein deshalb automatisch auch rechtlich schutzwürdig“[414].

Das Right of Privacy und das Right of Publicity stehen im US-amerikanischen Recht gleichberechtigt nebeneinander. Es handelt sich folglich um ein dualistisches System. Die Auseinandersetzung im deutschen Recht wird nicht nur durch die Differenzierung der Aspekte, sondern auch durch das Verhältnis der beiden Rechte zueinander erschwert. Es handelt sich nämlich nicht um ein Ausschließlichkeitsverhältnis. Es gibt Fälle, in denen sowohl der immaterielle als auch der ideelle Aspekt durch dieselbe Handlung beeinträchtigt wird. Zwar bietet die klare Zuordnung im US-amerikanischen Recht einen Vorteil[415], aber der unterschiedliche Ansatz, nämlich das Bestehen einer Schutzlücke als Ausgangspunkt für die Entwicklung in den USA, führt nicht zwingend zur Vorbild- oder Leitbildfunktion des US-amerikanischen Right of Publicity[416]. Als Argument dafür, warum dieses dualistische System sich nicht auch in Deutschland durchsetzen werde, wird vor allem der Ansatz der Trennung von ideellen und kommerziellen Interessen genannt. Der faktisch bestehenden wechselseitigen Verflechtung werde diese schematische Rollenteilung nicht gerecht[417]. Hinzukommen praktische Schwierigkeiten, die das unklare Verhältnis beider Teilbereiche betreffen. Worin die Schwierigkeiten wiederum bestehen sollen, bleibt jedoch letztlich unklar[418]. Der Beseitigung der Unklarheit wären zunächst vor allem präzise Formulierungen in den Urteilsbegründungen zu Persönlichkeitsrechtsverletzungen dienlich, zumal es dort zu einer Vermengung von Schmerzensgeld und Vermögensschaden kommt, wohl auch, weil bis heute die Anerkennung eines Vermögensschadens für Persönlichkeitsverletzungen unterblieben ist.

Auffallend ist, dass es in den letzten Jahren, auch im deutschen Recht bei der Verletzung von Persönlichkeitsrechten neben der Zahlung einer angemessenen Lizenzgebühr zu einer Zahlung von Strafschäden[419] kam, deren Zweck nicht

---

413 *Schack*, Rdnr. 51.

414 *Götting*, 206.

415 *Wagner*, ZEuP 2000, 200, 221.

416 *Peukert*, ZUM 2000, 710, 718 f.

417 *Götting*, GRURInt 1995, 656, 667.

418 *Götting*, 276. Die „angeblichen“ Unklarheiten wurden auch nicht unter dem Kapitel „Das Verhältnis des Right of Publicity zu anderen Rechten und Rechtsinstituten“, insbesondere zum Right of Privacy dargestellt. Insofern ist die Kritik *Schacks,* AcP 195, 599 zutreffend: „[O]hne ersichtlichen Grund, warum die Abgrenzungsschwierigkeiten dort größer sein sollen als die Schwammigkeit des allgemeinen Persönlichkeitsrechts hier“ lehne *Götting* den dualistischen Ansatz ab.

419 In den Vereinigten Staaten werden seit Jahren bei einer Verletzung des Right of Publicity zusätzlich sog. punitive damages (Strafschäden) ausgeurteilt.

ausschließlich in der Kompensation eines Schadens liegt, sondern in der Prävention[420]. Jedenfalls ist seit der Marlene Dietrich - Entscheidung die Vererblichkeit der mit dem Persönlichkeitsrecht verbundenen wirtschaftlichen Verwertungsbefugnissen anerkannt[421], ob dies durch das vererbliche Right of Publicity angeregt wurde, kann hier dahinstehen.

Als weiteres Argument gegen die dualistische Auffassung wird das Merkmal der Übertragbarkeit angeführt. Die unterschiedliche Übertragbarkeit - denn es stehen sich ein unübertragbares Right of Privacy und ein übertragbares und vererbliches Right of Publicity gegenüber - zerreiße den inneren Zusammenhang beider Rechtskreise, so dass beide unverbunden nebeneinander stehen. Von der Vererblichkeit des Right of Publicity auszugehen überzeuge; schließlich sei es nicht nur eine logische Konsequenz aus der vermögensrechtlichen Natur, sondern auch eine sachgerechte Bewertung und Abwägung von Interessen. Das Argument, es sei gerechter, dem Verstorbenen nahe stehenden Personen von dessen Ruhm profitieren zu lassen, und nicht einen beliebigen Dritten, spricht einmal mehr für die Vererblichkeit. [422]

Insofern kritisiert *Schack* zutreffend, dass *Götting* sich doch selbst widerspreche[423], wenn er sich für die Vererblichkeit der wirtschaftlichen Verwertungsbefugnisse ausspreche, aber dennoch das monistische Modell präferiert. Die unterschiedlichen Rechtsfolgen sprechen *nicht* gegen, sondern vielmehr *für* den dualistischen Ansatz. Die Konsequenz des Selbstbestimmungsrechts ist es, dass eine Person einer anderen Person Nutzungsrechte einräumt, die gegenüber dem Dritten und auch ihr selbst gegenüber eine absolute Wirkung entfalten. Allerdings muss der ideelle Kern gewahrt bleiben. Eine pauschale Rechteeinräumung - wie sie in der Praxis teilweise vorkommt - ist abzulehnen.

Abschließend bleibt anzumerken, dass die Vorstellung von einem dualistisch geprägten Persönlichkeitsrecht sich zwar noch nicht durchgesetzt hat, aber der Ansatz, den das US-amerikanische Recht bietet, als solcher durchaus geeignet ist. Dafür sprechen insbesondere die unterschiedlichen Schutzrichtungen, die Schutzdauer und die Unterscheidung der ideellen und vermögenswerten Bestandteile seitens der deutschen Jurisdiktion.

B. Tendenzen in der Rechtsprechung

Die Konkretisierung des Persönlichkeitsrechts erfolgte weitestgehend im Wege der Rechtsfortbildung durch die Rechtsprechung. Ein Rückblick auf die Entwicklung des Persönlichkeitsrechts mit seinen unterschiedlichen Facetten zeigt,

420 Vgl. dazu Teil 2 § 4 A I. 2.

421 Vgl. Ausführungen unter Teil 2 § 3 B. I.

422 *Götting*, 278; *ders*., GRURInt 1995, 656, 667.

423 *Schack*, Rdnr. 51 Fn. 40. Daher sieht er *Göttings* Ansatz ein „solches Recht monistisch als Teil des aPR zu konstruieren, ... [als] in sich nicht stimmig ..." an.

dass man zunächst auf den Aspekt der Würde abstellte und erst später kommerzielle Gedanken einbezog. Die Rechtsprechung berücksichtigt den Wandel der Dinge im Laufe der Zeit, sei es aufgrund des technischen Fortschritts oder der wirtschaftlichen Entwicklung.

Es mag profan erscheinen, aber der Markt diktiert den Preis. Das wird insbesondere durch die Ausführungen zur Verflechtung von Sport, Medien und Wirtschaft deutlich[424]. In den 70er Jahren stellte *Schlechtriem*[425] bereits fest, dass die Zuerkennung eines geldwerten Gehalts weder durch den Gesetzgeber noch durch die Rechtsprechung, sondern durch den Markt erfolgt. Gerade bei der Rechtsprechung zum Persönlichkeitsrecht wird deutlich, dass die Gerichte zuweilen „rechtsfortbildend Neuland nur betreten, wenn sie darauf verzichteten, die Abklärung wissenschaftlicher Streitfragen und die daraus zu erhoffende dogmatische Feinabstimmung neuer Rechtsinstitute abzuwarten“[426]. Dem ist nicht entgegenzutreten, andernfalls wäre ein umfassender Schutz nicht in jedem Falle gewährt. Wichtig ist zu erkennen und zu akzeptieren, dass auch das Recht dem Lauf der Zeit unterliegt und dass nicht starr an „alten“ Regeln „geklammert“ werden kann. Das hat die Rechtsprechung längst erkannt und geht teilweise noch nicht vollends „ausgelotete“ und dogmatisch ergründete Wege. Der BGH hat die kommerziellen Interessen an der Persönlichkeit von jeher in den durch die Persönlichkeitsrechte gewährleisteten Schutz einbezogen. Bei den nachstehenden chronologisch dargestellten Entscheidungen der Rechtsprechung werden die signifikanten Entscheidungen zum Persönlichkeitsrecht berücksichtigt; der Überblick stellt dabei wesentliche Merkmale anhand von exemplarischen Entscheidungen dar.

1956 - Paul Dahlke - Entscheidung[427]

Eine Benutzung des Bildes ohne Einwilligung des Schauspielers Paul Dahlke für Werbung musste dieser nicht kompensationslos hinnehmen. Das Recht am eigenen Bild so der BGH sei ein vermögenswertes Ausschließlichkeitsrecht. Bei Verletzung des Persönlichkeitsrechts am eigenen Bild ist eine Schadensberechnung nach der entgangenen Vergütung dann zulässig, wenn die Erlaubnis üblicherweise von einer Entgeltzahlung abhängig gemacht wird. Im Grunde bejaht der BGH damit einen vermögensrechtlichen Bestandteil des Persönlichkeitsrechts.

1958 - Herrenreiter - Entscheidung[428]

Dem „Herrenreiter“, mit dessen Bild die Beklagte unbefugt für ein sexuelles Kräftigungsmittel mit einem Plakat warb, wurde kein Schadensersatz

424 Siehe Teil 1 § 2.
425 *Schlechtriem*, FS Hefermehl, 445, 453.
426 *Schlechtriem*, FS Hefermehl, 445.
427 BGH, Urt. v. 08.05.1956, I ZR 62/54, BGHZ 20, 345 ff.
428 BGH, Urt. v. 14.02.1958, I ZR 151/56, BGHZ 26, 349 ff.

in Höhe der fiktiven Vergütung zugesprochen, da eine Lizenzbereitschaft nicht vorliegen könne. Durch Umdeutung - „[i]n Wahrheit … begehrt er eine fühlbare Genugtuung“[429] - gewährte man dem Kläger eine billige Entschädigung für den immateriellen Schaden.

1960 - Figaros-Hochzeit - Entscheidung[430]
Der BGH stellte fest, dass eine gesetzliche Reglung zum Leistungsschutz fehle und der Prüfungsrahmen die gegenwärtige Gesetzeslage sei. Gleichzeitig erkennt das Gericht, dass für die eigenmächtige Nutzung außerhalb des Vertrages persönlichkeitsrechtliche Grundsätze einschlägig sind.

1968 - Mephisto - Entscheidung[431]
In dieser Entscheidung erkennt der BGH, dass das Persönlichkeitsrecht auch vermögenswerte Bestandteile aufweise. Das Persönlichkeitsrecht sei als höchstpersönliches Recht unübertragbar und unvererblich, abgesehen von den vermögenswerten Bestandteilen. Damit begründet der BGH das Dogma der Unübertragbarkeit.

1974 - Fiete Schulz - Entscheidung[432]
Hier urteilte der BGH, dass dem Angehörigen zur Wahrung des Persönlichkeitsschutzes des Verstorbenen zwar Widerrufsansprüche gegen den Verletzer zustehen, aber ein Entschädigungsanspruch lasse sich daraus nicht ableiten. Die Entschädigungsfunktion, die dem Betroffenen primär eine Genugtuung für die ihm zugefügte Verletzung seiner Persönlichkeit verschaffen solle, könne nicht erfüllt werden.

1986 - Nena - Entscheidung[433]
Die Sängerin Nena hatte einer Verwertungsgesellschaft sämtliche Rechte für die kommerzielle Nutzung der Persönlichkeitsmerkmale „übertragen“. Die Beklagte bot daraufhin Produkte, die mit einem Bild von Nena versehen waren, zum Verkauf an. Eine Einwilligung seitens Nena bzw. der Klägerin - eine Verwertungsgesellschaft - lag nicht vor. Der BGH gewährte der Verwertungsgesellschaft einen Bereicherungsanspruch aus einer Bildverwertung in Höhe der ersparten Aufwendungen gemäß § 812 Abs. 1 S. 1 Alt. 2 BGB. Die entscheidende Frage war, ob der Verwertungsgesellschaft eine Rechtsposition zukam, aufgrund derer sie gegen den unbefugten Nutzer eines Bildes hätte vorgehen können. Die Übertragbarkeit von Persönlichkeitsrechten lässt der BGH ausdrücklich offen, al-

429 BGH, Urt. v. 14.02.1958, I ZR 151/56, BGHZ 26, 349, 353.
430 BGH, Urt. v. 31.05.1960, I ZR 64/58, BGHZ 33, 20 ff.
431 BGH, Urt. v. 20.03.1968, I ZR 44/66, BGHZ 50, 133 ff.
432 BGH, Urt. v. 04.06.1974, VI ZR 68/73, NJW 1974, 1371.
433 BGH, Urt. v. 14.10.1986, VI ZR 10/86, GRUR 1987, 128 f.

lerdings bejaht das Gericht die Geltendmachung von § 812 Abs. 1 S. 1 Alt. 2 BGB durch eine Agentur und geht damit - ohne darauf näher einzugehen - davon aus, dass die Rechtsinhaberin - Nena - über ihr Persönlichkeitsrecht verfügen könne.

Eine dogmatische Herleitung findet sich in der Urteilsbegründung nicht, vielmehr wird ein Begründungsdefizit ersichtlich: Erfolgte die Geltendmachung über eine Prozessstandschaft oder - obwohl nur schuldrechtlich gestattet - infolge einer quasi-dinglichen Wirkung?

1993 - Nacktfotos von Nena[434]

Die Klägerin Nena ließ sich mit freiem Oberkörper im Rahmen einer Bodypainting-Aktion ablichten. Das Foto wurde dann in der Zeitschrift „Max“ abgebildet. Die Beklagte veröffentlichte dieses Foto in der „Super Illu“ ohne Einwilligung der Klägerin. Als Schadensersatz forderte Nena 90.000 DM, da dies dem üblichen Entgelt entspreche. Zudem hätte sie sich mit einer Veröffentlichung in der Zeitschrift der Beklagten niemals einverstanden erklärt. Im Urteil verwies das LG Hamburg darauf, dass der „Forderung auf eine fiktive Vergütung der Umstand nicht entgegen [steht], daß sie auch Schmerzensgeld verlangt.“[435] Nena wurden insgesamt 40.000 DM für die (ungenehmigte) Veröffentlichung des Nacktbildes zugesprochen. Als Grundlage für die Höhe des Anspruchs stellte das LG Hamburg auf die fiktive Lizenz für die Einräumung der Zweitverwertungsrechte ab.

1994 - Caroline-I-Entscheidung[436]

Prinzessin Caroline von Monaco klagte gegen drei verschiedene Veröffentlichungen des beklagten Verlags in den Zeitschriften „Bunte“ und „Glücksrevue“. Dabei handelte es sich um ein frei erfundenes Interview über Probleme des Privatlebens, welches auch auf der Titelseite angekündigt war. Zum anderen wurden Äußerungen von ihr abgedruckt, die sie nie getätigt hatte und ihre angebliche Heiratsabsicht verbreitet.

Der BGH führte in den Entscheidungsgründen aus, dass neben die Kompensation und die Genugtuung die Prävention als neue Funktion der Bemessung für die Geldentschädigung trete. „Ohne eine für die Beklagte fühlbare Geldentschädigung wäre die Klägerin einer solchen rücksichtslosen Zwangskommerzialisierung ihrer Persönlichkeit weitgehend schutzlos ausgeliefert; ... Eine Verurteilung zur Geldentschädigung ist aber nur dann geeignet, den aus dem Persönlichkeitsrecht heraus gebotenen Präventionszweck zu erreichen, wenn die Entschädigung der Höhe nach ein

434 LG Hamburg, Urt. v. 15.10.1993, 324 O 3/93, AfP 1995, 526 ff.
435 LG Hamburg, Urt. v. 15.10.1993, 324 O 3/93, AfP 1995, 526, 527.
436 BGH, Urt. v. 15.11.1994, VI ZR 56/94, BGHZ 128, 1 ff.

Gegenstück auch dazu bildet, daß hier die Persönlichkeitsrechte zur Gewinnerzielung verletzt worden sind."[437]

Damit konnte man die Auseinandersetzung mit dem kommerziellen Bestandteil des Persönlichkeitsrechts vermeiden und die bis dahin als zu gering betrachtete Höhe der Entschädigung über den Aufschlag der Prävention, als echten Hemmungseffekt[438], kompensieren.

Um den Entscheidungsüberblick zu vervollständigen, seien noch einige wichtige Entscheidungen der letzten Jahre erwähnt, die sich dadurch auszeichnen, dass sie die Grundsätze der bisherigen Rechtsprechung infrage stellen. Um jedoch nicht die Auseinandersetzung mit den richtungsweisenden Entscheidungen vorwegzunehmen, soll an dieser Stelle nur ein kurzer Überblick gegeben werden. Im Anschluss an die jeweilige Entscheidung werden Fragen aufgeworfenen, die sich aufgrund der Urteilsinhalte ergeben und auf die im Folgenden eingegangen werden soll.

1999 - Marlene Dietrich - Entscheidung[439]

Ein Meilenstein in der Entwicklung des Persönlichkeitsrechts ist die Marlene Dietrich - Entscheidung des BGH. In dieser Rechtssache erfolgte eine explizite Trennung von ideellen und materiellen Interessen. Zudem wurde die Vererblichkeit des vermögenswerten Bestandteils des Persönlichkeitsrechts anerkannt. Die Unübertragbarkeit ist allerdings nicht unumstritten. Der BGH lässt deshalb ausdrücklich offen, ob eine Übertragung unter Lebenden möglich ist.

Die Entscheidung eröffnet zahlreiche Fragen: Ist das das Ende des Dogmas der Unübertragbarkeit? Denkbar ist, dass sich der vermögensrechtliche Teil soweit vom Rechtsträger löst, dass eine Übertragung stattfinden könnte. Ist das eine Vorschubleistung zur Kommerzialisierung?

2002 - Aktfotos von Marlene Dietrich[440]

Nach ständiger Rechtsprechung löste die Verletzung des ideellen postmortalen Persönlichkeitsrechts mangels Rechtsfähigkeit keinen Entschädigungsanspruch aus. Anders nun das OLG München, es erkennt einen Geldentschädigungsanspruch an, und zwar gemäß Art. 1 Abs. 1 GG i.V.m. § 823 Abs. 1 BGB.

Auch diese Entscheidung wirft Fragen auf: Wie kann ein Verstorbener einen immateriellen Schaden erleiden? Das allgemeine Persönlichkeitsrecht erlischt mit dem Tod. Die Menschenwürde dagegen dauert fort. Betrifft das dann auch die Persönlichkeit?

---

437 BGH, Urt. v. 15.11.1994, VI ZR 56/94, BGHZ 128, 1, 16.
438 BGH, Urt. v. 15.11.1994, VI ZR 56/94, BGHZ 128, 1, 16.
439 BGH, Urt. v. 01.12.1999, I ZR 49/97, BGHZ 143, 214 ff.
440 OLG München, Urt. v. 09.08.2002, 21 U 2654/02, ZUM 2002, 744 ff.

2003 - Fotos von Marlene Dietrich[441]

Das LG München I erkennt einen kommerzialisierbaren Teil der Persönlichkeit an. Als obiter dictum bemerkt die Kammer, dass beide Ansprüche - Ersatz des materiellen und ideellen Schadens - nebeneinander anwendbar seien. Allerdings bejaht das Gericht den Anspruch aus Bereicherungsrecht und Geschäftsführung ohne Auftrag in einem Satz.

Hier stellt sich die Frage, ob die Rechtslage bereits so eindeutig ist, dass ein Satz zur Begründung des Anspruchs genügt.

2003/04 - Oliver Kahn - Entscheidung[442]

Das LG und das OLG Hamburg entschieden über die kommerzielle Vereinnahmung der Persönlichkeit von Oliver Kahn. Zwar wurde in den Entscheidungen offengelassen, ob und in welchen Umfang die Übertragung des Persönlichkeitsrechts unter Lebenden möglich sei. Angedeutet wird jedoch, dass die anerkannte Vererbbarkeit der vermögenswerten Bestandteile für eine Übertragbarkeit unter Lebenden spreche. Nur so lässt es sich erklären, dass die materiellrechtliche Prüfung einer Klausel vorgenommen wird, die möglicherweise per se schon unzulässig ist.

2004 - Oskar Lafontaine - Entscheidung[443]

Oskar Lafontaine begehrte für die Nutzung seines Bildes und seiner Persönlichkeit eine finanzielle Entschädigung. Ganz allgemein wird im Urteil festgestellt, dass niemand durch den unerlaubten Eingriff in Ausschließlichkeitsrechte besser gestellt werden dürfe, als er im Fall einer erteilten Erlaubnis stehen würde.

Damit stellt sich die Frage, ob dies ein klares Bekenntnis für einen Anspruch gemäß § 812 Abs. 1 S. 1 BGB darstellt? Die Frage wird auch nicht durch das Urteil des OLG Hamburgs beantwortet, dass die Anspruchsgrundlage mit der 2. Alternative näher bestimmt. Die Entscheidungen erwecken den Anschein, als räumte man dem Persönlichkeitsrecht einen eigenen Zuweisungsgehalt ein und dass ein Nutzungswille nicht erforderlich sei. Maßgebend sei die Nutzungsmöglichkeit.

Zusammengefasst spiegeln die skizzierten Entscheidungen deutlich die Dynamik der Rechtsprechung wider. Die einzelnen Begründungsansätze weisen einen klaren Weg. Ob er so gangbar ist, und auf welche Argumente man sich dabei stützen kann, soll die anschließende Auseinandersetzung mit den einzelnen Urteilen zeigen.

---

441 LG München I, Urt. v. 11.09.2003, 7 O 20974/02, ZUM-RD 2003, 601 ff.

442 OLG Hamburg, Urt. v. 13.01.2004, 7 U 41/03, MMR 2004, 413, 414.

443 OLG Hamburg, Urt. v. 09.11.2004, 7 U 18/04, ZUM 2005, 165, 166.

I. Die Marlene Dietrich - Entscheidung

1. Darstellung der Entscheidung

Der in der Literatur[444] aufkommenden Kritik gegen ein Diktat einer (zu) weitreichenden Kommerzialisierung trat der BGH mit der Marlene Dietrich - Entscheidung[445] entgegen. Der Entscheidung lag folgender Sachverhalt zugrunde: Die Erbin (die Tochter) von Marlene Dietrich machte einen Schadensersatzanspruch wegen Verletzung der vermögenswerten Bestandteile des postmortalen Persönlichkeitsrechts geltend. Ein Beklagter war der Geschäftsführer einer Produktionsgesellschaft, welche im Jahr 1993 ein Musical über das Leben Marlene Dietrichs produzierte. Im April und Mai 1993 wurde das Musical zunächst unter dem Titel „Sag mir, wo die Blumen sind“, dann bis Ende 1993 unter „Marlene“ aufgeführt. Der Beklagte räumte zudem einem Automobilhersteller die Rechte zur Produktion und Vermarktung von einem Sondermodells des Typs Lancia Y 10 „Marlene“ ein und gestattete ihm, den Schriftzug „Marlene“ sowie ein Bildnis von Marlene Dietrich zu nutzen. Ferner erlaubte er einem Kosmetikhersteller, in den Programmheften mit einer doppelseitigen Anzeige unter dem Slogan „Marlene-Look“ und unter Verwendung einer Marlene Dietrich darstellenden Zeichnung für seine Kosmetikartikel zu werben. Zudem ließ der Beklagte zahlreiche Merchandising - Artikel herstellen (von Armbanduhren über Tassen bis zu Telefonkarten), die mit einem Bildnis von Marlene Dietrich und dem Slogan „Sag mir, wo die Blumen sind“ versehen waren und bot diese zum Verkauf an.

Die teilweise in der Literatur[446] geäußerten Bedenken gegen die Vorschubleistung zur Kommerzialisierung hat der BGH in der Urteilsbegründung aufgegriffen. Darin heißt es: Es könne zwar nicht geleugnet werden, dass durch die Schaffung eines Immaterialgüterrechts die Persönlichkeit und deren Träger für Dritte verfügbar gemacht werden und damit der Kommerzialisierung Vorschub geleistet werde, aber diese Bedenken greifen hier nicht durch. Vielmehr werde der Schutz der Persönlichkeit durch die Anerkennung eines eigenständig vererblichen vermögenswerten Bestandteils des Persönlichkeitsrecht mehr gestärkt als geschwächt[447]. Dem Recht komme neben der Aufgabe, durch Wertentscheidungen vorgegebene Grenzen zu setzen, „auch eine dienende Funktion zu, indem es einen Ordnungsrahmen auch für neue Formen der Vermarktung bieten muß, die im Interesse sowohl des Vermarkters als auch desjenigen liegen, der eine solche Vermarktung seiner Person gestatten möchte“[448]. Die Wertentscheidung bleibe jedoch nicht einfach dem Markt überlassen; vielmehr sei der fortschreitenden

444 *Schack*, Rdnr. 51; *Schack*, AcP 195, 594, 600.
445 BGH, Urt. v. 01.12.1999, I ZR 49/97, BGHZ 143, 214 ff.
446 *Schack*, Rdnr. 51; *Schack*, AcP 195, 594, 600.
447 BGH, Urt. v. 01.12.1999, I ZR 49/97, BGHZ 143, 214, 224.
448 BGH, Urt. v. 01.12.1999, I ZR 49/97, BGHZ 143, 214, 225.

Kommerzialisierung des Persönlichkeitsrechts dort entgegenzutreten, wo höherrangige rechtliche oder ethische Prinzipien es gebieten[449].

Weitere Kernaussagen sind die Trennung zwischen ideellen und wirtschaftlichen Interessen, die damit verbundene Schlussfolgerung bezüglich der Übertragbarkeit und die Änderung des Charakters eines Rechts.

Ferner wurde klargestellt, dass unter bestimmten Umständen beim Schadensersatz kein besonders schwerer Eingriff vorausgesetzt werde. „Zwar kommen bei einer Verletzung ideeller Interessen auf Geldentschädigung gerichtete Ansprüche nur zu Lebzeiten des Trägers des Persönlichkeitsrechts (s.o. unter II.1.) und nur bei schwerwiegenden Beeinträchtigungen in Betracht. Bei der Verletzung materieller Interessen, wie sie hier in Rede steht, gilt dies aber nicht. Wer die vermögenswerten Bestandteile des Persönlichkeitsrechts schuldhaft verletzt, haftet ebenso wie bei der Verletzung anderer vermögenswerter Ausschließlichkeitsrechte für den eingetretenen Schaden, ohne daß es darauf ankäme, wie schwerwiegend der Eingriff war“[450].

Obwohl die Entscheidung im Wesentlichen den (wirkungsvollen) postmortalen Schutz[451] der vermögenswerten Bestandteile betrifft, enthält sie auch allgemein gültige Aussagen, die erkennen lassen, warum diese Entscheidung als Meilenstein[452] bezeichnet wird. Fast sensationell wirkt die Feststellung, dass „ungeachtet ihrer Übertragbarkeit unter Lebenden ... diese [vermögenswerten] Bestandteile - anders als die dem Schutz ideeller Interessen dienenden höchstpersönlichen Bestandteile - vererblich [sind]“[453]. Im Urteil erfolgt nun expressis verbis die Differenzierung zwischen ideellen und kommerziellen Interessen. Ideelle Interessen sind unauflösbar an die Person ihres Trägers gebunden; als höchstpersönliche Rechte unverzichtbar und unveräußerlich, also weder übertragbar noch vererblich[454]. Bisher gab es keine Entscheidung des BGH, die sich explizit mit der Problematik auseinandersetzte, ob die dem Schutz kommerzieller Interessen an der Persönlichkeit dienenden vermögenswerten Bestandteile übertragbar und vererblich sind. In der (zeitlich früheren) Mephisto-Ent-

---

449 BGH, Urt. v. 01.12.1999, I ZR 49/97, BGHZ 143, 214, 225.

450 BGH, Urt. v. 01.12.1999, I ZR 49/97, BGHZ 143, 214, 228.

451 Zwar war das fortwirkende Lebensbild der Persönlichkeit auch nach dem Tode geschützt, allerdings nur als Abwehranspruch. Schließlich könne ein Verstorbener keinen - durch eine Geldzahlung auszugleichenden - Schaden erleiden. Dieser Schutz ist jedoch nicht umfassend. Abwehransprüche nutzen wenig, wenn die Rechtsverletzung bereits beendet ist, bevor der Berechtigte Kenntnis von ihr erlangt. Zudem erscheint es unbillig, den durch Leistungen des Verstorbenen geschaffenen und in seinen Persönlichkeitsmerkmalen verkörperten Vermögenswert einem Dritten preiszugeben, anstatt ihn seinen Erben zukommen zu lassen.

452 So zutreffend *Götting*, NJW 2001, 585; *Schack*, JZ 2000, 1060.

453 BGH, Urt. v. 01.12.1999, I ZR 49/97, BGHZ 143, 214, 220.

454 Das ist auch das tragende Argument der Ansicht, die die Verwertbarkeit eines Persönlichkeitsrechts verneint, weil sich der vollständig entäußernde Träger zu einem „Objekt“ reduziere und dies im Widerspruch zur Menschenwürde und zum Selbstbestimmungsrecht stehe. Vgl. *Schack*, Rdnr. 51; *Peifer*, 293, 306.

scheidung wurde angedeutet „daß das Persönlichkeitsrecht - abgesehen von seinen vermögenswerten Bestandteilen - als höchstpersönliches Recht unübertragbar und unvererblich ist“[455]. Mitte der 80er Jahre im Rahmen der Nena-Entscheidung[456] wurde dagegen offen gelassen, ob die Übertragung eines Persönlichkeitsrechts aufgrund dieser Eigenschaft ausgeschlossen sei. Zum Zeitpunkt der Marlene - Dietrich Entscheidung (1999) sprachen „eine Reihe von Gesichtspunkten ... dafür, daß die vermögenswerten Bestandteile des Persönlichkeitsrechts nicht in derselben Weise unauflöslich an die Person ihres Trägers gebunden sind“[457]. Dazu gehören nicht nur der sich verändernde Charakter eines Rechts in der Einschätzung durch die Rechtsordnung, verdeutlicht am Beispiel der Firma, dem Namensrecht und dem Warenzeichenrecht, sondern auch die Erkenntnis, dass kennzeichnende Persönlichkeitsmerkmale (z.B. das Bild oder der Name) bei einer unbefugten Verwendung als Reflex der gewährten Abwehrechte kommerziell verwertet wurden. Damit war stets ein Schutz vermögenswerter Interessen verbunden. Dieser musste jedoch nicht notwendig als ein selbstständiger Bestandteil des Persönlichkeitsrechts angesehen werden.

Zudem stellte der BGH in der Entscheidung erneut den Bezug zur Rechtstatsächlichkeit her. Zu berücksichtigen sei auch die Entwicklung der Medien; durch den Imagetransfer tragen bekannte Persönlichkeiten in nicht unerheblichem Umfang zur Wertschöpfung bei.

2. Auseinandersetzung mit dem Urteil

Das Urteil fand weitestgehend Anerkennung[458] und wurde nur vereinzelt kritisiert[459]. Grundlegend ist anzumerken, dass die Auseinandersetzung mit der Thematik entscheidend für die Entwicklung des Persönlichkeitsrechts ist. Die Bestätigung der Rechtsprechung durch das selbstverständliche Zugrundelegen der Grundsätze der Marlene Dietrich - Entscheidung im Fall „Der Blaue Engel“ - Entscheidung[460] zeigt, dass es sich um eine im Kern bereits gefestigte Rechtsprechung handelt. Die Bezeichnungen des Urteils als Meilenstein[461], bahnbrechend[462] oder epochemachend[463] verdienen Zustimmung: Trotz der Andeutun-

455 BGH, Urt. v. 20.03.1968, I ZR 44/66, BGHZ 50, 133, 137 - Mephisto.

456 BGH, Urt. v. 14.10.1986, VI ZR 10/86, JZ 1987, 158 f.

457 BGH, Urt. v. 01.12.1999, I ZR 49/97, BGHZ 143, 214, 221.

458 *Götting*, NJW 2001, 585; *Frommeyer*, JuS 2002, 13; *Jacobs*, WRP 2000, 896; *Ullmann*, WRP 2000, 1049; *Wagner*, GRUR 2000, 717.

459 *Schack*, JZ 2000, 1060; teilweise *Peukert*, ZUM 2000, 710. Im Ergebnis zustimmend *Müller,T.*, GRUR 2003, 31, der jedoch einzelne Begründungen kritisiert.

460 BGH, Urt. v. 01.12.1999, I ZR 226/97, NJW 2000, 2201.

461 *Schack*, JZ 2000, 1060; *Götting*, NJW 2001, 585.

462 *Jacobs*, WRP 2000, 896.

463 *Ullmann*, WRP 2000, 1049, 1053.

gen in der Rechtsprechung[464] war eine Anerkennung des Persönlichkeitsrechts als Vermögensrecht nicht selbstverständlich. Damit erfolgte die ausdrückliche Klarstellung, dass das allgemeine Persönlichkeitsrecht neben den ideellen auch die vermögenswerten Interessen der Person schützt. Die Entscheidung brachte im Ergebnis eine Verallgemeinerung des vermögensrechtlichen Ansatzes[465]. Der BGH lässt jedoch ausdrücklich offen[466], ob der vermögenswerte Teil des allgemeinen Persönlichkeitsrechts unter Lebenden übertragen werden kann. Dennoch zeigen die Entscheidungsgründe mit der Trennung der beiden Interessen oder auch dem Wandel vom Persönlichkeitsrecht zum Immaterialgüterrecht, skizziert am Firmen- oder Warenzeichenrecht, dass das Persönlichkeitsrecht eine Weiterentwicklung erfährt. Die Weichenstellung ist erfolgt und der BGH ist nicht abgeneigt, einen neuen Weg zu gehen.

a) Die Trennung von ideellen und materiellen Interessen

Die auch vom BGH vorgenommene klare Trennung von ideellen und materiellen Interessen überzeugt. Das beide Interessen/Rechte unterschiedlich zu behandeln sind, musste deutlich dargestellt bzw. herausgearbeitet werden. Die vom BGH für erforderlich gehaltene Klarstellung erfolgte zu Recht, wenn man die Rechtsprechung in diesem Bereich heranzieht[467].

b) Die Vererblichkeit bzw. die Übertragung des Persönlichkeitsrechts

Durch die Trennung der Bestandteile konnte man nunmehr die Vererblichkeit der vermögenswerten Bestandteile von Persönlichkeitsrechten ausdrücklich anerkennen[468]. Damit schließt sich der BGH den Forderungen eines beachtlichen

---

464 Vgl. Entscheidungsüberblick unter Teil 2 § 3 B.; beginnend mit der Dahlke - Entscheidung, der Mephisto - Entscheidung und der Nena - Entscheidung fortgesetzt mit der Marlene - Dietrich Entscheidung.

465 So bereits *Wagner*, GRUR 2000, 717, 718.

466 Die Gründe, warum der BGH den Schritt zur Verdinglichung der vermögenswerten Bestandteile unter Lebenden nicht gemacht hat, sind spekulativ. Ursächlich mag zum einen die konsequente Fortführung der Argumentationslinie zur Nena - Entscheidung sein. Zudem fällt die dogmatische Erfassung des allgemeinen Persönlichkeitsrechts in die Zuständigkeit des VI. Zivilsenats des BGH, der die Annahme der Sache zur Entscheidung trotz des Übernahmeangebots des I. Zivilsenats ablehnte. *Ullmann*, WRP 2000, 1049, 1052 Fn. 22.

467 Vgl. dazu die Ausführungen unter Teil 2 § 4 A. I. 3. a).

468 BGH, Urt. v. 01.12.1999, I ZR 49/97, BGHZ 143, 214, 220, insbesondere der 2. Leitsatz.

Teils des Schrifttums[469] an. Argumentiert wird nicht mit dem praktischen Bedürfnis, sondern mit einem wirkungsvollen Schutz der Persönlichkeit, aber auch dem Gebot der Billigkeit. Da im Streitfall die Berechtigungen in einer Hand[470] lagen, konnte der BGH feststellen, dass es „kein Argument gegen die Vererblichkeit der vermögenswerten Bestandteile des Persönlichkeitsrechts dar[stellt], daß die Berechtigung hinsichtlich der ideellen und der kommerziellen Interessen auseinanderfallen kann“[471].

aa) Der Grundsatz der Unübertragbarkeit und der Unvererblichkeit

Dies wirft die Frage auf, was neu daran ist, dass es so erwähnenswert ist, dass das sog. Dogma der Unvererblichkeit ins Wanken gerät. Allein die Tatsache, dass das allgemeine Persönlichkeitsrecht mittelbar über seine Abwehrfunktion hinaus auch vermögenswerte Interessen schützt, bedeutet nicht zwangsläufig die Anerkennung der Vererblichkeit der vermögenswerten Bestandteile des allgemeinen Persönlichkeitsrechts. Insofern sei darauf hingewiesen, dass die Rechtsfortbildung außerhalb der Persönlichkeitsrechtsdogmatik[472] stattfindet; bis vor wenigen Jahren wurde das Dogma der Unvererblichkeit von Persönlichkeitsrechten kaum hinterfragt[473]. Aus seiner Funktion als höchstpersönliches Abwehrrecht endete das Persönlichkeitsrecht grundsätzlich mit dem Tod der Person. Es erlischt als Folge der unlösbaren Verbundenheit mit der Person bei deren Ableben. Um das fortwirkende Lebensbild des Verstorbenen zu schützen, bestehe der allgemeine Achtungs- und Wertanspruch fort, welcher durch das postmortale Persönlichkeitsrecht erfasst sei[474].

Die Rechtsprechung hatte bislang nicht ausdrücklich entschieden, ob einzelne Bestandteile des Persönlichkeitsrechts übertragbar sind. Da diese Feststellung nicht entscheidungserheblich war, waren Ausführungen zu der Übertragung entbehrlich.

Trotz des ausdrücklichen Offenlassens der Übertragbarkeit unter Lebenden, bedeutet dies nicht, dass eine Übertragbarkeit nicht möglich ist. Vererbt werden kann nur etwas, das beim Erblasser bereits vorhanden war. Zu kritisieren ist, dass der BGH § 1922 Abs. 1 BGB nicht erwähnte, obwohl die Möglichkeit einer

469 *Hubmann*, 132 f.; *Forkel*, GRUR 1988, 491, 492 f.; *Hubmann/Rehbinder*, 221; *Magold*, 510 f.; *Götting*, 65 (bzgl. des Rechts am eigenen Bild); *Schertz*, Rdnr. 380; *Fromm/Nordemann - Hertin*, Vor § 12 UrhG Rdnr. 4.

470 Die Klägerin, die Tochter von Marlene Dietrich, war sowohl nahe Angehörige als auch Erbin.

471 BGH, Urt. v. 01.12.1999, I ZR 49/97, BGHZ 143, 214, 226.

472 So *Peukert*, ZUM 2000, 710, 717.

473 Vgl. nur *Schulze Wessel*, 17 Fn. 22.

474 *Schwerdtner*, in: Karlsruher Forum 1996, 27, 32. Im Wesentlichen sind folgende Entscheidungen zu nennen: BGH, Urt. v. 08.06.1989, I ZR 135/87, BGHZ 107, 384, 391 - Emil Nolde; BGH, Urt. v. 20.03.1968, I ZR 44/66, BGHZ 50, 133, 136 f. - Mephisto.

Einordnung bestand. Denn nach dieser Vorschrift geht mit dem Tode einer Person deren Vermögen auf die Erben über. Eine Erklärung zur fehlenden Einordnung blieb der BGH schuldig, in der Urteilsbegründung heißt es lediglich: „Schließlich ist darauf hinzuweisen, daß sich die Befugnisse des Erben vom Träger des Persönlichkeitsrechts ableiten und nicht gegen seinen mutmaßlichen Willen eingesetzt werden können. Mit der Befugnis des Erben, die vermögenswerten Bestandteile des Persönlichkeitsrechts wahrzunehmen, daß er gegen eine unbefugte Verwendung des Bildnisses oder des Namens des Verstorbenen einschreitet, ist daher nicht ein uneingeschränktes positives Benutzungsrecht verbunden, das auch gegen die ausdrücklichen oder mutmaßlichen Interessen des verstorbenen Trägers eingesetzt werden könnte. Vielmehr darf der Erbe die nach dem Tode (fort-)bestehenden Vermarktungsmöglichkeiten nur unter Berücksichtigung dieses Willens nutzen."[475]. Diese Bindungswirkung lasse sich nur aus der Natur des postmortalen Persönlichkeitsrechts erklären, insofern weisen die vermögenswerten Bestandteile einen Sondercharakter auf[476].

Selbst wenn man sich dem anschließen wollte, reicht der vom BGH verfolgte Begründungsansatz nicht aus. Eine „Wahrnehmungsbefugnis" der Erben lässt sich leichter mit ideellen Persönlichkeitsrechten - angelehnt an §§ 22 S. 2 und 3, 23 KUG - assoziieren als mit vermögenswerten Bestandteilen. Wollte man auf die ideellen Aspekte abstellen, müsste es der Angehörige heißen. Zum anderen könnte man aus dem obigen Zitat ableiten, dass eine Vermarktungsmöglichkeit nur bei einer Rechtsverletzung bestehe. Das allerdings wäre widersprüchlich. *Lichtenstein* führt dazu zutreffend aus, dass „[w]ollte man das ernsthaft behaupten, ... eine (mißbilligenswerte) Rechtsverletzung durch Dritte für die (begrüßenswerte) Realisierung erbrechtlicher Vermögenswerte Voraussetzung [wäre]"[477]. Offen bleibt auch, warum der Erbe an den ausdrücklichen oder mutmaßlichen Willen des Erblassers gebunden sein soll. Unterstellt, es wäre so, dann dürften in der Praxis erhebliche Beweisschwierigkeiten auftreten. Zudem wäre es unmöglich zu kontrollieren, ob die Maßnahme noch vom Willen des Erblassers umfasst wäre. Auch wenn der Erblasser zu Lebzeiten ausgeführt hat, welche Vermarktung bzw. Verwertungsmaßnahmen er ablehnt, so sind die Berechtigten an seine Entscheidung rechtlich nicht gebunden, solange sie nicht von Todes wegen verfügt worden ist. In diesem Zusammenhang gilt zu beachten, dass der Erbe grundsätzlich frei entscheiden kann, wie er mit der Erbschaft verfährt. Moralische, ethische Gesichtspunkte mögen die Entscheidung des/der Erben beeinflussen, eine rechtliche Bindung folgt daraus nicht. Gegen diese generelle Bindungswirkung spricht allerdings, dass der Erblasser sehr wohl erbrechtliche Gestaltungsmöglichkeiten besitzt, um seinen Willen auch nach seinem Tode berücksichtigt zu wissen. Dann muss er durch eine Verfügung von Todes wegen seinen Willen zum Ausdruck bringen, z.B. durch Vermächtnis, § 2147 BGB

475 BGH, Urt. v. 01.12.1999, I ZR 49/97, BGHZ 143, 214, 226.
476 *Müller, T.*, GRUR 2003, 31, 32.
477 *Lichtenstein*, 338.

oder durch eine Auflage, § 2192 BGB. Macht er davon keinen Gebrauch, so kommt - da das deutsche Erbrecht dies nicht vorsieht[478] - auch nicht die Möglichkeit in Betracht, auf seinen mutmaßlichen Willen abzustellen. Auch in den Diskussionen der Lehre und Rechtsprechung bleibt diese Bindung zumeist ohne eine Begründung oder der als Begründung angeführte Nachweis führt ins Leere[479]. Teilweise mangelt es auch an einer Differenzierung. Richtig ist, dass sich bestimmte Maßnahmen an dem Willen des Erblassers orientieren sollten[480]. Die angesprochene Verallgemeinerung kann jedoch nur die Wirkung in ihrem Bereich entfalten, deshalb ist es nicht nachvollziehbar, warum ein Rückgriff auf das Erbrecht nicht möglich sei. Das Argument, „weil damit in vermögensrechtliche Kategorien eingetreten würde“[481], vermag nicht zu überzeugen, zumal das nach der Anerkennung eines vermögenswerten Bestandteils nur konsequent wäre[482].

---

478 § 2084 BGB ist nicht anwendbar, da die Auslegung des Testaments zwingend ein solches voraussetzt. Zu keinem anderen Ergebnis kommt man, wenn man § 2078 BGB anführt. Bei der Anfechtung einer letztwilligen Verfügung kommt es maßgeblich auf die Vorstellungen des Erblassers an. Erforderlich ist jedoch eine letztwillige Verfügung.

479 So z.B. eine Entscheidung des OLG München, Urt. v. 30.05.2001, 21 U 1997/00, NJW 2002, 305. Diese wird tw. in der Literatur dafür angeführt, dass eine letztwillige Verfügung nicht erforderlich sei, aber die Generalvollmacht bleibt unerwähnt, z.B. *Erman/Ehmann*, § 12 BGB Anh. Rdnr. 310.

480 Beispielsweise sind bei der Totensorge (Disposition über den Leichnam) seine Bestimmungen maßgebend, die er auch formfrei zum Ausdruck bringen konnte (*Staudinger/Jickel/Stieper*, § 90 Rdnr. 33; *Soergel/Marly*, § 90 BGB Rdnr. 12). Sofern er keine getroffen hat, sind die der Angehörigen maßgebend. Das ergibt sich auch aus § 2 FeuerbestG (Der Regelungsinhalt besteht unabhängig von der Fortgeltung als Landesrecht bzw. durch Implementierung ins Landesrecht fort.), der sich dem Wortlaut nach zwar nur auf die Bestattungsart richtet, aber allgemein auf Fragen der Totenfürsorge angewandt wird (*Staudinger/Jickel/Stieper*, § 90 BGB Rdnr. 31; *Soergel/Marly*, § 90 BGB Rdnr. 13 f.). „Dem entspricht es aber, dass bei der Auswahl der letzten Ruhestätte tunlichst der Wille des Verstorbenen gewahrt wird, gleichviel, ob er formgerecht erklärt oder sonst wie zu ermitteln ist. Das gebietet die Pietät, es entspricht aber auch der rechtlichen Anschauung, wonach das Recht der Persönlichkeit eines Verstorbenen noch in seinem Leichnam als fortwirkend angesehen wird...“ (RG, Urt. v. 28.10.1920, VI 261/20, RGZ 100, 171, 173). Das ist im Ergebnis richtig, allerdings kann nicht auf das fortwirkende Persönlichkeitsrecht abgestellt werden; es ergibt sich vielmehr aus der Nachwirkung des familienrechtlichen Verhältnisses, das den Toten zu Lebzeiten mit den Angehörigen verbunden hat und tangiert auch sittliche Pflichten (RG, Urt. v. 05.04.1937, IV 18/37, RGZ 154, 269, 271; OLG Zweibrücken, Urt. v. 28.05.1993, 4 U 3/93, NJW-RR 1993, 1482).

481 *Staudinger/Dilcher*[13], § 90 BGB Rdnr. 20. In der Folgeauflage wird die Aussage abgeschwächt, der Übergang auf den Erben könne „wegen der nichtvermögensrechtlichen Begründung für das postmortale Recht am eigenen Körper nicht gelten“, *Staudinger/Jickel/Stieper*, § 90 BGB Rdnr. 30.

482 Nach *Lichtenstein*, 350 werden dem Erblasser keine „untragbaren Belastungen“ auferlegt.

bb) Die Möglichkeit der Übertragbarkeit zu Lebzeiten

In der Marlene Dietrich - Entscheidung wurde die Nena - Entscheidung[483] mit einem Satz erwähnt, obwohl der BGH in der letztgenannten Entscheidung die Frage, „ob die Übertragung des Rechts am eigenen Bild wegen seines Rechtscharakters als allgemeines Persönlichkeitsrecht ausgeschlossen ist“[484], ausdrücklich offen ließ. Dennoch wird zumindest stillschweigend vorausgesetzt, dass der Rechtsinhaber über den vermögensrechtlichen Zuweisungsgehalt[485] disponieren kann.

Um das vom BGH nicht näher begründete Ergebnis zu halten, gibt es zwei Argumentationslinien die im Folgenden näher ausgeführt werden sollen: entweder die schuldrechtliche Gestattung entfaltet eine dingliche Wirkung oder es liegt eine Prozessstandschaft vor.

Durch die Zuordnung des vermögenswerten Bestandteils des Persönlichkeitsrechts zur Verwertungsgesellschaft werde die schuldrechtliche Gestattung Nenas - beschränkt auf eine inter partes Wirkung - in ein Recht mit Drittwirkung transformiert[486]. Im Verhältnis zum Dritten bedeute dies eine quasidingliche, absolute Wirkung[487]. Ohne dies explizit in der Entscheidung auszuführen, erkennt der BGH an, dass dem postmortalen Persönlichkeitsrecht ein bereicherungsrechtlich relevanter Zuweisungsgehalt innewohne.

Allerdings stellte das Gericht in der Entscheidung fest, dass die Unübertragbarkeit nicht unumstritten sei[488]. Auch wenn der BGH mangels Entscheidungserheblichkeit in dem Marlene Dietrich - Urteil nicht zur Übertragung Stellung nehmen musste, so ist zumindest ein offener, aber in jede Richtung interpretierbarer, die Problematik betreffender Ansatz erkennbar. Einerseits könnte man meinen, der BGH deutet damit an, dass sich die vermögensrechtliche Komponente von dem Rechtsträger gelöst hat und dass er infolgedessen zu einem übertragbaren Recht tendiert. Deshalb erscheint es kaum konsequent, wenn ein ver-

---

483 BGH, Urt. v. 14.10.1986, VI ZR 10/86, GRUR 1987, 128 f. - Nena. Der klagenden Verwertungsgesellschaft, an die Nena sämtliche Rechte für die kommerzielle Nutzung der Persönlichkeitsrechte übertragen hatte, wurde ein Anspruch gemäß § 812 Abs. 1 S. 1 2. Alt BGB gewährt. Auch der Einwand, ein Schutz über § 812 Abs. 1 S. 1 2. Alt. BGB sei ausreichend, mag nicht überzeugend darlegen, dass der Zuweisungsgehalt zunächst nicht nur festgestellt, sondern auch begründet werden muss. Um eine Vermengung der Diskussion im Rahmen der Auseinandersetzung zu vermeiden, sei auf die an späterer Stelle folgenden Ausführungen verwiesen. Da das Bestehen eines Zuweisungsgehalts ein Argument für das Bestehen eines Verwertungsrechts persönlichkeitsrechtlicher Positionen ist, erfolgt die Darstellung bei Teil 2 § 4 A. II.

484 BGH, Urt. v. 01.12.1999, I ZR 49/97, BGHZ 143, 214, 221.

485 Das ist nicht unproblematisch; ebenso wie die Feststellung der Höhe des erlangten Vermögensvorteils. Zur Problematik der Anwendung von § 812 Abs. 1 S. 1 2. Alt. BGB siehe insbesondere *Beuthien/Schmölz*, 39 ff.

486 *Schulze Wessel*, 120; *Ullmann*, AfP 1999, 209, 212.

487 *Götting*, 63, 167.

488 BGH, Urt. v. 14.10.1986, VI ZR 10/86, GRUR 1987, 128 f. - Nena.

erbliches Recht unter Lebenden nicht übertragbar wäre. Eine unterschiedliche Behandlung erscheint nur sachgerecht, wenn der Schadensersatzanspruch der Erbin ausschließlich dem Schutz des postmortalen Persönlichkeitsrechts dient. Ein solches Ergebnis lässt sich aber nicht der Entscheidung des BGH entnehmen. Vielmehr stellt das Gericht ausdrücklich auf den kommerziellen Wert des postmortalen Persönlichkeitsrechts ab. Zudem spricht auch das, was für eine Vererblichkeit des vermögenswerten Persönlichkeitsrechts angeführt wird, grundsätzlich für seine Übertragbarkeit[489]. Andererseits ist mit der Wahrung der Befugnisse des Erben „nicht ein uneingeschränktes positives Benutzungsrecht verbunden“[490].

cc) Ein Vergleich des Urheberrechtes mit dem Persönlichkeitsrecht

Der vom BGH angedeutete Vergleich zum Urheberrecht bezüglich der Vererblichkeit vermag nicht zu überzeugen. Die Konsequenz der im Urheberrecht herrschenden monistischen Auffassung ist die umfassende Vererblichkeit. § 28 UrhG differenziert nicht zwischen urheberpersönlichkeitsrechtlichen und vermögensbezogenen Verwertungsrechten. § 30 UrhG ergänzt § 28 UrhG, indem er bestimmt, dass der Rechtsnachfolger des Urhebers die dem Urheber nach diesem Gesetz zustehenden Rechte hat, soweit nichts anderes bestimmt ist. Einschränkungen ergeben sich z.B. gemäß §§ 42 Abs. 1 S. 2, 62 Abs. 4 S. 2 oder 115 f. UrhG.

Die Rechtsnachfolge schließt nicht nur die erfassten Verwertungsrechte nach § 1922 BGB, sondern auch die Urheberpersönlichkeitsrechte ein[491]. Dieses monistische Verständnis - auch im Erbgang - biete im Vergleich zum dualistischen Konzept zwei entscheidende Vorteile: Zum einen entstünden keine Interessenkonflikte von Erben und Angehörigen und zum anderen würde es die Rechtssicherheit fördern[492].

In der Marlene Dietrich - Entscheidung hat der BGH nur die vermögenswerten Bestandteile des Persönlichkeitsrechts auf den Erben übergehen lassen[493]. Das spricht zunächst gegen ein monistisches Konzept des Persönlichkeitsrechts. Ein weiterer Unterschied zum Urheberrecht ist zudem die angebliche Bindung des Erben an die Interessen des Verstorbenen, welche beim postmortalen Persönlichkeitsrecht zu berücksichtigen seien. Beim Urheberrecht dagegen wird differenziert. Nach der wohl h.M.[494] existiert eine solche Bindung beim Urhe-

---

489 So auch *Ellger*, 781.

490 BGH, Urt. v. 01.12.1999, I ZR 49/97, BGHZ 143, 214, 226.

491 *Fromm/Nordemann - Hertin*, § 30 UrhG Rdnr. 1; *Schricker/Schricker*, § 28 UrhG Rdnr. 5; *Schack*, GRUR 1985, 352, 354.

492 So auch *Gregoritza*, 34.

493 BGH, Urt. v. 01.12.1999, I ZR 49/97, BGHZ 143, 214, 220.

494 *Schricker/Schricker*, § 30 UrhG Rdnr. 3; *Schricker/Dietz*, Vor §§ 12 ff. UrhG Rdnr. 30 f.; *Wandtke/Bullinger - Block*, § 30 UrhG Rdnr. 13 m.w.N.; *Wandtke/Bullinger - Bul-*

berpersönlichkeitsrecht nicht. Nach einer anderen Auffassung[495] sind die Interessen des Urhebers zu schützen, was sich auch aus dem Wortlaut des § 14 UrhG („...seine berechtigten geistigen oder persönlichen Interessen am Werk...") ergibt. Sofern es sich um rein vermögensrechtliche Belange handle, sei die Bindung jedoch zu verneinen.

Anders hingegen nun die Rechtsprechung zum allgemeinen Persönlichkeitsrecht, wonach die Bindungswirkung gerade auch bei vermögenswerten Bestandteilen des Persönlichkeitsrechts eintreten soll[496].

Auch dem Bereich der Leistungsschutzrechte liegt kein monistisches Modell zugrunde. Eine dem § 11 UrhG entsprechende Regelung fehlt. Zudem ist die Dauer der Verwertungsrechte und des Leistungspersönlichkeitsrechts unterschiedlich geregelt, vgl. §§ 76, 82 UrhG. Ferner sind auch die postmortalen Regelungen im Leistungsschutzbereich differenziert gestaltet. Das Leistungsschutzpersönlichkeitsrecht steht nach dem Tode des ausübenden Künstlers den Angehörigen zu, §§ 76 S. 4 i.V.m. 60 Abs. 2 UrhG. Bereits der Wortlaut „stehen ... zu" legt nahe, dass - im Gegensatz zu § 28 UrhG - eine Vererbung ausscheidet. Die unterschiedliche Schutzdauer der §§ 76, 82 UrhG weist auf eine andere Systematik hin als im Urheberrecht. Diese unterschiedliche Schutzdauer der Persönlichkeits- und Verwertungsinteressen spricht folglich gegen ein monistisches Modell.

Ein Blick auf eine gesetzlich geregelte Ausprägung der Persönlichkeit, das Recht am eigenen Bild (§§ 22 f. KUG), hilft hier nicht weiter, denn die Nutzungs- und Verwertungsbefugnisse sind nicht gesetzlich geregelt. Gemäß § 22 S. 3 KUG nehmen die Angehörigen[497] die Rechte wahr. Der Wortlaut des § 23 Abs. 2 KUG besagt: „Die Befugnis erstreckt sich jedoch nicht auf eine Verbreitung und Schaustellung, durch die ein berechtigtes Interesse des Abgebildeten oder, falls dieser verstorben ist, seiner Angehörigen verletzt wird". Dies indiziert, dass die Angehörigen im ideellen Bereich ihre eigenen Interessen durchsetzen. Im materiellen Bereich dagegen haben sie die des Erblassers zu berücksichtigen[498].

---

linger, Vor §§ 12 ff. UrhG Rdnr. 12; *Fromm/Nordemann - Hertin*, § 30 UrhG Rdnr. 1; *Dreier, T./Schulze - Schulze,* § 30 UrhG Rdnr. 2, 4.

495 *Schack* Rdnr. 577; *Schack*, GRUR 1985, 352, 356.

496 So auch im zweiten Leitsatz der Marlene Dietrich - Entscheidung, BGH, Urt. v. 01.12.1999, I ZR 49/97, BGHZ 143, 214, 226.

497 Die Begriffsumschreibung der Angehörigen in § 22 S. 4 KUG ist deckungsgleich mit der in § 60 Abs. 2 UrhG.

498 So der BGH, Urt. v. 01.12.1999, I ZR 49/97, BGHZ 143, 214, 226.

dd) Die Auffassung des BGH zu dem monistischen bzw. dualistischen Modell

Das deutsche Recht kennt bezüglich der Erfassung von ideellen und materiellen Interessen zwei Modelle: ein monistisch und ein dualistisch geprägtes Modell. Die Argumentation des BGH lässt keinen eindeutigen Schluss auf das von ihm verfolgte Modell zu. Nach dem BGH sind die vermögenswerten Bestandteile des Persönlichkeitsrechts vererblich. „Denn ungeachtet ihrer Übertragbarkeit unter Lebenden sind diese Bestandteile - anders als die dem Schutz ideeller Interessen dienenden höchstpersönlichen Bestandteile - vererblich“[499]. Ein Argument gegen die Vererblichkeit der vermögenswerten Bestandteile lässt sich nicht damit herleiten, „daß die Berechtigung hinsichtlich der ideellen und der kommerziellen Interessen auseinanderfallen kann“[500]. Diese ausdrückliche Klarstellung des Auseinanderfallens der Berechtigung lässt jedoch auf ein dualistisches Modell schließen.

Andererseits wird im anschließenden Satz der Entscheidung betont, dass die vererbten vermögensrechtlichen Bestandteile „zur Wahrung der ideellen Interessen des Rechtsträgers *untrennbar* mit den unveräußerlichen höchstpersönlichen Bestandteilen des Persönlichkeitsrechts verknüpft“[501] bleiben. Das entspricht auch der Konstellation im Urheberrecht, dem das monistische Modell zugrunde liegt. Das Auseinanderfallen von Nutzungsrechten und Urheberpersönlichkeitsrechten beruht auf der Unübertragbarkeit des Urheberrechts (§ 29 Abs. 1 UrhG) und der möglichen Verfügung über Nutzungsrechte nach §§ 31 ff. UrhG. Nach § 28 Abs. 1 UrhG geht das Urheberpersönlichkeitsrecht im Todesfall auf die Erben über. Das Auseinanderfallen beruht folglich nicht auf dem Erbfall, sondern auf einer vorherigen rechtlichen Vereinbarung. Insofern erscheint es problematisch, dass der BGH das monistische Urheberrecht zur Begründung heranzieht. Dieser Widerspruch führt zur Frage, warum sich der BGH dann nicht ausdrücklich auf das monistische Konzept stützt. Für den postmortalen Schutz erscheint das monistische Modell zweckmäßig. Wenn die Berechtigung entweder den Erben oder den Angehörigen zugewiesen wird, wäre die Verwertung der Persönlichkeitsinteressen erleichtert, ohne dass sich die Gefahr einer unerwünschten Vermarktung spürbar erhöhte. Allerdings ist dies mit dem geltenden Recht nicht vereinbar. Wollte man die ideellen Interessen des Angehörigen um die materiellen erweitern, so würde eine Sonderrechtsnachfolge geschaffen, die im Gesetz nicht vorgesehen ist. Das wiederum wäre ein klarer Widerspruch zu § 1922 BGB. Würde hingegen den Erben die Berechtigung über ideelle Bereiche „aufgebürdet“, läge ein Widerspruch zu § 22 S. 4 KUG und zu § 28 Abs. 1 UrhG

499 BGH, Urt. v. 01.12.1999, I ZR 49/97, BGHZ 143, 214, 220.

500 BGH, Urt. v. 01.12.1999, I ZR 49/97, BGHZ 143, 214, 226.

501 BGH, Urt. v. 01.12.1999, I ZR 49/97, BGHZ 143, 214, 226 f. (Die kursive Hervorhebung erfolgte durch die Verfasserin).

vor[502]. Des Weiteren wäre die Nutzung der Persönlichkeitsmerkmale, sofern keine Angehörigen vorhanden sind, ab dem Todestag gemeinfrei[503]. Demnach scheidet das monistische Modell *derzeit* als Begründungsansatz aus.

Damit käme allenfalls das dualistische Modell in Betracht. Da ideelle Bestandteile des Persönlichkeitsrechts nicht vererblich sind, gehen diese nicht auf den Erben über; sie werden von den Angehörigen wahrgenommen. Die Differenzierung der Berechtigten als solche ist überzeugend. Es besteht zwar eine enge Verbindung der vermögenswerten Bestandteile des Persönlichkeitsrechts, aber untrennbar ist sie nicht. Dieser Bestandteil ist gerade „nicht in derselben Weise unauflöslich an die Person ihres Trägers gebunden ... wie der Teil des Persönlichkeitsrechts, der dem Schutz ideeller Interessen dient.“[504] Der Ansatz weist auf eine Ablösbarkeit hin, auch wenn der BGH die Übertragbarkeit des vermögenswerten Teils unter Lebenden bzw. Einräumung von Nutzungsrechten explizit offen lässt[505].

Zudem wäre das dualistische Modell aufgrund der lückenfüllenden Funktion des Persönlichkeitsrechts im System des bürgerlichrechtlichen Vermögensschutzes auch konsequent[506]. Zudem entspreche der postmortale Persönlichkeitsschutz strukturell dem des ausübenden Künstlers[507]. Insofern sollte der generelle Verweis des BGH auf eine ähnliche Lage im Urheberrecht - der so nicht zutrifft - nicht überbewertet werden. Das Auseinanderfallen der Berechtigung hat das Gericht zwar noch klargestellt, aber die Konsequenz blieb offen. Wünschenswert wäre es gewesen, wenn der BGH - auch wenn es nicht entscheidungserheblich war, da die Berechtigungen in einer Hand lagen - deutlich zum Ausdruck gebracht hätte, warum der Angehörige aufgrund der Rechtsnatur des postmortalen Persönlichkeitsrechts an den Willen des Verstorbenen gebunden sein sollte.

Die unterschiedlichen Argumentationsstränge weisen nicht ausdrücklich auf ein Modell hin. Mangels weitergehender Anhaltspunkte lässt sich insgesamt feststellen, dass das dualistische Konzept mit geltendem Recht eher vereinbar wäre und sachgerechter erscheint als das monistische Konzept.

---

502 Vgl. die Ausführungen zur Vererblichkeit unter Teil 2 § 4 A. V. 2.; ebenso *Gregoritza*, 122. Im Ergebnis auch gegen den persönlichkeitsrechtlich modifizierten erbrechtlichen Rechtsübergang *Jung*, AfP 2005, 317, 319.

503 *Jung*, AfP 2005, 317, 319.

504 BGH, Urt. v. 01.12.1999, I ZR 49/97, BGHZ 143, 214, 221.

505 BGH, Urt. v. 01.12.1999, I ZR 49/97, BGHZ 143, 214, 221.

506 *Peifer*, GRUR 2002, 495, 497; obwohl er diesen durch die zumindest für die Kommerzialisierung persönlicher Kennzeichen durch die Novellierung des MarkenG als überflüssig erachtet.

507 *Gregoritza*, 123.

c) Die Änderung des Rechtscharakters

Am Beispiel des Namensrechts, des Warenzeichen- bzw. Markenrechts zeigt der BGH[508], dass eine Entwicklung vom Persönlichkeitsrecht zum Immaterialgüterrecht möglich und der deutschen Rechtsordnung nicht fremd ist.

d) Der Schutzgedanke des Persönlichkeitsrechts

Der postmortale Persönlichkeitsschutz beschränkt sich auf Unterlassungs- und Widerrufsansprüche. Zudem ist er zeitlich beschränkt. Insofern bestand kein ausreichender Schutz. Die Forderung eines effektiven Rechtsschutzes ist somit verständlich. Die stark vom Schutzgedanken geleitete, getreu dem Motto „Der Zweck heiligt die Mittel"- Argumentation ist kaum nachvollziehbar. Diese lässt sich weder aus der Präventionsfunktion noch aus der Billigkeit die Vererblichkeit ableiten. Der Schutzgedanke wird teils sogar als „Schein"- Argument beurteilt[509], denn die Übertragbarkeit des Persönlichkeitsrechts zuzulassen, stärke nicht die Abwehrfunktion, sondern schwäche sie, weil sie Anreize setze, die nicht dem Ideal der Selbstbildung, sondern dem der Marktorientierung folge[510]. Dieser Ansatz ist nicht überzeugend, schließlich dient es der (Weiter-)Entwicklung der Persönlichkeit, sich der Verführung des Marktes zu entziehen und standhaft zu bleiben. Diese Erweiterung verstärkt gerade den Schutz.

aa) Der Präventionsgedanke

Um zu sehen, ob die Kritik, insbesondere die Vorschubleistung der Kommerzialisierung[511], berechtigt ist, soll an dieser Stelle geklärt werden, ob der Schutz geboten und erforderlich ist. Fraglich ist also, ob die herkömmlichen Abwehransprüche nicht ausreichend sind. Dafür spricht, dass die Eingriffe zunächst unbemerkt erfolgen und bei der Geltendmachung von Ansprüchen regelmäßig bereits beendet sind. Wenn es sich um einmalige Konstellationen handelt, mag das unter Umständen zutreffen. Etwas anderes dürfte jedoch dann gelten, wenn es sich um kontinuierliche Maßnahmen handelt. Insoweit bietet der einstweilige Rechtsschutz nach §§ 935 ff. ZPO genügend Raum. Allerdings dürfte bei der Prävention ein zusätzlicher Schadensersatzanspruch stärker Rechnung tragen als nur eine einstweilige Verfügung[512]. Sofern man sich zudem mit dem Gefahrenpotential des schnelllebigen Merchandisingmarktes auseinandersetzt, trifft die vom BGH

508 BGH, Urt. v. 01.12.1999, I ZR 49/97, BGHZ 143, 214, 222.
509 *Peifer*, GRUR 2002, 495, 499; *Schack*, JZ 2000, 1060, 1062.
510 *Peifer*, GRUR 2002, 495, 498.
511 *Schack*, Rdnr. 51; *Schack*, AcP 195, 594, 600.
512 So auch *Gregoritza*, 89.

aufgestellte These zu, dass der postmortale Schutz der Persönlichkeit unzureichend sei[513]. *Schack* z.B. geht dagegen davon aus, dass eine derartige Konstruktion nicht erforderlich sei, da das Gesetz andere Schutzmechanismen vorsehe[514].

Die Bedenken hinsichtlich einer Übertragbarkeit an Dritte dürfte die Marlene Dietrich - Entscheidung zumindest teilweise abgebaut haben. Um den Einwand der Gegner der „totalen Vermarktung" der Vorschubleistung derselben zu entkräften, nahm der BGH[515] als Grenze auf höherrangige rechtliche und ethische Prinzipien[516] Bezug. Das Gericht griff ferner die Warnung auf, aus dem allgemeinen Persönlichkeitsrecht als Abwehrrecht[517] ein „marktgängiges neues Immaterialgüterrecht" [518] zu schaffen. Die Handlungsfreiheit sei dadurch eingeschränkt und die freie Entfaltung der Persönlichkeit (Art. 1 Abs. 1, 2 Abs. 1 GG) gefährdet. Auch sei eine Lizenzierung nicht angebracht[519]. Denn die Lizenz richte sich gegen die Persönlichkeit. Zudem mache es sich der BGH zu einfach, wenn er einerseits den Schutz für gestärkt und andererseits den auf Abwehrbefugnisse beschränkten Schutz für ineffektiv halte[520].

Fraglich ist in erster Linie, wessen Schutz gestärkt wird. Stellt man auf die Einschränkung bzw. den Verlust des Selbstbestimmungsrechts ab, dann muss angenommen werden, dass der Schutz des Verwerters gestärkt würde[521]. Es sei nicht Aufgabe der Rechtsprechung, einen optimalen Ordnungsrahmen für die Merchandising-Industrie zu eröffnen. Vielmehr sollten die Wertentscheidungen des Grundgesetzes zur Geltung gebracht werden[522]. Das Streben nach Schutz führe dazu, dass der BGH das postmortale allgemeine Persönlichkeitsrecht in einen wirtschaftlichen und einen ideellen Teil spalte. *Schack*[523] kritisiert diese Auffassung. Er führt aus, dass eine Erfindung eines Persönlichkeitsgüterrechts nicht notwendig sei, um Eingriffe in Persönlichkeitsrechte zu verhindern. Ein deutlich höherer immaterieller Schadensersatzanspruch sei ausreichend, um „unerwünschte Gewinne von Schmarotzern oder der Sensationspresse durch Eingriffe in Persönlichkeitsrechte"[524] abzuschöpfen und eine gewisse Präventionswirkung zu schaffen.

---

513 BGH, Urt. v. 01.12.1999, I ZR 49/97, BGHZ 143, 214, 224.

514 *Schack*, Rdnr. 51a.

515 BGH, Urt. v. 01.12.1999, I ZR 49/97, BGHZ 143, 214, 225.

516 Z.B. die Achtung der Menschenwürde, Art. 1 Abs. 1 GG oder das Verbot von Drogen-, Organ- oder Menschenhandel. Siehe auch *Frommeyer*, JuS 2002, 13, 17 insbesondere Fn. 60.

517 Diese Abwehrfunktion kommt *Peukert* zu kurz, ZUM 2000, 710, 718.

518 *Schack*, JZ 2000, 1060.

519 *Schack*, JZ 2000, 1060, 1062; *Peifer*, 315 ff.; *ders.*, GRUR 2002, 495, 498 f.

520 *Schack*, JZ 2000, 1060, 1062.

521 *Peukert*, ZUM 2000, 710, 718.

522 *Schack*, JZ 2000, 1060, 1062.

523 Anderseits sieht *Schack* darin die Provokation von Familienstreit und der Gabe der Steine statt Brot für die Merchandiser, *Schack*, Rdnr. 51a.

524 *Schack*, Rdnr. 51a; so auch *Peifer*, 309. Eine weitergehende Auseinandersetzung mit der Präventionswirkung findet sich unter Teil 2 § 4 A. I. 2.

bb) Billigkeitserwägungen

Der BGH geht davon aus, dass es unbillig sei, wenn jemand anderes als derjenige, der durch eine Leistung den im allgemeinen Persönlichkeitsrecht verkörperten wirtschaftlichen Wert geschaffen habe, diesen Wert nutzen solle[525]. Dagegen wird jedoch eingewandt, dass dabei übersehen werde, dass zumindest in diesem Geschäft der Vermögenswert nicht zwingend von der Person geschaffen, sondern durch die Medien erzeugt werde[526]. Der eigene Beitrag des Sportlers (der Person) ist nur ein Beitrag von vielen. Zudem knüpfe die zivilrechtliche Güterzuordnung - also auch der Erwerb von Vermögensrechten - weder an die geistige noch wirtschaftliche Leistung des Erwerbers an. Andere vermögenswerte Gegenstände werden nicht zwangsläufig bloß durch eine eigene geistige oder wirtschaftliche Leistung erworben, wie z.B. der Eigentumserwerb durch eine Erbschaft, eine Schenkung oder einen Lotteriegewinn[527].

cc) Die Schutzdauer

Die kommerzielle Verwertungsmöglichkeit hat sich aus dem Schutz der ideellen Interessen entwickelt. Dazu führt der BGH aus, dass die Annahme nahe liegt, „daß der Schutz kommerzieller Interessen zeitlich nicht über den Schutz der ideellen Interessen an der Persönlichkeit hinausreichen kann.“[528] Als Anhaltspunkt erwähnte der BGH die Zehnjahresfrist des § 22 S. 3 KUG[529], wobei offen bleiben könne, ob ein längerer Schutz der kommerziellen Interessen in Betracht komme, wenn ausnahmsweise aus dem allgemeinen Persönlichkeitsrecht ein längerer Schutz der ideellen Interessen geboten sei.

Auf eine abschließende Auseinandersetzung kommt es hier (noch) nicht an, zumal der Ansatz für eine Diskussion der Rahmen der Ausgestaltung des Rechts bietet[530].

3. Fazit

Die Entscheidung des BGH betrifft im Allgemeinen den Schutz der Persönlichkeit, wobei die Frage des „wie“ jedoch offen bleibt. Zugleich spricht das Gericht

---

525 BGH, Urt. v. 01.12.1999, I ZR 49/97, BGHZ 143, 214, 224.

526 *Schack*, JZ 2000, 1060, 1061.

527 So auch *Beuthien/Schmölz*, 35 f.

528 BGH, Urt. v. 01.12.1999, I ZR 49/97, BGHZ 143, 214, 227 f.

529 BGH, Urt. v. 01.12.1999, I ZR 49/97, BGHZ 143, 214, 227 f. Im Urteil nimmt der BGH zwar direkt auf § 22 S. 2 KUG Bezug, dabei handelt es sich aber offensichtlich um ein Versehen.

530 Siehe unter Teil 2 § 5 C.

vom „vermögensrechtlichen Bestandteil“ und deutet damit eine Übertragbarkeit an.

Der vom BGH beschrittene Weg könnte direkt zu einem eigenständigen Immaterialgüterrecht führen, das übertragbar ist[531]. Nach *Wagner* sind die Persönlichkeitsrechtsverletzungen bezüglich des Ersatzes mit Eingriffen in gewerbliche Rechte und Urheberrechte gleichgestellt und somit in das für andere Immaterialgüter geltende Schutzsystem eingegliedert[532].

Um einen effektiven Schutz zu gewährleisten, fehlt mithin nur die Feststellung, dass sowohl immaterielle als auch materielle Aspekte des allgemeinen Persönlichkeitsrechtsschutzes nicht im Ausschließlichkeitsverhältnis zueinander stehen und vielmehr auch eine kumulative Verletzung in Betracht kommt. Damit wäre der Kreis zur angedeuteten Ähnlichkeit mit dem Urheberrecht wieder geschlossen.

Die Beantwortung der Frage nach der Schutzfrist hängt von der Anwendung der Rechtsgrundlage ab, also davon, ob man sich am Urheberrecht oder am Persönlichkeitsrecht orientiert. Der BGH formuliert in der Entscheidung sehr vorsichtig die Anlehnung an die Zehnjahresfrist des § 22 S. 3 KUG und deutet einen längeren Schutz kommerzieller Interessen an, sofern sich dies ausnahmsweise aus dem allgemeinen Persönlichkeitsrecht ergebe[533].

Sowohl die Vertreter, die zum Persönlichkeitsrecht tendieren, als auch die Vertreter, die auf ein Immaterialgüterrecht abstellen, vermögen entsprechende Argumente aus dieser Entscheidung ableiten. Der BGH ließ die Frage mangels Entscheidungserheblichkeit offen, welche Bestandteile des Persönlichkeitsrechts als vermögenswert anzusehen seien oder ob eine Übertragung zu Lebzeiten möglich sei. Allerdings ist es schwer zu begründen, dass dem Erben ein Immaterialgüterrecht zusteht, das dem Rechtsinhaber zu Lebzeiten selbst nicht zustand[534].

Ob dieses Offenhalten in jeder Richtung tragbar ist, wird erst im Laufe der Zeit beantwortet werden können. Im Gegensatz zu *Schack*[535], der seine Auffassung auch nach dem Urteil weiterverfolgt, hat sich *Peukert*[536] intensiv und kritisch mit den einzelnen Kernaussagen der Entscheidung auseinandergesetzt. Als Fazit seiner Untersuchung handelt es sich nicht mehr um ein *reines* Persönlichkeitsrecht, sondern um eine vom Mutter- und Quellrecht herausgelöste selbstständige Gruppe von Persönlichkeitsverwertungsrechten. Der Bezugspunkt bleibe jedoch die Persönlichkeit. Zur Bestimmung des bis dato nicht beschränkten Kreises der Persönlichkeitsmerkmale, an denen Persönlichkeitsverwertungs-

---

531 So bereits *Jacobs*, WRP 2000, 896. Einhergehend mit dieser Entwicklung zeigt *Jacobs* gut vorhersehbare Probleme auf, und zwar die der Grenzziehung: was und ab wann etwas kommerzialisiert werden könne.

532 *Wagner*, GRUR 2000, 717, 718.

533 BGH, Urt. v. 01.12.1999, I ZR 49/97, BGHZ 143, 214, 227 f.

534 *Peifer*, GRUR 2002, 495, 500.

535 *Schack*, Rdnr. 51a.

536 Auch im Folgenden *Peukert*, ZUM 2000, 710, 719 f.

rechte bestehen, sei zu überprüfen, ob ein Zuweisungsgehalt der Rechtsposition gegeben ist und daraus eine positive Verwertungsbefugnis entstehe. Hinsichtlich der Verwertungsbefugnis sei jedes Recht einzeln zu beurteilen. Je stärker ideelle Interessen tangiert werden, desto mehr trete die Abwehr- und Schutzfunktion in den Vordergrund.

Es darf nicht außer Acht gelassen werden, dass mit dieser Entscheidung kommerzielle Interessen als vermögenswerte Bestandteile rechtlich anerkannt werden. Damit ist nun nicht mehr *jede* kommerzielle Nutzung der Persönlichkeit *per se* sitten- und rechtswidrig. Das bedeutet, dass das primäre Abwehrrecht um einen entscheidenden Gesichtspunkt erweitert wurde, nämlich um den Schutz kommerzieller Interessen. Eine Funktionserweiterung vom Abwehrrecht zum Vermögensrecht hat sich damit vollzogen. Vom Wunsch geleitet und vom Ergebnis zutreffend, sind *Ehmanns* Ausführungen: „diese vermögenswerten Bestandteile auch als vermögenswerte Ausschließlichkeitsrechte zu begreifen, die von der Rechtsordnung ihrem Rechtsträger eigentumsähnlich zur ausschließlichen Nutzung zugewiesen sind ... Das kann als gesicherte Erkenntnis gelten“[537]. Es mag zwar die richtige Erkenntnis sein, aber gesichert ist diese (noch) nicht.

II. Die Caroline von Monaco - Entscheidung des BVerfG

1. Darstellung der Entscheidung

Knapp 14 Tage nach der Marlene Dietrich - Entscheidung des BGH hat das BVerfG[538] zur Veröffentlichung von Fotografien aus dem Alltags- und Privatleben Prominenter Stellung genommen. Ein Kernpunkt war dabei der Umfang der vom allgemeinen Persönlichkeitsrecht geschützten Privatsphäre.

Im Zusammenhang mit der fortschreitenden Kommerzialisierung ist vor allem der zweite Leitsatz von Bedeutung, der wie folgt lautet: „Das allgemeine Persönlichkeitsrecht ist nicht im Interesse einer Kommerzialisierung der eigenen Person gewährleistet...“[539].

Der I. Zivilsenat des BGH äußerte sich im ersten Leitsatz der Marlene Dietrich - Entscheidung wie folgt: „Das allgemeine Persönlichkeitsrecht und seine besonderen Entscheidungsformen ... dienen dem Schutz nicht nur ideeller, sondern auch kommerzieller Interessen der Persönlichkeit“[540]. Auf den ersten Blick scheinen beide Entscheidungen in einem Widerspruch zu stehen. Deshalb folgt eine punktuelle Darstellung der Caroline von Monaco - Entscheidung des BVerfG, einschließlich einer Auseinandersetzung mit den Entscheidungsgrün-

537 *Ehmann*, AfP 2005, 237, 245.
538 BVerfG, Urt. v. 15.12.1999, 1 BvR 653/96, BVerfGE 101, 361 ff.
539 BVerfG, Urt. v. 15.12.1999, 1 BvR 653/96, BVerfGE 101, 361.
540 BGH, Urt. v. 01.12. 1999, I ZR 49/97, BGHZ 142, 214.

den bezüglich des zweiten Leitsatzes in der gebotenen Kürze. Auf eine weitergehende Untersuchung soll hier verzichtet werden, da es nur Ziel dieser Betrachtung ist, zu verifizieren, ob benannter Widerspruch besteht.

Der Entscheidung lag folgender Sachverhalt zugrunde: Fotos von Caroline von Monaco wurden ohne deren Zustimmung in verschiedenen Zeitschriften veröffentlicht. In einer Zeitschrift waren fünf sog. Paparazzi-Fotos abgedruckt, die Caroline von Monaco mit dem Schauspieler Vincent Lindon in einem Gartenlokal zeigten, u.a. auch beim Austausch von Zärtlichkeiten. Auf den anderen Fotos war sie (teilweise mit ihren Kindern) auf öffentlichen Plätzen abgelichtet worden, z.B. im Restaurant, beim Einkaufen oder bei Freizeitaktivitäten (wie Paddeln, Radfahren oder Reiten). Nach der vom Berufungsgericht[541] vorgenommenen Güter- und Interessenabwägung im Rahmen der §§ 22, 23 KUG überwiege das durch die Pressefreiheit geschützte Informationsinteresse der Allgemeinheit dem Persönlichkeitsrecht. Auf die Revision der Klägerin bestätigte der BGH[542] die Entscheidung, sofern die Fotos an für jedermann zugänglichen Orten der Öffentlichkeit aufgenommen wurden. Der BGH stellte aber auch fest, dass das Informationsinteresse der Öffentlichkeit nicht erst an der „Haustür" des Abgebildeten ende[543]. Vielmehr könne eine schützenswerte Privatsphäre auch außerhalb des häuslichen Bereichs gegeben sein. Das sei dann der Fall, „wenn sich jemand in eine örtliche Abgeschiedenheit zurückgezogen hat, in der er objektiv erkennbar für sich sein will und in der er sich in der konkreten Situation im Vertrauen auf die Abgeschiedenheit so verhält, wie er es in der breiten Öffentlichkeit nicht tun würde"[544]. Die Fotos im Gartenlokal lassen erkennen, dass sich die Klägerin in eine verborgene Atmosphäre zu einem Privatgespräch und privaten Gesten zurückgezogen habe[545]. Diesen Fotos komme allenfalls ein geringer Informationswert zu. Es überwiegen Neugier und Sensationslust. Die Güter- und Interessenabwägung ergab, dass die Beklagte in unzulässiger Weise in die Privatsphäre der Klägerin eingegriffen habe. Etwas anderes gelte jedoch für die Bilder, die die Klägerin beim Reiten, Paddeln usw. zeigen. Hierzu führt der BGH aus: „Die Fotografien sind an jedermann zugänglichen Orten der Öffentlichkeit aufgenommen worden. Die Klägerin hat sich in diesen Fällen in die Öffentlichkeit begeben und ist damit ein Teil der Öffentlichkeit geworden. Sie hat sich weder erkennbar in eine von der breiten Öffentlichkeit abgegrenzte Abgeschiedenheit zurückgezogen, noch haftet der Situation, in der sie sich jeweils befindet, ein privater Charakter in dem oben beschriebenen Sinne an"[546].

Caroline von Monaco erhob gegen dieses Urteil Verfassungsbeschwerde. Die Beschwerdeführerin meint, sie sei durch die Entscheidungen in ihren Rechten aus Art. 2 Abs. 1 GG und Art. 1 Abs. 1 GG insoweit verletzt, als dass die zu-

541 OLG Hamburg, Urt. v. 08.12.1994, 3 U 64/94, NJW-RR 1995, 790, 791 f.
542 BGH, Urt. v. 19.12.1995, VI ZR 15/95, BGHZ 131, 332 ff.
543 BGH, Urt. v. 19.12.1995, VI ZR 15/95, BGHZ 131, 332, 338 f.
544 BGH, Urt. v. 19.12.1995, VI ZR 15/95, BGHZ 131, 332, 339.
545 Auch im Folgenden BGH, Urt. v. 19.12.1995, VI ZR 15/95, BGHZ 131, 332, 342.
546 BGH, Urt. v. 19.12.1995, VI ZR 15/95, BGHZ 131, 332, 343.

künftige Verbreitung der Fotos nicht untersagt worden sei. Das BVerfG stellte fest, dass sich „Abgeschiedenheit“ nur situativ beurteilen lasse[547]. Jedenfalls fehle es bei Plätzen, an denen sich viele Menschen aufhalten, mangels Rückzugsmöglichkeit von vornherein an den Voraussetzungen des Privatsphärenschutzes. Dazu führt das Gericht wörtlich aus: „Der Schutz der Privatsphäre vor öffentlicher Kenntnisnahme entfällt ferner, wenn sich jemand selbst damit einverstanden zeigt, daß bestimmte, gewöhnlich als privat geltende Angelegenheiten öffentlich gemacht werden, etwa indem er Exklusivverträge über die Berichterstattung aus seiner Privatsphäre abschließt. Der verfassungsrechtliche Privatsphärenschutz aus Art. 2 Abs. 1 in Verbindung mit Art. 1 Abs. 1 GG ist nicht im Interesse einer Kommerzialisierung der eigenen Person gewährleistet. Zwar ist niemand an einer solchen Öffnung privater Bereiche gehindert. Er kann sich dann aber nicht gleichzeitig auf den öffentlichkeitsabgewandten Privatsphärenschutz berufen“[548].

Liest man das Urteil des BVerfG, ist festzustellen, dass die Entscheidung inhaltlich nicht in einem Widerspruch zu der Marlene Dietrich - Entscheidung des BGH steht. Der zweite Leitsatz wurde als einzelner Satz aus der oben zitierten Passage entnommen und dabei aus dem Zusammenhang gerissen. Bei näherer Betrachtung ist zu erkennen, dass es sich um eine andere Konstellation handelt. Bei der Unterstellung eines Exklusivvertrages - Caroline von Monaco hatte aber keinen abgeschlossen - kann sich der Betroffene nicht mehr auf seinen verfassungsrechtlich gewährleisteten Privatsphärenschutz berufen. Jedermann steht es frei, private Bereiche zu öffnen, gleichzeitig ist es ihm dann aber verwehrt, sich auf den Privatsphärenschutz zu berufen. Eine generelle Aussage zum Schutz der Persönlichkeitsrechte ist daraus allerdings nicht zu entnehmen, so dass auch kein Widerspruch zur Rechtsprechung des BGH besteht. Gegen die Entscheidung des BVerfG wandte sich Caroline von Monaco an den EGMR[549].

---

547 BVerfG, Urt. v. 15.12.1999, 1 BvR 653/96, BVerfGE 101, 361, 384.

548 BVerfG, Urt. v. 15.12.1999, 1 BvR 653/96, BVerfGE 101, 361, 385.

549 Zum einen hatte der EGMR über einen anderen Gesichtspunkt zu entscheiden und zum anderen würde eine weitergehende Darstellung den Umfang der Arbeit sprengen. Zur Vervollständigung sei Folgendes angemerkt: In seinem Urteil vom 24.06.2004 - 59320/00 (von Hannover/Deutschland), GRUR 2004, 1051 ff., hatte sich der Europäische Gerichtshof für Menschenrechte (EGMR) mit der Vereinbarkeit der deutschen Gerichtsentscheidungen mit Art. 8 EMRK zu befassen. Nach Darlegung der allgemeinen Grundsätze zum Schutz des Privatlebens und der Freiheit der Meinungsäußerung, die auch die Veröffentlichung von Fotoaufnahmen umfasse, wendete das Gericht diese auf den konkreten Fall an. Selbst wenn Art. 8 EMRK in erster Linie darauf abziele, den Einzelnen gegen willkürliche staatliche Eingriffe zu schützen, so können sich daraus auch Maßnahmen zum Schutz des Privatlebens sogar im Verhältnis zwischen Privatpersonen untereinander ergeben (57).

Der EGMR differenzierte zwischen Berichterstattungen über Tatsachen, die einen Beitrag zur demokratischen Gesellschaft und Personen des politischen Lebens betreffen, und einer Berichterstattung, die diese Anforderungen nicht erfüllt. Sofern die Neugier eines bestimmten Publikums über das Privatleben befriedigt werden solle, sei die Frei-

2. Stellungnahme

Vergleicht man die Marlene Dietrich - Entscheidung und die Caroline von Monaco - Rechtsprechung fällt auf, dass beiden Urteilen ein fundamental unterschiedliches Verständnis vom Zweck des Persönlichkeitsschutzes zugrunde liegt. *Peifer* verdeutlicht dies zutreffend, indem er von der Antwort auf die Frage spricht, „ob das Persönlichkeitsrecht ein duales Recht ist, bestehend aus einem ideellen Rahmenrecht als Abwehrbefugnis und einem Persönlichkeitsrecht als Quasi-Eigentumsrecht“[550]. In Anbetracht des traditionellen Schutzes diente das Persönlichkeitsrecht dem Schutz ideeller Interessen und war für die Abwehr der Verletzung konzipiert, und nicht auf eine Kompensation von Rechtseinbußen durch Geld. Erst im Laufe der Zeit kam es auch in Deutschland zur Vermarktung der Person. Überlegungen folgten, ob man dem ideellen Persönlichkeitsrecht auch ein kommerzielles zur Seite stellen sollte.

---

heit zur Meinungsäußerung weniger weit auszulegen. Ein weiterer wesentlicher Punkt sei die nach deutschem Recht nicht ausreichende Unterscheidung zwischen absoluter und relativer Person der Zeitgeschichte (72 f.).

Dabei verkennt der EGMR die Bedeutung der Interessenabwägung im Rahmen der §§ 22, 23 KUG. Schließlich billigt das BVerfG diese Terminologie nur bei einer nicht nur formelhaften Begründung, sondern vielmehr nur unter Berücksichtigung des konkreten Einzelfalls bei der Einordnung als relative oder absolute Person der Zeitgeschichte, BVerfGE 101, 361, 391.

Nach dem EGMR lasse sich das viel versprechende Kriterium der „Abgeschiedenheit“ in der Praxis schwer handhaben (75). Im Ergebnis reichen die entwickelten Kriterien nicht aus, um das Privatleben der Beschwerdeführerin zu schützen (78). Demnach stellte das Gericht eine Verletzung von Art. 8 EMRK fest (80).

Trotz massiver Kritik, insbesondere durch die deutsche Presse (siehe dazu insbesondere *Ohly*, GRURInt 2004, 902 m.w.N.), die die Bundesregierung mehrfach - aber letztlich erfolglos - aufforderte, gegen das Urteil Rechtsmittel einzulegen, wurde kein Rechtsmittel eingelegt und somit die Entscheidung endgültig, vgl. Art. 42, 44 II EMRK.

Zur weiter gehenden Auseinandersetzung sei auf die Literatur verwiesen: vgl. u.a. *Ladewig/Petzold*, Die Bindung deutscher Gerichte an Urteile des EGMR, NJW 2005, 15 - 20; *Tettinger*, Steine aus dem Glashaus, JZ 2004, 1144 - 1146; *Mann*, Auswirkungen der Caroline-Entscheidung des EGMR auf die forensische Praxis, NJW 2004, 3220 - 3222; und sehr konstruktiv: *Ohly*, GRURInt 2004, 902 ff.; kurz und prägnant: *Bölke/Gostomzyk*, Die Auswirkungen der Caroline-Entscheidung des EGMR auf die Bildberichterstattung nach deutschem Recht, Jura 2005, 336 - 338; *Engels/Jürgen U.*, Auswirkungen der EGMR-Rechtsprechung zum Privatsphärenschutz, Möglichkeiten und Grenzen der Umsetzung des „Caroline“-Urteils im deutschen Recht, NJW 2007, 2517 - 2522.

550 *Peifer*, GRUR 2002, 495, 496.

III. Die Entscheidungen im Hinblick auf die Veröffentlichung der Aktfotos der Marlene Dietrich

1. Die Entscheidung des OLG München

a) Darstellung der Entscheidung

Einmal mehr beschäftigte Marlene Dietrich die deutschen Gerichte. Der Entscheidung des OLG München[551] lag folgender Sachverhalt zugrunde: In einer Zeitschrift und in einer Beilage zu einer Zeitung wurde je im redaktionellen Text ein Aktfoto veröffentlicht, das nach dem Begleittext die verstorbene Marlene Dietrich darstellen soll. Die Tochter klagte nicht nur auf Unterlassung, sondern auch auf Zahlung einer (angemessenen) Entschädigung in Höhe von mindestens 5000 Euro. Auf die Berufung hin gab das Gericht auch letzterem Antrag in Höhe von 5000 Euro statt. Als Anspruchsgrundlage stellte das OLG München auf Art. 1 Abs. 1 GG i.V.m. § 823 Abs. 1 BGB ab. In den Gründen führte das OLG dazu u.a. aus, dass ein Rückblick auf die Rechtsprechung[552] zeige, dass bei einer schwerwiegenden Verletzung des allgemeinen Persönlichkeitsrechts ein Anspruch auf Geldentschädigung bestehe, sofern nicht die Verletzung auf andere Weise hinreichend ausgeglichen werden könne. Dabei handle es sich nicht um einen Anspruch auf Zahlung von Schmerzensgeld, sondern um einen Anspruch *eigener* Art. Sodann stellte das Gericht dar, warum ein Schutz vor schwerwiegenden Eingriffen in die Persönlichkeit allein durch Unterlassungsansprüche nach dem Tode nicht ausreichend sei. Im Urteil heißt es dazu: „Dieser Schutz reicht aber ersichtlich nicht aus. Bei einer erstmaligen Veröffentlichung in einem Medium kann der Unterlassungsanspruch in der Regel erst nach Abschluss der Veröffentlichung geltend gemacht werden, weil Kenntnis von der drohenden Tat vor der Veröffentlichung nicht gegeben ist. Damit könnten die Medien solche Eingriffe ohne erhebliches Risiko vornehmen. Vor Einreichen einer Klage auf Unterlassung muss abgemahnt werden, um das Kostenrisiko bei sofortigem Anerkenntnis auszuschalten. Deshalb kann in solchen Fällen mit vergleichsweise geringen Kosten eine Unterlassungsverpflichtungserklärung abgegeben werden. Ein hinreichender Schutz, wie er von Art. 1 Abs. 1 GG schon vom Wortlaut her ausdrücklich verlangt wird, ist auf diese Weise nicht zu erreichen. Hier muss gelten: Dulde nicht, aber liquidiere auch.“[553] Dem stehe nicht entgegen, dass im wirtschaftlichen Bereich Geldentschädigungsansprüche bei der Verletzung des postmortalen Persönlichkeitsrechts nicht bestehen sollten. Ein ausreichender Schutz werde bereits durch die Grundsätze der Lizenzanalogie bewirkt. Gerade

551 OLG München, Urt. v. 09.08.2002, 21 U 2654/02, ZUM 2002, 744 ff.

552 BGH, Urt. v. 14.02.1958, I ZR 151/56, BGHZ 26, 349 ff. - Herrenreiter; BVerfG, Beschl. v. 14.02.1973, 1 BvR 112/65, BVerfGE 34, 269 ff. - Soraya.

553 Auch im Folgenden OLG München, Urt. v. 09.08.2002, 21 U 2654/02, ZUM 2002, 744, 745.

im ideellen Bereich fehle ein solcher Schutz. Ansprüche gemäß § 812 BGB oder § 687 Abs. 2 BGB scheiterten zumindest nach der Rechtsprechung des BGH[554] an der fehlenden Einwilligung. „Dem bisher in der Rechtsprechung noch ungenügend herausgearbeiteten Schutzauftrag des Art. 1 Abs. 1 GG“[555] komme man nur nach, wenn man neben dem Unterlassungsanspruch zusätzlich einen der Prävention und dem Ausgleich dienenden Geldentschädigungsanspruch anerkenne. Dafür sprechen zwei Punkte: zum einen die Einheit der Rechtsordnung und zum anderen der Vergleich des Schutzes. Es sei nicht nachvollziehbar, warum der Schutz aus Art. 2 Abs. 1, 1 Abs. 1 GG weiter reichen sollte als der Schutz des Art. 1 Abs. 1 GG. Schließlich sei die Würde des Menschen der oberste Wert. Des Weiteren sei nicht hinnehmbar, dass der postmortale Schutz im kommerziellen Bereich gestärkt, indes im ideellen Bereich den Medien die Tür geöffnet werde. Nachdem das OLG München durch die Abbildung des angeblichen Akts von Marlene Dietrich einen schwerwiegenden Eingriff in die fortdauernde Menschenwürde sah, nahm es zur Höhe des Entschädigungsanspruchs Stellung. Dabei wurde auf die Grundsätze bezüglich des allgemeinen Persönlichkeitsrechts abgestellt, die hier entsprechend gelten sollen. Es handelt sich um eine Einzelfallentscheidung, wobei die Tragweite und die Bedeutung des Eingriffs, der Anlass, die Beweggründe und der Grad des Verschuldens berücksichtigt werden. Der Höhe nach sei ein solcher Anspruch auf die Höhe des Anspruchs auf Entschädigung wegen Verletzung des postmortalen Würdeanspruchs begrenzt, weil eine übermäßige Kommerzialisierung in diesem - ideellen - Bereich unangemessen wäre[556].

b) Auseinandersetzung mit der Entscheidung

Mit der Entscheidung entwickelt sich der Schutz im ideellen Bereich parallel zum kommerziellen Bereich des postmortalen Persönlichkeitsrechts fort. Zweifelhaft ist, ob das erforderlich war. Ein Grund für diese Entscheidung könnte gewesen sein, dass die Trennung von ideellen und materiellen Bestandteilen, mit den seit der Marlene Dietrich - Entscheidung verbundenen unterschiedlichen Behandlungen, schwieriger ist als sie erscheinen mag. Dies lässt jedoch die Frage offen, wie man eine Beeinträchtigung des kommerziellen Bereichs von der des ideellen abgrenzt. Als Abgrenzungskriterium[557] könnte auf die konkrete Nutzung oder die Gewinnerzielungsabsicht des Schädigers abgestellt werden. Wird mit der Verletzung des Persönlichkeitsrechts ein Gewinn beabsichtigt oder sogar realisiert, dann wird der betroffene Teil zu einem Bestandteil des kom-

554 BGH, Urt. v. 14.02.1958, I ZR 151/56, BGHZ 26, 349, 352 f. - Herrenreiter.

555 Auch im Folgenden OLG München, Urt. v. 09.08.2002, 21 U 2654/02, ZUM 2002, 744, 746.

556 OLG München, Urt. v. 09.08.2002, 21 U 2654/02, ZUM 2002, 744, 747.

557 Vgl. dazu die Ausführungen unter Teil 2 § 4 A. II. 3.

merziellen Bereichs der Persönlichkeit. Diesen Punkt spricht das OLG München allerdings nicht an. Vielmehr stellt das Gericht auf den ideellen Bereich ab. Damit hat der Ausgleichsgedanke auch eine präventive Bedeutung, und zwar solle die Verletzung sich nicht lohnen. Damit setzt man auf einen „Hemmungseffekt".

Götting vertritt die Auffassung, dass das Urteil im klaren und eindeutigen Widerspruch zur Mephisto - Entscheidung steht[558]. Die Ursache dafür sei ein tief liegendes Unbehagen gegenüber Sanktionsdefiziten im Bereich des postmortalen Persönlichkeitsschutzes. *Götting* spricht sogar von einer Offenbarung „eine[r] gewisse[n] Ratlosigkeit, um nicht zu sagen Hilflosigkeit"[559] in der Urteilsbegründung.

Die auf diesem Schutzdefizit beruhende Begründung erscheint nur auf den ersten Blick einleuchtend. Der Ausgangspunkt für die Verneinung eines immateriellen postmortalen Entschädigungsanspruchs war die Tatsache, dass mit dem Tod die Rechtsfähigkeit erlischt. Darüber hilft auch das Verfassungsrecht nicht hinweg, insbesondere nicht Art. 1 Abs. 1 GG. Zutreffend ist, dass der bei dem Persönlichkeitsrecht unter dem Stichwort Selbstbestimmung mitzitierte Art. 2 Abs. 1 GG nicht erwähnt wird. Das ist jedoch kein Argument dafür, dass ein Verstorbener, selbst bei Verletzung der Menschenwürde, einen immateriellen Schaden erleiden kann. Die Funktion des Entschädigungsanspruches kann sich nicht realisieren. Dem Betroffenen solle primär eine Genugtuung für die ihm zugefügte Verletzung seiner Persönlichkeit verschafft werden, „[d]iese Funktion könnte eine von den Angehörigen geltend gemachte Entschädigung wegen eines verletzenden Angriffs auf das Ansehen eines Verstorbenen nicht erfüllen."[560] Ebenso wenig komme bei einem Verstorbenen ein Ausgleich für die erlittene Beeinträchtigung infrage. Eine Geldentschädigung liefe unter beiden Gesichtspunkten ins Leere[561]. Der insbesondere durch die Caroline I - Entscheidung[562] herangezogene Gedanke der Prävention allein vermag den Anspruch auf immateriellen Schadensersatz nicht zu tragen[563]. Für einen solchen Anspruch fehle der Rechtsträger. Der BGH hat dazu ausdrücklich angemerkt, dass „[d]ie Zubilligung einer Geldentschädigung an Erben oder nahe stehende Personen für postmortale Verletzungen der Würde einer anderen Person ... deshalb systemwidrig [wäre]"[564]. Dies würde einer Kommerzialisierung der ideellen Bestandteile des Persönlichkeitsrechts Vorschub leisten.

Wenn auch der Präventionsgedanke aus dem Zivilrecht nicht mehr wegzudenken ist, so darf dieser Weg nicht ohne Not beschritten werden. Bei der Veröffentlichung von einem Aktfoto, das angeblich Marlene Dietrich darstellt, wäre

558 *Götting*, GRUR 2004, 801.

559 *Götting*, GRUR 2004, 801.

560 BGH, Urt. v. 04.06.1974, VI ZR 68/73, NJW 1974, 1371 - Fiete Schulz.

561 So zutreffend BGH, Urt. v. 06.12.2005, VI ZR 265/03, GRUR 2006, 252, 253 f.

562 BGH, Urt. v. 15.11.1994, VI ZR 56/94, BGHZ 128, 1, 15 - Caroline I.

563 So bereits *Götting*, GRUR 2004, 801, 802. In den Vereinigten Staaten werden die punitive damages herangezogen, in Deutschland fehlt derzeit eine vergleichbare Regelung.

564 BGH, Urt. v. 06.12.2005, VI ZR 265/03, GRUR 2006, 252, 254.

der Weg über den kommerziellen Bereich eröffnet gewesen. Dann wäre aber der Kompensationsgedanke in den Vordergrund getreten, wobei als Argumente der Vermögensschaden oder die Ausnutzung eines fremden Wirtschaftsguts angeführt hätten werden können. Auf die Schwere des Eingriffs käme es nicht an, aber der Entschädigungsanspruch ist bei ideellen Beeinträchtigungen subsidiär, führt also nur dann zum Erfolg, wenn ein anderer Ausgleich nicht gegeben ist.

Einen weiteren Kritikpunkt stellt insofern die gewählte Anspruchsgrundlage dar. Es ist nicht ersichtlich, warum der Anspruch nicht gemäß § 812 Abs. 1 S. 1 Alt. 2 BGB oder § 687 Abs. 2 BGB begründet wurde. Entgegen der Annahme des BGH[565] kommt es nicht darauf an, ob eine Einwilligung erfolgte oder nicht. Gerade dann, wenn der Verletzte der Nutzung nicht zugestimmt hätte, darf das - obwohl das der BGH annimmt - nicht zur Versagung der oben genannten Ansprüche führen. Die Fiktion einer Gestattung konterkariert den Schutz desjenigen, der sich „unter keinen Umständen - für kein Geld der Welt" in irgendeiner Weise (z.B. Ablichtung) vermarkten wollte. Es wären den Medien Tür und Tor geöffnet, gerade Persönlichkeitsinteressen der Vermarktung verschlossen gegenüberstehenden Personen mit einer Gewinnerzielungsabsicht zu verwerten. Der BGH[566] argumentiert, dass der Betroffene sich widersprüchlich verhalte, indem er die Vermarktung zwar nicht gestatte, aber dann doch Geld dafür verlange. Ein solches Verhalten verstoße gegen Treu und Glauben, § 242 BGB.

Selbst wenn man einen Anspruch gemäß § 823 Abs. 1 BGB verneint, so müsste dennoch auf § 812 Abs. 1 S. 1 Alt. 2 BGB eingegangen werden. Im Bereicherungsrecht gehe es um den Ausgleich rechtsgrundloser Vermögenszuwächse beim Rechtsverletzer; es handle sich um „Bereicherungsrecht und nicht um Entreicherungsrecht"[567]. Es gehe um die Sanktion von Verletzungshandlungen, und nicht darum Verwertungsverträge nachträglich zu fingieren[568]. Die durch die unbefugte Verwertung eingetretene Bereicherung soll vielmehr abgeschöpft werden. Daher ist der wirkliche oder mutmaßliche Wille ohne Belang. Folgte man der Auffassung des BGH, so würde ein Anspruch aus § 812 Abs. 1 S. 1 Alt. 2 BGB entfallen, wenn eine besonders schwere Verletzung vorläge, aber eine Zustimmung des Verletzten fehle[569].

Dass das Gericht nicht weiter auf § 687 Abs. 2 BGB einging, könnte zwei Ursachen haben. Zum einen scheitert der Anspruch nach einer Auffassung bereits daran, dass es an einem fremden Geschäft fehlt, wenn der Verletzte der Verwertung nicht zugestimmt hat[570]. Dabei wird allerdings übersehen, dass der Wille des Geschäftsherrn nur bei der Frage ausschlaggebend ist, ob eine berechtigte oder unberechtigte Geschäftsführung vorliegt; bei der angemaßten Eigengeschäftsführung hingegen gibt es nichts zu mutmaßen, da der Eingreifende

565 Vgl. auch die Ausführungen zu Teil 2 § 4 A. II. 5.
566 BGH, Urt. v. 14.02.1958, I ZR 151/56, BGHZ 26, 349, 353 - Herrenreiter.
567 *Götting*, 55; *ders.*, GRUR 2004, 801, 803.
568 So OLG München, Urt. v. 09.03.1995, 29 U 3903/94, NJW-RR 1996, 539, 540.
569 *Däubler*, JuS 1969, 49, 51; *Götting*, GRUR 2004, 801, 803.
570 *Gounalakis*, AfP 1998, 10, 19; *MünchKomm/Seiler*, § 687 BGB Rdnr. 20.

weiß, dass er dazu nicht befugt ist[571]. Zum anderen gibt es in der Praxis Probleme bezüglich des Kausalitätsnachweises, inwieweit der erzielte Gewinn auf der Rechtsverletzung beruht[572].

Der überbetonte verfassungsrechtliche Ansatz[573] vermag auch nicht zu überzeugen, denn er trägt nicht zur Klärung bei, sondern stiftet eher Verwirrung. Das allgemeine Persönlichkeitsrecht erlischt mit dem Tode. Wenn nun aber die Menschenwürde des Verstorbenen fortdauern würde, würde auch die Persönlichkeit fortleben. Dem ist aber nicht so. Vielmehr wird beim postmortalen Persönlichkeitsrecht von der Fortsetzung des Achtungsanspruchs ausgegangen[574].

Ein neuer Ansatz sollte der Kritik indes standhalten. Wenn man einen Entschädigungsanspruch begründen möchte, sollte § 253 BGB zumindest Erwähnung finden. Für immaterielle Schäden kann nach § 253 Abs. 1 BGB Entschädigung in Geld nur in den durch Gesetz bestimmten Fällen gefordert werden. Problematisch ist, dass das Kommerzialisierungsverbot missachtet wird, wenn nahe stehende Angehörige[575] für postmortale Verletzungen der Würde des Verstorbenen eine Entschädigung verlangen könnten. Der Verstorbene kann keinen Eingriff in seine Würde mehr erleiden. Auch aus dem Verfassungsrecht lässt sich nichts anderes herleiten.

c) Fazit

Insgesamt ist die Anerkennung eines Entschädigungsanspruchs als Ergebnis zwar tragbar, aber die Begründung überzeugt nicht[576]. Konsequent wäre es, nicht auf die Verletzung des ideellen Bestandteils, sondern auf die Verletzung des vermögensrechtlichen Bestandteils des Persönlichkeitsrechts abzustellen.

2. Die Entscheidung des LG München I

a) Darstellung der Entscheidung

Gegenstand der Entscheidung[577] war erneut ein Aktfoto, das angeblich Marlene Dietrich zeigt, in einer Innenseite einer Tageszeitung. In der Ausgabe berichtete

---

571 *Beuthien/Schmölz*, 52.

572 Vgl. die ausführlichen Erläuterungen von *Götting*, GRUR 2004, 801, 803, insbes. Fn. 28.

573 So zutreffend *Beuthien*, ZUM 2003, 261.

574 Vgl. die Ausführungen unter Teil 2 § 4 A. V. 1.

575 Entgegen *Beuthien*, ZUM 2003, 261, 262 sind nur die nahen Angehörigen und nicht die Erben berechtigt, da - zumindest mit der genannten Begründung - eine Verletzung des ideellen Bestandteils vorliegt.

576 So auch *Beuthien*, ZUM 2003, 261.

577 LG München I, Urt. v. 11.09.2003, 7 O 20974/02, ZUM-RD 2003, 601 ff.

die Beklagte über das Erscheinen des Buches „Sag, dass Du mich liebst..., - ein Buch mit Liebensbriefen von Erich Maria-Remarque an Marlene Dietrich". Das LG München I ließ dahinstehen, ob der Anspruch auf Zahlung einer Entschädigung wegen Verletzung des postmortalen Würdeanspruchs von Marlene Dietrich gegeben sei. „...[J]edenfalls [sei] auch in kommerzialisierbaren Teil des postmortalen Persönlichkeitsrechts von Marlene Dietrich rechtswidrig und schuldhaft eingegriffen"[578] worden. Mit der Veröffentlichung verfolgte die Beklagte auch wirtschaftliche Interessen, jedenfalls die des Verlages, der das in Rede stehende Buch herausgab. Zum einen erschien der Bericht im zeitlichen Zusammenhang mit der Buchpräsentation, zum anderen wurde der Akt ausweislich des Urhebervermerks von diesem Verlag gestellt. Neben dem Verlag wurde auch der Verkaufspreis genannt, so dass das Gericht vermuten durfte, dass es sich „eigentlich um eine im redaktionellen Teil inkorporierte Werbung handelt"[579]. Des Weiteren sollte der streitgegenständliche Akt der angeblich einzig bekannte der Marlene Dietrich sein. Das Foto war mit einer Bildunterschrift „Marlene nackt! Dieses einzige bekannte Nacktfoto der Göttin..."[580] versehen worden, wodurch die Aufmerksamkeit der Leser erkennbar auf den das Bild begleitenden Werbetext gelenkt werden sollte.

Das Gericht deutet an, dass es wenn sowohl der ideelle als auch der kommerzielle Bestandteil des Persönlichkeitsrechts betroffen seien, der Literatur folgen und dem „insoweit doppelt Verletzten beide Sanktionsregime zur Seite [...] stellen"[581] würde. Die Zubilligung eines Schadensersatzes nach der Lizenzanalogie sei unabhängig von einer Zustimmung der Marlene Dietrich oder der Klägerin. Das Gericht führt dazu aus: „Denn es wäre unbillig, denjenigen, der mit seinem Recht am eigenen Bild sehr sorgsam umgeht dadurch gegenüber demjenigen zu benachteiligen, der seine Person umfangreich gegen Entgelt vermarktet, indem man ihm den Rückgriff auf die Schadensberechnung nach der Lizenzanalogie verwehrt und ihn darauf verweist, er möge den ihm entstandenen Schaden nachweisen"[582]. Zu weiteren Ansprüchen äußert sich das Gericht nur kurz, indem es feststellt, dass „ ... die Klägerin [daneben] auch Ansprüche aus ungerechtfertigter Bereicherung sowie aus Geschäftsführung ohne Auftrag [hat] (BGH ZUM 2000, 582 - Marlene Dietrich; OLG München aaO)"[583].

578 Auch im Folgenden LG München I, Urt. v. 11.09.2003, 7 O 20974/02, ZUM-RD 2003, 601, 603.

579 LG München I, Urt. v. 11.09.2003, 7 O 20974/02, ZUM-RD 2003, 601, 604.

580 LG München I, Urt. v. 11.09.2003, 7 O 20974/02, ZUM-RD 2003, 601.

581 Sowie im Folgenden LG München I, Urt. v. 11.09.2003, 7 O 20974/02, ZUM-RD 2003, 601, 603. Die Entscheidung für eine Anspruchskumulierung konnte jedoch offen bleiben, da das LG München I zum einen eine Verletzung des wirtschaftlichen Teils der Persönlichkeit bejahte und zum anderen das OLG München - wie unter Teil 2 § 3 B. III. 1. dargestellt - auch dem Erben einen Geldentschädigungsanspruch wegen Verletzung des ideellen Teils der Persönlichkeit zuerkannt hat.

582 LG München I, Urt. v. 11.09.2003, 7 O 20974/02, ZUM-RD 2003, 601, 605.

583 LG München I, Urt. v. 11.09.2003, 7 O 20974/02, ZUM-RD 2003, 601, 605.

b) Auseinandersetzung mit der Entscheidung

Mit dieser Entscheidung wurde der Kreis um die ideellen und kommerziellen Interessen der Persönlichkeit geschlossen[584]. Das LG München I stellt - im Einklang mit dem Großteil der Literatur - zutreffend fest, dass ein Anspruch auf Schadensersatz hinsichtlich einer Verletzung des kommerziellen Teils des Persönlichkeitsrechts unabhängig von der Zustimmung des Verstorbenen bzw. der Erben gegeben ist.

IV. Die Oliver Kahn - Entscheidung

Die beiden nachfolgenden Entscheidungen der Hamburger Gerichte sind insbesondere im Hinblick auf die Folgen der Übertragung der vermögenswerten Bestandteile des Persönlichkeitsrechts an Dritte beachtenswert. Vor allem im Zusammenhang mit der Übertragung von Persönlichkeitsrechten auf den Verein als Arbeitgeber werden interessante Fragen angesprochen[585]: Kann man vermögenswerte Bestandteile des Persönlichkeitsrecht unter Lebenden übertragen? Wenn ja, wie weit reichen entsprechende Klauseln?

Klarstellend sei an dieser Stelle angemerkt, dass unbekannt ist, wie die einzelnen Klauseln im konkreten Fall aussehen, weil mir der Arbeitsvertrag von Oliver Kahn nicht vorliegt. Es kann davon ausgegangen werden, dass dem FC Bayern München der Mustervertrag der DFL als Grundlage gedient hat. Sofern es für die weiteren Ausführungen notwendig erscheint, wird auf die Regelung der Persönlichkeitsrechte in diesem Mustervertrag Bezug genommen.

1. Die Entscheidung des LG Hamburg

Hintergrund der Entscheidung des LG Hamburg[586] war folgender Sachverhalt: Oliver Kahn[587] wandte sich als Kläger gegen die Verbreitung und Bewerbung eines Computerspiels. Im zeitlichen Zusammenhang mit der in Südkorea und Japan im Mai/Juni 2002 ausgetragenen Fußballweltmeisterschaft hat die Beklagte das Computerspiel „FIFA Fußball Weltmeisterschaft 2002“ vertrieben und für dieses in der Zeit von April bis Anfang Juni 2002 mit einem Fernsehwerbespot

584 *Reber*, ZUM 2004, 708, 712; *Ullmann* hingegen hielt den Kreis schon nach der Marlene Dietrich -Entscheidung für annähernd geschlossen. Denn sein Beitrag in der WRP 2000, 1049 trug den Titel „Caroline v., Marlene D., Eheleute M. - ein fast geschlossener Kreis“.

585 So bereits *Schmid-Petersen*, SpuRt 2004, 248, 250.

586 LG Hamburg, Urt. v. 25.04.2003, 324 O 381/02, ZUM 2003, 689 ff.

587 Oliver Kahn ist Torwart des FC Bayern München. Abgestellt auf den Entscheidungszeitpunkt war Oliver Kahn noch Torwart der deutschen Fußballnationalmannschaft. Seine diesbezügliche Karriere beendete er nach der Weltmeisterschaft 2006.

geworben. Mit dem vom Beklagten hergestellten Spiel können Begegnungen der an der Fußballweltmeisterschaft 2002 teilnehmenden Nationalmannschaften simuliert werden. Die Mannschaften bestehen aus den tatsächlich aufgestellten Spielern; diese sind trickfilmartig wiedergegeben und mit Namen bezeichnet. Die echten Namen der Spieler der jeweiligen an der WM teilnehmenden Mannschaften werden zu Beginn des Spiels eingeblendet und der Spieler sucht sich aus diesen Listen die konkrete Aufstellung für jedes Spiel aus. Der Spielablauf sieht vor, dass der Spieler nach Auswahl der Mannschaft die Fußballer „dirigiert". Der Spieler kann ferner wählen, ob der Name der Fußballer eingeblendet erscheint oder nicht. Wählt der Spieler in der Aufstellung der deutschen Mannschaft den Kläger als Torwart, dann erscheint die Gestalt eines blonden Torwarts auf dem Bildschirm. Das Computerspiel enthält zudem Nachbildungen der realen Austragungsstätten und kartographische Angaben zu den geographischen Gegebenheiten. In der Werbung für das Spiel werden Spielszenen aus dem Computerspiel eingeblendet. Darunter findet sich eine Torwartszene, in der zu sehen ist, wie ein Torwart auf die Kamera zuspringt, wobei für einen Augenblick sein Gesicht den gesamten Bildschirm ausfüllt.

Der Kläger begehrte die Unterlassung der Verbreitung des Spiels und der Werbung für das Spiel mit seiner bildlichen Darstellung im Fernsehen, weil dadurch seine Persönlichkeitsrechte beeinträchtigt seien. Die Beklagte meint, sie habe die Rechte durch eine Kette[588] von Vereinbarungen mit Dritten erworben. Zudem sei der Kläger durch die Abtretung der Rechte im Arbeitsvertrag nicht aktivlegitimiert.

Das LG Hamburg musste in der Sache klären, ob der Beklagte den Namen und das Bildnis des Torwarts ohne dessen Einwilligung verwenden durfte, und ob der Kläger diese Rechte nicht durch Abtretung an seinen Arbeitgeber verloren hatte.

Das Gericht gab der Klage auf Unterlassung der Verbreitung des Computerspiels mit der bildlichen Darstellung und Namensnennung statt[589], nicht aber hinsichtlich der Unterlassung der Bewerbung des Computerspiels[590]. Das Computerspiel verletze sowohl das Recht des Klägers am eigenen Bild als auch sein

---

588 LG Hamburg, Urt. v. 25.04.2003, 324 O 381/02, ZUM 2003, 689. Bemerkenswert ist die Länge der behaupteten Abtretungskette, die im Tatbestand der veröffentlichten Entscheidung etwa eine ½ Seite umfasst.

589 Der Vollständigkeit halber sei angemerkt, dass das LG Hamburg, die für den Unterlassungsanspruch nach § 1004 Abs. 1 S. 2 BGB erforderliche Wiederholungsgefahr bejahte. Es erscheine nicht unwahrscheinlich, dass bei späteren Meisterschaften quasi als Erinnerung an die vergangene Weltmeisterschaft das Spiel erneut verwendet werde. ZUM 2003, 689, 692.

590 Hinsichtlich der begehrten Unterlassung der Bewerbung des Spiels mittels Fernsehwerbespot war die Klage unbegründet, denn eine Rechtsverletzung habe nicht vorgelegen. Das Gericht führte aus, dass das Spiel weder mit dem Namen noch mit dem Bildnis des Klägers beworben worden sei. Der Kläger sei nicht als Torwart des Spiels erkennbar, einzige Gemeinsamkeit sei das blonde Haar. Das genüge jedoch nicht für eine Individualisierung. ZUM 2003, 689, 692.

allgemeines Persönlichkeitsrecht. Aufgrund der im Rahmen des Computerprogramms naturgemäß zwar verfremdeten, aber realistisch gezeichneten Zeichentrickfigur sei eine hinreichende Ähnlichkeit auszumachen[591]. Zudem sei die Gestalt als die Person des Klägers bezeichnet worden. Entgegen der Auffassung der Beklagten konnte diese keine Einwilligung des Klägers darlegen. Mangels substantiierten Vortrags des konkreten Inhalts des Vertrages des Klägers mit seinem Arbeitgeber (FC Bayern München) ergebe sich nicht, „dass der Kläger seine Persönlichkeitsrechte in einem solchen Umfang auf Dritte übertragen hätte, dass er an der Geltendmachung des eingeklagten Unterlassungsanspruchs gehindert wäre. Das gilt insbesondere auch dann, wenn der Kläger einen Spielervertrag abgeschlossen haben sollte, der der Regelung in § 6 der ‚Lizenzordnung Spieler' Rechnung trägt".[592]

Angemerkt, aber im Ergebnis ausdrücklich offen gelassen, blieb die folgende Erwägung: „Nicht erörtert werden braucht in diesem Zusammenhang, ob, in welchem Umfang und mit welchen rechtlichen Folgen das allgemeine Persönlichkeitsrecht oder einzelne Bestandteile davon oder aus ihm fließende Ansprüche durch Rechtsgeschäft auf andere Personen übertragen werden können"[593]. Denn auch eine dem § 6 Lizenzordnung für Spieler entsprechende Regelung würde die hier fraglichen Rechte nicht betreffen. Der zwischen dem Kläger und seinem Arbeitgeber geschlossene Vertrag wäre nach §§ 133, 157 BGB dahingehend auszulegen, dass eine Rechteeinräumung nur erfolgt wäre, soweit es das Spielgeschehen in der Bundesliga betroffen hätte. Es liege im Interesse des Vereins des Klägers und der Betreiber der Bundesliga die Einwilligung des Klägers einzuholen, um Fernsehrechte an Spielen vergeben oder für Spiele bzw. Verein oder Bundesliga überhaupt mit dem Bild des Klägers werben oder sonst das Spielgeschehen der Bundesliga kommerziell auswerten zu können. Man wird nicht annehmen können, dass der Kläger eine weiter gehende Einwilligung erteilen wollte, da er „als berufsmäßig tätiger Fußballspieler ein großes Interesse daran hat, sich die Möglichkeit offen zu halten, die ökonomisch verwertbaren Teile seiner Persönlichkeitsrechte zu Zwecken der Werbung für dritte Unternehmen einzusetzen"[594]. Die Vereinbarung umfasse allerdings nicht das internationale Spielgeschehen. Jedenfalls stehe dem Kläger das Recht gegen eine werbliche oder sonstige kommerzielle Vereinnahmung seiner Person aus eigenem Recht vorzugehen zu, soweit es nicht eine eventuelle Bewerbung des Spielbetriebs der deutschen Fußballbundesliga betreffe.

---

591 Auch im Folgenden LG Hamburg, Urt. v. 25.04.2003, 324 O 381/02, ZUM 2003, 689, 691.

592 LG Hamburg, Urt. v. 25.04.2003, 324 O 381/02, ZUM 2003, 689, 691; zu § 6 Nr. 4 LOS siehe Teil 1 § 1 B.

593 Auch im Folgenden LG Hamburg, Urt. v. 25.04.2003, 324 O 381/02, ZUM 2003, 689, 691.

594 Auch im Folgenden LG Hamburg, Urt. v. 25.04.2003, 324 O 381/02, ZUM 2003, 689, 691.

2. Die Entscheidung des OLG Hamburg

Das Berufungsgericht[595] bestätigte das Urteil. Im Hinblick auf die Übertragung von Persönlichkeitsrechten ist die folgende Passage von Bedeutung: „Zwar hat der Kl. durch jene Vertragsklausel [§ 3 des Arbeitsvertrages mit dem FC Bayern München] dem Verein die Verwertung seiner Persönlichkeitsrechte, soweit sein Arbeitsverhältnis als Lizenzspieler berührt wird, in näher geregeltem Umfang übertragen. Dabei kann dahinstehen, ob - wie das LG meint, und wofür der Gesichtspunkt spricht, dass derartige Rechtsübertragungen im Zweifelsfall eng auszulegen sind - sich die Vertragsklausel nur auf den Bundesligaspielbetrieb oder aber auch auf den übrigen, insb. internationalen Spielbetrieb bezieht. Es kann auch dahinstehen, ob eine Übertragung der vermögensweiten Bestandteile des Rechts am eigenen Bild oder am eigenen Namen unter Lebenden zulässig und wirksam ist, wofür jedenfalls spricht, dass diese Bestandteile des allgemeinen Persönlichkeitsrechts als vererblich angesehen werden (vgl. etwa BGH NJW 2000, 2195f.). Selbst wenn man nämlich annimmt, dass mit der Regelung in § 3 des Arbeitsvertrages diese vermögenswerten Bestandteile des Persönlichkeitsrechts des Kl. - auch die den internationalen Spielbetrieb betreffenden - wirksam auf den FC Bayern München übertragen worden sind, folgt daraus ... nicht, dass der Kl. nicht mehr berechtigt ist, - ggf. neben dem Verwertungsrechteinhaber - etwa durch Dritte erfolgende Rechtsbeeinträchtigungen mit dem Unterlassungsanspruch zu bekämpfen.“[596] Dieses Ergebnis stimme auch mit der Wertung im Urheberrecht bei entsprechender Konstellation überein. Selbst wenn der Urheber eine ausschließliche Lizenz an allen Verwertungsrechten übertragen habe, sei er nach der h.M.[597] neben der Geltendmachung der persönlichkeitsrechtlichen Ansprüche auch für jene Ansprüche aktivlegitimiert, an denen er ein schützwürdiges eigenes Interesse habe. Dieses eigene schutzwürdige Interesse könne materieller oder ideeller Natur sein[598].

3. Auseinandersetzung mit der Entscheidung

Erörtert wird im Rahmen dieser Arbeit nur die (mit-)entscheidende Frage der Übertragbarkeit und Folgen der Übertragung der vermögenswerten Bestandteile des Persönlichkeitsrechts an Dritte[599]. Dabei gilt es zu klären, ob vermögenswer-

595 OLG Hamburg, Urt. v. 13.01.2004, 7 U 41/03, MMR 2004, 413 ff.

596 Auch im Folgenden OLG Hamburg, Urt. v. 13.01.2004, 7 U 41/03, MMR 2004, 413, 414.

597 *Schricker/Wild*, § 97 UrhG Rdnr. 28; *Wandtke/Bullinger - v. Wolff*, § 97 UrhG Rdnr. 8 f.; *Dreier, T./Schulze - Dreier, T.*, § 97 UrhG Rdnr. 19 jeweils m.w.N.

598 OLG Hamburg, Urt. v. 13.01.2004, 7 U 41/03, MMR 2004, 413, 415.

599 Unberücksichtigt bleiben hier die Auseinandersetzung mit § 22 KUG, einschließlich der Problematik „Person der Zeitgeschichte“, sowie die Abwägung des Informationsinteresses der Allgemeinheit (im Kontext mit den Angaben/Fakten über die WM) und dem In-

te Bestandteile des allgemeinen Persönlichkeitsrechts unter Lebenden wirksam auf Dritte übertragen werden können und wie die entsprechenden Übertragungsklauseln bezüglich der eigenen Geltendmachung von Ansprüchen und hinsichtlich ihres Geltungsbereichs auszulegen sind.

Das OLG Hamburg ließ die interessante Frage offen, ob die Übertragung der vermögenswerten Bestandteile des Persönlichkeitsrechts unter Lebenden möglich sei. Das Gericht deutet jedoch an, dass die anerkannte Vererbbarkeit der vermögenswerten Bestandteile für eine Übertragbarkeit unter Lebenden spreche. Diesem Ansatz ist zuzustimmen, allerdings ist kein Grund ersichtlich, warum hier zwischen Lebenden und Toten differenziert werden sollte. Der einzige Unterschied besteht darin, dass bei Toten kein immaterielles Persönlichkeitsrecht verletzt werden kann. Es kommt letztendlich in diesem Bereich nicht auf eine klare Trennung zwischen materiellen und immateriellen Bestandteile des Persönlichkeitsrechts an. Hinzu kommt, dass von der Übertragbarkeit mittels Vertrag ausgegangen wird, sonst könnte kaum hinreichend dargelegt werden, warum eine Klausel auszulegen wäre, die bei Unzulässigkeit nichtig wäre. Das wiederum lässt den Schluss auf die Annahme zu, dass zumindest stillschweigend davon ausgegangen wird, dass die vermögenswerten Bestandteile des Persönlichkeitsrechts auch unter Lebenden übertragbar sind.

Ernst[600] erörtert noch eine andere Konstellation. Er trägt vor, dass es sich hier nicht um die Übertragung von Persönlichkeitsrechten handle, sondern um die Übertragung des Vermarktungsrechts von Bild und Namen. Denn wenn ein Prominenter einen Vermarkter ermächtige, z.B. Dritten die wirtschaftliche Verwertung des Bildnisses gegen Entgelt zu gestatten, so stehe diesem gegenüber einem Dritten, der das Bild unautorisiert verwerte, ein Bereicherungsanspruch in Höhe der ersparten Vergütung zu. Es ginge nicht um einen persönlichkeitsrechtlichen Unterlassungsanspruch, sondern um einen Anspruch auf Zahlung einer Gebühr wegen der wirtschaftlichen Auswertung des Bildnisses. Dafür bedarf es zutreffender Weise nicht der Entscheidung, ob die Übertragung des Rechts am eigenen Bild wegen seines Rechtscharakters als allgemeines Persönlichkeitsrecht ausgeschlossen ist. Das Recht am eigenen Bild weist unproblematisch einen Zuweisungsgehalt auf. Dies eröffnet die Frage, ob das möglicherweise ein erstes Bekenntnis zur Übertragung vermögenswerter Bestandteile des Persönlichkeitsrechts ist.

Sowohl das LG als auch das OLG Hamburg stellen darauf ab, dass der Kläger seine Aktivlegitimation durch die Übertragung von Rechten auf den Verein

---

teresse Oliver Kahns. Dies bleibt anderen Arbeiten vorenthalten, so z.B. *Gauß*, Oliver Kahn, Celebrity Deathmatch und das Right of Publicity - Die Verwertung Prominenter in Computer- und Videospielen in Deutschland und den USA, GRURInt 2004, 558 - 567; *Lober/Weber*, Entgeltliche und freie Nutzung von Persönlichkeitsrechten zu kommerziellen Zwecken im deutschen und englischen Recht, ZUM 2003, 658 - 675; *Zagouras/Körber*, Rechtsfragen des Game-Designs - Die Gestaltung von Computerspielen und -animationen aus medien- und markenrechtlicher Sicht, WRP 2006, 680 - 690.

600 Auch im Folgenden *Ernst*, CR 2004, 227, 228.

nicht verloren hat. Mangels Wiedergabe der Klausel kann keine konkrete Bezugnahme erfolgen. Geht man jedoch von einer Regelung aus, die sich an der Lizenzspielerordnung des DFB orientiert[601], wonach der Spieler dem Verein die Verwertung der Persönlichkeitsrechte überträgt, insbesondere das Recht am eigenen Bild, so ergibt sich dadurch nicht automatisch, dass der Betroffene nunmehr keine Möglichkeit mehr hat, Unterlassungsansprüche im *eigenen* Namen geltend zu machen. Folglich stehen dem Spieler neben dem Verein Ansprüche gegen Eingriffe zu.

Wie weit die Möglichkeiten des Sportlers reichen, zeigt insbesondere folgende Erwägung des LG Hamburg: Der Kläger brauche es grundsätzlich nicht hinnehmen, „dass seine Person zu eigennützigen und zudem kommerziellen Zwecken der Bekl. ... instrumentalisiert wird. Es kommt hinzu, dass die in der konkreten Konzeption des Spiels liegende Verletzung der Persönlichkeitsrechte des Kl. keineswegs marginal oder auch nur gering ist. Denn in dem Spiel wird die Person des Kl. gleichsam zu einem willenlosen Werkzeug des Spielers gemacht, der sie nach eigenen Gutdünken führen und auch zu sinnwidrigen oder gar lächerlichen Aktionen einsetzen kann (etwa indem er die den Kl. darstellende Figur fortwährend Eigentore schießen lässt)“[602].

Das OLG Hamburg führt weiter aus, dass es der Kläger nicht hinnehmen müsse, im Rahmen des Computerspiels „als nach Belieben der jeweiligen Spielenutzer zu manipulierende Spielfigur verwendet zu werden. Insoweit ist auch, worauf der Kl. zu Recht hinweist, nicht von der Hand zu weisen, dass die den Kl. darstellende Figur ohne weiteres in einer diesen der Lächerlichkeit preisgebenden Weise verwendet werden kann.“[603] Der damit angesprochene Kreis des immateriellen Persönlichkeitsrechts verbleibt beim Spieler als Rechtsinhaber.

Anzumerken ist, dass das OLG Hamburg bezüglich des Geltungsbereichs[604] Zweifel hegte, ob sich die Klausel - entsprechend der Auffassung des LG Hamburg - nur auf die Rechte im Zusammenhang mit der Bundesliga bezieht. Es fehlt hierzu eine klare Stellungnahme.

Die Klausel im Zweifel eng auszulegen, verdient Zustimmung. Als Argument ist die im Urheberrecht anerkannte Zweckübertragungslehre anzuführen. Demnach richtet sich der Umfang nach dem mit der Erteilung verfolgten Zweck. Bei einem Vertrag als Bundesligaspieler liegt es nahe, den Zweck nur auf den Umfang der Bundesliga zu beschränken[605]. Das kann jedoch dahinstehen. Das OLG Hamburg geht von einem Kern der beim Spieler zurückbleibenden Befugnis aus, selbst gegen Persönlichkeitsrechtsverletzungen vorzugehen.

601 Zu exemplarisch ausgewählten Vertragsklauseln siehe Teil 2 § 6 D. I.

602 LG Hamburg, Urt. v. 25.04.2003, 324 O 381/02, NJOZ 2003, 1805, 1808.

603 OLG Hamburg, Urt. v. 13.01.2004, 7 U 41/03, MMR 2004, 413, 414. Es erscheint problematisch, dass die Rechtsprechung ein berechtigtes Interesse allein aus der Möglichkeit der Manipulation der Spielfigur herleite; erforderlich sei jedoch eine Interaktion des Spielenutzers, so *Zagouras/Körber*, WRP 2006, 680, 683.

604 Vgl. den oben dargestellten Auszug, Teil 2 § 3 B. IV. 2.

605 *Schmid-Petersen*, SpuRt 2004, 248, 250.

Insgesamt ist festzuhalten, dass beide Entscheidungen auf einer sachgerechten Argumentation beruhen, wobei nicht nur dem Ergebnis, sondern auch den Begründungen zuzustimmen ist.

V. Die Oskar Lafontaine - Entscheidung

Diese Entscheidung zeigt, dass verfassungsrechtliche Fragen ebenfalls in die Betrachtung einfließen müssen. Das Spannungsverhältnis zwischen dem allgemeinen Persönlichkeitsrecht und der Pressefreiheit zum Ausgleich zu bringen, führt - wie bei der Darstellung der BGH Entscheidung noch zu sehen sein wird - zu einer umfassenden Interessenabwägung.

1. Die Entscheidung des LG Hamburg

a) Darstellung der Entscheidung

Der Schwerpunkt der Entscheidung des LG Hamburg[606] liegt in der Beurteilung des Rechts am eigenen Bild und kann, da dieses nicht Gegenstand dieser Arbeit ist, unbeachtet bleiben, so dass sich die folgenden Ausführungen nur auf relevante Aspekte beziehen.

Die Beklagte betreibt ein Fahrzeug-Leasing-Geschäft. In einer Werbeanzeige bewarb sie ihr Geschäft mit einer Portraitaufnahme des Bundeskabinetts, darunter auch der zurückgetretene Kläger, dessen Bild - zwar erkennbar - aber als einziges mit einem weißen X durchgestrichen ist. Im unteren Teil der Anzeige stand der Text „ ... verleast auch Autos für Mitarbeiter in der Probezeit." Eine Zustimmung des Klägers lag nicht vor. Der Kläger meinte, die Beklagte habe „seine Persönlichkeit bzw. sein Persönlichkeitsbild zu Werbezwecken zwangskommerzialisiert und dabei allein auf seinen Bekanntheitsgrad abgestellt"[607]. Der Kläger begehrte Schadensersatz in Höhe von 127.822,27 Euro zzgl. Zinsen. Die Beklagte hingegen vertrat die Auffassung, dass das Recht des Klägers am eigenen Bild nicht im Sinne eines bereicherungsrechtlichen Anspruchs kommerzialisierbar sei. Zudem sei der Kläger kein Werbeträger und könne nicht deren Honorare als Vergleichsmaßstab heranziehen.

Das LG Hamburg verurteilte die Beklagte zur Zahlung einer fiktiven Lizenzgebühr in Höhe von 100.000 Euro. Der Anspruch ergebe sich aus § 823 Abs. 1 BGB i.V.m. §§ 22, 23 KUG bzw. Art. 1 Abs. 1, Art. 2 Abs. 1 GG. Durch die Verwendung der Fotografie im Rahmen der Werbeanzeige habe die Beklagte rechtswidrig und schuldhaft das Recht des Klägers am eigenen Bild und sein allgemeines Persönlichkeitsrecht verletzt. Dazu heißt es im Urteil: „Soweit

606 LG Hamburg, Urt. v. 09.01.2004, 324 O 554/03, ZUM 2004, 399 ff.
607 Auch im Folgenden LG Hamburg, Urt. v. 09.01.2004, 324 O 554/03, ZUM 2004, 399.

durch den Sinn und Zusammenhang der Werbeanzeige im Übrigen mit der Person bzw. den Lebensumständen des Klägers geworben wurde, stellt diese eine Verletzung seines allgemeinen Persönlichkeitsrechts dar“[608]. Der Kläger könne deshalb eine angemessene Vergütung in Form der fiktiven Lizenzgebühr verlangen. Schließlich solle „niemand durch den unerlaubten Eingriff in Ausschließlichkeitsrechte besser gestellt … [werden], als er im Fall einer ordnungsgemäß erteilten Erlaubnis durch den Rechtsinhaber gestanden hätte (BGHZ 20, 345, 353)“[609]. Unbeachtlich ist in diesem Zusammenhang auch die Einstellung zur Werbung. „Denn für den tatsächlich eingetretenen, nicht mehr rückgängig zu machenden Schaden - die Rechtsverletzung - auf der einen Seite bzw. für den Gebrauch des immateriellen Schutzgegenstandes auf der anderen Seite wird die entsprechende Lizenz zum Zwecke der Bewertung nur fingiert.“[610] Entscheidend sei vielmehr, ob allgemein im Geschäftsverkehr für zu Werbezwecken eingesetzte Fotografien Lizenzen gezahlt werden. Bei der Interessenabwägung trete die Meinungsfreiheit bzw. die Kunstfreiheit hinter die persönlichen Interessen des Klägers zurück. Bei der Werbeanzeige „geht es aber nicht schwerpunktmäßig um eine in die Form der Satire gegossene politische Äußerung, sondern Ziel ist es in allererster Linie, durch den mit dem ‚Witz’ beim Leser erzielten Effekt das Produkt der Beklagten zu bewerben“[611].

b) Auseinandersetzung mit der Entscheidung

Die festzuhaltenden Kernaussagen des LG sind folgende: Die zustimmungslose Abbildung eines Politikers in einer Werbeanzeige stellt neben der Verletzung des Rechts am eigenen Bild auch eine Verletzung des Persönlichkeitsrechts dar. Diese Rechtsverletzung rechtfertigt eine fiktive Lizenzgebühr, unabhängig von der Bereitschaft des Verletzten, sich für die Werbung zur Verfügung zu stellen.

Anzumerken ist, dass das LG Hamburg nicht allein auf die Verletzung des Rechts am eigenen Bild abstellt, sondern - ohne weitere Prüfung und ohne Not - auch davon ausgeht, dass durch die Werbung mit der Person und den Lebensumständen das allgemeine Persönlichkeitsrecht verletzt wurde. Unerwähnt bleiben die Erwägungen, warum man eine Lizenzanalogie zulässt. Schließlich ist die Lizenzanalogie die typische Berechnungsmethode beim Schadensersatz von Immaterialgüterrechten.

608 LG Hamburg, Urt. v. 09.01.2004, 324 O 554/03, ZUM 2004, 399, 400.
609 LG Hamburg, Urt. v. 09.01.2004, 324 O 554/03, ZUM 2004, 399, 401.
610 Auch im Folgenden LG Hamburg, Urt. v. 09.01.2004, 324 O 554/03, ZUM 2004, 399, 401.
611 LG Hamburg, Urt. v. 09.01.2004, 324 O 554/03, ZUM 2004, 399, 401.

2. Die Entscheidung des OLG Hamburg

Die Berufung der Beklagten blieb erfolglos. Um jedoch die nachfolgende Revisionsentscheidung des BGH besser zu verstehen, soll hier der Punkt der Interessenabwägung im Rahmen des § 23 KUG nachgezeichnet werden.

Nach dem OLG Hamburg sind Abbildungen, die nur der Produktinformation dienen, und sich nicht mit dem Informationsinteresse der Allgemeinheit rechtfertigen lassen, bereits vom Anwendungsbereich des § 23 Abs. 1 Nr. 1 KUG ausgeschlossen[612]. Sofern eine Werbeanzeige nicht ausschließlich dem Geschäftsinteresse dient, sondern auch dem Informationsinteresse der Allgemeinheit nachkommt, könnten die Voraussetzungen des § 23 Abs. 1 Nr. 1 KUG erfüllt sein. Wenn die Werbung neben dem meinungsbildenden Inhalt auch noch künstlerische Züge aufweist, kann sie sowohl den Schutz des Art. 5 Abs. 1 S. 1 GG als auch des Art. 5 Abs. 3 S. 1 GG genießen. Die Werbeanzeige enthalte neben dem Geschäftsinteresse auch eine politische Meinungsäußerung. Die Frage, ob der ironische Witz als Kunst angesehen werden kann, erscheine zweifelhaft. Die Grenze zwischen Meinungs- und Kunstfreiheit könne hier dahingestellt bleiben, da diese Interessen hinter dem Interesse des Klägers zurückstehen.

Zwar werde das Bild des Klägers nicht wie in der klassischen Werbung dafür eingesetzt, um einen Imagewert des Klägers auf das Produkt zu übertragen. Aber es soll die Aufmerksamkeit des Lesers erwecken und diese auf den Inhalt der Anzeige und das beworbene Produkt lenken. Der Witz auf Kosten des Klägers erziele eine Werbewirkung für die Beklagte. Die schrankenlos gewährte Kunstfreiheit habe einen hohen Stellenwert. Dem stehe das aus dem Persönlichkeitsrecht folgende Selbstbestimmungsrecht des Einzelnen über den Einsatz seiner Persönlichkeit im Rahmen der Werbung für geschäftliche Interessen Dritter gegenüber. Insbesondere dann, wenn der Zweck der Produktwerbung deutlich im Vordergrund stehe, müsse das Persönlichkeitsrecht des Klägers überwiegen.[613]

Obwohl das OLG Hamburg erkannte, dass der Vorrang des Persönlichkeitsschutzes vor der Meinungs- und Kunstfreiheit nur dann besteht, wenn die Werbeanzeigen allein und ausschließlich dem geschäftlichen Interesse dienen, schloss es sich mehr oder weniger der Auffassung des LG Hamburgs an[614].

---

612 Auch im Folgenden OLG Hamburg, Urt. v. 09.11.2004, 7 U 18/04, ZUM 2005, 165, 166.

613 OLG Hamburg, Urt. v. 09.11.2004, 7 U 18/04, ZUM 2005, 165, 166. Weitere Ausführungen zur Interessenabwägung siehe *Ehmann*, AfP 2005, 237, 242 f.

614 OLG Hamburg, Urt. v. 09.11.2004, 7 U 18/04, ZUM 2005, 165, 166.

3. Die Entscheidung des BGH

Der BGH[615] befasste sich in der Entscheidung erneut mit dem kommerziellen Teils des Persönlichkeitsrechts und legte den Schwerpunkt auf die Interessenabwägung. Die widerstreitenden Interessen, nämlich das Interesse des Einzelnen, den kommerziellen Bestandteil seiner Persönlichkeit zu nutzen, auf der einen Seite und das allgemeinen Interesse an einer öffentlichen Auseinandersetzung auf der anderen Seite, sind angemessen auszugleichen.

a) Darstellung der Entscheidung

Der erste Leitsatz, der zugleich eine Kernthese bildet, lautet: „Die unbefugte kommerzielle Nutzung eines Bildnisses begründet im Allgemeinen - sei es unter dem Gesichtspunkt des Schadensersatzes oder der ungerechtfertigten Bereicherung - einen Anspruch auf Zahlung der angemessenen Lizenzgebühr, ohne dass es darauf ankommt, ob der Abgebildete bereit oder in der Lage gewesen wäre, gegen Entgelt Lizenzen für die Verbreitung und öffentliche Wiedergabe seines Bildnisses einzuräumen“[616]. Die unbefugte kommerzielle Nutzung eines Bildnisses begründet grundsätzlich neben dem Schadensersatzanspruch auch einen Anspruch aus der Eingriffskondiktion auf Zahlung der üblichen Lizenzgebühr. Denn die Nutzung stelle einen Eingriff in den „vermögensrechtlichen Zuweisungsgehalt des Rechts am eigenen Bild wie auch des allgemeinen Persönlichkeitsrechts dar“[617].

Mit dem Hinweis, dass der Zahlungsanspruch nicht die Zustimmung des Betroffenen fingiere, gibt der BGH seine Rechtsprechung, die er in der Herrenreiter - Entscheidung begründete, zum Erfordernis des grundsätzlichen Einverständnisses des Abgebildeten als Voraussetzung für einen Schadens- oder Bereicherungsausgleich, auf[618].

Es fehle an einem rechtswidrigen Eingriff in das Persönlichkeitsrecht[619]. Die Verbreitung der streitgegenständlichen Werbeanzeige als Bildnis aus dem Bereich der Zeitgeschichte bedurfte nicht der Einwilligung des Klägers nach § 23 Abs. 1 Nr. 1 KUG. Auch sei kein berechtigtes Interesse des Klägers verletzt worden, § 23 Abs. 2 KUG. Die Abbildung des Klägers sei erlaubt. Bei der Interessenabwägung müsse das Klägerinteresse, nicht ohne seine Erlaubnis in der Werbeanzeige abgebildet zu werden, gegenüber der Ausübung der Meinungsfreiheit gemäß Art. 5 Abs. 1 S. 1 GG zurücktreten. Das Informationsinteresse der Allgemeinheit fehle grundsätzlich bei Werbeanzeigen, wenn diese *aus-*

615 BGH, Urt. v. 26.10.2006, I ZR 182/04, JZ 2007, 475 ff.
616 BGH, Urt. v. 26.10.2006, I ZR 182/04, JZ 2007, 475.
617 BGH, Urt. v. 26.10.2006, I ZR 182/04, JZ 2007, 475.
618 BGH, Urt. v. 26.10.2006, I ZR 182/04, JZ 2007, 475, 476.
619 Auch im Folgenden BGH, Urt. v. 26.10.2006, I ZR 182/04, JZ 2007, 475.

schließlich den Interessen des mit der Abbildung werbenden Unternehmens dienen[620]. Das sei immer dann der Fall, wenn das Bildnis aus dem Bereich der Zeitgeschichte nur genutzt wird, um einen Imagetransfer des Werbewertes der Persönlichkeit auf das Produkt zu übertragen. Hier diene die Anzeige nicht ausschließlich einem Werbezweck, sondern beziehe sich auf eine politische Meinungsäußerung in Form der Satire auf ein aktuelles Ereignis. Der Kläger, der kurz nach Amtsantritt als Finanzminister zurücktrat, wird mit einem Mitarbeiter verglichen, der in der Probezeit scheitert. Dieser ironische, aber meinungsbildende Inhalt werde nicht durch den Werbezweck verdrängt. Im Streitfall werde nicht der Image- oder Werbewert des Klägers auf die beworbene Leistung übertragen. Zudem erwecke die Anzeige nicht den Eindruck, als wolle der Kläger das beworbene Produkt empfehlen.

Im Schlussabschnitt des Urteils findet sich eine weitere maßgebende Aussage, und zwar, dass die Werbung „lediglich den zivilrechtlich, nicht verfassungsrechtlich begründeten Schutz der vermögenswerten Bestandteile des Persönlichkeitsrechts (vgl. BVerfG WRP 200, 1361, Tz. 27 ff.) [berühre]. Die ideellen Teile des allgemeinen Persönlichkeitsrechts, deren Schutz durch die Menschenwürdegarantie von Verfassung wegen geboten ist, sind im Streitfall nicht betroffen“[621].

b) Auseinandersetzung mit der Entscheidung

Der BGH hält nicht mehr an der Herrenreiter-Doktrin fest. Daraus folgt, dass für die Existenz eines kommerziellen Persönlichkeitsrechts keine Vermarktungsbereitschaft vorausgesetzt wird. Damit kam der BGH der Forderung in weiten Teilen der Literatur nach[622]. Problematisch daran ist allerdings, dass es der BGH versäumt, zwischen dem Bereicherungsausgleich und dem Schadensersatz zu differenzieren.

Eine wesentliche Aussage des Urteils ist, dass dem allgemeinen Persönlichkeitsrecht ein eigener Zuweisungsgehalt zukommt. Das lässt zumindest die Schlussfolgerung zu, dass nicht mehr zwischen allgemeinen und besonderen Persönlichkeitsrechten hinsichtlich eines kommerzialisierbaren Bestandteils unterschieden wird.

Zudem war die vom BGH vorgenommene Interessenabwägung im Rahmen des § 23 KUG bemerkenswert. Denn das Gericht nahm dazu Stellung, wie Meinungsäußerungen, die auch erfolgen, um einen Gewinn zu erzielen, im Vergleich zum vermögenswerten Bestandteil des Persönlichkeitsrecht gewichtet werden. Auf den ersten Blick mag das Zurücktreten der Persönlichkeitsinteres-

620 Auch im Folgenden BGH, Urt. v. 26.10.2006, I ZR 182/04, JZ 2007, 475, 476.

621 BGH, Urt. v. 26.10.2006, I ZR 182/04, JZ 2007, 475, 477.

622 Vgl. die Ausführungen unter Teil 2 § 4 A. II. 4. Dort befinden sich auch die Nachweise für die Literatur.

sen befremdend erscheinen. Betrachtet man aber die Argumentation des BGH, dann wird deutlich, dass nicht die Persönlichkeit des Klägers, sondern das politische „Zeitgeschehen, in dessen Mittelpunkt“[623] der Kläger stand, für die Abwägung maßgebend war. Der Streitgegenstand war nicht der ideelle Bestandteil des Persönlichkeitsrechts, der verfassungsmäßig garantiert ist, sondern „nur“ der einfach gesetzlich geregelte kommerzielle Bestandteil des Persönlichkeitsrechts. Bei der Abwägung kam es nicht zu einem Ausgleich im Wege der praktischen Konkordanz. Dafür hätte es zweier kollidierender Grundrechte bedurft. Der BGH verweist insofern auf die „Blaue Engel“ - Entscheidung des BVerfG. Die Kernaussage des Urteils des BVerfG ist, dass die Anerkennung vererblicher vermögenswerter Bestandteile des allgemeinen Persönlichkeitsrechts keinen verfassungsrechtlichen Bedenken unterliegt[624]. Klargestellt wird, dass der Schutz des kommerziellen Bestandteils des Persönlichkeitsrechts nicht von der Menschenwürdegarantie erfasst ist[625]. Etwas anderes kann nur dann gelten, wenn durch die Nutzung des Persönlichkeitsrechts der Achtungsanspruch beeinträchtigt wird, mithin also der ideelle Bestandteil betroffen ist, der wiederum grundrechtlichen Schutz genießt.

Letztlich stellt dies nur die konsequente Fortsetzung der Trennung von ideellem und vermögenswertem Bestandteil des Persönlichkeitsrechts dar. In Fällen, in denen der ideelle Aspekt nicht verletzt wurde, genießen die Grundrechte vorrangigen Schutz. Damit ist zugleich die Grenze der Vermarktung der Persönlichkeit gegeben: der ideelle Kern des Persönlichkeitsrechts ist nicht verfügbar.

VI. Schlussbetrachtungen

1. Obwohl bereits in der Mephisto - Entscheidung (1968)[626] angedeutet wurde, dass das Persönlichkeitsrecht neben ideellen auch vermögenswerte Bestandteile umfasst, dauerte es über 30 Jahre bis zu einer Trennung der ideellen und kommerziellen Bereiche in der Marlene Dietrich - Entscheidung[627] (1999). Die Konsequenz, die die Trennung zur Folge hätte, nämlich eine Entschädigung neben dem Schadensersatzanspruch, wurde erstmals 2002/03 von den Münchner Gerichten[628] in den dargestellten Entscheidungen im Hinblick auf die Aktfotos von Marlene Dietrich gezogen.

623 BGH, Urt. v. 26.10.2006, I ZR 182/04, JZ 2007, 475, 477.
624 BVerfG, Beschl. v. 22.08.2006, 1 BvR 1168/04, NJW 2006, 3409.
625 Auch im Folgenden BVerfG, Beschl. v. 22.08.2006, 1 BvR 1168/04, NJW 2006, 3409, 3410 f.
626 BGH, Urt. v. 20.03.1968, I ZR 44/66, BGHZ 50, 133 ff.
627 BGH, Urt. v. 01.12.1999, I ZR 49/97, BGHZ 142, 214 ff.
628 OLG München, Urt. v. 09.08.2002, 21 U 2654/02, ZUM 2002, 744 ff.; LG München I, Urt. v. 11.09.2003, 7 O 20974/02, ZUM-RD 2003, 601 ff.

2. Die Mephisto - Entscheidung[629] begründete den Grundsatz der Unübertragbarkeit des Persönlichkeitsrechts, allerdings mit Ausnahme der vermögenswerten Bestandteile.

In der Nena - Entscheidung[630] bejahte man die Übertragung, wenn auch nur im Ergebnis. Seit der Marlene Dietrich - Entscheidung[631] ist die Vererblichkeit der vermögenswerten Bestandteile des Persönlichkeitsrechts anerkannt; offen gelassen wurde dagegen, ob eine Übertragung zu Lebzeiten zulässig ist.

3. Die Tendenz scheint auf eine Übertragbarkeit zu Lebzeiten gerichtet zu sein, so angedeutet in den Oliver Kahn - Entscheidungen[632].

4. Der BGH attestiert mit der Oskar Lafontaine - Entscheidung[633] auch dem allgemeinen Persönlichkeitsrecht einen eigenen Zuweisungsgehalt.

5. Das BVerfG bestätigt die Rechtsfortbildung des BGH. Mit der „Blaue Engel" - Entscheidung hat das BVerfG das allgemeine Persönlichkeitsrecht als Vermögensrecht anerkannt. Die kommerzielle Nutzung verstößt erst dann gegen das Grundgesetz, wenn die Menschenwürde (Art. 1 Abs. 1 GG) verletzt ist. In der BVerfG - Entscheidung heißt es: „Das Gericht [BGH] hat aber klargestellt, dass Persönlichkeitsrechte insofern unverzichtbar und unveräußerlich sind, als sie dem Schutz ideeller Interessen dienen ... Damit verbleibt zumindest der verfassungsrechtlich gewährleistete Kern der Persönlichkeitsentfaltung beim Rechtsträger. Das Ob und die konkrete Ausgestaltung einer Übertragung im Übrigen ist eine Frage des einfachen Rechts."[634]

Im Ergebnis bringen die genannten Entscheidungen Klarheit bezüglich der Trennung von ideellen und materiellen Bestandteilen des Persönlichkeitsrechts. Bei getrennten Bereichen können auch beide durch eine Verletzungshandlung beeinträchtigt sein, und das muss eine unterschiedliche Sanktion auslösen. Der subsidiäre immaterielle Schadensersatz wird nicht hinfällig, sondern ist der richtige Weg bei ausschließlicher Verletzung ideeller Interessen. Entgegen der sog. „Promi" - Rechtsprechung kommt der immaterielle Schadensersatz bei profitbereiten wie bei zurückgezogen lebenden Personen gleichermaßen und nur dann infrage, wenn eine schwerwiegende Beeinträchtigung der ideellen Persönlichkeit vorliegt. Insofern bleibt das primäre Ziel, Genugtuung und Ausgleich zu erreichen. Anders hingegen, wenn mit Gewinnerzielungsabsicht gehandelt wird, und nur die wirtschaftlichen Persönlichkeitsinteressen verletzt werden. Dann sollte im Wege der dreifachen Lizenzanalogie der Schaden kompensiert werden. Zugleich dürfte der gewünschte Hemmungseffekt bezüglich Veröffentlichungen ohne Zustimmung eintreten. Insofern ist die Rechtsprechung auf dem richtigen

---

629 BGH, Urt. v. 20.03.1968, I ZR 44/66, BGHZ 50, 133 ff.

630 BGH, Urt. v. 14.10.1986, VI ZR 10/86, GRUR 1987, 128 f.

631 BGH, Urt. v. 01.12.1999, I ZR 49/97, BGHZ 142, 214 ff.

632 LG Hamburg, Urt. v. 25.04.2003, 324 O 381/02, ZUM 2003, 689 ff.; OLG Hamburg, Urt. v. 13.01.2004, 7 U 41/03, MMR 2004, 413 ff.

633 BGH, Urt. v. 26.10.2006, I ZR 182/04, JZ 2007, 475 ff.

634 BVerfG, Beschl. v. 22.08.2006, 1 BvR 1168/04, NJW 2006, 3409, 3411.

Wege. Sollten indes beide Bereiche tangiert sein, müssten beide Verletzungen getrennt voneinander beurteilt werden, so dass eine Kombination beider Ansprüche, sowohl des Schadens- als auch des Entschädigungsanspruchs, zu angemessenen Ergebnissen und zu einem besseren, effizienteren Schutz führen dürften.

§ 4 Die Erfassung eines Verwertungsrechts von Persönlichkeitsmerkmalen

In den Leitentscheidungen stand überwiegend das Persönlichkeitsrecht als Abwehrrecht im Vordergrund. Trotz der Erkenntnis, dass die kennzeichnenden Persönlichkeitsmerkmale einen Vermögenswert aufweisen, hat man es vermieden, darauf einzugehen, indem materielle Beeinträchtigungen als ideelle abgewickelt wurden.

Aus den bisherigen Darlegungen ergeben sich zwei zentrale Aspekte, die eine wesentliche Rolle bei der Erfassung eines Verwertungsrechts von Persönlichkeitsmerkmalen spielen: Einerseits die Trennung von ideellen und vermögenswerten Bestandteilen des Persönlichkeitsrechts und andererseits die mögliche Übertragung von Persönlichkeitsrechten. Nachdem der Ausgangspunkt herausgearbeitet wurde, folgt die Darlegung der wesentlichen Argumente, die für bzw. gegen eine Verwertbarkeit sprechen.

Der häufig unterstellte antinomische Gegensatz von Persönlichkeitsrechten und Vermögensrechten bedarf der kritischen Betrachtung. Zunächst ist festzuhalten, dass die Einteilung von Persönlichkeitsrechten und Vermögensrechten unvollkommen ist[635], denn sie beruhe sowohl auf der Unmöglichkeit der Trennung zwischen vermögensrechtlichen und persönlichkeitsrechtlichen Elementen, als auch auf der fehlerhaften Übernahme des Differenzierungskriteriums „Verkehrsfähigkeit". Diese Basis, dass Vermögensrechte verkehrsfähig sind und Persönlichkeitsrechte gerade nicht verkehrsfähig sind, ist zunächst einmal zutreffend. Problematischer wird es jedoch dann, wenn man die verkehrsunfähigen Rechte daraus abzuleiten versucht, ob sie aufgrund persönlicher Eigenschaften erworben werden. *Groppler*[636] ist zuzustimmen, wenn er die Eigenschaft der Person und den Tatbestand des Verkehrslebens als unzureichendes Abgrenzungskriterium betrachtet. Jede Eigenschaft lasse sich in einen Tatbestand des Verkehrslebens umdeuten und umgekehrt. Die begriffliche Vermengung bzw. Gleichsetzung der Unterscheidung verkehrsfähiger und nicht verkehrsfähiger Rechte mit Vermögens- und Persönlichkeitsrechten treffe nicht zu; demnach entfalle die Gegensätzlichkeit.

Eine Trennung zwischen den vermögensrechtlichen und persönlichkeitsrechtlichen Interessenkreisen ist nicht notwendig. Ein Recht kann zugleich Persön-

635 *Groppler*, UFITA 25 (1958), 385, 395 ff.
636 *Groppler*, UFITA 25 (1958), 385, 397 f.

lichkeitsrecht und Vermögensrecht sein[637]. Auch der Blick in die Vergangenheit zeigt, dass Persönlichkeits- und Vermögensrechte keine unvereinbaren Gegensätze bilden. Das wird u.a. durch die Entwicklung des Warenzeichenrechts von einem Persönlichkeitsrecht zum Vermögensrecht deutlich[638]. Zu Recht wird die Frage gestellt, warum ein und dasselbe Recht nicht gleichzeitig beiden Kategorien angehören kann, d.h. sowohl dem Persönlichkeitsrecht als auch dem Vermögensrecht[639]. Dass sich diese nahe liegende Erkenntnis[640] nicht durchgesetzt hat, wird vor allem darauf zurückgeführt, dass zu den Vermögensrechten nur verkehrsfähige, übertragbare Rechte gehören im Gegensatz zu den unübertragbaren Persönlichkeitsrechten[641].

Zu unbestimmt ist auch die Einordnung als Abwehrrecht oder Verwertungsrecht. Denn die Abwehrfunktion der Persönlichkeitsrechte dient der Absicherung aktiver Verwertungsbefugnisse[642]. Der Inhaber eines deliktsrechtlich geschützten Gegenstandes hat ein Ausschließlichkeitsrecht inne. Der Schutz von Gegenständen vor Verletzungen durch Dritte erfolgt nur, weil sie einer Person ausschließlich zugeordnet sind. Demnach ist der Deliktsschutz eine unmittelbare Folge der Güterzuordnung. Zwar erklärt dies noch nicht die Verbindung vom negativen Ausschließungsrecht zum positiven Verwertungsrecht, aber es kann festgehalten werden, dass, wer andere von der Inanspruchnahme ausschließen darf, grundsätzlich auch die Möglichkeit hat, ihnen die wirtschaftliche Verwertung zu verwehren. Das entspricht dem Grundsatz der Einheit von Ausschließungs- und Verwertungsbefugnis[643]. Aus den genannten Gründen ist eine dogmatische Auseinandersetzung unausweichlich. Unter der Abwägung der widerstreitenden Interessen ist darzulegen, ob das Persönlichkeitsrecht neben seinem ideellen Kern auch wirtschaftliche Interessen umfasst, die rechtlich schützenswert sind. Untersucht wird deshalb nachfolgend die Frage, ob eine Verdichtung von persönlichkeitsrechtlichen Verwertungsinteressen zu einem Recht vorliegt.

A. Argumente für eine Verwertung von Persönlichkeitsmerkmalen

Die persönlichkeitsrechtlichen Verwertungsinteressen werden nicht nur durch die zunehmende Nachfrage auf dem Markt belegt, vielmehr gibt es eine Reihe von Aspekten, die für die rechtliche Anerkennung sprechen. Mit der Trennung der ideellen und kommerziellen Bestandteile des Persönlichkeitsrechts kann der alles andere als geradlinige Kurs der Rechtsprechung aufgegeben werden. Ein

637 *Kohler*, AcP 82, 141, 228; *v. Gierke*, § 81 II 2 (706); *Hubmann*, 284; *Forkel*, 199; *Götting*, 4 ff.; *ders.*, GRUR 2004, 801, 804.

638 *Götting*, 7. Vgl. dazu auch die Ausführungen unter Teil 2 § 4 A. IV.

639 *Götting*, 8; *Wagner*, ZEuP 2000, 200, 228.

640 So bereits *Hubmann*, 283 f.

641 *Groppler*, UFITA 25 (1958), 385, 395 ff., 413; *Forkel*, 199.

642 *Schulze Wessel*, 17.

643 *Beuthien/Schmölz*, 29 f., 64.

Zickzackkurs zur Ergebniskorrektur ist nicht mehr von Nöten. Nunmehr kann offen damit argumentiert werden, dass das Persönlichkeitsrecht auch einen Vermögenswert aufweist; ein eigener Zuweisungsgehalt besteht. Im Bereich des Sports kommt hinzu, dass der Spielerwert in der Bilanz aktiviert wird. Aus der Vererblichkeit des vermögenswerten Bestandteils ergibt sich, dass zumindest das Dogma der Unvererblichkeit überwunden wurde. Das Abwehrrecht hat sich zu einem Verwertungsrecht entwickelt, der Rechtscharakter unterliegt also auch einem Wandel.

I. Die Vermengung von Kriterien durch die Rechtsprechung

In Fällen der Zwangskommerzialisierung besteht durch das Fehlen straf- und zivilrechtlicher Schutzansprüche ausgenommen vom Anspruch auf Schmerzensgeld eine Schutzlücke. Betrachtet man die Höhe der Entschädigungen bis zur Caroline I - Entscheidung (1994), so lagen diese allgemein im Bereich von 2.000 bis 15.000 DM[644]. Erst in der Caroline I - Entscheidung sah der BGH[645] die von den Instanzgerichten ausgeurteilten Summe von 30.000 DM für alle drei gravierenden Verletzungen des Persönlichkeitsrechts von Caroline von Monaco als zu gering an. Nach der Zurückverweisung an das OLG Hamburg sprach dieses der Klägerin insgesamt 180.000 DM zu[646].

Der Tennisspielerin Steffi Graf wurde für eine Persönlichkeitsverletzung durch den Song-Titel „I wanna make love to Steffi Graf" 60.000 DM Schmerzensgeld zugesprochen[647].

Um der unseriösen Berichterstattung Herr zu werden, sollten die Medien durch die Höhe des Entschädigungsanspruches abgeschreckt werden. Der Versuch, diese Schutzlücke zu schließen, ist im Ergebnis wünschenswert, jedoch ist die Art und Weise zu kritisieren. Bisher wurde es vernachlässigt, einen Schadensersatz wegen materieller Beeinträchtigung zu erwägen. In diesem Zusammenhang sind drei wesentliche Kritikpunkte anzuführen: (1.) § 253 BGB, (2.) der Präventionsgedanke und (3.) eine nicht ausreichende Differenzierung ideeller und materieller Beeinträchtigungen, auf die im Folgenden eingegangen wird.

---

644 Die Entschädigungen lagen jedenfalls meistens deutlich unterhalb von 40.000 DM. *Steffen*, NJW 1997, 10, 12 m.w.N. *Soehring/Seelmann-Eggebert*, NJW 2000, 2466, 2479 wollen 50.000 DM als Entschädigungsbetrag annehmen. Eine „Schallmauer" die Jahrzehnte anhielt, aber nun schon mehrfach durchbrochen worden ist. Eine weitere Aufstellung zur Höhe der Geldentschädigung findet man bei *Wenzel/Burkhardt*, 14 Rdnr. 149.

645 BGH, Urt. v. 15.11.1994, VI ZR 56/94, BGHZ 128, 1, 14 ff.

646 OLG Hamburg, Urt. v. 25.07.1996, 3 U 60/93, NJW 1996, 2870, 2871.

647 OLG Karlsruhe, Urt. v. 27.04.1994, 7 O 114/93, NJW 1994, 1963.

1. § 253 BGB

Der Ersatz immaterieller Schäden in Geld bei Verletzung von Persönlichkeitsrechten ist angesichts der Sperrwirkung des § 253 BGB und der begrenzten Reichweite des § 253 BGB (§ 847 BGB a.F.) auf unterschiedliche Rechtsgrundlagen gestützt worden. Nach § 253 BGB wird bei Nichtvermögensschäden nur ausnahmsweise ein Ausgleich in Geld gewährt. Der wesentliche Grund dafür liegt darin, dass ein immaterieller Schaden nicht wie ein Vermögensschaden objektiv festgestellt und beziffert werden kann. Daher mag es nicht verwundern, dass „[e]s ... der herrschenden Volksauffassung [widerstrebe], die immateriellen Lebensgüter auf gleiche Linie mit den Vermögensgütern zu stellen und einen idealen Schaden mit Geld aufzuwiegen“[648]. Zudem definiert das BGB den Begriff des immateriellen Schadens nicht; er wird lediglich negativ umschrieben. Dem Wortlaut des § 253 BGB zufolge kann wegen eines Schadens, der nicht Vermögensschaden ist, Entschädigung in Geld nur in den durch Gesetz bestimmten Fällen gefordert werden. § 253 BGB enthält also ein Kommerzialisierungsverbot. Der Wortlaut ist jedoch zu unbestimmt[649], da weder die Persönlichkeit noch die Ehre genannt werden.

Ohne auf § 253 BGB abzustellen, erfasste die Rechtsprechung[650] die Verletzungen des Persönlichkeitsrechts zunächst unter dem Deckmantel des damaligen Schmerzensgeldes (§ 847 BGB a.F.), da man die in ihrem Persönlichkeitsrecht betroffene Person nicht schutzlos stellen wollte. So sprach der BGH in der Herrenreiter - Entscheidung[651] einem in seinem Persönlichkeitsrecht Verletzten wegen eines *nicht*vermögensrechtlichen Schadens eine billige Entschädigung in Geld zu, und stützte den Anspruch auf eine Analogie zu § 847 BGB a.F. Immaterielle Schäden wurden als „Schäden, die sich in einer Persönlichkeitsminderung ausdrücken“[652] bezeichnet. Diese Annahme trifft insofern zu, als dass der Schaden nicht an einem Vermögensobjekt, sondern an der Person selbst eintritt, oder wie *Witzleb* zutreffend formuliert, der Schaden tritt „gewissermaßen am Vermögenssubjekt“[653] ein.

Mit der Gingseng - Entscheidung stellte der BGH auf § 823 Abs. 1 BGB ab und führte dies auf den Schutzauftrag aus Art. 1 Abs. 1, 2 Abs. 2 GG zurück[654].

---

648 *Mugdan II*, 517. Ähnlich sind auch die Anmerkungen zur Ehrverletzung: „Nach der allgemeinen Volksansicht sei es nicht ehrenvoll, sich Beleidigungen durch Geld abkaufen zu lassen, und derjenige habe wenig Ehre zu verlieren, der die Verletzung derselben durch eine Klage auf Geld zu reparien suche.“ *Mugdan II*, 1297.

649 Im Gegensatz dazu enthält das Urheberrecht in § 97 Abs. 2 UrhG eine eindeutige gesetzliche Grundlage.

650 BGH, Urt. v. 06.07.1955, GSZ 1/55, BGHZ 18, 149, 151 f.; BGH, Urt. v. 14.02.1958, I ZR 151/56, BGHZ 26, 349, 355 f.

651 BGH, Urt. v. 14.02.1958, I ZR 151/56, BGHZ 26, 349, 355 f.

652 BGH, Urt. v. 14.02.1958, I ZR 151/56, BGHZ 26, 349, 354.

653 *Witzleb*, 48.

654 BGH, Urt. v. 19.09.1961, VI ZR 259/60, BGHZ 35, 363, 367 f.

Das BVerfG[655] billigte die Rechtsauffassung des BGH und sah die Rechtsfortbildung als systemkonform an.

Der BGH folgte den Ausführungen des BVerfG und führt den Anspruch nicht mehr auf § 847 BGB a.F. zurück, sondern auf einen Rechtsbehelf, der unmittelbar auf den Schutzauftrag aus Art. 1 Abs. 1 GG und Art. 2 Abs. 1 GG zurückgeht[656].

Der Wertungswiderspruch wird gesehen. *Steffen,* der Vorsitzende Richter des VI. BGH Senats, merkt an: „Deshalb schließt der Senat den § 847 BGB unmittelbar mit dem Schlüssel der Art. 1 und 2 GG auf, ohne ihn auf Drittwirkungs- und Transformationsüberlegungen umzufeilen ... Es sollte nicht zur Gewohnheit werden; aber von Zeit zu Zeit braucht das Recht solche temperamentvollen Anstöße, um sich wieder richtig einpendeln zu können. Allerdings sind auch bei der Rechtsfortbildung mit Eruptionen regelmäßig Risse und Verwerfungen verbunden, die der Rechtslandschaft ein eigenes Gepräge geben“[657]. Allerdings wird der Wertungswiderspruch nicht ausgeräumt, sondern eher erweitert mit einer kaum nachvollziebaren Argumentation. *Steffen* formuliert bildhaft: „Mögen seine Wurzeln noch im § 847 BGB verlaufen, so stammen jedenfalls seine Gene aus Art. 1 und 2 GG“[658]. Damit wird kein Wort zum entgegenstehenden Wortlaut des § 253 BGB verloren.

Vielmehr bleibt es bei einem Versuch einer Argumentation, die so - jedenfalls ohne jedwede Erörterung - nicht zu tragen vermag; zumal Grundrechte im Zivilrecht keine unmittelbare Drittwirkung entfalten[659]. *Schwerdtner* erkennt zu-

---

655 BVerfG, Beschl. v. 14.02.1973, 1 BvR 112/65, BVerfGE 34, 269, 292 - Soraya.

656 So die ständige Rechtsprechung. Vgl. nur BGH, Urt. v. 15.11.1994, VI ZR 56/94, BGHZ 128, 1, 15 - Caroline I; BGH, Urt. v. 01.12.1999, I ZR 49/97, BGHZ 143, 214, 218 - Marlene Dietrich.

657 *Steffen*, NJW 1997, 10.
Bei der Lektüre kann schon der Eindruck entstehen, dass der Richter versucht, die Entscheidung nochmals zu „rechtfertigen“ - so z.B. heißt es auf Seite 10: „Die Konturlosigkeit dieses Bereichs indes führt den Richter nicht nur in die Hilflosigkeit bei der Schmerzensgeldbemessung. Sie verführt ihn auch dazu, das Schmerzensgeld zu Aushilfeaufgaben einzusetzen für einen sonst nicht ausreichend zu befriedigenden Bedarf: als Helfer aus Beweisnöten beim Vermögensschaden; für präventive Verhaltenssteuerung, für die der Schadensersatz so wenig ausrichten kann; als Sanktion mit und ohne pönalen Sühnegedanken; kurzum: als Entlastungsventil für ein unbefriedigtes Rechtsgefühl.“
Zutreffend sind *Gounalakis* Ausführungen zu den Verwerfungen (AfP 1998, 10, 12). Er stellt darauf ab, dass der häufig vom Gesetzgeber im Stich gelassene Richter oft nicht anders auf gesellschaftlichen Wandel und daraus resultierenden Anpassungsbedarf reagieren kann, so dass Risse und Verwerfungen in Grenzen tolerabel sind.
Sind die Verwerfungen jedoch gravierend, reicht es nicht aus, die Wogen zu glätten und zu versuchen, das „Neue“ in das System zu integrieren. Nichtsdestotrotz stellt jedoch gerade das Nichterwähnen der Problematik keinen Begründungsversuch dar.

658 *Steffen*, NJW 1997, 10.

659 Nicht unumstritten ist die Drittwirkung der Grundrechte im Privatrecht. Die h.M. (eine kurze Darstellung des Streitstandes findet sich bei *Palandt/Heinrichs*, § 242 BGB Rdnr. 7 f. m.w.N.) geht zutreffend von einer mittelbaren Drittwirkung aus. Grundrechte be-

treffend, dass der Rückgriff auf Grundrechtsnormen in Zivilrechtsurteilen „nicht immer Ausdruck von Ideenreichtum, sondern nicht selten Ausdruck von kurzatmiger Argumentation“[660] sei. Das System scheint folglich unausgereift und brüchig.

2. Die Gedanken der Prävention und der Genugtuung

Der häufig mit Prävention[661] begründete Ausgleich immaterieller Schäden in Persönlichkeitsfällen ist kein Zufall. Die Bestimmung eines Persönlichkeitsschadens gestaltet sich derzeit schwierig, so dass „ergebnisorientierte“ Gerichte dazu neigen, einen Schmerzensgeldanspruch mit der Notwendigkeit einer Sanktion oder aus Gründen der Abschreckung zu begründen. Wie bereits zutreffend

---

treffen nicht nur wegen der geschichtlichen Entwicklung, ihrem Inhalt und Zweck das Verhältnis zwischen Bürger und der öffentlichen Verwaltung. Auch hier besteht kein Anlass, die sog. „Drittwirkung“ von Grundrechten im vollen Umfang zu erörtern, verwiesen wird insoweit auf: *Canaris*, AcP 184, 201 ff.

Canaris weist auf die verschiedenen Grundrechtsfunktionen hin zum einen auf die als klassisches Abwehrrecht sowie die Schutzgebotsfunktion, wo der Eingriff von einem Privatrechtssubjekt ausgeht (228 f.). Daher sei es je nach Standpunkt möglich, von unmittelbarer oder „wenn man so will“ (227) von „mittelbarer Drittwirkung“ (228) zu sprechen. *Canaris*, AcP 185, 9, 12 neigt dazu, „die die Rechtfertigungsgründe enthaltenden Normen unmittelbar an der negatorischen Funktion der Grundrechte zu messen, doch erscheint es auch diskutabel, hier lediglich die Schutzgebotsfunktion heranzuziehen.“

Diederichsen (AcP 198, 171, 199, 230 ff.) merkt an, dass sich das BVerfG im Lüthurteil (BVerfG, Urt. v. 15.01.1958, 1 BvR 400/51, BVerfGE 7, 198, insbes. 205) mit der Problematik beschäftigt hat und der Sache nach der Lehre von der mittelbaren Drittwirkung genähert hat.

Das BVerfG führt im Lüthurteil (Urt. v. 15.01.1958, 1 BvR 400/51, BVerfGE 7, 198, 205) aus, dass der Grundrechteabschnitt des GG eine objektive Wertordnung liefere, ein Wertsystem, das für alle Bereiche des Rechts gelte. Von diesem Wertsystem empfangen Gesetzgebung, Verwaltung und Rechtsprechung Richtlinien und Impulse. So heißt es ausdrücklich „So beeinflusst es selbstverständlich auch das bürgerliche Recht; keine bürgerlich-rechtliche Vorschrift darf in Widerspruch zu ihm stehen, jede muß in seinem Geiste ausgelegt werden“.

Bei dieser Ausstrahlungswirkung kommt den Generalklauseln wie §§ 138, 826, 157 und 242 BGB besondere Bedeutung zu. Zur Ausstrahlungswirkung vgl. auch BVerfG, Beschl. v. 25.09.2003, 1 BvR 1920/03, NJW 2004, 49.

660 *Schwerdtner*, in: Karlsruher Forum 1996, 27, 47.

661 Prävention bedeutet generell ein Zuvorkommen, im Rechtswesen Vorbeugung, aber auch Abschreckung künftiger Verbrecher durch Maßnahmen der Strafe, Sicherung und Besserung. Vgl. Duden Band 5, Stichwort „Prävention“.

Ob und wieweit es sich um eine Privatstrafe handelt, soll hier nicht weiter dargestellt werden. Diese Problematik wurde an verschiedenen anderen Stellen eingehend nachgezeichnet, diskutiert und gewürdigt, grundlegend in der neueren Literatur: *Müller, P.*, Punitive Damages, § 3 I 1 und 2 (31 - 63, § 8 XVIII); *Witzleb*, § 3 C (66 - 101).

vom BGH angemerkt, geht es bei der Prävention um mehr als Kompensation, hinzu kommt die Abschreckung[662]:

> „Ohne eine für die Beklagte fühlbare Geldentschädigung wäre die Klägerin einer solchen rücksichtslosen Zwangskommerzialisierung ihrer Persönlichkeit weitgehend schutzlos ausgeliefert; Verurteilungen zu Widerruf und Richtigkeit erreichen ... nur einen unzureichenden Schutz der Klägerin. Eine Verurteilung zur Geldentschädigung ist aber nur dann geeignet, den aus dem Persönlichkeitsrecht heraus gebotenen Präventionszweck zu erreichen, wenn die Entschädigung der Höhe nach ein Gegenstück auch dazu bildet, daß hier die Persönlichkeitsrechte zur Gewinnerzielung verletzt worden sind. Das heißt zwar nicht, daß in solchen Fällen rücksichtloser Kommerzialisierung der Persönlichkeit eine ‚Gewinnabschöpfung' vorzunehmen ist, wohl aber daß die Erzielung von Gewinnen aus der Rechtsverletzung als Bemessungsfaktor in die Entscheidung über die Höhe der Geldentschädigung einzubeziehen ist. Von der Höhe der Geldentschädigung muß deshalb ein echter Hemmungseffekt auch für solche Vermarktung der Persönlichkeit ausgehen."[663]

Westermann stellt - im Kontext zutreffend - fest, dass sich diese Ausführungen des BGH wie Strafzumessungsgründe lesen[664]. Eine Abschreckung kann durch Strafe oder Gewinnabschöpfung erfolgen. Die deutliche Erhöhung des Immaterialschadens sieht sich dem Einwand versteckter Strafe ausgesetzt. Von „Sanktion mit und ohne pönalen Sühnegedanken"[665] oder „Grauzone zwischen Strafe und Schadensersatz"[666] ist die Rede, worin eine Verwischung von Delikts- und Strafrecht[667] gesehen wird. Dies wirft die Frage auf, ob es eine Strafe im Zivilrecht geben kann. Dazu wird angemerkt: „Wer sich um Zivilrechtsdogmatik kümmert, ist schockiert: Prävention als zivilrechtliches Instrument?"[668] Prävention sei originäre Aufgabe des Strafrechts[669]. Nach der im Strafrecht herrschenden Vereinigungstheorie ist die Spezial- und Generalprävention Zweck der Kriminalstrafe[670]. Mit anderen Worten: Prävention ist einer der verfolgten Zwecke des Strafrechts; im Zivilrecht dagegen ein „erwünschtes Nebenprodukt"[671] oder Mittel zum Zweck. *Kern* vertritt die Auffassung, dass sich „Genugtuung" als ein Synonym für Privatstrafe erwiesen habe und demnach

---

662 Nach der Caroline I - Entscheidung soll der Rechtsbehelf „außerdem" der Prävention dienen, vgl. BGH, Urt. v. 15.11.1994, VI ZR 56/94, BGHZ 128, 1, 15.

663 BGH, Urt. v. 15.11.1994, VI ZR 56/94, BGHZ 128, 1, 16 - Caroline I.

664 *Westermann*, Symposion Canaris, 125, 137.

665 *Steffen*, NJW 1997, 10.

666 *Wagner*, ZEuP 2000, 200, 204.

667 *Bötticher*, AcP 158, 385, 394 f.; *Hirsch*, FS Engisch, 304, 314; *Hoppe*, 123 f.; *Michel*, NJW 1988, 2271, 2277; *Seitz*, NJW 1996, 2848, 2849; *Siemes*, AfP 1997, 538, 543.

668 *Seitz*, NJW 1996, 2848.

669 *Schack*, Rdnr. 51a.

670 Zu den Strafzwecktheorien siehe nur *Roxin*, § 3 A.

671 *Larenz*, SchuldR I AT, § 27 I (423).

„durchaus als zulässige Aufgabe des Zivilrechts anzusehen ist“[672]. Allerdings muss dafür geklärt werden, was Genugtuung heißt. Vom Wortsinn ist es eine tiefe innere Befriedigung bzw. die Entschädigung für ein zugefügtes Unrecht[673].

In einer grundlegenden Entscheidung stellte der BGH auf die doppelte Funktion des Schmerzensgeldes ab und führte dazu aus: „Es soll dem Geschädigten einen angemessenen Ausgleich bieten für diejenigen Schäden, ... die nicht vermögensrechtlicher Art sind. Es soll aber zugleich dem Gedanken Rechnung tragen, daß der Schädiger dem Geschädigten für das, was er ihm angetan hat, Genugtuung schuldet.“[674] Weiterhin stellte der BGH fest, dass zwar der Ausgleichsgedanke im Vordergrund stehe, aber auch heute noch etwas vom Charakter der Buße oder nach Schweizer Recht der Genugtuung mitschwinge[675]. Nicht nur die Formulierung, wie z.B. „angetan“, sondern auch die inhaltliche Begründung des Schmerzensgeldes deuten auf eine strafrechtliche Ausgestaltung hin[676]. So heißt es: „Die Genugtuungsfunktion bringt eine gewisse durch den Schadensfall hervorgerufene persönliche Beziehung zwischen Schädiger und Geschädigten zum Ausdruck, die aus der Natur der Sache heraus bei der Bestimmung der Leistung die Berücksichtigung aller Umstände des Falles gebietet.“[677] Bei der Bemessung der Höhe des Schmerzensgeldes ist das Maß der Beeinträchtigung als Schwergewicht (Größe, Heftigkeit, Dauer) zu berücksichtigen, daneben aber auch alle Umstände, die dem einzelnen Fall sein besonderes Gepräge verleihen, d.h. der Grad des Verschuldens, die wirtschaftlichen Verhältnisse von Geschädigtem und Schädiger; so kann es bei günstigen wirtschaftlichen Verhältnissen des Schädigers billig erscheinen, die Entschädigung im Rahmen des richterlichen Ermessensspielraums höher festzusetzen[678]. Diese Erwägungen erinnern erneut an eine Strafzumessung. Nach *Hirsch* stellt dies eine Auswechslung der Etiketten dar, nicht mehr Privatstrafe, sondern Genugtuung[679].

Es ist ungewohnt zu lesen, dass die zivilrechtliche Wurzel der Sanktion „trotz ihrer Nähe zur Privatstrafe keine Strafe ist“[680]. Man mag annehmen, dass die Wiedergutmachungspflicht sich als härter erweist als eine Bestrafung. Insofern zutreffend *Westermann,* der es mit den Worten „daß die Unterscheidung zwischen privatem Geldersatzanspruch und Strafe manchmal nur mehr ein Lippen-

---

672 *Kern*, AcP 191, 247, 268.

673 Vgl. Duden Band 10, Stichwort „Genugtuung“.

674 BGH, Beschl. v. 06.07.1955, GSZ 1/55, BGHZ 18, 149, 154.

675 BGH, Beschl. v. 06.07.1955, GSZ 1/55, BGHZ 18, 149, 154 f. *Wagner* (ZEuP 2000, 200, 207) wendet hingegen ein, dass „Genugtuung“ in Art. 47, 49 OR nichts anderes sei als die Bezeichnung der bei Nichtvermögensschäden zu zahlenden Geldentschädigung. Daher wird in der Schweiz eine Aufladung der Genugtuung mit dem Sühne- bzw. Vergeltungsgedanken abgelehnt, so auch *Berner Kommentar/Brehm,* OR 47, N. 44 ff.; *BSK OR1/Schnyder*, Art. 47 OR N. 17 lässt es jedoch ausdrücklich offen.

676 *Friedrich*, 48.

677 BGH, Beschl. v. 06.07.1955, GSZ 1/55, BGHZ 18, 149, 157.

678 BGH, Beschl. v. 06.07.1955, GSZ 1/55, BGHZ 18, 149, 157 ff.

679 *Hirsch*, FS Engisch, 304, 310, 324.

680 *Steffen*, NJW 1997, 10, 13.

bekenntnis ist“[681] verdeutlicht. Im Zusammenhang von Strafe und Zivilrecht kann man auch an § 15 Abs. 2 AGG oder direkt an die in § 339 BGB normierte Vertragsstrafe denken; allerdings ist bei letzterem zu berücksichtigen, dass die Vertragsstrafe auf einer rechtsgeschäftlichen Vereinbarung der Parteien beruht und nicht auf einer pönalisierten Tat. Doch so fremd ist der Präventionsgedanke dem Privatrecht dann doch nicht, weder in der Lehre[682] noch in der Rechtsprechung[683]. Der Persönlichkeitsschutz wäre lückenhaft, „wenn eine Verletzung des Persönlichkeitsrechts keine der ideellen Beeinträchtigung adäquate Sanktion auslösen würde“[684]; andernfalls würde die Rechtsordnung „auf das wirksamste und oft einzige Mittel verzichten, das geeignet ist, die Respektierung des Personenwertes des einzelnen zu sichern“[685].

Gebilligt wurden diese Sanktions- und Präventionsmaßnahmen vom BVerfG im Soraya - Beschluss. Das BVerfG erläutert expressis verbis, dass es sich nur auf die verfassungsrechtliche Prüfung der Rechtsprechung des BGH beschränke. Es sei nicht seine Aufgabe zu prüfen, „ob sich die vom Bundesgerichtshof aus der angenommenen Verletzung des allgemeinen Persönlichkeitsrechts abgeleitete Rechtsfolge vom Boden der zivilrechtlichen Dogmatik aus begründen läßt“[686].

In den Urteilsbegründungen ist die strafrechtliche Argumentationsstruktur unverkennbar[687], so z.B. die Verhängung eines Geldausgleichs[688], die Bezeichnung des Geschädigten als Opfer[689] oder „[e]s sind Persönlichkeitsverletzungen, die sich ... als besonders gravierend darstellen. Die von der Klägerin gewünschten Maßnahmen hat sie in einem Rechtsstreit über drei Instanzen erkämpfen müssen und deshalb erst spät erlangen können“[690]. Erwähnenswert erscheint, dass selbst ein Zivilsenat des BGH so argumentiert, wenn er „eine wiederholte und hartnäckige Verletzung“[691] erwähnt.

---

681 *Westermann*, Symposion Canaris, 125, 137.

682 Vgl. *Bötticher*, AcP 158, 385.

683 BGH, Urt. v. 19.09.1961, VI ZR 259/60, BGHZ 35, 363, 367 - Ginseng; BGH, Urt. v. 15.11.1994, VI ZR 56/94, BGHZ 128, 1, 15 - Caroline I.

684 BGH, Urt. v. 19.09.1961, VI ZR 259/60, BGHZ 35, 363, 367 - Ginseng.

685 BGH, Urt. v. 19.09.1961, VI ZR 259/60, BGHZ 35, 363, 368 - Ginseng.

686 BVerfG, Beschl. v. 14.02.1973, 1 BvR 112/65, BVerfGE 34, 269, 284 - Soraya.

687 So auch *Gounalakis*, AfP 1998, 10, 12.

688 AG Berlin-Mitte, Urt. v. 22.03.1995, 6 C 790/94, NJW 1995, 2639, 2640; *Seitz* spricht von Strafschaden, den das deutsche Recht noch nicht kennt, NJW 1996, 2848.

689 Das LG München I (Urt. v. 21.06.2001, 7 O 14325/00, ZUM 2002, 238, 240 - Uli Hoeneß) bezeichnet den Kläger, der wegen Ausnutzung seines Bekanntheitsgrades zu Werbezwecken eine Entschädigung verlangt, abstrakt in dem (hier) verneinten Anspruch nach § 823 BGB im Rahmen der Bezugnahme der ständigen Rechtsprechung des BGH als Opfer.

690 OLG Hamburg, Urt. v. 25.07.1996, 3 U 60/93, AfP 1997, 538, 541 - Caroline I nach Zurückverweisung durch den BGH zur Entscheidung über die Höhe der Geldentschädigung (so auch schon in den Berufungserwägungen).

691 BGH, Urt. v. 05.10.2004, VI ZR 255/03, GRUR 2005, 179, 181.

Ähnlichkeiten zum Strafschaden (sog. punitive damages[692]) im US-amerikanischen Recht sind gegeben, obwohl der BGH in einer früheren Entscheidung die Vollstreckung eines US-amerikanischen Urteils auf Strafschadensersatz ablehnte, und zwar mit dem Argument, dass es aus deutscher Sicht unerträglich sei, „in einem Zivilurteil eine erhebliche Geldzahlung aufzuerlegen, die nicht dem Schadensausgleich dient, sondern wesentlich nach dem Interesse der Allgemeinheit bemessen wird und möglicherweise neben eine Kriminalstrafe für dasselbe Vergehen treten kann.“[693] Ob verfassungsrechtliche Bedenken entgegenstehen - beispielsweise ein Verstoß gegen das Verbot der Doppelbestrafung gemäß dem *ne bis in idem* Grundsatz des Art. 103 Abs. 3 GG - ließ der BGH jedoch offen[694].

Trotz kritischer Stimmen in der Literatur[695] hält der BGH[696] an seiner Auffassung fest, dass die Geldentschädigung keine strafrechtliche Sanktion darstelle und ihre Wurzel im Verfassungs- und Zivilrecht finde. Der BGH setzt sich mit dem vermeintlichen Strafcharakter auseinander. Dabei macht das Gericht deutlich, dass der Schutz im Interesse des konkret Betroffenen gewährleistet werde, da diesem gegen eine solche Rechtsverletzung keine anderen Abwehrmöglichkeiten zur Verfügung stehen. Daher „unterliegt es keinem Zweifel, dass die Zivilgerichte zur Gewährleistung dieses Interesses des Betroffenen berufen sind.“[697] Zudem stelle der Präventionsgedanke lediglich einen Faktor zur Bemessung der Entschädigung dar.

Auch das BVerfG hat in dem Soraya - Beschluss - wenn auch nur kurz - festgestellt, dass Schmerzensgeld keine Strafe im Sinne des Art. 103 Abs. 3 GG sei[698]. *Witzleb*[699], dem insoweit zuzustimmen ist, hielt diesen Grundsatz bereits

692 Nach dem Recht der meisten Bundesstaaten der USA werden punitive damages als zusätzlicher Geldbetrag zum rein ausgleichenden Schadensersatz zugesprochen, wenn dem Täter als erschwerender Umstand zu einem allgemeinen Haftungstatbestand ein bösartiges, absichtliches oder rücksichtloses Fehlverhalten zur Last fällt (*Prosser*, 9 ff.). Auch der BGH sieht die vier Hauptzwecke der punitive damage: die Bestrafung des Täters für sein rohes Verhalten, damit auch mögliche Racheakte des Opfers selbst überflüssig werden, die präventive Abschreckung des Täters und der Allgemeinheit von künftigem sozialschädlichen Verhalten, der Geschädigte soll für die Rechtsdurchsetzung (Stärkung der Rechtsordnung im Allgemeinen) belohnt werden und das Opfer soll - ergänzend zu einer als unzureichend empfundenen Schadensbeseitigung - einen Ausgleich erhalten (BGH, Urt. v. 04.06.1992, IX ZR 149/91, BGHZ 118, 312, 335 - punitive damages).
Näheres zu punitive damages im angloamerikanischen Rechtskreis: siehe *Hoppe*, 4. Kapitel; *Müller, P.*, Punitive Damages, § 1.

693 BGH, Urt. v. 04.06.1992, IX ZR 149/91, BGHZ 118, 312, 344 - punitive damages.

694 BGH, Urt. v. 04.06.1992, IX ZR 149/91, BGHZ 118, 312, 345 - punitive damages.

695 *Seitz*, NJW 1996, 2848; *Gounalakis*, AfP 1998, 10, 14 ff.; *Hoppe*, 133 ff.

696 Auch im Folgenden BGH BGH, Urt. v. 05.10.2004, VI ZR 255/03, GRUR 2005, 179, 180.

697 Auch im Folgenden BGH, Urt. v. 05.10.2004, VI ZR 255/03, GRUR 2005, 179, 180.

698 BVerfG, Beschl. v. 14.02.1973, 1 BvR 112/65, BVerfGE 34, 269, 293 - Soraya.

aus formalen Gründen nicht für einschlägig. Schließlich sei Schmerzensgeld als Anspruch zwischen gleichrangigen Parteien ausgestaltet, wohingegen die Kriminalstrafe eine staatliche Maßnahme gegen den Bürger ist. Um den Schmerzensgeldanspruch geltend zu machen, müsse der Verletzte die Initiative ergreifen; bei der Kriminalstrafe ist das ausnahmsweise nur bei Antrags- oder Privatklagedelikten (§ 374 StPO) der Fall.

Der gewünschte Nebeneffekt ist eine Verhaltenssteuerung, zum Teil ausgedrückt als „echter Hemmungseffekt". So heißt es bereits in der Ginseng-Entscheidung des BGH: „unlauteren Gewinnstreben kann wirksam nur entgegengetreten werden, wenn es mit dem Risiko eines fühlbaren materiellen Verlustes belastet wird"[700]. Spürbare Auswirkungen im Sinne einer Hemmung treten jedoch erst dann ein, wenn sie sich für den Verletzer nicht mehr lohnen; nicht rechnen wäre allerdings die zutreffendere Formulierung. Effektiv wären sie mithin nur, wenn der Verletzung der ökonomische Anreiz genommen wäre. Bislang verbleibt der Gewinn jedoch beim Verletzer. So lange diese Situation fortbesteht, lohnen sich aus der Verletzerperspektive Persönlichkeitsverletzungen. Im Endeffekt wird der Präventionsgedanke vom BGH ad absurdum geführt[701]. Formal ist das richtig, denn der Begriff der Gewinnabschöpfung ist nicht mit Sinn und Zweck des Anspruchs auf immaterielle Entschädigung vereinbar und kommt auch als Bemessungsgrundlage nicht in Betracht[702]. Damit erweist sich der Präventionsgedanke als nicht tragend. Um den Verletzer abzuschrecken und spürbar zu treffen, ist der Weg über den schadensersatzrechtlichen Ausgleichsgedanken nicht der richtige.

Das Abstellen auf den Hemmungseffekt bzw. den Abschreckungsgedanken wäre möglicherweise unterblieben, wenn dem Verletzer die materiellen Vorteile nach der Tat nicht verbleiben würden. So ist die Möglichkeit zu erwägen, nach § 812 Abs. 1 S. 1 Alt. 2 BGB oder § 687 Abs. 2 BGB den Gewinn abzuschöpfen, den die Presse aus der Zwangskommerzialisierung erlangt, oder eine Lizenzgebühr zu verlangen. Damit würde keine Schutzlücke bestehen, die man - die Begründungsansätze seien dahingestellt - schließen müsste. Dann müsste der BGH bei der Bemessung des Schmerzensgeldes nicht mit Prävention argumentieren, da die betroffene Person dann nicht schutzlos wäre. Der Schutz gegen die Zwangsverwertung/-vermarktung ergäbe sich aus dem vermögenswerten Ausgleichsanspruch[703].

---

699 Auch im Folgenden *Witzleb*, 83. So auch *Müller, P.*, Punitive Damages, 20 f. mit weiteren Argumenten und Nachweisen.

700 BGH, Urt. v. 19.09.1961, VI ZR 259/60, BGHZ 35, 363, 369 - Ginseng.

701 Bereits *Beuter*, 59.

702 So aber BGH, Urt. v. 15.11.1994, VI ZR 56/94, BGHZ 128, 1, 12 - Caroline I; BGH, Urt. v. 05.10.2004, VI ZR 255/03, GRUR 2005, 179, 181 - Miteinbeziehung als „Bemessungsfaktor"; verneinend hingegen: *Müller, G.*, VersR 2000, 797, 803; *Steffen*, NJW 1997, 10, 13. Es sei noch angemerkt, dass *Müller* zum obigen Zeitpunkt Mitglied des VI. Zivilsenats des BGH war.

703 So auch *Hoppe*, 119.

Nicht nur, dass die symbolischen Geldentschädigungen für immaterielle Schäden nicht wirken, der immaterielle Schadensersatz in diesem Sinne somit funktionslos ist, reagierte die Rechtsprechung mit der Anhebung der Schadenssummen auf die Unzulänglichkeiten des präventiv und in Natur zu leistenden Persönlichkeitsschutzes[704].

3. Mangelnde Differenzierungen

Unter dem Deckmantel des Schmerzensgeldes wurden nach abgelehntem Eingriffserwerb Lizenzgebühren erhoben, daher ergeben sich Abgrenzungs- und mithin Begründungsschwierigkeiten. Es besteht ein innerer Widerspruch[705] zwischen der Verleugnung des Zuweisungsgehalts des Persönlichkeitsrechts und dessen verdeckter Einräumung beim Schmerzensgeld, insbesondere im Hinblick auf die Höhe. Zu Recht bezeichnet *Schwerdtner* dies als Etikettenschwindel[706], und zwar „[d]as, was unter der Flagge des Schmerzensgeldes segelt, ist häufig nichts anderes als eine verkappte Lizenzgebühr“[707]. Anders ausgedrückt: Wenn und soweit die Verletzung der Persönlichkeit zu einem materiellen Schaden führt, dann sollte dieser auch als materieller Schaden ersetzt und nicht systemwidrig in der Entschädigung immaterieller Schäden versteckt werden. Vielmehr geht es darum, eine pragmatisch befriedigende Lösung zu finden, ohne jedoch den dogmatischen Weg zu verlassen.

In der Theorie trennt das deutsche Recht zwischen materiellen und immateriellen Schäden. Trotz der dogmatischen Eigenständigkeit der Ansprüche auf Schmerzensgeld und Entschädigung kommt es jedoch häufig zur Vermengung beider. Nicht zuletzt durch den Präventionsgedanken hat sich die Rechtsprechung vom Ersatz des immateriellen Schaden entfernt. Heute ist nicht mehr vom Ersatz immaterieller Schäden oder Schmerzensgeld die Rede, sondern von „Geldentschädigung“[708]. Der Geldentschädigungsanspruch für Persönlichkeitsverletzungen ist kein Schmerzensgeldanspruch, sondern ein Schadensersatzanspruch eigener Art[709]. Der Anspruch auf eine Geldentschädigung wegen Verletzung des allgemeinen Persönlichkeitsrechts zielt primär auf die Genugtuung des Opfers ab. Außerdem dient der Rechtsbehelf der Prävention[710]. Der Entschädigungsgedanke bei Verletzungen des allgemeinen Persönlichkeitsrechts stand zunächst im Vordergrund. Seit der Ginseng - Entscheidung rückte „die Genugtuungsfunktion des Schmerzensgeldes gegenüber der Entschädigungsfunktion

704 So auch *Bruns*, JZ 2005, 428, 430.
705 *Schwerdtner*, 247.
706 *Schwerdtner*, 350.
707 *MünchKomm/Schwerdtner*[3], § 12 BGB Rdnr. 280.
708 BGH, Urt. v. 15.11.1994, VI ZR 56/94, BGHZ 128, 1, 16 - Caroline I.
709 BGH, Urt. v. 15.11.1994, VI ZR 56/94, BGHZ 128, 1, 15 - Caroline I.
710 BGH, Urt. v. 15.11.1994, VI ZR 56/94, BGHZ 128, 1, 15 - Caroline I.

durchaus in den Vordergrund“[711]. In dieser Entscheidung wurden materieller und immaterieller Schadensersatz verknüpft. „Die Voraussetzungen für die Zubilligung immateriellen Schadensersatzes werden im besonderen dann gegeben sein, wenn ... in das Persönlichkeitsrecht eines anderen leichtfertig aus dem materiellen Grund eingegriffen wird, die eigene kommerzielle Werbung zugkräftiger zu gestalten.“[712]

a) Mangelnde Differenzierung zwischen Ansprüchen aus materieller und immaterieller Beeinträchtigungen

In den Urteilsbegründungen bei Fällen mit Persönlichkeitsbeeinträchtigungen wurde nicht hinreichend zwischen materiellen und immateriellen Aspekten differenziert, so dass es zu einer Vermengung kam. Für die Höhe des Anspruchs einer Geldentschädigung bei Verletzung des allgemeinen Persönlichkeitsrechts sind maßgebend: die Bedeutung und Tragweite des Eingriffs, der Anlass und Beweggrund des Handelnden sowie der Grad des Verschuldens[713].

Zur Vermischung der ideellen und materiellen Beeinträchtigungen trägt dazu bei, dass man in der Herrenreiter - Entscheidung[714] bei der Bemessung der Höhe einer billigen Geldentschädigung die für die Schadensberechnung maßgeblichen Grundsätze der angemessenen Lizenzgebühr übernahm. Der BGH merkt dazu an, dass „die vom Berufungsgericht angestellten Erwägungen in vollem Umfange auch auf die bei der Bemessung der Höhe billiger Geldentschädigung (§ 847 BGB) zu berücksichtigenden Umstände zu[treffen]. Sie zeigen darüber hinaus, daß auch das Berufungsgericht in Wahrheit dem Kläger eine Entschädigung für den ihm entstandenen immateriellen Schaden zugesprochen hat“[715]. Insofern berücksichtigt der BGH zur Abgeltung immaterieller Beeinträchtigungen auch materielle Kriterien. Zwar sind Persönlichkeitsinteressen wie Immaterialgüter nur unvollkommen gegen Verletzungen geschützt und dadurch extrem gefährdet, aber die bei Immaterialgüterrechten noch legitime Unterstellung, dass der Schaden des Verletzten und der Gewinn des Verletzers in gleicher Höhe liegen, ist bei Persönlichkeitsrechten nicht angebracht. Bei der Verletzung von Immaterialgütern ergibt sich für den Verletzten die Schwierigkeit, die rechtswidrige Nutzung überhaupt zu entdecken und den daraus entstandenen Schaden hinreichend darzulegen. Die rechtswidrige Nutzungsaneignung findet außerhalb der Sphäre des Rechtsinhabers statt, so dass der Verletzte regelmäßig über den Ein-

711 BGH, Urt. v. 19.09.1961, VI ZR 259/60, BGHZ 35, 363, 369 - Ginseng.

712 BGH, Urt. v. 19.09.1961, VI ZR 259/60, BGHZ 35, 363, 369 - Ginseng.

713 St. Rspr. BGH, Urt. v. 15.11.1994, VI ZR 56/94, BGHZ 128, 1, 12 - Caroline I; BGH, Urt. v. 09.07.1985, VI ZR 214/83, BGHZ 95, 212, 215; BGH, Urt. v. 05.10.2004, VI ZR 255/03, GRUR 2005, 179, 181.

714 BGH, Urt. v. 14.02.1958, I ZR 151/56, BGHZ 26, 349 ff. - Herrenreiter.

715 BGH, Urt. v. 14.02.1958, I ZR 151/56, BGHZ 26, 349, 358 - Herrenreiter.

griff und das Ausmaß im Ungewissen ist[716]. Diese Schwierigkeit hat der Verletzte beim immateriellen Schaden nicht, denn dieser wird auch ohne besonderen Schadensnachweis entschädigt[717].

Die Bestimmung des immateriellen Schadens ist zweifellos schwierig. Und in der Praxis ist der Nachweis des Schadens problematisch. Viele Kläger scheitern bereits am Nachweis des ursächlichen Zusammenhangs zwischen Persönlichkeitsverletzung und Schaden[718].

Mangels Umrechenbarkeit der erlittenen Beeinträchtigung in Geld ist die Entschädigung für diese Nachteile auf Einheitlichkeit und Vorhersehbarkeit angewiesen, so dass in vergleichbaren Fällen eine möglichst ähnliche Entschädigung gewährt wird[719]. Selbst wenn die Berechnung des Schadens aufwendig erscheint, sich Berechnungsschwierigkeiten ergeben, oder der Kläger seinen dargelegten Schaden nicht beweisen kann, rechtfertigt das nicht, diese Lücke über das Schmerzensgeld zu schließen. Aufgrund dieser Vermengung erscheint es sehr bedenklich, dass pauschal ein Anspruch auf Geldentschädigung zugesprochen wird[720], und zwar insofern, dass materielle Aspekte in die Bewertung der ideellen Aspekte einfließen und umgekehrt. Unter Umständen wird der ganze Anspruch unter den besonderen Voraussetzungen des Entschädigungsanspruchs beurteilt, so auch im Hinblick auf die Schwere des Eingriffs und die Subsidiarität des Anspruchs. So lässt sich der Begründungsansatz bei der Revisionserwiderung in der Marlene Dietrich - Entscheidung verstehen, auf den der BGH klarstellend Bezug nimmt[721]. Denn bei der Verletzung vermögenswerter Rechte kommt es gerade nicht auf die Schwere des Eingriffs an.

b) Die Berechnungsmethoden des Schadensersatzes

Im Rahmen des Schadensersatzes wird dem Betroffenen eingeräumt, seinen Schaden auf verschiedene Art und Weise zu liquidieren. Erstmals wurde in der Dahlke - Entscheidung[722] die Lizenzanalogie als Schadensberechnung gebilligt, und zwar als Analogie zum Urheber- und Patentrecht. Als Begründung wurde angeführt, dass die Interessenlage im Wesentlichen dieselbe wie beim Eingriff in gewerbliche Schutzrechte sei; die dort tragenden Gesichtspunkte, praktisches Bedürfnis und Billigkeitserwägungen, finden auch hier ihre Berechtigung[723].

---

716 So bereits *Dreier, T.*, 70.
717 So bereits *Witzleb*, 198 Fn. 31, 58 ff.
718 *Soehring/Seelmann-Eggebert*, NJW 2000, 2466, 2479.
719 So zutreffend *Witzleb*, 485.
720 So auch *Beuter*, 49.
721 BGH, Urt. v. 01.12.1999, I ZR 49/97, BGHZ 143, 214, 228.
722 BGH, Urt. v. 08.05.1956, I ZR 62/54, BGHZ 20, 345 ff.
723 BGH, Urt. v. 08.05.1956, I ZR 62/54, BGHZ 20, 345, 353 - Paul Dahlke.

Zunächst wird auf die Berechnung des Schadens im Bereich der Immaterialgüterrechte eingegangen und im Anschluss wird eine Übertragung dieser auf den Bereich der Persönlichkeitsrechte erörtert.

aa) Die Schadensberechnung im Bereich der Immaterialgüterrechte

Nicht nur, weil bereits häufig zum Immaterialgüterrecht Bezug genommen wurde, sondern um die ähnliche Interessenlage bei Verletzungen des Persönlichkeitsrechts darzulegen, erscheint der Blick auf die Schadensberechnungsmethoden im Bereich der Immaterialgüterrechte angebracht. Im Allgemeinen ist von einer sog. dreifachen Schadensberechnung die Rede: die Berechnung des konkret eingetretenen Schadens nach §§ 249 ff. BGB, die Berechnung des Schadens mittels Lizenzanalogie, d.h. Ersatz des Betrages, wie er beim Abschluss einer Vereinbarung über die Nutzung vereinbart worden wäre, sowie die Gewinnherausgabe. Diese mehrfache Schadensberechnung geht dabei auf die Rechtsprechung des Reichsgerichts zurück und wurde zunächst für das Urheber-[724] und Patentrecht[725] anerkannt.

Der BGH orientierte sich an der Reichsgerichtsrechtsprechung. Die angemessene Lizenzgebühr kam zunächst bei Eingriffen in Ausschließlichkeitsrechte des Immaterialgüterrechts überall dort in Betracht, wo die Übertragung oder die Überlassung solcher Rechte zur Benutzung durch Dritte gegen Entgelt rechtlich möglich und verkehrsüblich ist[726]. Sie scheidet dagegen aus, wo der Rechtseingriff regelmäßig auch gegen Entgelt nicht gestattet oder hingenommen wird, so z.B. bei schwerwiegenden Beeinträchtigungen des Persönlichkeitsrechts. Ob die Befugnis, die der Verletzer widerrechtlich in Anspruch genommen hat, auf einer dinglichen oder bloß schuldrechtlich wirkenden Übertragung beruht, sei nicht relevant. Denn der tragende Gedanke der Entrichtung einer angemessenen Lizenzgebühr „ist vielmehr der, daß er zu Unrecht eine dem Rechtsinhaber ausschließlich vorbehaltene Befugnis in Anspruch genommen hat, für deren Ausübung bei vertraglicher Einräumung im Rechtsverkehr üblicherweise ein Entgelt an den Rechtsinhaber hätte gewährt werden müssen“[727]. Damit setzte der BGH die Reichsgerichtsrechtsprechung fort und übertrug sie auf das Warenzeichenrecht[728] und weitere Immaterialgüterrechte, wie z.B. den Firmennamen[729] oder

724 RG, Urt. v. 08.06.1895, I 13/95, RGZ 35, 64, 66, 71 f.
725 RG, Urt. v. 31.12.1898, I 360/98, RGZ 43, 56, 59.
726 Auch im Folgenden BGH, Urt. v. 12.01.1966, Ib ZR 5/64, BGHZ 44, 372, 374 ff. - Meßmer-Tee II.
727 BGH, Urt. v. 12.01.1966, Ib ZR 5/64, BGHZ 44, 372, 376 - Meßmer-Tee II.
728 BGH, Urt. v. 24.02.1961, I ZR 83/59, BGHZ 34, 320, 323 f.; BGH, Urt. v. 12.01.1966, Ib ZR 5/64, BGHZ 44, 372, 374 - Meßmer-Tee II; Gleiches gilt auch für das Markenrecht, vgl. OLG Hamburg, Urt. v. 12.06.2003, 3 U 38/00, GRUR-RR 2004, 139, 141.
729 BGH, Urt. v. 16.02.1973, I ZR 74/71, BGHZ 60, 206, 208 f. - Miss Petite.

das Kennzeichenrecht[730]. So wurde bei der unbefugten Benutzung eines Firmennamens „Miss Petite“ eine angemessene Lizenzgebühr zugesprochen[731]. Zur Begründung wurde angeführt, es sei ausreichend, dass das verletzte Recht seiner Art nach überhaupt im Wege der Vergabe genutzt werden könne und genutzt werde; die Verhältnisse im Einzelfall seien nicht maßgebend.

Bei der konkreten Schadensberechnung ist die Darlegungs- und Beweislast problematisch. Schon aus diesem Grund spricht eine Erleichterung für die Heranziehung der Lizenzanalogie bei der Schadensberechnung. Bei gewerblichen Ausschließlichkeitsrechten werden die fiktiven Lizenzgebühren auch dann zugesprochen, wenn feststeht, dass eine Lizenz entweder überhaupt nicht oder nicht an den Schädiger vergeben worden wäre. Dem Geschädigten wird die Lizenzgebühr dann als Mindestschaden zugesprochen, unabhängig von der Wirksamkeit einer Lizenzvereinbarung oder der Frage, ob er sein Recht selbst genutzt und damit überhaupt eine Gebühr erlangt hätte[732]. Die Lizenzanalogie ersetzt folglich die Feststellung eines Schadenseintritts[733]. Dem liegen vor allem Billigkeitserwägungen zugrunde, zum einen darf der Verletzer eines fremden Rechts nicht besser stehen als der rechtstreue Lizenznehmer und zum anderen sind die besonderen Umstände, nämlich „die besondere Verletzlichkeit von Immaterialgütern und das sich daraus ergebende besondere Schutzbedürfnis des Verletzten, die Unmöglichkeit, geeignete Vorkehrungen gegen Rechtsverletzungen zu treffen, die Schwierigkeiten der Feststellung und des Nachweises des konkreten Schadens“[734] zu berücksichtigen.

Dass der Verletzte an Stelle des Schadensersatzes die Herausgabe des Gewinns verlangen kann, wurde später ausdrücklich normiert, vgl. § 97 Abs. 1 S. 2 UrhG oder § 42 Abs. 2 S. 2 GeschmMG. Der Begriff der „dreifachen Schadensberechnung“ ist insofern ungenau, denn die Gewinnherausgabe erfolgt - wie auch der Wortlaut der genannten Vorschriften zeigt - statt des Schadensersatzes. § 139 Abs. 2 PatG und § 24 Abs. 2 GebrMG haben einen ähnlichen Regelungsinhalt, obwohl sie nicht auf eine Gewinnherausgabe abstellen, sondern auf eine „Entschädigung … die in den Grenzen zwischen dem Schaden des Verletzten und dem Vorteil bleibt, der dem Verletzer erwachsen ist“. Zutreffend nehmen

---

730 BGH, Urt. v. 06.10.2005, I ZR 322/02, GRUR 2006, 419, 420 - Noblesse.

731 Auch im Folgenden BGH, Urt. v. 16.02.1973, I ZR 74/71, BGHZ 60, 206, 211 - Miss Petite.

732 BGH, Urt. v. 12.01.1966, Ib ZR 5/64, BGHZ 44, 372, 379 f. - Meßmer-Tee II; BGH, Urt.v. 17.06.1992, I ZR 107/90, BGHZ 119, 20, 26 - Tchibo/Rolex II; *MünchKomm/Schwerdtner*[3], § 12 BGB Rdnr. 279; *Erman/Ehmann*, § 12 BGB Anh. Rdnr. 246; *Witzleb*, 40.

733 *Steindorff*, AcP 158, 431, 454; *Larenz*, SchuldR I AT, § 29 III b (515); kritisch *Sack*, FS Hubmann, 373, 389 f.; *Witzleb* 39.

734 BGH, Urt. v. 16.02.1973, I ZR 74/71, BGHZ 60, 206, 209 - Miss Petite. Die erhöhte Verletzlichkeit ergibt sich dadurch, dass es zur Verletzung weder des Besitzes noch der physischen Einwirkung bedarf. Zunehmend ist auch die Dichte des Umgangs mit immateriellen Schutzgegenständen als auch die Steigerung durch neue, insbesondere digitale Vervielfältigungsmethoden abzustellen (so auch *Dreier, T.*, 608).

Beuthien/Wasmann[735] an, dass die Abschöpfung des Verletzungsgewinns nicht Ausgleich einer Vermögensminderung des Verletzten sei, sondern eine Abschöpfung der Vermögensmehrung bei dem Verletzer. Es gehe also nicht um Schadensersatz. Und wenn kein Schadensersatz zu leisten ist, könne man auch keinen Schaden berechnen.

Sofern an die Abschöpfung angeknüpft wird, handelt es sich um Bereicherungsrecht[736].

Wenn die Abschöpfung des Verletzergewinns auch der Sanktionierung des schädigenden Verhaltens und der Prävention dienen solle[737], dann vermag eine „Kleinrechnung" des Gewinns nicht zu überzeugen. Im sog. Gemeinkostenanteil - Urteil[738] verneinte der BGH den Abzug der Fixkosten bei der Ermittlung des als Schadensersatz herauszugebenden Verletzergewinns. Dadurch kann der Umfang der Gewinnabschöpfung oberhalb der hypothetischen Lizenzgebühr liegen, so dass eine Anreizwirkung für rechtstreues Verhalten gegeben ist. Mit einer heruntergerechneten Gewinnabschöpfung (nämlich durch den Abzug aller Kostenpositionen vom Rohgewinn) konnte keine Steuerungswirkung entwickelt werden; schlimmstenfalls wurde der Verletzer zur Zahlung eines „fairen" Preises für die Nutzung eines fremden Rechts herangezogen[739]. Aber schließlich soll derjenige, der fremde ausschließliche Rechte verletzt, nicht besser stehen, als er im Fall einer ordnungsgemäß erteilten Erlaubnis stünde.

Unabhängig davon, ob die Lizenzanalogie und die Gewinnherausgabe tatsächlich zur Schadensberechnung dienen, wird der dreifachen Schadensberechnungsmethode ein gewohnheitsrechtlicher Rang beigemessen[740].

---

735 *Beuthien/Wasmann*, GRUR 1997, 255, 257.

736 Das allgemeine Problem soll an dieser Stelle nicht vertieft werden. Die Grundüberlegungen werden auch von den Vertretern der Gegenauffassung geteilt, die, wie bereits der Begriff der „Abschöpfung" nahe legt, für eine Einordnung zum Bereicherungsrecht bzw. für die Geschäftsführung ohne Auftrag plädieren. Die Haftung beruhe auf dem Gedanken, dass der Verletzer so behandelt werden soll, als habe er bei der Nutzung des Schutzrechts als Geschäftsführer ohne Auftrag gehandelt. Zum Streitstand siehe *Lichtenstein*, 198 ff.

Ziel dieser Arbeit ist es zu zeigen, dass bestimmte Persönlichkeitsmerkmale einen Vermögenscharakter aufweisen. Am Rechtscharakter ändert sich durch die Vermarktungsbereitschaft nichts.

737 BGH, Urt. v. 02.11.2000, I ZR 246/98, BGHZ 145, 366, 372 - Gemeinkostenanteil; OLG Köln, Urt. v. 08.04.2005, 6 U 107/07 u. 6 W 33/04, GRUR-RR 2005, 247, 248.

738 BGH, Urt. v. 02.11.2000, I ZR 246/98, BGHZ 145, 366 ff. - Gemeinkostenanteil.

739 So zu Recht *Wagner*, AcP 2006, 352, 376, 379.

740 Der BGH hat seit Paul Dahlke (BGH, Urt. v. 08.05.1956, I ZR 62/54, BGHZ 20, 345, 353) den Grundsatz verallgemeinert, da dies der Interessenlage bei allen Eingriffen in Ausschließlichkeitsrechte entspreche, die üblicherweise nur gegen Entgelt gestattet werden.

bb) Die Schadensberechnung im Bereich der Persönlichkeitsrechte

Anders als im Bereich der Immaterialgüterrechte ist bei der Lizenzanalogie bei Persönlichkeitsrechtsverletzungen grundsätzlich an die Lizenzbereitschaft des Rechtsinhabers angeknüpft worden, ohne jedoch deutlich zwischen den ideellen und materiellen Bestandteilen zu differenzieren.

In der Dahlke - Entscheidung[741] wurde der Schaden des Klägers durch die entgangene Vergütung berechnet, ohne auf seine Lizenzbereitschaft einzugehen. In der Herrenreiter - Entscheidung wurde die Lizenzanalogie dagegen versagt, da eine Beeinträchtigung vermögensrechtlicher Belange nicht infrage stand. Der BGH führt in der Urteilsbegründung aus, dass die Lizenzanalogie insbesondere scheitert, „weil sie dem Kläger ein Verhalten unterstellen müßte, das er ... als kränkend und als erneute Persönlichkeitsminderung empfinden müßten. Sie müßte unterstellen, daß der Kläger sich für viel Geld doch freiwillig in die unwürdige Lage gebracht hätte, gegen die er sich nun wehrt“[742]. Das bedeutet, dass ein materieller Schaden verneint werden müsste, wenn feststeht, dass der Rechtsinhaber seine Persönlichkeitsmerkmale nicht zur Verfügung gestellt hätte.

Demnach scheint die fiktive Lizenzbereitschaft der maßgebende Ausgangspunkt dafür zu sein, ob die Rechtsverletzung überhaupt einen Schadensersatzanspruch auslöst.

Einerseits scheint das inkonsequent, denn wenn sich der Rechtsträger nicht vermarktet hätte, hätte er keinen Wert aus seiner Persönlichkeit gezogen. Das ist auch dann der Fall, wenn ein Dritter die Vermarktung betreibt. Ein Schaden - also eine Vermögensminderung - tritt nicht ein. Dann dürfte die dreifache Schadensberechnung überhaupt keine Anwendung finden. *Gregoritza*[743] wendet hier zutreffend ein, dass die Rechtsprechung insofern nicht frei von Widersprüchen sei. Es handle sich nur um eine Berechnungsmethode, deren Zweck es sei, einen Schaden auch dann festzustellen und zu beziffern, wenn nach der Differenzmethode kein Schaden vorliege.

Andererseits lässt sich jedoch einwenden, dass kein Grund ersichtlich ist, warum man Persönlichkeitsverletzungen anders behandeln sollte als gewerbliche Ausschließlichkeitsrechte. Gerade weil diese Berechnungsart mit der Erwägung einer ähnlichen Interessenlage übernommen wurde, nicht nur die Schadensbemessung, sondern auch die haftungsausfüllende Kausalität ist oftmals schwer darzulegen, sollte sie auch konsequent angewendet werden[744]. Mitunter wird die

---

741 BGH, Urt. v. 08.05.1956, I ZR 62/54, BGHZ 20, 345 ff.

742 So grundlegend BGH, Urt. v. 14.02.1958, I ZR 151/56, BGHZ 26, 349, 353 - Herrenreiter; BGH, Urt. v. 19.09.1961, VI ZR 259/60, BGHZ 35, 363, 366 - Gingseng.

743 *Gregoritza*, 209; ähnlich *Sack*, FS Hubmann, 373, 396, der darauf abstellt, dass sich die bereicherungsrechtliche Lizenzhaftung besser in das System einfügen würde.

744 So z.B. *Gregoritza*, 210; *Hoppe*, 90; *Ladeur*, ZUM 2000, 879, 890; *Lichtenstein*, 198; *Wagner*, ZEuP 2000, 200, 223 f.; *Wandtke*, GRUR 2000, 942, 947. Konsequent ist nach einer anderen Auffassung, die Ablehnung der Lizenzanalogie im Schadensrecht, dafür aber die Anerkennung einer bereicherungsrechtlichen Lizenzhaftung, so z.B. *Sack*,

Verneinung des Schadensersatzes als unbillig betrachtet, da der Betroffene bei besonders schwerwiegenden Verletzungen schutzlos wäre[745]. So unbefriedigend diese Rechtslage auf den ersten Blick erscheinen mag, ist sie jedoch nicht. Der Betroffene ist nicht schutzlos, auch wenn ihm ein Schadensersatzanspruch versagt wird. Sofern keine Vermögensminderung vorliegt, kann zwar kein Schadensersatz gewährt werden. Möchte man aber den Vermögenszuwachs beim Eingreifenden ausgleichen, so besteht noch die Möglichkeit[746] eines bereicherungsrechtlichen Anspruchs gemäß § 812 Abs. 1 S. 1 Alt. 2 BGB oder der Gewinnherausgabe nach §§ 687 Abs. 2 S. 1, 681, 677 BGB.

(1) Die Grundlage der Schadensberechnung

Die Schadensberechnung mittels Lizenzanalogie ist überall dort zulässig, „wo die Überlassung von Ausschließlichkeitsrechten zur Benutzung durch Dritte gegen Entgelt rechtlich möglich und verkehrsüblich ist ... Der Sache nach handelt es sich bei dieser Berechnung um einen dem Bereicherungsanspruch nach § 812 Abs. 1 Satz 1 2. Altern., § 818 Abs. 2 BGB entsprechenden Anspruch (vgl...)“[747]. Ob die Überlassung von Ausschließlichkeitsrechten verkehrsüblich ist, richtet sich nicht nach den Verhältnissen der Branche, in der die Beteiligten tätig sind, sondern danach „ob bei einem Ausschließlichkeitsrecht dieser Art ganz allgemein die Erteilung von Lizenzen im Verkehr üblich ist. Das Erfordernis der Üblichkeit soll vorwiegend solche Rechte ausschließen, bei denen mangels Vermögenswerts eine Nutzung auf dem Lizenzwege allgemein nicht in Betracht zu kommen pflegt oder der Gedanke an eine Lizenzerteilung aus besonderen Gründen ausscheidet. Für die Annahme der Verkehrsüblichkeit einer Überlassung genügt es daher regelmäßig, daß ein solches Recht seiner Art nach überhaupt durch die Einräumung von Nutzungsrechten genutzt werden kann und genutzt wird (BGHZ 80, 206, 211 - Miss Petite; 143, 214, 220, 232 - Marlene Dietrich ...)“[748].

WRP 1984, 521, 527 f.; *ders.*, FS Hubmann, 373, 391, 396; *Müller, G.*, VersR 2000, 797, 805; *Erman/Ehmann*, § 12 BGB Anh. Rdnr. 355.

745 *Staudinger/Bergmann*, § 687 BGB Rdnr. 69; *MünchKomm/Rixecker*, § 12 BGB Anh. Rdnr. 220.

746 Vgl. *Sack*, WRP 1984, 521, 527 f.; *ders.*, FS Hubmann, 373, 391, 396; *Müller, G.*, VersR 2000, 797, 805; *Erman/Ehmann*, § 12 BGB Anh. Rdnr. 355; *MünchKomm/Rixecker*, § 12 BGB Anh. Rdnr. 220, 234 f.

747 BGH, Urt. v. 22.03.1990, I ZR 59/88, GRUR 1990, 1008, 1009 - Lizenzanalogie; BGH, Urt. v. 23.06.2005, I ZR 263/02, GRUR 2006, 143, 145 - Catwalk.

748 BGH, Urt. v. 23.06.2005, I ZR 263/02, GRUR 2006, 143, 145 - Catwalk m.w.N. Das OLG München, Urt. v. 08.11.2001, 6 U 5070/99, GRUR 2002, 453, 454 verneint den Vermögenswert, bei der Benutzung eines Namens eines Rechtsprofessors als Autorenbezeichnung in einer Sammlung, die auch Beiträge anderer Autoren enthält. Der Name eines Rechtsanwalts oder Professors bilde keinen Gegenstand zur Lizenzvergabe für andere, auch rechtswissenschaftliche Leistungen haben insoweit keinen wirtschaft-

Die Rechtsprechung scheint zu differenzieren: Bei Persönlichkeitsrechtsverletzungen im Bereich von Werbung und Merchandising wird die Lizenzanalogie zugelassen[749]. Im Bereich der Medienberichterstattung - sog. Pressefälle[750] - und zwar bezüglich ideeller Persönlichkeitsrechtsverletzungen dagegen nicht, selbst wenn damit kommerzielle Interessen (seitens des Verletzers) verfolgt würden[751]. Letzteres führt gerade im postmortalen Bereich zum Ergebnis, dass die Erben aufgrund der Vermögensunfähigkeit des Toten keine ideelle Entschädigung geltend machen können. Demnach blieben sie in diesem Bereich auf reine Abwehransprüche beschränkt. Damit ist der Schutz nicht ausreichend gewährleistet. Fraglich ist, ob diese Schutzlücke aus systematischen Gründen hinzunehmen ist. Daher ist zu prüfen, ob ein Differenzierungskriterium besteht, welches die unterschiedliche Behandlung rechtfertigt. Der maßgebende Aspekt ist die Trennung der ideellen und vermögenswerten Bestandteile des Persönlichkeitsrechts. Die Differenzierung der Rechtsprechung beruht, auch wenn dies nicht in dieser Deutlichkeit zum Ausdruck gebracht wurde, auf der Unterscheidung der betroffenen Bestandteile.

(2) Die Beeinträchtigung vermögenswerter Bestandteile

Im Bereich der Werbung und des Merchandising ist der Vermögenscharakter der Persönlichkeitsmerkmale offensichtlich. Beides dient per se der Gewinnerzielung. Eine andere Beurteilung wäre mithin widersprüchlich. Für diese Sicht spricht auch, dass der BGH in der Marlene Dietrich - Entscheidung der Erbin gestattete, den Schaden dreifach zu berechnen, ohne allerdings explizit auf die Lizenzbereitschaft von Marlene Dietrich einzugehen[752].

---

lichen Wert, weil bisher eine Übertragung der Wertschätzung der Persönlichkeit und ihrer Leistung auf ein fremdes Produkt nicht erfolgt sei. Die Argumentation des OLG München überzeugt, so dass die Revision schon unter diesem konkreten Gesichtspunkt keine Aussicht auf Erfolg hätte. Vgl. den Nichtannahmebeschluss des BGH vom 15.08.2002, I ZR 11/02, <http://www.bundesgerichtshof.de> (letzter Zugriff: 23.06.2007).

749 So bereits BGH, Urt. v. 08.05.1956, I ZR 62/54, BGHZ 20, 345, 353 - Paul Dahlke; BGH, Urt. v. 01.12.1999, I ZR 49/97, BGHZ 142, 214, 232 - Marlene Dietrich.

750 Das kommerzielle Persönlichkeitsrecht könnte in Fällen der Nutzung von z.B. Fotomontagen, falschen Schlagzeilen oder erfundenen Interviews verletzt sein. Zu Yellow Press - Fällen siehe insbesondere *Neben*, Triviale Personenberichterstattung als Rechtsproblem, Diss. 2000.

751 BGH, Urt. v. 15.11.1994, VI ZR 56/94, BGHZ 128, 1, 16 - Caroline I.

752 BGH, Urt. v. 01.12.1999, I ZR 49/97, BGHZ 142, 214, 232 - Marlene Dietrich.

(3) Die Beeinträchtigung ideeller Bestandteile

Eine Lizenz scheidet nach den allgemeinen Kriterien aus, wenn die Erteilung einer Lizenz gegen Entgelt nicht üblich ist. Relevant ist also ein bestehender Vermögenswert. Die Verletzung von rein ideellen Bestandteilen (z.B. der Ehre) dürfte[753] dagegen kaum einen vermögenswerten Zuweisungsgehalt begründen. Daher wird im Bereich der Darstellung in den Medien überwiegend auf den traditionellen Gedanken des Persönlichkeitsrechts und damit auf eine Verletzung des ideellen Bestandteils der Persönlichkeit abgestellt. Die Vermeidung der Gerichte zu der Problematik explizit Stellung zu nehmen, zeigt, wie schwer es der Rechtsprechung fällt, vermögenswerte Bestandteile anzuerkennen. Dies mag auch auf der ursprünglichen, ideell geprägten Sichtweise beruhen. So heißt es bereits bei Mugdan: „Nach der allgemeinen Volksansicht sei es nicht ehrenvoll, sich Beleidigungen durch Geld abkaufen zu lassen, und derjenige habe wenig Ehre zu verlieren, der die Verletzung derselben durch eine Klage auf Geld zu reparieren suche“[754].

(4) Ein Lösungsansatz - die Trennung von ideellen und vermögenswerten Bestandteilen

Problematischer erscheint hingegen die Auseinandersetzung mit einer Nutzung von Persönlichkeitsmerkmalen, bei der sowohl ideelle wie vermögenswerte Bestandteile verletzt sein könnten. Das beruht vor allem auf der Schwierigkeit zu verifizieren, ob überhaupt eine reine ideelle Verletzung vorliegt. Sollten beide Bereiche tangiert sein, so sind sie getrennt voneinander zu betrachten.

Eine eingehendere Differenzierung ist angebracht, und zwar aus folgenden Gründen: Es darf nicht pauschal auf die Veröffentlichung in den Medien abgestellt werden. Vielmehr kommt es nicht auf die Art der Darstellung an, sondern auf die Verletzung. Sofern vermögenswerte Bestandteile betroffen sind, ist die Lizenzbereitschaft nicht relevant. Ist hingegen der ideelle Bestandteil des Persönlichkeitsrechts verletzt, so kann es grundsätzlich nicht auf die Lizenzbereitschaft ankommen, da eine kommerzielle Nutzung nicht üblich ist. Die Unterscheidung erscheint insoweit praktikabel als der Verletzte, sofern er aus der Verletzung ideeller Bestandteile des Persönlichkeitsrechts „Kapital schlagen möchte“, darlegen müsste, dass der ideelle Bestandteil bereits einen Vermögenswert aufwies. Insoweit trifft der aus der US-amerikanischen Diskussion stammende

753 Soweit ersichtlich, mussten sich die Gerichte nicht mit dem Fall auseinandersetzen, in dem eine ideelle Verletzung des Persönlichkeitsrechts zu einer Verletzung des vermögenswerten Bestandteils des Persönlichkeitsrecht umschlug. Selbst in einer denkbaren Konstellation - in der Auseinandersetzung zwischen Regina Zindler und Stefan Raab - ist wohl eine Entschädigung durch eine Beteiligung der Betroffenen am Verkauf des „Maschendrahtzaun“- Songs vermieden worden.

754 Mugdan II, 1297.

Satz: „Their real complaint was damage to their 'pocketbook', not to their 'psyche'"[755] zu.

In diesem Kontext sei noch einmal auf die Entscheidung betreffend die Nacktfotos von Nena hingewiesen[756]. Nena forderte für eine unautorisierte (Zweit-)Nutzung eines Bildes sowohl Schadensersatz (90.000 DM) als auch Schmerzensgeld (mindestens 20.000 DM). Das Gericht gewährte einen Anspruch gemäß § 812 Abs. 1 S. 1 Alt. 2 BGB. Das Erlangte sei die Vergütung, die die Klägerin für die Erlaubnis der Verwertung des Fotos hätte verlangen können. Der Forderung auf eine fiktive Vergütung stehe der Umstand nicht entgegen, dass die Klägerin auch Schmerzensgeld verlange.[757] Nena wurden insgesamt 40.000 DM abzüglich der bereits gezahlten 10.000 DM für die Veröffentlichung des Nacktbildes zugesprochen. Bei der Höhe hat das Gericht sowohl die fiktive Lizenz für die Einräumung der Zweitverwertungsrechte als auch das Maß der Besonderheit des Fotos berücksichtigt. Mangels schwerwiegenden Eingriffs in das Persönlichkeitsrecht bestehe kein Anspruch auf immateriellen Schadensersatz. Zwar sei die Veröffentlichung von Nacktaufnahmen ohne Einwilligung des Abgebildeten grundsätzlich schmerzensgeldträchtig, aber hier habe sich die Klägerin des Schutzes durch die Erstveröffentlichung der Nacktfotos in „Max" begeben[758].

Aus der konsequenten Trennung der beiden Vermögensbestandteile ergibt sich dann auch die Rechtfertigung für die unterschiedliche Behandlung von Beeinträchtigungen eines Verstorbenen. Die eingangs gestellte Frage nach der ideellen Entschädigung eines Verstorbenen muss aus systematischen Gründen verneint werden. Bemerkenswert sind diesbezüglich die expliziten Ausführungen des BGH[759], der annimmt, dass die Darstellung des Leichnams eines nahen Angehörigen in einer TV-Berichterstattung nicht zu einem Anspruch auf Geldentschädigung wegen der Verletzung des postmortalen Persönlichkeitsrechts des Verstorbenen führt. Die Genugtuungs- und Ausgleichsfunktion des immateriellen Schadensersatzanspruchs kann zugunsten des Verstorbenen nicht mehr erreicht werden. Der Präventionsgedanke allein kann diesen Anspruch nicht begründen, da es jedenfalls an einem Rechtsträger fehle. In den Entscheidungsgründen heißt es: „Der Anspruch auf immateriellen Schadensersatz wegen Verletzung des allgemeinen Persönlichkeitsrechts steht nämlich nur dem Rechtsträger und nur zu dessen Lebzeiten zu."[760] Daraus leitet der BGH ab, dass „[d]ie Zubilligung einer Geldentschädigung ... für postmortale Verletzungen der Wür-

---

755 *McCarthy*, § 1:7, siehe oben Teil 2 § 3 A. II. 2. b) aa) (2).

756 LG Hamburg, Urt. v. 15.10.1993, 324 O 3/93, AfP 1995, 526 ff. Vgl. die Rechtsprechungsübersicht, Teil 2 § 3 B.

757 LG Hamburg, Urt. v. 15.10.1993, 324 O 3/93, AfP 1995, 526, 527.

758 LG Hamburg, Urt. v. 15.10.1993, 324 O 3/93. In der Veröffentlichung der Entscheidung am a.a.O. wurde vom Abdruck der Gründe II abgesehen. Diese befinden sich auf Seite 15 f. des Urteils.

759 BGH, Urt. v. 06.12.2005, VI ZR 265/04, GRUR 2006, 252 ff.

760 BGH, Urt. v. 06.12.2005, VI ZR 265/04, GRUR 2006, 252, 254.

de einer anderen Person ... deshalb systemwidrig [wäre]"[761]. Ein auf die Erben übergangsfähiger wirtschaftlicher Wert habe nicht bestanden, da der Verstorbene der Öffentlichkeit nicht bekannt gewesen sei. Bei einer ideellen Verletzung des postmortalen Persönlichkeitsrechts stehen dem Wahrnehmungsberechtigten nur Abwehransprüche zu. Dass durch die Abwehrsprüche kein umfassender Schutz gewährt werde, könne „jedenfalls im Streitfall nicht dazu führen, von der bisherigen Rechtsprechung abzuweichen"[762].

Die Ausführungen des BGH sind konsequent. Um dem Anschein einer „Prominenz"- Rechtsprechung zu entgehen, sollte nicht auf die Bekanntheit, sondern auf einen schon zu Lebzeiten bestehenden wirtschaftlichen Wert abgestellt werden. Diese unterliegen aufgrund der Verletzung vermögenswerter Bestandteile des Persönlichkeitsrechts dann wieder der dreifachen Schadensberechnung; auf eine Lizenzbereitschaft kommt es nicht an. Folglich ist das Erfordernis der Lizenzbereitschaft als Voraussetzung für die Schadensliquidation abzulehnen[763].

4. Fazit

Die Methoden zur Berechnung des Schadensersatzes von Immaterialgüterrechten und Persönlichkeitsrechten haben sich im Lauf der Zeit angeglichen. Im Ergebnis sollten immaterialgüterrechtliche Verwertungsrechte und persönlichkeitsrechtliche Verwertungsbefugnisse im Hinblick auf die Rechtsfolgen gleich behandelt werden. *Lehmann* sprach sich für eine Verknüpfung der Rechtsprechungsentwicklungen zum Schutz des geistigen/gewerblichen Eigentums und zum Schutz des allgemeinen Persönlichkeitsrechts aus. Er meint, dass der BGH „die dafür notwendigen evolutiven Fenster und Türen der Schadensersatzweiterentwicklung in jüngster Zeit zumindest schon einen spaltbreit geöffnet [hat]; es kann daher bereits jetzt und heute frische Luft in die reichlich verstaubten Räume der Schadensersatz-Kompensationsdogmatik eindringen"[764]. Dem ist zuzustimmen, zumal dies die Konsequenz der Anerkennung der Kommerzialisierbarkeit von Teilen der Persönlichkeit ist. Wenn man ablösbare und verwertbare Bestandteile der Persönlichkeit als Ausschließlichkeitsrechte anerkennt, so kann ebenso wenig wie bei der Verletzung von ausschließlichen Immaterialgüterrechten bei einem Eingriff in ein fremdes Persönlichkeitsrecht an die Bereitschaft zur Vermarktung anknüpft werden. Auf die Argumentation, dass die Schadensberechnung im Wege der Lizenzanalogie auf eine nachträgliche Zwangsvermarktung hinauslaufen würde, trifft das nicht zu. Die Zwangsvermarktung ist bereits durch die nicht mehr zu beseitigende Verletzung erfolgt und

761 Auch im Folgenden BGH, Urt. v. 06.12.2005, VI ZR 265/04, GRUR 2006, 252, 254.
762 BGH, Urt. v. 06.12.2005, VI ZR 265/04, GRUR 2006, 252, 253.
763 So bereits *Wagner*, ZEuP 2000, 200, 224; *Gregoritza, 219.*
764 *Lehmann*, GRURInt 2004, 762, 765.

wird nicht erst durch den Zuspruch der Lizenzgebühr realisiert[765]. Der Kritik, der Schaden bestehe mangels Ablösung zum Zeitpunkt der Verletzungshandlung nicht, ist entgegenzuhalten, dass die Ablösung nicht durch ein Verhalten erfolgt, sondern dadurch, dass der Verkehr bestimmte Persönlichkeitsmerkmale als ablösbar behandelt. Wie das Immaterialgüterrecht bereits vor seiner Verwertung vorhanden ist, so ist das auch der ablösbare Teil der Persönlichkeit. Das gilt jedoch nur, sofern ein Persönlichkeitsmerkmal ablösbar ist; das trifft so bei Beleidigungen oder Ehrverletzungen nicht zu. Die Grenze mag nicht einfach zu ziehen sein, wie die Entscheidung im Hinblick auf die Nacktfotos von Nena verdeutlicht. Ein Indiz könnte jedoch ein bereits bestehender Vermögenswert sein. Insofern scheint eine Parallele zur sog. lifetime exploitation[766] gegeben. Die Entscheidungen der Münchner Gerichte zu den Aktfotos von Marlene Dietrich wären im Ergebnis überzeugender, hätten die Gerichte diesen Begründungsansatz verfolgt.

Betrachtet man ausschließlich das Ergebnis, versucht die Rechtsprechung einen durch Fremdkommerzialisierung entstandenen materiellen Schaden zu ersetzen. Dies erfolgt leider ohne ein klares Bekenntnis zur Kommerzialisierbarkeit von persönlichkeitsrechtlichen Ausprägungen. Wenn man die Trennung von ideellen und vermögenswerten Bestandteilen (spätestens seit der Marlene Dietrich - Entscheidung) zur Kenntnis nimmt und sie konsequent umsetzt, also eine Anspruchskumulierung von Entschädigung und Schadensersatz eröffnet, dann dürfte der Kritik, es läge eine ergebnisorientierte Vermengung von materiellen und immateriellen Beeinträchtigungen vor, der Nährboden entzogen sein. Zudem trägt die Kumulierung beiden Schutzrichtungen Rechnung, insbesondere der Schutz des Betroffenen wäre gestärkt. Er kann entscheiden, welche Ansprüche er geltend macht und damit auch, ob er sich der Vermarktung öffnet oder nicht. Die Anreizwirkung - die Verletzung solle sich nicht lohnen - wäre nachhaltig, wenn entgegen den doch eher gering ausfallenden Schmerzensgeldansprüchen der Verletzervorteil abgeschöpft würde.

II. Ein eigener Zuweisungsgehalt des Persönlichkeitsrechts

Der Gedanke der Abschöpfung des unberechtigt erlangten Vermögensvorteils findet sich als ratio des Bereicherungsrechts wieder. Die Nutzung von Persönlichkeitsmerkmalen ohne Einwilligung des Berechtigten stellt keine ziel- und zweckgerichtete Mehrung fremden Vermögens, also keine Leistung, dar. Charakteristisch ist der Eingriff in den Zuweisungsgehalt eines fremden Rechts. Deshalb wird häufig in Fällen mit Persönlichkeitsrechtsverletzungen auf das Bereicherungsrecht Bezug genommen. Das setzt allerdings voraus, dass der

765 Auch im Folgenden *Dreier, T.*, 268.
766 Vgl. Teil 2 § 3 A. II. 2. b) aa) (3).

Schuldner etwas erlangt hat, nämlich eine vermögenswerte Position. Schwierigkeiten ergeben sich jedoch bei der Bestimmung des Zuweisungsgehalts.

1. Abstrakte Bestimmung des Zuweisungsgehalts

Beim Bereicherungsrecht wird nicht auf die Rechtmäßigkeit des Bereicherungsvorgangs abgestellt, sondern auf die Legitimität des Behaltens. Dem entspricht auch die Lehre vom Zuweisungsgehalt, indem sie auf die Verteilung der Güter abstellt[767]. Gerade weil es um die Frage des Behaltendürfens geht, findet durch das Bereicherungsrecht keine Güterverteilung statt, diese wird vielmehr vorausgesetzt, um die entsprechenden Wertungen der Rechtsordnung bei der Güterzuordnung zu gewährleisten. Das Bereicherungsrecht sichert nur eine Güterzuordnung[768]. Eine Zuweisung im Sinne des Bereicherungsrechts ist gegeben, wenn eine Rechtsposition ausschließlich einer Person zugeordnet wird und ihr demzufolge die Entscheidung über die Nutzung und Verwertung vorbehalten ist[769]. Die Lehre vom Zuweisungsgehalt knüpft also daran an, ob die Nutzung und Verwertung einer Rechtsposition dem Gläubiger zugewiesen ist und damit auf seine Kosten ging[770]. Damit wird vor allem der Güterschutzgedanke[771] im Rahmen des Konzepts des Zuweisungsgehalts in den Vordergrund gestellt: In den Schutzbereich der Eingriffskondiktion fällt ein mehr oder weniger eng umrissener Kreis absoluter subjektiver Rechte und ihnen gleichstehender Rechtspositionen, nämlich die Verwertungs- und Nutzungsmonopole ihrer Inhaber: Haben und Sein, unter Ausschluss aller Dritten.

---

767 *Loewenheim*, 88.
Die Rechtswidrigkeitslehre, die im Ansatz auf die rechtliche Bewertung der Eingriffshandlung abstellte, ist überwunden. Aufgrund der besseren Argumente wird der Lehre vom Zuweisungsgehalt gefolgt.
Zum Diskussionsstand und damit zur überwundenen Rechtswidrigkeitstheorie wird auf die Darstellung bei *Reuter/Martinek*, § 7 I, II, insbes. II 2 (245 ff.); *Medicus*, BR, Rdnr. 704 ff., insbes. 709 ff. verwiesen. Aus dem Verbotensein eines Eingriffs folgt nicht, dass der vom Verletzer gezogene Vorteil dem Verletzten gebührte. Nach *Reuter/Martinek* (246 f.) gibt es eine Grauzone im Güterschutz, die weder eine positiveexklusive Rechtszuweisung für den Inhaber, noch einen ungeschränkten Verhaltensspielraum für Dritte, sondern vielmehr eine bloße Verhaltensbindung für den sich dem Kernbereich des Rechtsguts nähernden Dritten enthält. Der Rechtsinhaber mag dagegen Abwehrrechte haben, die auf dem gesetzlich bestimmten Verhaltensunrecht des Dritten beruhen. Das Verhaltensunrecht kann dennoch nicht mit einer Restitutionspflicht für in der Grauzone Erlangtes identifiziert werden.

768 So bereits *Kobbelt*, 101.

769 *Larenz/Canaris*, Schuldrecht II 2 BT, § 69 I b (170 f.).

770 *Reuter/Martinek*, § 7 III 1 (248); Zur Verortung des Zuweisungsgehalts im Tatbestand des § 812 Abs. 1 S. 1 Alt. 2 BGB siehe *Ellger*, 211 ff.

771 v. *Caemmerer*, FS Rabel, 333, 353.

2. Möglichkeiten zur Bestimmung des Zuweisungsgehalts

Die Bestimmung des Zuweisungsgehalts bereitet unterschiedliche Schwierigkeiten. Nach *Reuter/Martinek*[772] spiegeln sich bei der Konkretisierung die Unsicherheiten wider, die dem Bereicherungsrecht eigentlich vorgelagert sind und die ihre Grundlage im Recht der Güterzuordnung finden. Entscheidend ist, ob und inwieweit sich individualschützende Normen zu einem subjektiven Recht verdichten oder doch zumindest einzelne auch im Bereicherungsrecht schützenswerte Positionen begründen. Die Grenzziehung zwischen rechtlichen Schutzpositionen, denen eine Güterzuweisung immanent ist und immateriellen Positionen ohne „Genusswert" bzw. bloßen wirtschaftlichen Chancen, ist nicht einfach. Zur Bestimmung des Zuweisungsgehalts bestehen mehrere Ansätze[773].

a) Die Anknüpfung an absolute Rechte

Bei absoluten Rechten ist der Zuweisungsgehalt unproblematisch zu bestimmen. Das absolute subjektive Recht, welches allein dem Inhaber des Rechts die Verfügbarkeit über den Gegenstand, einschließlich seiner Veräußerung, sowie dessen Nutzungen, sonstigen Gebrauchsvorteile und auch Verbrauch gewährt und alle anderen vom uti, fruti, abuti des Gegenstandes ausschließt, bildet den maßgebenden Bezugspunkt[774]. Beim Eigentum folgt dies aus §§ 903, 823 Abs. 1, 987 f. BGB. Sowohl immaterielle als auch materielle Güter ordnen den Gegenstand dem Vermögen des jeweiligen Rechtsinhabers unter Ausschluss Dritter zu. Die Materialität körperlicher Sachen ermöglicht den Besitz, wodurch eine faktische Güterzuordnung erfolgt[775].

Anders dagegen kann bei immateriellen Gütern von Ausschließlichkeit keine Rede sein, da sie potenziell gleichzeitig von mehreren genutzt werden können. Erst die Gewähr rechtlicher Ausschließlichkeitsbefugnisse ermögliche eine Zuordnung und entzieht diese dem möglichen, unkontrollierten Zugriff Dritter[776]. Wirtschaftlich gesehen werden sie erst damit zu handelbaren Gütern. Wenn der Gesetzgeber diesen jedoch Ausschließlichkeitsrechte gewährt, so müsse die Aufrechterhaltung dieser gesichert werden. Alles andere würde, so *Dreier*, „den geordneten Handel" untergraben; die besondere Schutzbedürftigkeit ergebe sich nicht nur aus der tatsächlichen Verletzlichkeit, sondern sei auch rechtlich begründet[777]. Für Immaterialgüterrechte billigt daher eine stark überwiegende

772 *Reuter/Martinek*, § 7 III 2 (250 f.).

773 Hier sollen nur die für diese Arbeit relevanten Möglichkeiten dargestellt werden. Für weitere Konkretisierungsansätze wird auf *Ellger*, 368 - 402 verwiesen.

774 Ähnlich *v. Caemmerer*, FS Rabel, 333, 353; *Ellger*, 176.

775 *Dreier, T.*, 72 f.

776 Auch im Folgenden *Dreier, T.*, 73.

777 *Dreier, T.*, 74.

Meinung[778] dem Urheber-, Patent-, Gebrauchsmusterrecht einen Zuweisungsgehalt zu.

b) Die Anknüpfung an den Deliktsschutz

Bei Generaltatbeständen ist die Bestimmung des Zuweisungsgehalts schwieriger. Allein die fehlende ausdrückliche Befugniszuweisung steht dem nicht entgegen. Die Anerkennung des Zuweisungsgehalts beschränkt auf absolute Rechte im Sinne des § 823 Abs. 1 BGB ist zu eng[779]; die Annahme eines Zuweisungsgehalts bereits bei bloßen abwehrbewehrten Schutzpositionen geht allerdings wiederum zu weit[780]. Den Zuweisungsgehalt mit Hilfe des Deliktsschutzes[781] zu bestimmen, beruht darauf, dass die Eingriffskondiktion zum Teil als deliktsähnlich qualifiziert wird[782]. Es bleibt festzuhalten, dass es Parallelen zwischen deliktischem und bereicherungsrechtlichem Schutz geben kann, dies aber nicht zwingend ist. Als Orientierungshilfe[783] und Hinweis mag es dennoch dienen.

---

778 Vgl. nur *MünchKomm/Lieb,* § 812 BGB Rdnr. 254 m.w.N.

779 Ergänzend soll nur festgehalten werden, dass der Begriff des Zuweisungsgehalts nicht mit dem des absoluten Rechts gleichgesetzt werden kann, da beide Konzepte nicht deckungsgleich sind; so auch *Ellger*, 395.

780 v. *Caemmerer*, FS Rabel, 333, 396; *Reuter/Martinek*, § 7 III 2 c (256). Nach Reuter/Martinek (259) kann im Einzelfall das Bestehen eines Unterlassungsanspruchs gegen Zugriffe Dritter die Zuweisung auch des Nutzungs- und Verwertungsrechts anzeigen. Für die Substanz- und Ertragszuweisung bedarf es eines deutlichen Anhaltspunktes der Möglichkeit des Inhabers, über die Substanz und die Nutzung entgeltlich zu verfügen. So auch *Beuter*, 152.

781 *Reuter/Martinek*, § 7 II 2 (245); *Larenz/Canaris*, SchuldR II 2 BT, § 69 I b (171). So wohl auch *v. Holleben*, 112, der als zweites Kriterium neben der objektiven Verwirklichung des Deliktstatbestandes die wirtschaftliche Nutzbarkeit verlangt. Siehe dazu auch *Ellger*, 382 ff.

782 *Reuter/Martinek*, § 7 II 2 (245 f.). A.A. *Larenz/Canaris*, SchuldR II 2 BT, § 69 I b (171). Trotz der Nähe und des Gleichlaufs zum Deliktsrechts ist die Eingriffskondiktion nicht als deliktsrechtlich, sondern als aufopferungsähnlich zu qualifizieren, denn die Haftung richtet sich nicht gegen den Eingreifer, sondern gegen den Begünstigten. *Canaris* betont, dass es sich nicht um eine verdeckte Rückkehr zur Rechtswidrigkeitslehre handle, da nicht auf die Rechtswidrigkeit als solche, sondern auf den objektiven Tatbestand abgestellt wird. Vgl. dazu die Kritik von *Ellger*, 383 f. Die Auseinandersetzung mit dieser Problematik würde indessen hier zu weit führen, so dass auf eine weitergehende Darstellung verzichtet wird.

783 *Kobbelt* spricht von „Hilfsmittel", 88.

c) Die Anknüpfung an die anerkannte kommerzielle Verwertungsmöglichkeit

Die vorangegangenen Ausführungen zeigen, dass es außerhalb des absoluten subjektiven Rechts ein Merkmal geben muss, welches die Kondiktionsfestigkeit begründet. Insofern entspricht es dem Sinn und Zweck des Bereicherungsrechts die Güterschutzfunktion aufzugreifen. Eine Rechtsposition ist dann vermögenswert, wenn eine marktfähige Verwertungsmöglichkeit besteht, die die Rechtsordnung zulässt[784]. Angeknüpft wird damit an das Erlangte. Fraglich ist jedoch, was genau der Schuldner als Bereicherungsgegenstand erlangt hat. In Betracht kommen die ersparten Aufwendungen, der Nutzungserfolg oder die Nutzungsmöglichkeit.

aa) Die ersparten Aufwendungen

Entgegen der zu Recht kritisierten älteren Rechtsprechung[785] hat der Schuldner nicht Aufwendungen erspart, sondern einen Gebrauchsvorteil erlangt. Die Vorschriften des Bereicherungsrechts unterscheiden zwischen „etwas Erlangtem" und dem Umfang der Bereicherung, vgl. § 818 Abs. 3 BGB. Stellt man auf die ersparten Aufwendungen ab, so vermengt man Be- und Entreicherung. Diese Ansicht ist mithin abzulehnen.

bb) Der Nutzungserfolg

Auf den Nutzungserfolg kann nicht abgestellt werden. Beim Eigentum wird das deutlich. Der Eigentümer kann eine Sache verwenden, ob der Nutzungserfolg auch ihm gebührt, regeln die Vorschriften der §§ 945 ff. BGB. Wenn man das Erlangte als dasjenige definiert, was dem Eingreifenden über das an sich Erlangte an Vermögenszuwachs überschießen würde, so ließe man die Regelungen des § 818 Abs. 2 und 3 BGB leer laufen[786]. Das erlangte Etwas und dessen Wert, also Tatbestand und Rechtsfolge, würden vermengt werden.

Es mag Fälle von Persönlichkeitsverletzungen seitens der Presse geben, die ihr verfolgtes Ziel nicht erreichen, also aus Sicht des Verursachers erfolglos blieben. Sofern dennoch eine Persönlichkeitsverletzung vorliegen würde, wäre das nach dieser Auffassung im Bereicherungsrecht nicht relevant.

---

784 *Reuter/Martinek*, § 7 III 2 c (257).

785 BGH, Urt. v. 08.05.1956, I ZR 62/54, BGHZ 20, 345, 355 - Paul Dahlke; BGH, Urt. v. 08.05.1956, I ZR 62/54, BGHZ 81, 75, 82 - Carrera.

786 *Koppensteiner/Kramer*, 119; *Schweers*, 99.

cc) Die rechtlich anerkannte Nutzungsmöglichkeit

Maßgebender Aspekt ist vielmehr die rechtlich zulässige Nutzungsmöglichkeit[787]. *Loewenheim*[788] stellt darauf ab, ob ein Eingriff in eine Position vorliegt, die eine ausschließliche kommerzielle Verwertungsmöglichkeit darstellt. Es stellt sich also die Frage, ob der Bereicherungsgläubiger abstrakt die Möglichkeit hatte, die Position einem sonst ausgeschlossenen Dritten zur wirtschaftlichen Verwertung zu überlassen. Vorteil dieser Betrachtungsweise ist zum einen, dass die Feststellung, ob eine Position kommerziell verwertbar ist, leicht zu treffen ist. Zum anderen wird mit der Entscheidung nicht das Bereicherungsrecht belastet, sondern sie ergibt sich aus der sachnäheren Regelungssystematik und den Wertungen des betroffenen Rechtsgebiets, so dass eine differenziertere Betrachtung möglich ist. Die Nutzungsmöglichkeit gehört zum Vermögen der Rechtsinhaber, um diese ist der Nutzer bereichert[789].

787 *Reuter/Martinek*, § 7 III 2 c (256).

788 *Loewenheim*, 84 f.

789 So zu Recht: BGH, Urt. v. 26.06.1981, I ZR 73/79, BGHZ 81, 75, 82 - Carrera; OLG München, Urt. v. 09.03.1995, 29 U 3903/94, NJW-RR 1996, 539, 540 - Telefon-Sex-Foto; *Canaris*, FS Deutsch, 85, 90; *Loewenheim*, 91.

Dreier spricht bei Persönlichkeitsrechten auch von Nutzungsmöglichkeit. Er weist jedoch explizit darauf hin, dass dem nur so sei, wenn „man den kommerzialisierbaren Bestandteilen der Persönlichkeit Vermögensqualität zuspricht" und verweist in einer Fußnote (36) auf die Parallele zum Immaterialgüterrecht (*Dreier, T.*, 225). Anders aber bei Immaterialgüterrechten, da kann nicht auf die Nutzungsmöglichkeit als solche „oder die rechtliche Nutzungsbefugnis selbst, sondern die angemaßte Befugnis, die nach der Rechtsordnung grundsätzlich dem Schutzrechtsinhaber vorbehalten ist, mithin also der Gebrauch des immateriellen Schutzgegenstandes" abgestellt werden (*Dreier, T.*, 99 f.). Dabei verweist *Dreier* auf die Kunststoffhohlprofil II - Entscheidung (BGH, Urt. v. 24.11.1982, X ZR 7/80, BGHZ 82, 299, 306). Der BGH stellt in dieser Entscheidung fest, dass bei gewerblichen Schutzrechten die ausschließliche Benutzungsbefugnis zugewiesen ist. Der Verletzer maßt sich eine Befugnis an, die grundsätzlich dem Schutzrechtsinhaber vorbehalten ist. Erlangen kann der Verletzer diese Benutzungs-„befugnis" nicht; sein Handeln bleibt unbefugt. Auch die bloße tatsächliche Möglichkeit der Benutzung ist nicht erlangt, denn diese Möglichkeit stehe allen offen, die den Inhalt des Schutzrechts kennen. Das aus der geschützten Sphäre Entnommene - der Gebrauch des immateriellen Schutzgegenstandes - ist das Erlangte.

Zu diesem Ergebnis kommt wohl auch *Fest*, 46 f., der allerdings aus Gründen der Deutlichkeit anstelle des Begriffs Nutzungsmöglichkeit den Begriff Dispositionsbefugnis verwendet. Hinsichtlich des Gegenstandes seiner Arbeit, Immaterialgüterrechte, mag noch zutreffen, dass Nutzung und Gebrauch möglicherweise eher mit Warenproduktion verbunden werden. Nicht zu überzeugen vermag sein Begründungsansatz für „Befugnis", wobei er selbst einräumt, dass es sich um „eine wenig geglückte Bezeichnung" handelt. Damit ist auch keine materielle Berechtigung gemeint (49). Insofern führt sein Versuch der Verdeutlichung zu einer Verschlimmbesserung.

Zum selben Ergebnis gelangen auch die Vertreter der ökonomischen Theorie des Rechts[790]. Danach ist die Marktfähigkeit einer bestimmten Rechtsposition nicht der Grund für den Schutz, sondern vielmehr dessen Folge. Verwertet werden kann ein Recht, wenn nicht jeder in der Lage ist, das Recht ohne Entgelt zu nutzen. Nach der ökonomischen Analyse des Rechts erfolgt die Zuweisung nicht durch Haben, sondern durch den wirtschaftlichen Einsatz, der in der Nutzung oder der Nichtnutzung liegen kann. Zugewiesen wird demnach nicht die Position, sondern die Nutzungsmöglichkeit, erfasst werden damit der Gebrauch und der Nichtgebrauch.

(1) Die Marktfähigkeit

Zunächst geht es um die Beantwortung folgender Fragen: Welche Nutzungsmöglichkeit weist einen Vermögensvorteil auf? Wie ermittelt man den Vermögensvorteil? Maßgebendes Kriterium ist - trotz wechselnder Bezeichnungen - die Marktfähigkeit[791]. *Schlechtriem* bemerkt daher zutreffend, dass „[d]ie Zuerkennung eines geldwerten Gehalts ... weder durch den Gesetzgeber noch durch Entscheidungen der Gerichte oder Bewertung in der Rechtswissenschaft [erfolgt], sondern durch den Markt.“[792] Problematisch ist zugegebenermaßen die Bestimmung des Marktwertes. Der Eingriff indiziert zunächst das Vorhandensein der Nachfrage und damit einen Markt.

(2) Eine normative Beschränkung

Den Faktor Markt als ungeeignetes Kriterium zu betrachten, ist nicht sachgerecht und argumentativ nicht überzeugend. Es ist nicht ungewöhnlich, dass Rechtspositionen *handelbar* sind. So gibt es Güter, für die ein Markt besteht, der gleichwohl nicht schutzwürdig ist, z.B. Organhandel[793] und (früher) die Prostitu-

---

790 Vgl. auch im Folgenden *Kobbelt*, 170 f. und 289 f. *Knieper* hingegen meint, dass in der Warengesellschaft zwar alles zur Ware werden kann, aber ob und in welchem Umfang den Inhabern von Gütern und Positionen eine Ausschließlichkeitsstellung eingeräumt werden solle, ist keine faktische, sondern eine rechtliche Frage, deren Antwort einer gesetzlichen Grundlage bedarf, *Knieper*, BB 1991, 1578, 1584.

791 So die überwiegende Ansicht: vgl. *Schlechtriem*, FS Hefermehl, 445, 453, 457; *Reuter/ Martinek*, § 7 III 2 c (256 f.); *Esser/Weyers*, § 50 I 1 c (464); *Beuter*, 152; *Kobbelt*, 212. Unter marktfähiges Gut versteht man ein knappes und verfügbares Gut. Die Verfügbarkeit bezieht sich auf die marktmäßige Verwertbarkeit, nicht aber auf die Übertragbarkeit. So zutreffend auch *Esser/Weyers*, § 50 I 1 d (465).

792 Dazu und im Folgenden *Schlechtriem*, FS Hefermehl, 445, 453.

793 Nach § 17 TPG ist der Organhandel verboten. Siehe dazu auch die Ausführungen unter Teil 2 § 4 B. II. 1.

tion[794]. Daraus folgt, dass ein weiteres Kriterium erforderlich ist, und zwar die normative Beschränkung. Die Wertung der Rechtsordnung darf der Nutzungsmöglichkeit nicht entgegenstehen. Das Recht muss einen Markt für Rechtspositionen vorsehen. Denn dort, wo die Rechtsordnung bestimmte Verwendungen verbietet, hat das betroffene Rechtsgut keinen geschützten Zuweisungsgehalt[795].

Gleiches gilt in Fällen mit Medienbezug. Sofern grundrechtlich geschützte Interessen, wie z.B. die Meinungs-, Presse- oder Kunstfreiheit, dem Interesse des Einzelnen im Rahmen der Güterabwägung vorgehen, so kann im Einzelfall der Schutz verwehrt werden[796]. Sofern die Güterabwägung ergibt, dass ein überwiegendes Interesse an der Veröffentlichung der Information besteht, liegt eine normative Beschränkung des Marktes vor. Es fehlt dann an dem Zuweisungsgehalt[797].

Das Recht beugt sich nicht dem Markt, erlaubt ist, was nicht verboten ist. Aber solange der Handel nicht verboten ist, ist es nicht die Aufgabe des Bereicherungsrechts, die verlorene Moral zu kondizieren, auch nicht durch die Nichtanerkennung eines Bereicherungsanspruchs[798].

(c) Die Nutzungsberechtigung

Der Marktpreis oder Marktwert bestimmt nur die Höhe des Vermögenswerts, nicht aber, wem dieser Wert gebührt. Ein Gut erlangt seine marktmäßige Verwertbarkeit gegen Entgelt dadurch, dass es wirtschaftlich gesehen knapp ist und nicht jedermann frei zur Verfügung steht. Für die Verwertbarkeit macht es deshalb keinen Unterschied, ob es sich um ein gegenständliches oder ungegenständliches Gut handelt. Nach *Kleinheyer*[799] ist die Nutzung als solche vermögensneutral; einen Vermögenswert erlangt sie erst, wenn der Berechtigte das Gut nutzt, um im Rechtsverkehr einen Gegenwert zu erzielen. Die Eignung zur Ge-

---

794 Zur alten Rechtslage: vgl. *Larenz/Canaris*, SchuldR II 2 BT, § 69 I 1d (172). Siehe auch Teil 2 § 4 B. II. 3.

795 *Schlechtriem*, FS Hefermehl, 445, 464.

796 So z.B. in der Oskar Lafontaine Entscheidung des BGH, Urt. v. 26.10.2006, I ZR 182/04, JZ 2007, 475 ff. Siehe Teil 2 § 3 B. V. 3.

797 In der Literatur ist nicht eindeutig geklärt, warum der Zuweisungsgehalt in diesen Fällen verneint wird. Eine Ansicht (*v. Holleben*, 111; *Schlechtriem*, FS Hefermehl, 445, 462) stellt darauf ab, dass die Nutzung der Rechtsposition nicht mehr nur einer Person, also nicht mehr ausschließlich, zugewiesen ist. Nach einer anderen Ansicht (*Beuthien/Schmölz*, 40) bleiben die Güter zwar ausschließlich dem Träger zugewiesen, aber die Kunst- oder Pressefreiheit rechtfertigt den Eingriff. Der Streitentscheid kann dahingestellt bleiben, denn in jedem Fall besteht mangels Zuweisungsgehalt auch kein Anspruch gemäß § 812 Abs. 1 S. 1 Alt. 2 BGB.

798 Vgl. *Schwerdtner*, 266 f.; *Erman/Ehmann*, § 12 BGB Anh. Rdnr. 355; *Beuter*, 156 m.w.N.

799 Auch im Folgenden *Kleinheyer*, JZ 1970, 471, 474.

winnerzielung ist folglich nicht nur bei Vermögensgütern, sondern prinzipiell auch bei Persönlichkeitsgütern gegeben.

Allerdings stellt sich hier die Frage, wer der Berechtigte ist. Vermögensberechtigung und Handlungsberechtigung korrespondieren. Wem die Handlungs- und damit auch die Vermögensberechtigung zukommt, kann nicht abstrakt-generell beurteilt, sondern soll anhand der unterschiedlichen „Eingriffsebenen" des Persönlichkeitsrechts dargestellt werden.

3. Der Zuweisungsgehalt der einzelnen Bestandteile des Persönlichkeitsrechts

Die Anwendbarkeit der Eingriffskondiktion bei unbefugter Inanspruchnahme ist heute allgemein - wenn auch mit unterschiedlicher Reichweite - anerkannt[800]. Im Rahmen der Medienberichterstattung ist jedoch, gerade unter dem Aspekt der Trennung von ideellen und vermögenswerten Bestandteilen der Persönlichkeit, zu differenzieren.

Die Anerkennung des Zuweisungsgehalts von Persönlichkeitsmerkmalen, die eine besondere gesetzliche Ausgestaltung erfahren haben, ist weniger problematisch. Allerdings ist der Kreis der Rechte, die einen Zuweisungsgehalt aufweisen, nicht statisch festgelegt, sondern unterliegt dynamischen Veränderungen. Insofern hat schon *Hubmann* zutreffend festgestellt, dass das, „[w]as heute selbständiges Gut sein kann, ... früher nur im Zusammenhang mit der Persönlichkeit denkbar [war] und ... [dass] anzunehmen [ist], daß die künftige Entwicklung noch manchen Wert, der zur Zeit nur an der Persönlichkeit realisiert werden kann, abtrennbar und umlaufsfähig machen wird"[801]. Ähnlich sah es *Martinek*, der darauf abstellte, dass man dem allgemeinen Persönlichkeitsrecht nicht schlechthin einen Zuweisungsgehalt absprechen könne. Wenn sich einzelne Ausprägungen verselbstständigen, und das allgemeine Persönlichkeitsrecht dadurch zu einem speziellen Persönlichkeitsrecht erwachse und die Schwelle zum Immaterialgüterrecht überschreite, könne sich ein Zuweisungsgehalt konstituieren[802]. Dies zeigt auch die Entwicklung im Markenrecht[803]. Früher ist der Marke einen Zuweisungsgehalt abgesprochen worden; spätestens seit der Lösung der Marke vom Geschäftsbetrieb wird jedoch ein Zuweisungsgehalt anerkannt.

---

800 *Ellger*, 367, 744 mit zahlreichen Nachweisen.

801 *Hubmann*, 221.

802 *Reuter/Martinek*, § 7 IV 2 a (268). So aber auch schon *Mestmäcker*, JZ 1958, 521, 525; *Hubmann*, 363 f.

803 Vgl. die Darstellung zur Entwicklung des Waren/Markenrechts unter Teil 2 § 4 A. IV. 2.

a) Der Zuweisungsgehalt vermögenswerter Interessen

Bezüglich der kommerziellen Verwertung von Persönlichkeitsmerkmalen zu Werbe- bzw. Merchandisingzwecken wird der Zuweisungsgehalt allgemein anerkannt[804]. Eine ältere Ansicht in der Literatur[805] - die soweit ersichtlich, nicht mehr vertreten wird - verneint den Zuweisungsgehalt beim allgemeinen Persönlichkeitsrecht. Das beruht auf der traditionellen ideellen Sichtweise[806], die aufgrund der dargestellten Entwicklung als überholt angesehen werden kann.

b) Der Zuweisungsgehalt ideeller Interessen

Geht es um den Schutz der Persönlichkeitsrechte gegen eine Verletzung der Intim- und Privatsphäre durch die Medien wird der Zuweisungsgehalt zögerlich betrachtet[807]. Sind bloß ideelle Interessen, im Wesentlichen also Ruf- und Ehr-

---

804 Vgl. die Rechtsprechung: so BGH, Urt. v. 08.05.1956, I ZR 62/54, BGHZ 20, 345, 355 - Paul Dahlke; BGH, Urt. v. 26.06.1981, I ZR 73/79, BGHZ 81, 75, 81 f. - Carrera. Ferner in der Literatur: *Reuter/Martinek*, § 7 IV 2a (266 f.); *Staudinger/Hager*, § 823 Rdnr. C 248; *MünchKomm/Lieb*, § 812 BGB Rdnr. 262 f.; *Schlechtriem*, FS Hefermehl, 445, 450 f.; *Pietzko*, AfP 1988, 209, 220, der darauf abstellt, dass dies nicht nur für spezialgesetzlich geschützte Persönlichkeitsgüter, sondern auch beim allgemeinen Persönlichkeitsrecht gelte. *Siemes*, AfP 1997, 542; *Canaris*, FS Deutsch, 85, 88; *Beuthien/Schmölz*, 40; *Ellger*, 397; *Magold*, 460 f.; *Vollkommer*, FS Leisner, 599, 605.

Anders sieht es *Gregoritza*, 261 und zwar dort, wo die Medien eine vom Inhaber des Persönlichkeitsrechts nicht autorisierte Werbung verbreiten und für den Inhalt auch nicht verantwortlich seien. Diese würden - m.E. sehr zweifelhaft - nicht das fremde Persönlichkeitsrecht, sondern ihre eigenen Werbeforen nutzen.

805 *Mestmäcker*, JZ 1958, 521, 525; *Raiser*, JZ 1961, 465, 471.

806 Zur nachfolgenden Argumentation vgl. *Mestmäcker*, JZ 1958, 521, 525: Einerseits seien nur ideelle Interessen geschützt; andererseits sei das Persönlichkeitsrecht auf Achtung und Würde und nicht auf die Begründung eines vermögensrechtlich nutzbaren Herrschaftsgegenstandes gerichtet. Mit anderen Worten: Das Recht weise dem Inhaber Abwehransprüche aber keine Vermögensberechtigung zu. Gegen einen Zuweisungsgehalt des Persönlichkeitsschutzes spreche die generalklauselartige Weite und die Unbestimmtheit des Rechts. Es stünde auch entgegen, dass das Persönlichkeitsrecht nicht von der Person des Rechtsträgers getrennt werden könne.

807 *Gregoritza*, 257; *Medicus*, BR, Rdnr. 707, der ausdrücklich angmerkt, dass es "zweifelhaft und eher zu verneinen" sei. *Ellger*, 783; *MünchKomm/Schwerdtner*[3], § 12 BGB Rdnr. 281. *Schwerdtner* vertritt folgendes: Es ist ungeklärt, ob Bereicherungsansprüche auch auf die Persönlichkeitsrechtsverletzungen ausgedehnt werden können, die gesetzlich nicht ausdrücklich geregelt sind (unbefugte Verwertung von Briefen, Tagebüchern). „Dieses [Problem des Zuweisungsgehalts] ließe sich überwinden. Problematisch ist allein, ob die Rspr. des BGH mit der Anerkennung des allgemeinen Persönlichkeitsrechts Persönlichkeitsnutzungsrechte schaffen wollte. Dies ist zu verneinen. Rechtspolitisch könnte mit der Anerkennung derartiger Ansprüche der Schmerzensgeldanspruch entlastet werden". *Schwerdtner* (247) führt aus: „Rechtspolitisch sind derartige Bereicherungsansprüche anzustreben, da sie von falschen Sentimentalitäten und falschem Pathos

verletzungen, beeinträchtigt und Vermögensinteressen nicht tangiert, so weisen sie per se auch kein Zuweisungsgehalt auf. Die Verletzung bleibt nicht ohne Sanktion, sie begründet, sofern die Voraussetzungen vorliegen, einen Anspruch auf immateriellen Schadensersatz.

Findet dagegen eine nicht autorisierte Vermarktung des Betroffenen statt, beinhaltet sie zumeist keine Ehrverletzung oder Indiskretion, sondern stellt lediglich eine Ausnutzung vermögenswerter Persönlichkeitsmerkmale dar[808].

Anders zu beurteilen ist die Situation, wenn aus einer Ehrverletzung Kapital geschlagen wird[809]. In dieser Ausnahmesituation, in der der Betroffene darauf eingeht und sich dann entscheidet, diesen Wert zu realisieren, liegt bei einer unbefugten Benutzung bereits eine Verletzung vermögensrechtlicher Interessen nahe.

c) Der Zuweisungsgehalt bei Beeinträchtigung von ideellen und vermögenswerten Interessen

Problematisch erscheint der Bereich, in dem durch den Eingriff sowohl ideelle als auch kommerzielle Bestandteile tangiert scheinen. Dies wirft die Frage auf, ob dann nicht unterschieden werden müsste, wo die eigene Vermarktung aufhört bzw. die Verletzung anfängt. Zudem gilt es zu klären, welcher Teil der Persönlichkeit bei der unautorisierten (Zweit-)Nutzung betroffen ist. Im Fall des Nacktfotos[810] könnte dies eine Herabwürdigung oder den Eingriff in eine vermögenswerte Position darstellen. Das LG Hamburg entschied sich für letzteres und gewährte der Betroffenen einen Anspruch gemäß § 812 Abs. 1 S. 1 Alt. 2 BGB.

wegführen und den zu sehr von Gefühlsmomenten besetzten Schmerzensgeldanspruch entlasten ... Die Gewährung von Bereicherungsansprüchen bei Eingriffen in das allgemeine Persönlichkeitsrecht würde daher in der Sache nur geringfügige Änderungen bringen. Es würde jedoch der Wertungswiderspruch aufgehoben, der darin besteht, daß beim allgemeinen Persönlichkeitsrecht ein Zuweisungsgehalt geleugnet wird, obwohl er über den Schmerzensgeldanspruch verdeckt eingeräumt wird." Anders dagegen *Westermann*, Symposion Canaris, 125, 144, der anmerkt, dass das allgemeinen Persönlichkeitsrecht ein vermögensrechtlichen Zuweisungsgehalt aufweise - „ein Schritt, den bisher viele nicht gehen wollten, der aber nicht mehr zu vermeiden ist ..."

Die Rechtsprechung prüft in diesen Fällen in der Regel nur Ansprüche auf Zahlung einer ideellen Entschädigung, so z.B. BGH, Urt. v. 15.11.1994, VI ZR 56/94, BGHZ 128, 1, 15 - Caroline I.

808 So auch *Schertz*, Rdnr. 305.

809 Soweit ersichtlich hatte kein Gericht bislang darüber zu befinden. Vorstellbar ist jedenfalls eine Situation wie bei Regina Zindler und Stefan Raab. Die erstmalige Verwendung der im sächsischen Dialekt ausgesprochenen Worte „Maschendrahtzaun" und „Knallerbsenstrauch" in einer Comedy - Fernsehshow mag der eine oder andere als beleidigend und ehrverletzend ansehen. Frau Zindler wurde mit 10 Pfennig pro verkaufter CD beteiligt. Zu einem Zivil- oder Strafverfahren kam es meiner Kenntnis nach diesbezüglich nicht.

810 Auch im Folgenden LG Hamburg, Urt. v. 15.10.1993, 324 O 3/93, AfP 1995, 526 ff.

Das Erlangte sei die Vergütung, die die Klägerin für die Erlaubnis der Verwertung des Fotos hätte verlangen können. Bei der Höhe seien sowohl die fiktive Lizenz für die Einräumung der Zweitverwertungsrechte als auch das Maß der Besonderheit des Fotos berücksichtigt worden.

Gegenstand einer anderen Entscheidung[811] war erneut ein Nacktfoto. Für eine Werbung wurde die Klägerin, nur mit einem Pelz bekleidet telefonierend hinter einem Schreibtisch abgelichtet. Jahre später nutzte die Beklagte ohne Zustimmung dieses Foto und ließ es in einer Illustrierten abdrucken. Unmittelbar über dem Kopf der abgelichteten Klägerin befanden sich die Worte „die Traumfrau, Nackte im Pelz". Der begleitende Text nahm dabei auf Telefonsex und ausdrücklich auf das Bild der Klägerin Bezug. Das erkennende Gericht entschied sowohl auf einen Anspruch gemäß §§ 812 Abs. 1, 818 Abs. 2 BGB in Höhe von 4.000, - DM als entgangene Lizenzgebühr als auch auf einen Anspruch auf immateriellen Schadensersatz in Höhe von 8.000, - DM.

Das wirft die Frage auf, wodurch sich dieser Eingriff von anderen unterscheidet. Knüpft man an das eingangs aufgestellte Kriterium der kommerziellen Verwertungsmöglichkeit an, so ergibt sich aus der bereits erfolgten ersten autorisierten Nutzung ein Vermögenswert.

Teilweise[812] wird argumentiert, dass auch in dem Bereich der Verletzung der Intim- und Privatsphäre durch die Medien dem Rechtsträger eine ausschließliche Befugnis zustehe, Informationen zum Zwecke der kommerziellen Verwertung freizugeben. *Dreier* sieht hingegen die Gefahr, dass durch die Bejahung des Zuweisungsgehalts auch bei rein ideellen Persönlichkeitsrechtsverletzungen die Grenze zwischen kommerzialisierbaren und nicht kommerzialisierbaren Persönlichkeitsbestandteilen aufgehoben werde[813]. Seine Bedenken sind berechtigt, aber dieses Gefahrenpotenzial wird durch die konsequente Umsetzung der Trennung zwischen ideellen und vermögenswerten Bestandteilen nicht verändert. Es muss daher sorgfältig differenziert werden. Aus dem Wort „Freigabe" ergibt sich bereits, dass der Betroffene sich selbst eines Teils seiner Persönlichkeit entäußert. *Lober/Weber*[814] argumentieren zu Recht folgendermaßen: Wenn Personen in Talkshows über ihr Sexualleben Auskunft erteilen oder Darsteller von Pornofilmen sind, dann nehmen die Betroffenen den Schutz der Privat- bzw. Intimsphäre nicht deshalb in Anspruch, weil sie sich durch eine Veröffentlichung in ihrer Würde verletzt sehen, sondern weil es ihnen Geld bringt. Sofern der Betroffene selbst die Entscheidung trifft, soll er das tun können; auch das bedeutet Selbstbestimmung. Wenn also auch das Private zu einem Wirtschaftsgut gemacht werden kann, sollte es die Rechtsordnung dementsprechend behandeln. Auch *Ehmann* stellt zutreffend fest, dass „jeder positive oder negative Aspekt,

---

811 OLG München, Urt. v. 09.03.1995, 29 U 3903/94, NJW-RR 1996, 539 ff. - Telefon-Sex-Foto.

812 *Canaris*, FS Deutsch, 85, 88; *Lichtenstein*, 105.

813 *Dreier, T.*, 369 f.

814 *Lober/Weber*, ZUM 2003, 658, 667.

jede Ausstrahlung oder Ausformung einer Persönlichkeit einen Marktwert bekommen und dadurch zu einem kommerziellen Interesse werden"[815] kann. Daher kommt persönlichkeitsrechtlichen Positionen auch dann ein vermögenswerter Zuweisungsgehalt zu, wenn sie auf den Schutz der Privat- bzw. Intimsphäre abzielen[816].

4. Die Nichterforderlichkeit eines Nutzungswillen

Nach überwiegender Meinung[817] ist für das Bestehen des Zuweisungsgehalts und damit für den Anspruch aus § 812 Abs. 1 S. 1 Alt. 2 BGB eine subjektive Komponente, und zwar ein Kommerzialisierungs-/Nutzungswille, der teilweise auch als Vermarktungsbereitschaft bezeichnet wird, entbehrlich. Es handelt sich um eine Be- und nicht um eine Entreicherungshaftung. Daher kommt es nicht darauf an, ob der Bereicherungsgläubiger ohne den Eingriff einen Vorteil realisiert hätte, sondern darauf, dass der Bereicherungsschuldner etwas erlangt hat[818]. Eine Verbindung von Kommerzialisierungswillen und Vermögensvorteil des Bereicherungsschuldners ist nicht erforderlich. Andernfalls wäre damit der Schutz solcher Personen verringert, die besonderen Wert auf ihr Privatleben legen. Es ist nicht nachvollziehbar, warum bei schwersten Persönlichkeitsverletzungen, denen der Verletzte nicht zugestimmt hätte, der Weg über das Bereicherungsrecht versperrt sein sollte[819].

Teilweise[820] wird ein Nutzungswille gefordert. Als Begründung führt die Minderansicht folgendes an: Der Verletzte verhalte sich widersprüchlich (Grundsatz des § 242 BGB: venire contra factum proprium), wenn er, obwohl er nicht kommerzialisierungswillig ist, dennoch eine Lizenzgebühr liquidieren wolle, und der Bereicherungsschuldner hätte nichts auf Kosten des Rechtsinhabers

---

815 *Ehmann*, AfP 2005, 237, 238.

816 *Staudinger/Hager*, § 823 BGB Rdnr. C 249; *Schlechtriem*, FS Hefermehl, 445, 452 f; *Canaris*, in: Karlsruher Forum 1996, 58, 60 f. Einschränkend *Stoll*, in: Karlsruher Forum 1996, 81, 82, der die Fälle ausgrenzen möchte, in denen es „nur" um die Kränkung einer Persönlichkeit geht; dafür sei das Schmerzensgeld die allein infrage kommende Sanktion. So auch *Weyers*, in: Karlsruher Forum 1996, 86, 87.

817 BGH, Urt. v. 26.10.2006, I ZR 182/04, JZ 2007, 475, 476; BGH, Urt. v. 26.06.1981, I ZR 73/79, BGHZ 81, 75, 82 - Carrera; OLG Hamburg, Urt. v. 09.11.2004, 7 U 18/04, AfP 2004, 566, 568 - Lafontaine; *v. Caemmerer*, FS Rabel, 333, 358; *Schlechtriem*, DRiZ 1975, 65, 69; *Schlechtriem*, FS Hefermehl, 445, 464; *Schwerdtner*, JuS 1978, 289, 294; *Pietzko*, AfP 1988, 209, 220; *Götting*, 54 ff.; *Siemes*, AfP 1997, 542; *v. Holleben*, 106 ff.; *Dreier, T.*, 368; *Ehmann*, AfP 2005, 237, 246.

818 *Canaris*, FS Deutsch, 85, 89; *Bötticher* prägte den Begriff „Praeformierung", lehnt den Gedanken jedoch ab, „nachdem einmal der Schädiger selbst ‚formiert' hat." *Bötticher*, AcP 158, 385, 404.

819 So bereits *Schwerdtner*, JuS 1978, 289, 294; *Beuthien/Schmölz*, 42; *v. Holleben*, 108.

820 *Gounalakis*, AfP 1998, 10, 19, *Steffen*, NJW 1997, 10, 13 f.

erlangt. *Gounalakis*[821] argumentiert darüber hinaus damit, dass das Gericht das informationelle Selbstbestimmungsrecht verletzen müsste, um den Marktwert valutieren zu können.

Der Ansatz der Minderansicht ist verfehlt. Es wird verkannt, dass es nicht um eine nachträgliche Fiktion der Genehmigung der unautorisierten Verwendung der Rechtsposition handelt, sondern um den Ausgleich des Vermögensvorteils[822]. Richtig ist zwar, dass ein widersprüchliches Verhalten vorliegt; jedoch nicht beim Verletzten, sondern beim Verletzer. Denn derjenige, der das Persönlichkeitsrecht eines anderen kommerzialisiert, kann dann nicht einwenden, beim Persönlichkeitsrecht handle es sich um ein rein ideelles Recht[823]. Der, der das Persönlichkeitsrecht eines anderen ausnutzt, zeigt, dass er diesem einen Marktwert zumisst.

In der Tat wäre es widersprüchlich, insbesondere wenn man sich vor Augen führt, dass entgeltliche Verträge über Persönlichkeitsrechte als wirksam behandelt werden, demgegenüber der eigenmächtigen Verschaffung derselben Leistung einen vermögensrechtlichen Schutz zu verwehren[824]. Der Anspruch aus Bereicherungsrecht ist nicht davon abhängig, ob der Betroffene nach seiner Moral das Recht so nicht verwertet hätte oder nach allgemeiner Moral nicht so hätte verwerten dürfen[825].

Gounalakis' Argument, die Verletzung des Selbstbestimmungsrechts, scheint auf der Vorstellung zu gründen, bestimmte Persönlichkeitsausprägungen würden erst dann in das Vermögen gelangen, wenn sie der Betroffene von seiner Persönlichkeit abspaltet. Dabei wird jedoch verkannt, dass das Güterrecht über die Frage entscheidet, ob etwas Bestandteil der Person oder ein Gegenstand ist. Viele Persönlichkeitsmerkmale, z.B. der Name oder das Bild, sind kein Bestandteil des Menschen. Der Inhaber kann nicht darüber entscheiden, ob sie Bestandteil seiner Person oder ein außerhalb der Person befindlicher Gegenstand sind; er kann nur darüber entscheiden, ob er die Bestandteile kommerziell verwerten möchte[826].

---

821 *Gounalakis*, AfP 1998, 10, 19.

822 OLG München, Urt. v. 09.03.1995, 29 U 3903/94, NJW-RR 1996, 539, 540 - Telefon-Sex-Foto; *Schwerdtner*, JuS 1978, 289, 294; *Pietzko*, AfP 1988, 209, 221.

823 So zutreffend *Bötticher*, AcP 158, 385, 404; *v. Holleben*, 107 m.w.N.; a.A. *Helle*, JZ 2007, 444, 449 der sich gegen eine Begriffsvertauschung wendet. Der Betroffene schließt sich weder dem Handeln an noch akzeptiert er die Verletzung nachträglich. Maßgebend für den BGH in der Lafontaine Entscheidung ist der Ausgleichsgedanke (BGH, Urt. v. 26.10.2006, I ZR 182/04, JZ 2007, 475, 476).

824 *Vollkommer*, FS Leisner, 599, 605 f.

825 *Ehmann*, AfP 2005, 237, 245, der jedoch unzutreffender Weise in Fn. 116 als andere Auffassung *Kleinheyer*, (JZ 1970, 471, 476) und *Schlechtriem* (FS Hefermehl, 445, 464) zitiert, obwohl Letztgenannter dort nicht von moralischen Bedenken, sondern nur von einem Zuweisungsgehalt ausgeht, sofern nicht ein Verstoß gegen gesetzliche Verbote bzw. ein Verstoß gegen die Sittenwidrigkeit vorliegt.

826 *Beuthien/Schmölz*, 41 f.

5. Fazit

Das Persönlichkeitsrecht weist einen eigenen Zuweisungsgehalt auf. Auch praktische Erwägungen, z.B. hinsichtlich der Voraussetzungen des Verschuldens, Vermögensschadens, Schwere der Persönlichkeitsverletzung oder Subsidiarität, führen dazu, dass durch die Anwendung des Bereicherungsrechts der Persönlichkeitsschutz erheblich verstärkt wird. Mit der Anerkennung des Zuweisungsgehalts ist der Wertungswiderspruch zwischen der Verneinung des Zuweisungsgehaltes, und dessen verdeckter Einräumung über Schmerzensgeld aufgehoben[827].

Schwerdtner plädiert zu Recht für Bereicherungsansprüche, „da sie von falschen Sentimentalitäten und falschem Pathos wegführen und den zu sehr von Gefühlsmomenten besetzten Schmerzensgeldanspruch entlasten“[828]. Im Ergebnis würden Bereicherungsansprüche bei Eingriffen in das allgemeine Persönlichkeitsrecht nur geringfügige Änderungen bewirken, die dogmatischen Vorteile überwiegen. Ähnlich argumentiert *Seitz*, der den Weg über §§ 812 ff. BGB als „etwas ehrlicher“[829] ansieht. *Ellger* stellt zutreffend auf Folgendes ab: Wer aufgrund idealistischer Vorstellungen den Zuweisungsgehalt verleugnet, weil er der Kommerzialisierung keinen Vorschub leisten will, erweist dem Schutz des Persönlichkeitsrechts und seinen Inhabern einen Bärendienst[830]. Bei einem Ausschluss der Eingriffskondiktion wird demjenigen die Nutzung zugewiesen, der das Persönlichkeitselement unautorisiert kommerzialisiert; der unbefugte Nutzer darf sodann die Vorteile aus der Nutzung behalten, und zwar ohne Entgeltzahlung an den Berechtigten.

III. Die Aktivierung des immateriellen Wirtschaftsguts „Spielerwert“ in der Bilanz

Den Lizenzspielern kommt über die laufende Vergütung hinaus noch ein weiterer ökonomischer Wert zu. So wird das kommerzielle Selbstbestimmungsrecht in der Ausprägung des „Spielerwertes“ in der Bilanzierung berücksichtigt. Bei einem Vereinswechsel eines Lizenzspielers werden häufig sog. Ablösesummen[831] gezahlt; im allgemeinen Sprachgebrauch wird der Spieler aus seinem Vertrag „herausgekauft“. Das legt den Schluss nahe, dass Spieler einen immateriellen Vermögenswert als *human resource* aufweisen. Dieser wirtschaftliche Wert wird in der Bilanzierung und somit im Steuerrecht anerkannt.

---

827 So bereits *Schwerdtner*, 247.
828 Auch im Folgenden *Schwerdtner*, 247.
829 *Seitz*, NJW 1996, 2848, 2850.
830 Auch im Folgenden *Ellger*, 747.
831 Die Ablösesumme ist eine Entschädigung für das Einverständnis des Arbeitgebers an der vorzeitigen Vertragsaufhebung eines befristeten Vertrages mit einem Spieler.

1. Die Bilanzierung nach deutscher Rechnungslegung

Der BFH[832] ordnete die Ablösesummen als Gegenleistung für den Erwerb einer Spielerlaubnis ein und sah sie als ähnliches Recht im Sinne des § 266 Abs. 2 A I Nr. 1 HGB an. Im Ergebnis wird der Spieler wie eine gekaufte Sache behandelt. Der für die Bilanzierung maßgebende Vermögensbegriff ist ausschließlich der wirtschaftliche Gehalt der Transaktion[833]. Die überwiegende Ansicht geht von einer „Aktivierung eines immateriellen Wirtschaftsguts ‚Spielerwert'"[834] aus. Das setzt zunächst voraus, dass der Spielerwert bilanzierungsfähig ist, d.h. abstrakt aktivierungsfähig ist. Dafür muss der Spielerwert selbstständig verkehrsfähig sein, einen wirtschaftlichen Wert darstellen und gegen Entgelt erworben worden sein, § 248 HGB.

Verkehrsfähig sind Güter, die Gegenstand des Rechtsverkehrs sein können. Der Begriff des Vermögensgegenstandes geht über den Begriff des bürgerlichen-rechtlichen hinaus. Er umfasst alle vermögenswerten Vorteile des Betriebs, inklusive tatsächlicher Zustände und konkreter Möglichkeiten, sofern ihnen ein selbstständiger Wert zukommt und sie verkehrsfähig sind[835]. Es muss sich dabei nicht um einen Gegenstand handeln[836]. Maßgeblich für die Verkehrsfähigkeit ist die abstrakte Veräußerbarkeit, nicht hingegen eine Veräußerbarkeit im Rechtssinne[837]. Es kommt also nicht darauf an, dass vertragliche respektive gesetzliche Beschränkungen eine Verfügung versagen[838]. Vielmehr genügt es, dass „der Rechtsverkehr Möglichkeiten entwickelt hat, die Spielerlaubnis wirtschaftlich zu übertragen"[839]. Die Verkehrsfähigkeit ist jedenfalls dort gegeben, wo die Übertragung des vertraglichen Anspruchs im Wege der Einwilligung ausdrücklich gestattet ist[840]. Da dies bereits bei der schuldrechtlichen Einwilligung gilt, muss es erst recht bei einer anderen Übertragungsform gelten.

Darüber hinaus muss der „Spielerwert" selbstständig bewertbar sein. Bei immateriellen Vermögensgegenständen konkretisiert sich der Wert gerade nicht in seiner körperlichen Gegenständlichkeit, vielmehr muss ein „greifbarer Vermögenszugang stattgefunden" haben[841]. Es gibt mehr kaufmännisch-rationale

832 BFH, Urt. v. 26.08.1992, I R 24/91, NJW 1993, 222, 223.

833 *Lüdenbach/Hoffmann*, DB 2004, 1442.

834 Bejahend: *Wertenbruch*, FS Röhricht, 1297, 1305; *Lüdenbach/Hoffmann*, DB 2004, 1442, 1447; *Wehrheim*, BB 2004, 433, 435; *Kußmaul/Zabel*, ZSteu 2005, 235 m.w.N.; verneinend: *Kaiser*, DB 2004, 1109, der meint, dass Lizenzfußballspieler keinen Vermögensgegenstand nach § 240 HGB darstellen.

835 BFH, Urt. v. 26.08.1992, I R 24/91, NJW 1993, 222, 223.

836 *Lüdenbach/Hoffmann*, DB 2004, 1442, 1443.

837 BFH, Urt. v. 26.08.1992, I R 24/91, NJW 1993, 222.

838 *Rodewald*, BB 1995, 2103, 2105 m.w.N.

839 BFH, Urt. v. 26.08.1992, I R 24/91, NJW 1993, 222.

840 So jedenfalls *Rodewald*, BB 1995, 2103, 2105 für die Sportübertragungsrechte.

841 *Knobbe-Keuk*, 89.

Verhaltensweisen als *Rodewald*[842] 1995 annahm. Der Klub wird im Sinne der Nutzenmaximierung möglichst solche Spieler binden wollen, mit denen er nach seiner Überzeugung, einen sportlichen und zugleich wirtschaftlichen Erfolg realisieren kann. Mit der Nutzung der Fertigkeiten der Spieler im eigenen Team, ihren Einsatz für Vermarktungszwecke und der Möglichkeit, diese Spieler transferieren zu können, erwächst den Vereinen ein Potenzial, das über die dafür gezahlte laufende Vergütung hinausgeht. Dieses stellt einen Vermögenswert dar[843]. Die wirtschaftliche Bedeutung sog. Starspieler ergibt sich nicht nur durch die Erhöhung der Spielstärke des Teams, sondern auch daraus, dass Starspieler vermarktet werden können und sich Erlöse aus dem Verkauf von Fan-Artikeln erzielen lassen[844]. Der Wert des Spielers konkretisiert sich bei Transaktionen in einem Marktpreis[845], der sich aus Angebot und Nachfrage auf dem Transfermarkt ergibt.

Zur Bilanzierungsfähigkeit bedarf es bei immateriellen Werten noch eines entgeltlichen Erwerbs. Als Entgelt kommt die Transferentschädigung in Betracht[846]. Nach § 29 des Lizenzspielerstatus a.F.[847] begründet der Vereinswechsel eines Lizenzspielers einen Anspruch des abgebenden Vereins auf eine Transferentschädigung. Zweck der Transferregelung war es, dem von der Abwanderung eines Spielers betroffenen Bundesligaverein einen Ausgleich für den sportlichen und wirtschaftlichen Verlust zu verschaffen[848].

---

842 *Rodewald,* BB 1995, 2103, 2106.

843 *Galli*, WISU 2005, 645.

844 *Schwendowius,* 72 m.w.N. Vgl. dazu auch die Ausführungen unter Teil 1 § 2 A. Zur Veranschaulichung sei hier auf folgendes Beispiel verwiesen: Als David Beckham 2003 für 37,5 Millionen Euro nach Real Madrid wechselte, konnte Real Madrid mit den Merchandisingprodukten von David Beckham die für ihn gezahlte Ablösesumme sehr zeitnah refinanzieren. Allein zwischen September und Dezember 2003 verkaufte Real Madrid eine Million Beckham-Trikots zu je 78 Euro. Reals Marketing-Manager erwartete ursprünglich bis zum Jahr 2006 Einnahmen aus dem Beckham-Trikot-Verkauf von 140 Millionen Euro. Vgl. *Heider*, Das Spiel mit dem Kommerz, <http://www.br-online.de/politik-wirtschaft/mittagsmagazin/dynamisch/specials/Fussballvereine/Fussballvereine.htm> (letzter Stand: 21.11.2004, letzter Zugriff: 03.06.2007).

845 Zur Bewertungsmethode, dem marktwertorientierten Ansatz, vgl. *Castedello/Elter*, Seite 7.

846 Daneben fallen möglicherweise noch Provisionen für Spielervermittler oder das Handgeld (signing fees) an. Erstgenannte werden i.d.R. als Anschaffungsnebenkosten aktiviert, die signing fees hingegen als aktiver Rechnungsabgrenzungsposten angesehen. Zur Bilanzierung und Bewertung, insbesondere in der Fußballbranche, siehe allgemein *Castedello/Elter*, Der Fußballtransfermarkt.

847 Auszug aus § 29 Lizenzspielerstatus - Vereinswechsel zu einem anderen Mitgliedsverband der FIFA:
„3. Für den Wechsel von Spielern von einem Mitgliedsverband der FIFA zu einem anderen sind die jeweils gültigen Bestimmungen der FIFA maßgebend. Soweit die FIFA der UEFA die Festsetzung einer Ausbildungs- und/oder Förderungsentschädigung übertragen hat, gelten die jeweiligen Bestimmungen der UEFA."

848 *Wertenbruch*, NJW 1993, 179, 180 m.w.N., insbes. Fn. 14.

Die Situation hat sich auch nach der Bosman - Entscheidung[849] nicht grundlegend geändert[850]. Das liegt vor allem daran, dass der EuGH nur solche Transferentschädigungen und Ablösesummen für unvereinbar mit dem Art. 48 EGV a.F. (Art. 39 EG) erklärt hat, die nach Vertragsablauf gezahlt wurden. Das von der FIFA modifizierte Reglement zum Transfer[851] sieht nunmehr für den Transfer von Spielern, die das 23. Lebensjahr noch nicht vollendet haben, eine nachvertragliche Zahlungsverpflichtung, eine sog. Ausbildungsentschädigung vor[852]. Für ältere Spieler, die den Klub vorzeitig, also während der Vertragslaufzeit verlassen, sind Transferentschädigungen (Ablöse) weiterhin zulässig. Diese Zahlung ist als *Vorteil* für den erwerbenden Klub durch die Verpflichtung des Spielers zu sehen, da der Klub den Spieler dann einsetzen und gegebenenfalls sogar mit einem höheren Wert weitertransferieren kann. Eine Bilanzierungsfähigkeit liegt somit vor[853].

Nach Vertragsablauf hängt die Bilanzierungsfähigkeit vom Status des Fußballers[854] ab. Innerhalb der EU führt nur der Wechsel eines Amateurs zu einem anderen Profiklub zu einer Bilanzierbarkeit. Nunmehr könnte man annehmen, dass eine weitere Möglichkeit für eine Ablöse nach Vertragsablauf besteht, wenn es sich um grenzüberschreitende Spielertransaktionen zwischen einem Klub innerhalb und einem außerhalb der EU handelt; die Nationalität des Spielers ist diesbezüglich nicht relevant[855]. Dem steht jedoch die Statutenänderung

---

An dieser Stelle sei darauf hingewiesen, dass Spieler aus der eigenen Jugend- und Amateurmannschaften, nicht bilanziert werden dürfen, weil für selbst erstellte Vermögensgegenstände des Anlagevermögens ein Aktivierungsverbot gemäß § 248 Abs. 2 HGB besteht. So konnte der Spielerwert von Bastian Schweinsteiger, der von den Amateuren zu der Profimannschaft des FC Bayern München wechselte, nicht bilanziert werden.

849 EuGH, Urt. v. 15.12.1995, Rs. C-415/93, EuGH Slg 1995, I-4921 ff.

850 Die Transfersummen sind nach der Entscheidung in der Rechtssache Bosman keineswegs verschwunden oder gesunken. Hier seien folgende Transfersummen erwähnt: Zidane wechselte 2001 von Juventus Turin zu Real Madrid für 71,6 Millionen Euro, Figo wechselte von Barcelona nach Real Madrid (2000) für 61, 4 Millionen Euro; Ronaldo wechselte von Inter Mailand zu Real Madrid (2002) für 45 Millionen Euro; Buffon wechselte von Parma zu Juventus Turin (2001) für 41 Millionen Euro oder der Wechsel von Amoroso von Parma zu Dortmund für 25,5 Millionen Euro.

851 Siehe unter <http://www.dfb.de/uploads/media/fifa-reglement.pdf> (letzter Zugriff: 23.06.2007), insbesondere Kapitel VI zur Ausbildungsentschädigung.

852 Die Ausbildungsentschädigung für sog. Nichtamateure - also für Amateure, die der Klub vor deren 23. Geburtstag ohne Lizenz unter Vertrag nimmt - wurde in Deutschland aufgehoben. Vgl. dazu die Entscheidung des OLG Oldenburg, Urt. v. 10.05.2005, 9 U 84/04, <http://app.olg-ol.nieder-sachsen.de/efundus/index.php4> (letzter Zugriff: 03.06.2007). Das Gericht meint, dass die Ausbildungsentschädigung gegen Art. 12 Abs. 1 GG verstoße. Um die Nachwuchsarbeit dennoch zu unterstützen, hat die DFL im Jahr 2007 einen Talent-Ausbildungs-Fond aufgelegt.

853 BFH, Urt. v. 26.08.1992, I R 24/91, NJW 1993, 222; *Wehrheim* BB 2004, 433, 435; *Wertenbruch*, FS Röhricht, 1297, 1306.

854 *Kaiser*, DB 2004, 1109.

855 So wohl *Schwendowius, 62* Fn. 49.

der FIFA mit dem Regelement bezüglich Statut und Transfer von Spielern[856] entgegen, in der nur noch die Rede von Ausbildungsentschädigungen ist und nicht von Transferentschädigungen.

2. Die Bilanzierung nach internationaler Rechnungslegung

Der europarechtliche Einfluss im Sportrecht beschränkt sich nicht auf die Bosman - Entscheidung. Kapitalmarktorientierte Unternehmen haben nach der EG Verordnung Nr. 1606/2002[857] ihre Konzernbilanz ab 01.01.2005 nach dem international üblichen International Financial Reporting Standard (IFRS) zu erstellen. Beispielsweise ist die Borussia Dortmund GmbH & Co. KGaA[858] verpflichtet nach IFRS zu bilanzieren.

Zu den wesentlichen Einnahmequellen eines Klubs zählen neben der medialen Rechtevermarktung, die Marketing- und Logorechte, die Ticketverkäufe und auch die Transferverkäufe. Mittelbare Grundlage bildet dabei der Lizenzfußballer. Infolgedessen führt dies zu einer Auseinandersetzung mit dem International Accounting Standard (IAS) 38, immaterielle Vermögenswerte, und zwar im Hinblick auf das Humankapital des Lizenzfußballers.

Nach IAS 38.8 ist ein immaterieller Vermögenswert ein identifizierbarer, nicht monetärer Vermögenswert ohne physische Substanz, der aufgrund von vergangenen Ereignissen von einem Unternehmen beherrscht wird und von dem ein künftiger wirtschaftlicher Nutzen erwartet wird. Damit sind nach IAS 38.11-17 die Identifizierbarkeit, die Beherrschbarkeit und ein künftiger wirtschaftlicher Nutzen erforderlich.

a) Die Identifizierbarkeit

Der immaterielle Vermögenswert muss vom Geschäfts- oder Firmenwert unterscheidbar sein (IAS 38.11), was seine Separierbarkeit erfordert. Nach IAS 38.12a ist diese gegeben, wenn der Vermögenswert vom Unternehmen getrennt und damit verkauft, übertragen, lizenziert, vermietet oder getauscht werden kann. Nach IAS 38.12b genügt es, wenn der Vermögenswert aus vertraglichen

856 Siehe unter <http://www.dfb.de/uploads/media/fifa-reglement.pdf> (in der aktuellen Fassung, in Kraft getreten am 01.07.2005, letzter Zugriff: 23.06.2007), in der nur noch auf die Ausbildungsentschädigung Bezug genommen wird.

857 Verordnung der Europäischen Gemeinschaft Nr. 1606/2002 des europäischen Parlaments und des Rates vom 19.7.2002 betreffend die Anwendung internationaler Rechnungslegungsstandards, ABl. EG 2002 Nr. L 243, 1 ff.

858 Borussia Dortmund war der erste deutsche börsennotierte Verein und momentan der einzige in Deutschland. Der Branchenindex „Dow Jones Stoxx Football" zeigt, dass in Europa derzeit 28 Vereine börsennotiert sind (Stand 04.04.2007).

oder gesetzlichen Rechten entsteht, unabhängig davon, ob diese Rechte übertragbar oder separierbar sind.

Der wirtschaftliche Vorteil aus der exklusiven Einsetzbarkeit eines Lizenzfußballers ist, wie die im Rechtsverkehr entwickelten Übertragungsmöglichkeiten zeigen, veräußerbar. Der Vermögenswert entsteht aus vertraglichen Rechten - gemäß dem Arbeitsvertrag - und ist somit identifizierbar[859].

b) Die Beherrschbarkeit des Vermögenswertes

Wenn das Unternehmen die Macht hat, sich den Nutzen aus der zugrunde liegenden Ressource zu verschaffen und Dritte von dem Nutzen ausschließen kann, dann ist eine Beherrschung nach IAS 38.13 gegeben. Diese Fähigkeit des Unternehmens basiert auf juristisch durchsetzbaren Ansprüchen - obwohl dies nicht zwingend ist -, die sich aus dem Arbeitsvertrag ergeben.

c) Ein künftiger wirtschaftlicher Nutzen

Der künftige wirtschaftliche Nutzen kann Erlöse aus dem Verkauf von Produkten, die Erbringung von Dienstleistungen oder andere Vorteile beinhalten, vgl. IAS 38.17. Die exklusive Einsetzbarkeit des Lizenzspielers, seine Motivation und Fähigkeiten stellen den Vorteil dar. Darüber hinaus kann bei einem Klubwechsel während eines laufenden Vertrages eine Transferleistung und somit eine weitere Einnahme generiert werden. Die bei der Verpflichtung des Spielers anfallenden Kosten zeigen, dass die Erlangung der Arbeitsleistung für den Verein folglich einen Wert hat.

3. Fazit

Festzuhalten bleibt, dass die Bilanzierbarkeit sog. „Spielerwerte“ sowohl nach deutscher als auch internationaler Rechnungslegung für eine Verwertung persönlichkeitsrechtlicher Positionen spricht. Eine rechtliche Anerkennung in steuerrechtlicher Hinsicht liegt vor.

IV. Der Wandel des Rechtscharakters

Das Recht ist etwas Dynamisches und Gestaltbares und damit ein Prozess. Es unterliegt im Laufe der Zeit einem Wandel. Rechte, die früher als Persönlich-

---

859 So auch *Homberg/Elter/Rothenburger*, KoR 2004, 249, 253.

keitsrechte und damit als unübertragbar angesehen wurden, sind heute übertragbare Immaterialgüterrechte.

Wagner stellt zutreffend fest, dass der Kreis der Vermögensrechte nicht abschließend definiert ist und kein numerus clausus besteht[860]. Metamorphosen rein ideell gedachter Rechtspositionen zu Vermögensgüterrechten gab es bereits. Ein Beispiel für die Entwicklung eines Persönlichkeitsrechts zu einem Immaterialgüterrecht ist das Namensrecht[861]. Das Namensrecht war das erste Persönlichkeitsrecht, das eine gesetzliche Anerkennung erfahren hat, vgl. § 12 BGB, und wird deshalb als „Prototyp der Persönlichkeitsrechte"[862] bezeichnet. Der Name ist kein außerhalb der Person stehendes Gut, sondern ein Zeichen bzw. ein Symbol, das die Person in ihrer Individualität kennzeichnet. Damit ist der Name ein der Person zugehöriges ideelles Gut, ein Persönlichkeitsgut[863]. Der Name dient nicht nur der Identifikation des Namensträgers, sondern ist zugleich Ausdruck der Individualität[864]. Darüber hinaus ist der Name nicht wie z.B. das äußere Erscheinungsbild mit der Person des Trägers verhaftet. Die Ablösbarkeit oder auch die Veränderung zeigt sich bei der Möglichkeit der Namensänderung, wie bei der Eheschließung (§ 1355 BGB) oder bei der Benutzung eines Pseudonyms. Der Name reicht also weit über die Kennzeichnungs- und Unterscheidungsmittel hinaus. Mit dem Namen verbindet man u.a. die wirtschaftliche Leistungsfähigkeit, den guten Ruf und den damit verbundenen good will.

Das Ausmaß wirtschaftlicher Verwertung macht nicht vor dem Namen einer Person halt. Nach Auffassung des BGH ist auch die Gebäudebezeichnung namensschutzfähig[865]. Statt „Uwe Seeler Stadion" heißt das Stadion, in dem der Hamburger SV seine Heimspiele austrägt, AOL Arena oder das neue Münchner Stadion, nicht etwa „Kaiser Franz Beckerbauer", sondern Allianz Arena. Das geschieht aufgrund der Annahme des Bedürfnisses an der Vermarktung von Immobilien[866]. Trotz der Zuordnung als Persönlichkeitsrecht wurde der Name von Anfang an *nicht* als vermögensfremd betrachtet.

---

860 *Wagner*, NJW 2006, Beilage zu Heft 22, 5, 6.

861 *Götting*, 113.

862 *Larenz/Wolf*[8], BGB AT, § 8 Rdnr. 9; *Götting*, 79; Lichtenstein, 37.

863 *Larenz/Wolf*, BGB AT, § 8 Rdnr. 9.

864 BVerfG, Beschl. v. 12.01.1982, 2 BvR 113/81, JZ 1982, 798. Gegenstand der Entscheidung war die Änderung eines Gemeindenamens durch den Gesetzgeber.

865 So bereits BGH, Urt. v. 09.01.1976, I ZR 71/74, GRUR 1976, 311, 312 - Sternhaus. Der Leitsatz lautet: „Der Schutz des § 12 BGB kann auch für den Namen eines Gebäudes gegeben sein, wenn an einer solchen Bezeichnung ein schützenswertes Interesse besteht."

866 LG Düsseldorf, Urt. v. 15.03.2001, 4 O 357/99, GRUR-RR 2001, 311, 312.
Zu den im Text genannten Stadien gibt es folgenden zahlenmäßigen Hintergrund: Der Medienkonzern AOL, der das Namensrecht bis 2006 erwarb, zahlt 15 Millionen Euro an den HSV. Das „alte" Müngersdorferstadion des 1. FC Köln heißt seit 2002 bis 2009 zunächst RheinEngerieStadion. Dafür bezahlte die GEW RheinEnergie AG insgesamt 15 Millionen Euro. Die Allianz AG zahlt 6 Millionen pro Jahr für das neue Münchner Stadion bei einer Laufzeit von zunächst 15 Jahren und behielt sich eine Option für wei-

1. Das Firmenrecht - Der Name als Unternehmensbezeichnung

Die Entwicklung des Namensrechts, insbesondere durch das Firmen- und Warenzeichenrecht, war im Wesentlichen durch den Schutz wirtschaftlicher Interessen geprägt[867]. Der Name als Firma liegt zwischen Persönlichkeits- und Immaterialgüterrecht. Die Firma ist nach § 17 Abs. 1 HGB der Name des Kaufmanns, unter dem er seine Geschäfte betreibt, sie ist also im Sinne des HGB nicht der Name des Unternehmens an sich, sondern der Name seines Inhabers. Diese „Doppelspurigkeit“ führt heute zu einer Einordnung als ein Mischrecht aus Persönlichkeits- und Immaterialgüterrecht[868] mit unterschiedlich starker Akzentuierung.

Aufgrund der Übertragbarkeit und Vererblichkeit der Firma[869] (§§ 22 f. HGB) ist eine Charakterisierung als reines Persönlichkeitsrecht ausgeschlossen. Eine in der Literatur vordringende Auffassung[870], die die Firma ganz den Immaterialgüterrechten zuordnet, hat sich trotz der Reform des Firmenrechts durch das Handelsreformgesetz (noch) nicht durchgesetzt. Dadurch, dass der Einzelkaufmann und Personengesellschaften auch reine Sach- oder Phantasiefirmen führen können (vgl. §§ 18, 19 HGB), wird die Ablösung verdeutlich. Der Name hat sich von dem Namensgeber insoweit gelöst und wird einem anderen Rechtssubjekt zugeordnet. Dagegen wendet *Canaris* ein, dass selbst bei starker Ausprägung des immaterialgüterrechtlichen Aspekts immer noch eine persönlichkeitsrechtliche Komponente verbleibe, so dass die Firma noch kein Immaterial-

---

tere 15 Jahre offen. Die Daimler-Benz AG zahlte für die unbegrenzte Dauer des Namensrechts 1993 3,6 Millionen für das Gottlieb-Daimler Stadion (*Elter*, in FC €uro AG, 42 f.).

Im Zusammenhang mit der WM 2006 in Deutschland sei darauf hingewiesen, dass der Fußball-Weltverband FIFA die offiziellen Namen für die 12 Stadien bei der Weltmeisterschaft 2006 in Deutschland festgelegt hatte. Danach mussten die Arenen während der WM vom 9. Juni bis 9. Juli 2006 und sechs Wochen davor auf ihre Sponsorennamen verzichten, da in den Stadien nur die FIFA-Sponsoren werben durften. Die 12 Stadien trugen folgende Namen: Berlin - Olympiastadion; Dortmund - Westfalenstadion; Frankfurt - Waldstadion; Gelsenkirchen - Arena auf Schalke; Kaiserslautern - Fritz Walter Stadion; Stuttgart - Gottlieb Daimler Stadion; Nürnberg - Frankenstadion; Leipzig - Zentralstadion; Hamburg - Stadion Hamburg; Köln - Stadion Köln; Hannover - Stadion Hannover und München - Stadion München. <http://de.fifa.com/worldfootball/releases/newsid=94548.html> (Stand: 27.10.2004, letzter Zugriff: 23.06.2007).

Zur Ausgestaltung von Verträgen zur Vergabe von Namensrechten vgl. *Wittneben*, Naming-Rights-Verträge - Die Vergabe von Namensrechten im Sportbereich, GRUR 2006, 814 - 818.

867 *Götting*, 80.

868 *Baumbach/Hopt - Hopt*, § 17 HGB Rdnr. 5; *Canaris*, Handelsrecht, § 10 Rndr. 7; *Götting*, 118 und 130. Der BGH hat die Firma zwar nicht als Mischrecht bezeichnet, erkennt jedoch den Vermögenswert an, BGH, Urt. v. 27.09.1982, II ZR 51/82, BGHZ 85, 221, 223.

869 Siehe dazu *Kuchinke*, ZIP 1987, 681 ff.

870 *Götting*, 119 Fn. 237; *Koos*, GRUR 2004, 808 Fn. 4 jeweils m.w.N.

güterrecht sei[871]. Für die Untersuchung kann dahingestellt bleiben, ob es sich um ein Immaterialgüterrecht handelt. In jedem Falle weist die Firma neben dem persönlichkeitsrechtlichen auch einen vermögensrechtlichen Aspekt auf. Das Namensrecht zeigt, dass ein Wandel des Rechtscharakters möglich ist.

2. Das Markenrecht

Bei der Verwertung eines fremden Namens für Werbezwecke sind die gleichen Interessen wie im Markenrecht[872] von Belang. Die Leitbildwerbung möchte sich gerade das Image, und zwar die Reputation einer bestimmten Person zunutze machen. Selbst wenn wie im Regelfall die Person das Produkt nicht eigenständig auf den Markt bringt, hat sie dennoch ein Interesse daran, dass ihr dadurch keine Verwertungschancen entgehen. Somit kann die Entwicklung, die sich im Markenrecht vollzogen hat, wiederum zur Orientierung genutzt werden[873]. Das Warenzeichenrecht wurde lange Zeit sowohl in der Rechtsprechung[874] als auch in der Literatur[875] als Persönlichkeitsrecht eingestuft. Mit dem Namen verbindet der Verbraucher eine Leistungs- bzw. Qualitätserwartung. Insofern ist der Name das Mittel zur Selbstdarstellung.

Wird der Name als Marke gebraucht, so liegt eine starke Ausprägung vor. Daher stellt der Markenschutz durch den Inhaber ein ausschließliches Recht dar, § 14 Abs. 1 MarkenG. Aufgrund dieser Loslösung von der Person und durch die Verdinglichung hat sich der Name, wenn an ihm ein Markenrecht besteht, zu einem verkehrsfähigen, übertragbaren Immaterialgüterrecht[876] verselbstständigt. Nach § 27 Abs. 1 MarkenG kann die Marke ohne den Geschäftsbetrieb erworben werden, im Gegensatz zur alten Vorschrift des § 8 Abs. 1 WZG[877], nach dem das Warenzeichen nur zusammen mit dem Geschäftsbetrieb übertragen werden konnte.

871 *Canaris*, Handelsrecht, § 10 Rndr. 7.

872 Zur Einordnung des Persönlichkeitsrechts unter das Markenrecht vgl. Teil 2 § 5 B. I.

873 So auch *Kobbelt*, 217.

874 RG, Urt. v. 19.06.1923, II 92/23, RGZ 108, 8, 9 - Saccharin; RG vom 12.05.1926, I 287/25, RGZ 113, 413, 414 - Der Tor und der Tod. Das Reichsgericht hat diese Auffassung im Urt. v. 20.09.1927, II 409/25, RGZ 118, 76, 81 aufgegeben.

875 Vgl. *Götting*, 80 und 113 insbes. Fn. 199.

876 Diese Auffassung ist völlig unangefochten, vgl. *Götting*, 114 m.w.N.; *Kobbelt*, 178.

877 Eine Übertragung des Warenzeichens ohne den Geschäftsbetrieb war erst seit der Novellierung des § 8 Abs. 1 WZG durch das Erste Erstreckungsgesetz mit der Wirkung zum 01.05.1992 möglich.

3. Fazit

Ein Recht, das zunächst „nur" als Persönlichkeitsrecht angesehen wurde, kann sich weiterentwickeln. Ob nun dem monistischen oder dualistischen System gefolgt oder generell von zwei Rechten gesprochen wird, ist hier nicht relevant. Entscheidend ist vielmehr, dass die Entwicklungsmöglichkeit besteht und eine Änderung des Rechtscharakters dem deutschen Recht nicht fremd ist.

V. Die Überwindung des Dogmas der Unvererblichkeit

Bis vor wenigen Jahren galt das in der Mephisto - Entscheidung begründete Dogma, dass „das Persönlichkeitsrecht - abgesehen von seinen vermögenswerten Bestandteilen - als höchstpersönliches Recht unübertragbar und unvererblich ist"[878]. Grund dafür war die unlösbare Bindung von Persönlichkeitsmerkmalen an die Person.

Wenn jedoch davon ausgegangen wird, dass das Persönlichkeitsrecht ein Selbstbestimmungsrecht darstellt, so wäre es konsequent, dass der Träger darüber auch frei verfügen kann, zumindest soweit der unantastbare ideelle Kernbereich nicht tangiert ist. Dies erfordert allerdings, dass das Schutzgut ablösbar ist und einem neuen Träger zugeordnet werden kann. Voraussetzung dafür ist, dass das abzulösende Gut Objekt eines Herrschaftsrechts sein kann. Herrschaftsrechte vergibt man, um ein Gut einer Person zuzuordnen. Bei Persönlichkeitsgütern ist eine Zuordnung nicht erforderlich, da sie bereits einer Person gehören. Daher wurden die vom allgemeinen Persönlichkeitsrecht umfassten Interessen für unübertragbar, unverzichtbar und unveräußerlich angesehen.

Die Marlene Dietrich - Entscheidung[879] stellt das Dogma infrage. Dies ergibt sich vor allem aus folgender Passage: „Die vermögenswerten Bestandteile des Rechts von Marlene Dietrich am eigenen Bild und Namen sind auf die Klägerin als Alleinerbin übergegangen. Denn ungeachtet ihrer Übertragbarkeit unter Lebenden sind diese Bestandteile - anders als die dem Schutz ideeller Interessen dienenden höchstpersönlichen Bestandteile - vererblich... Die Frage, ob die dem Schutz kommerzieller Interessen an der Persönlichkeit dienenden vermögenswerten Bestandteile des Persönlichkeitsrechts übertragbar und vererblich sind, hat der Bundesgerichtshof bislang nicht ausdrücklich entschieden. In einigen Entscheidungen ist aber bereits angedeutet, dass der Grundsatz der Unübertragbarkeit und Unvererblichkeit nicht notwendig für alle Bestandteile des Persönlichkeitsrechts gilt."[880]

878 BGH, Urt. v. 20.03.1968, I ZR 44/66, BGHZ 50, 133, 137.
879 BGH, Urt. v. 01.12.1999, I ZR 49/97, BGHZ 143, 214 ff.
880 BGH, Urt. v. 01.12.1999, I ZR 49/97, BGHZ 143, 214, 220.

1. Der Ausgangspunkt: Das postmortale Persönlichkeitsrecht

Die Persönlichkeit des Menschen wird über den Tod hinaus geschützt. Dies folgt aus Art. 1 Abs. 1 GG, wonach die Würde des Menschen unantastbar ist[881].

Dieses postmortale Persönlichkeitsrecht ist anders als das allgemeine Persönlichkeitsrecht nicht auf Schadensersatz ausgerichtet. Mit dem Tod endet die Rechtsfähigkeit des Menschen. Das allgemeine Persönlichkeitsrecht verliert ab diesem Zeitpunkt sein Zuordnungssubjekt. Dem Verletzten kann weder eine Genugtuung für die Verletzung seiner Persönlichkeit noch ein Ausgleich für die erlittene Beeinträchtigung verschafft werden. Unter diesen Gesichtspunkten liefe eine Geldentschädigung ins Leere[882]. Das postmortale Persönlichkeitsrecht begründet deshalb nur einen Unterlassungs- und Widerrufsanspruch. Dieses Recht dient dazu den Wert- und Achtungsanspruch gegen Herabwürdigung und Erniedrigung zu schützen[883]. Darüber hinaus schützt es zumindest nach neuerer Rechtsprechung[884] auch vor kommerziellem Missbrauch.

Befremdend wirkt hingegen die Erweiterung des Schutzbereichs durch den BGH in der Kinski - Entscheidung[885]. Waren zuvor nur ideelle Aspekte erfasst, so soll das „zivilrechtliche postmortale allgemeine Persönlichkeitsrecht ... allerdings mit seinen vermögenswerten Bestandteilen auch vermögenswerte Interessen der Person [schützen].“[886] Wie das postmortale Persönlichkeitsrecht konzipiert sein soll, bleibt zunächst offen. Einerseits trennt der BGH nach wie vor zwischen den unterschiedlichen Berechtigungen bezüglich der betroffenen Aspekte[887], andererseits verneint er einen Gleichlauf zum Urheberrecht und knüpft in der Argumentation an das allgemeine zivilrechtliche Persönlichkeitsrecht als offenen Rahmentatbestand an, bei dem eine Verletzung nur nach sorgfältiger Interessenabwägung angenommen werden kann[888].

---

881 BVerfG, Beschl. v. 24.02.1971, 1 BvR 435/68, BVerfGE 30, 173, 194; BGH, Urt. v. 06.12.2005, VI ZR 265/04, GRUR 2006, 252, 253 m.w.N.
Hingegen kann nicht auf Art. 2 Abs. 1 GG Bezug genommen werden, weil die Vorschrift die Existenz einer wenigstens potenziell oder zukünftig handlungsfähigen Person unabdingbar voraussetzt, vgl. BGH, Urt. v. 06.12.2005, VI ZR 265/04, GRUR 2006, 252, 253 m.w.N.

882 So auch BGH, Urt. v. 06.12.2005, VI ZR 265/04, GRUR 2006, 252, 254 m.w.N.

883 BVerfG, Beschl. v. 24.02.1971, 1 BvR 435/68, BVerfGE 30, 173, 194.

884 OLG Hamm, Urt. v. 05.10.2001, 9 U 148/01, NJW 2002, 609, 610.

885 BGH, Urt. v. 05.10.2006, I ZR 277/03, NJW 2007, 684 ff.

886 BGH, Urt. v. 05.10.2006, I ZR 277/03, NJW 2007, 684, 685.

887 BGH, Urt. v. 05.10.2006, I ZR 277/03, NJW 2007, 684, 685. Zum Auseinanderfallen der Berechtigungen siehe Teil 2 § 4 A. V. 3.

888 BGH, Urt. v. 05.10.2006, I ZR 277/03, NJW 2007, 684, 685.

a) Dogmatische Ansätze

Die dogmatischen Ansätze zum postmortalen Persönlichkeitsschutz sind weder in der Rechtsprechung noch in der Literatur umfassend geklärt[889]. Eine ausführliche Darstellung der dogmatischen Ansätze ist nicht Ziel dieser Arbeit, weshalb hier lediglich relevante Perspektiven beleuchtet werden. Zu berücksichtigen ist ferner, dass der Diskurs überwiegend auf den ideellen Bestandteil des Persönlichkeitsrechts abstellt, wohingegen der Schwerpunkt der Arbeit der kommerzielle Aspekt des Persönlichkeitsrechts ist.

Zur Begründung des postmortalen Schutzes werden im Wesentlichen zwei Ansätze verfolgt. Eine Auffassung zielt auf einen unmittelbaren Schutz des Verstorbenen ab[890], wobei - wie noch zu erörtern sein wird - wiederum unterschiedliche Begründungsansätze vertreten werden. Eine andere Auffassung betrachtet den Persönlichkeitsschutz als Andenkenschutz der Hinterbliebenen[891], welcher mittelbar dem Verstorbenen zugute kommt. Die letztgenannte Ansicht hält den Ansatz, auf die Menschenwürde des Verstorbenen abzustellen, für wenig überzeugend. Gerade die Verblassung der Persönlichkeit nach dem Tod und der damit abnehmende Schutz der Menschenwürde widerspreche deren Unverfügbarkeit[892]. Deshalb sei das Persönlichkeitsrecht des Angehörigen der Ausgangspunkt des postmortalen Persönlichkeitsrechts. Aber der Andenkenschutz der Hinterbliebenen ist nicht identisch mit dem Persönlichkeitsrecht des Verstorbenen[893]. Einerseits werde die Leistungspflicht des Schädigers durch einen erweiterten Kreis der potentiellen Anspruchsteller vervielfacht und somit das verletzende Verhalten nach dem Tode des Betroffenen stärker als zu Lebzeiten sanktioniert[894]. Auf der anderen Seite sei der Schutz insbesondere dann unzureichend, wenn die Beeinträchtigung durch Angehörige erfolgt oder keine Hinterbliebenen vorhanden sind. Zudem ließe sich nicht erklären, warum - sofern es sich um eigene Rechte der Angehörigen handeln solle - der BGH die Befugnis zur Wahrnehmung der Rechte den Berufenen, den Angehörigen etc. zuweist[895].

Zutreffend weist *Hillgruber* auf die Rechtsfolgen dieser Auffassung hin. Handelte es sich um ein eigenes Recht der Angehörigen, so müsste entgegen der ratio des postmortalen Persönlichkeitsrechts bei schwerwiegender Beeinträchti-

---

889 Vgl. die Ausführungen von *Gregoritza,* 60 - 81; ferner *Lichtenstein*, 281 ff.; *Schulze Wessel*, 49 - 56; *Schweers*, insbes. 159 - 187.

890 BGH, Urt. v. 26.11.1954, I ZR 266/52, BGHZ 15, 249, 259 - Cosima Wagner; BGH, Urt. v. 20.03.1968, I ZR 44/66, BGHZ 50, 133, 137 - Mephisto. Vgl. nur *Münch-Komm/Schmitt*, § 1 BGB Rdnr. 55 m.w.N.

891 *Lange/Kuchinke* § 5 III 5a; *Bender*, VersR 2001, 815, 818 m.w.N., insbes. Fn. 33 - 35; *Schweers*, 187.

892 *Bizer*, NVwZ 1993, 653, 655 f.

893 So auch *Schack*, GRUR 1985, 352, 356.

894 *Gregoritza*, 80; *Bender*, VersR 2001, 815, 818.

895 BGH, Urt. v. 20.03.1968, I ZR 44/66, BGHZ 50, 133, 139 f. - Mephisto.

gung ein immaterieller Schadensersatz geleistet werden[896]. Insgesamt kann dieser Auffassung nicht gefolgt werden.

Bezüglich der erstgenannten Auffassung, die auf den unmittelbaren Schutz abstellt, werden verschiedene Konzepte vertreten, deren Konstruktionen durchweg gewagt erscheinen. Das liegt vor allem daran, dass man die Persönlichkeit auch nach dem Tod der Person zu schützen versucht, und ein rechtlich zweifelsfreier Weg dafür nicht besteht. Einigkeit besteht darüber, dass ein postmortaler Schutz der Persönlichkeit unabdingbar ist[897]. Schon aus diesem Grund ist einer Auffassung zu folgen, die ein unmittelbares Schutzkonzept verfolgt und die geringsten dogmatischen Schwierigkeiten aufweist. Im Folgenden werden deshalb die unterschiedlichen Begründungsansätze skizziert.

Eine Ansicht[898] nimmt an, dass das allgemeine Persönlichkeitsrecht nach dem Tode seines Trägers als subjektloses Recht fortbestehe. Wenn von einem subjektlosen Recht ausgegangen wird, ergibt sich ein entscheidendes Problem: Sofern kein Subjektwechsel möglich ist, verbleiben die Rechte beim Subjekt. Geht das Subjekt unter, träfe das dann auch auf die Rechte zu, die sich auf das Subjekt beziehen. *Schweers*[899] ist zuzustimmen, wenn er meint, dass damit eine Verbindung zum nicht mehr existierenden Subjekt, also zum Verstorbenen, konstruiert werde. In Wahrheit wird der Verstorbene zum Rechtssubjekt der vermeintlich subjektlosen Rechte. Damit wird jedoch der Grundsatz unterlaufen, dass die Rechtsfähigkeit mit dem Tod endet. Daher kann dieser Ansicht nicht gefolgt werden.

Nach einer anderen Auffassung[900] ist die Zuordnung am Subjekt nicht aufgehoben, d.h. die Teilrechtsfähigkeit des Toten wird bejaht. Folgte man dem Konzept der Teilrechtsfähigkeit, müsste ein Rechtsträger fingiert werden, denn tatsächlich ist ein Träger von Rechten nicht (mehr) vorhanden. Stellte man dann auf das nach dem Tode der Person verbleibende Bild ab, so wird der Ansatz verkannt. Denn das Persönlichkeitsrecht wird nur durch den Träger und nicht seine Umwelt bestimmt. Ließe man nach dem Tode diesen Perspektivwechsel zu, stellt sich die Frage der ungeklärten dogmatischen Grundlage. Konsequent wäre diese Konstruktion nur für die Auffassung von *Beuthien*[901], da er den Schutz von Persönlichkeitsgütern bereits zu Lebzeiten durch die Wahrnehmung der Person durch andere Personen begründet.

896 *Hillgruber*, JZ 1997, 975, 978.
897 *Staudinger/Hager*, § 823 BGB Rdnr. C 34, *Baston-Vogt*, 296.
898 BGH, Urt. v. 26.11.1954, I ZR 266/52, BGHZ 15, 249, 259 - Cosima Wagner; BGH, Urt. v. 20.03.1968, I ZR 44/66, BGHZ 50, 133, 137 - Mephisto.
899 *Schweers*, 183.
900 *MünchKomm/Schmitt*, § 1 BGB Rdnr. 55.
901 *Beuthien*, NJW 2003, 1221, 1222. Zu *Beuthiens* Modell „Persönlichkeitsbild“ vgl. die Ausführungen unter Teil 2 § 5 B. III. 1. b) bb).

Eine weitere und wohl überwiegende Auffassung[902] geht davon aus, dass die Angehörigen des Verstorbenen treuhänderische Träger des postmortalen Persönlichkeitsrechts seien. So ließe sich u.U. auch erklären, warum die Angehörigen an den Willen des Erblassers gebunden sein sollen. Zu Recht hält *Schweers* diese Lösung für weniger vage als die anderen Begründungsansätze, schließlich sind sowohl die Angehörigen und eine „emotional außergewöhnlich stark fundierte Verbindung" als auch das „Gefühl der Verantwortung für das Lebensbild des Verstorbenen" zumeist vorhanden und müssen nicht konstruiert werden[903].

Schack umschreibt es deutlicher: „Es geht nicht um die museale Konservierung etwa des Lebensbildes ... des Verstorbenen, sondern ausschließlich um die postmortale Vervollkommnung des Persönlichkeitsschutzes zu Lebzeiten ... Der postmortale Persönlichkeitsschutz soll die freie Entfaltung und das Schaffen zu Lebzeiten sichern - nicht mehr und nicht weniger."[904]

Nach *Bender* ist das postmortale Persönlichkeitsrecht „als wesensgleiches Minus[905] nach dem Tod ein wichtiger Baustein zur Vervollkommnung des lebzeitigen Persönlichkeitsschutzes..."[906]. Der Mensch verliert zwar mit dem Tod seine Rechtsfähigkeit, nicht aber seine Würde. Das Selbstbestimmungsrecht wird zwar mit dem Tode hinfällig, dennoch ist gerade hier, weil der Tote seine Interessen nicht mehr verfolgen kann, ein Schutz zwingend geboten. Dies ändert aber nichts daran, dass der Mensch zu Lebzeiten selbst bestimmen kann, was nach seinem Tode mit ihm geschehen solle. Das Selbstbestimmungsrecht wird auf postmortale Angelegenheiten erstreckt. Das postmortale Persönlichkeitsrecht wirkt also nach dem Tode fort und wird vom Wahrnehmungsberechtigten verfolgt. Dass in diesem Zusammenhang vom Wahrnehmungsberechtigten gesprochen wird und nicht von Erben, ist darauf zurückzuführen, dass es sich um Nachwirkungen der Personensorge handelt[907]. Es handelt sich um personen- bzw. familienrechtliche Ansprüche des Ermächtigten respektive des nahen Angehörigen des Verstorbenen, die in der rechtlichen Beziehung zum Verstorbenen begründet sind; die Ansprüche stammen dagegen nicht aus ihrem eigenen Persönlichkeitsrecht[908] und sind deshalb keine ererbten Rechte.

---

902 Ein Meinungsstand ist zu finden bei: *Staudinger/Hager*, § 823 BGB Rdnr. C 38 f.; *Lange/Kuchinke*, § 5 III 5a; *Larenz/Wolf*, BGB AT, § 8 Rdnr. 47, § 15 Rdnr. 21; *Staudinger/Marotzke*, § 1922 BGB Rdnr. 131.

903 *Schweers*, 185. Dennoch verfolgt er die Ansicht des mittelbaren Schutzes im Wege der Erweiterung des eigenes Persönlichkeitsrechts um ein ungestörtes Andenken, 187 ff.

904 *Schack*, GRUR 1985, 352, 356.

905 Als wesensgleiches Minus wird es deshalb bezeichnet, weil, aufgrund der Reduktion des Schutzbereiches, bestimmte Ausstrahlungen, die die Existenz eines aktiv handelnden Menschen voraussetzen, zu subtrahieren sind, vgl. *Bender*, VersR 2001, 815, 823.

906 *Bender*, VersR 2001, 815, 822.

907 *Baston-Vogt*, 318 m.w.N.; *Staudinger/Jickeli/Stieper*, § 90 BGB Rdnr. 30; *Soergel/Marly*, § 90 BGB Rdnr. 13.

908 *MünchKomm/Leipold*, § 1922 BGB Rdnr. 85.

b) Stellungnahme

Zunächst ist festzuhalten, dass die genannten Ansichten nur bedingt überzeugen. Hinter den Konzepten steht der Versuch, den ideellen Bestandteilen des Persönlichkeitsrechts gerecht zu werden. Obwohl die Trennung der ideellen und vermögenswerten Bestandteile bereits früh propagiert wurde[909], war es im Grunde nicht erforderlich, sich mit der Übertragung der vermögenswerten Bestandteile zu beschäftigen, da diese - zumindest theoretisch - vererbbar waren. Die Unvererbbarkeit der ideellen Bestandteile ändert nichts an der Vererbbarkeit der vermögenswerten Bestandteile, so die Erkenntnis aus der Marlene Dietrich - Entscheidung[910], die nunmehr größere Beachtung findet.

Die Trennung der ideellen und vermögenswerten Bestandteile des Persönlichkeitsrechts, könnte zu unterschiedlichen Wegen hinsichtlich der Übertragung führen.

2. Die Vererblichkeit

Die Vererblichkeit eines Rechtes richtet sich grundsätzlich nach § 1922 Abs. 1 BGB. Danach geht mit dem Tode einer Person deren Vermögen als Ganzes auf eine oder mehrere andere Personen über. Maßgebend ist demnach das Vermögen. Zwar verweisen einige Vorschriften des BGB auf den Begriff Vermögen, wie z.B. § 330 BGB, § 311 b BGB oder § 1416 BGB, aber eine Definition oder eine Erläuterung enthält das BGB nicht. Unter Vermögen versteht man im Allgemeinen die Summe aller geldwerten Rechtsbeziehungen. Dennoch wäre es verfehlt, diese Begriffsumschreibung als das Abgrenzungskriterium heranzuziehen. *Stein*[911] geht davon aus, dass ein eigenständiger erbrechtlicher Vermögensbegriff existiert, der sich aus der speziellen erbrechtlichen Konstruktion ergebe, und zwar aus der Folge des Wegfalls des Zuordnungssubjekts. Letztlich reduziert es sich auf das, was den Erblasser „überlebt". Zu fragen ist, welche Rechte und Pflichten ohne Bindung an die Existenz des Erblassers vom Erben fortgesetzt werden können. Demnach gilt es die Frage zu beantworten, was genau sich abgelöst und folglich verselbstständigt hat.

Je enger die Rechte mit der individuellen Person des Erblassers verknüpft sind, umso eher ist von ihrer Unvererblichkeit auszugehen. § 1922 BGB wird durch zahlreiche Sondervorschriften ergänzt[912], die den Umfang präzisieren. Bestimmte Vermögenswerte werden von der Vererbung ausgeschlossen, vgl. z.B. § 1061 S. 1 BGB. Andere Rechtspositionen, deren vermögensrechtliche Natur zweifelhaft ist, werden dagegen als vererblich ausgestaltet, wie z.B.

909 BGH, Urt. v. 20.03.1968, I ZR 44/66, BGHZ 50, 133, 137 - Mephisto.

910 BGH, Urt. v. 01.12.1999, I ZR 49/97, BGHZ 143, 214, 220

911 *Soergel/Stein*, § 1922 BGB Rdnr. 14.

912 Siehe dazu die Aufzählung bei *Staudinger/Otte*, Einl zu §§ 1922 ff. BGB Rdnr. 9.

§ 28 Abs. 1 UrhG, § 3 GeschMG, § 22 Abs. 1 S. 1 GebrMG oder § 27 Abs. 1 MarkenG. Darüber hinaus gibt es auch nichtvermögensrechtliche Beziehungen, die auf den Erben übergehen, wie die Mitgliedschaft im Verein, sofern dies in der Satzung vorgesehen ist, vgl. §§ 38, 40 BGB.

Dass ein Recht aufgrund seiner Unübertragbarkeit zugleich unvererblich ist, ist nicht zwingend, was sich z.B. aus dem Urheberrecht ergibt. Das Urheberrecht ist als Ganzes unter Lebenden gemäß § 29 Abs. 1 UrhG grundsätzlich nicht übertragbar; allerdings ist es nach § 28 S. 1 UrhG vererblich.

Das Recht des Abgebildeten am eigenen Bilde (§§ 22 S. 3, 23 Abs. 2 KUG), das Vervielfältigungs- und Verbreitungsrecht geht nicht auf die Erben als solche über, sondern auf die Angehörigen. Gleiches gilt für das Recht der ausübenden Künstler, bestimmte Entstellungen oder Beeinträchtigungen seiner Darbietung zu verbieten, vgl. § 83 Abs. 3 S. 2 UrhG.

Der Grundsatz des § 1922 Abs. 1 BGB lautet: Vermögensrechte sind vererbbar, immaterielle Rechte hingegen nicht. Im Zweifel ist jedoch aufgrund des Regel-Ausnahme-Verhältnisses auch von der Vererblichkeit der vermögenswerten Rechte auszugehen[913]. Wenn ein Recht jedoch keine vermögenswerte Natur aufweist und keine Sonderbestimmungen eingreifen, ist es nicht vererblich. Mangels Zurechnungssubjekt geht es dann unter bzw. erlischt.

3. Das Auseinanderfallen der Berechtigung

Führt man den Gedanken der Trennung konsequent weiter, so geht der vermögenswerte Bestandteil auf die Erben über. Der ideelle Aspekt wird jedoch von den Wahrnehmungsberechtigten verfolgt. Liegen die Befugnisse nicht in einer Hand, was dann der Fall ist, wenn Erben und Wahrnehmungsberechtigte nicht personenidentisch sind, scheint die Rechtslage kompliziert.

Die zudem unklare dogmatische Behandlung des postmortalen Persönlichkeitsrechts, lässt *Leipold*[914] erwägen, den Ausgangspunkt zu verändern und somit die Vererblichkeit des allgemeinen Persönlichkeitsrechts generell anzuerkennen. Damit befürwortet er eine Gleichbehandlung von allgemeinem Persönlichkeitsrecht und Immaterialgüterrecht.

Ob durch die Trennung der Berechtigungen tatsächlich eine komplizierte Rechtslage entsteht - wie mitunter behauptet wird[915] - ist allerdings zu verifizieren.

Wenn Angehörige und Erben nicht personenidentisch sind, lässt die Situation ein nicht zu unterschätzendes (innerfamiliäres) Konfliktpotenzial vermuten. In diesem Zusammenhang sind zunächst vor allem folgende Fragen zu klären: Wie

913 *Staudinger/Marotzke*, § 1922 BGB Rdnr. 115; *Soergel/Stein*, § 1922 BGB Rdnr. 14; *MünchKomm/Leipold*, § 1922 BGB Rdnr. 19.

914 *Leipold*, Rdnr. 635; *MünchKomm/Leipold*, § 1922 BGB Rdnr. 87.

915 *Leipold*, Rdnr. 635; *Schulze Wessel*, 133.

weit reichen die einzelnen Befugnisse? Ist das Persönlichkeitsinteresse dem ideellen oder dem materiellen Bereich zuzuordnen? Gibt es eventuell Überschneidungen? Bedarf es u.U. der Zustimmung des jeweils anderen?

Die Blockade eines Rechtsträgers kann dazu führen, dass ein enterbter Angehöriger einer Verwertungsmaßnahme entschieden entgegentritt, die den Erben zugutekommen soll[916]. Durch ein „Nein" des Angehörigen wäre die Verwertung blockiert. Dem könnte im Zweifel durch eine entsprechende Zahlung vorgebeugt werden; jedoch würde dann dem Willen des Erblassers (Enterbung) nicht mehr entsprochen.

Eine ähnliche Konfliktsituation entsteht, wenn die Erben mit dem Willen des Erblassers einem Dritten ein Nutzungsrecht - z.B. an einem Bild des Verstorbenen - einräumen und die Angehörigen darin eine Beeinträchtigung des ideellen postmortalen Persönlichkeitsrechts sehen und dann Unterlassungsansprüche geltend machen. Der Dritte wäre folglich erheblichen Rechtsunsicherheiten ausgesetzt, denn obwohl er für die Nutzung bezahlt hat, müsste er u.U. mit einer Klage der Angehörigen rechnen[917].

Der BGH hat sich diesbezüglich wie folgt geäußert: Das Auseinanderfallen der Berechtigungen hinsichtlich der ideellen und kommerziellen Interessen steht der Vererblichkeit der vermögenswerten Bestandteile nicht entgegen[918]. Diese Feststellung erstaunt, zumal die Thematik erheblich problematischer ist, als sie der BGH darstellt. Insofern bedarf es der Klärung, welche Ansätze vertreten werden.

a) Eine Sonderrechtsnachfolge gemäß § 22 S. 3, 4 KUG analog

Um ein Auseinanderfallen beider Bereiche zu verhindern, wird teilweise vorgeschlagen, die Rechtsstellung der Angehörigen, die den ideellen postmortalen Persönlichkeitsschutz wahrnehmen (z.B. gemäß § 22 S. 3 KUG), um den kommerziellen Bereich zu erweitern[919]. *Magold* spricht dabei von einer Sonderrechtsnachfolge analog § 22 S. 3 und 4 KUG. Er meint, dass es die enge Wechselwirkung erforderlich mache, ein Auseinanderfallen der Befugnisse auf verschiedene Rechtsträger zu verhindern[920]. Die „lebzeitige Einheitlichkeit"[921] des Schutzes sei auch postmortal zu gewährleisten. Der neutrale Wortlaut des § 22 S. 3 und 4 KUG ermögliche es, den Schutz als Wahrnehmungsberechtigung fortwirkender Persönlichkeitsinteressen und auch als Sonderrechtsnachfolge zu verstehen[922]. Der Wahrnehmungsberechtigte habe bereits eine mit Abwehran-

916 *Gregoritza*, 121; *Schack*, JZ 2000, 1060, 1061.
917 Das Beispiel stammt von *Müller, T.*, GRUR 2003, 31, 33.
918 BGH, Urt. v. 01.12.1999, I ZR 49/97, BGHZ 143, 214, 226 - Marlene Dietrich.
919 *Magold*, 573; *Peukert*, ZUM 2000, 710, 717; *Schulze Wessel*, 134 ff.
920 *Magold*, 573.
921 *Magold*, 573.
922 Auch im Folgenden *Magold*, 568 f.

sprüchen ausgestaltete absolute Rechtsposition. Erkennt man kommerzielle Interessen an der verstorbenen Person an, können die Ansprüche auf materiellen Schadensersatz auch diesen zustehen. Die Rechtsstellung der Erben entspricht zudem inhaltlich voll der der Wahrnehmungsberechtigten für den fortwirkenden Achtungsanspruch.

Diese Konstruktion steht jedoch im Widerspruch zur Universalsukzession gemäß § 1922 BGB. Das vorgeschlagene Anreicherungsmodell wäre faktisch nichts anderes als eine Sonderrechtsnachfolge. Eine solche Rechtsnachfolge ist jedoch ein Ausnahmefall und bedarf einer gesetzlichen Grundlage. Im Bereich des Persönlichkeitsrechts ist die Sonderrechtsnachfolge jedenfalls nicht vorgesehen.

b) Die Einheitslösung

Wenn schon erwogen wird, die Berechtigungen in einer Hand zu lassen, dann könnte man das gesamte Persönlichkeitsrecht auf die Erben übergehen lassen[923]. Der originäre Rechtsträger existiert nicht mehr und sein Selbstbestimmungsrecht kann nicht mehr beeinträchtigt werden. Ein Sinneswandel seinerseits ist nicht mehr möglich. Damit fallen sämtliche Aspekte, die zu Lebzeiten gegen eine Übertragung sprechen, post mortem weg.

Bereits im Rahmen der Auseinandersetzung mit der Marlene Dietrich - Entscheidung wurde darauf hingewiesen, dass die Vererblichkeit nicht widerspruchsfrei dargestellt wurde[924]. Insofern ist die Teilung von ideellen und materiellen Bestandteilen durchaus angreifbar. Problematisch sind die Trennung von etwas „Untrennbaren" als auch die nicht überzeugenden Begründungsmodelle für das ideelle postmortale Persönlichkeitsrecht[925].

Vorteil der Einheitslösung wäre, dass man sich nicht um die als schwierig empfundene Trennung von ideellen und materiellen Bestandteilen des Persönlichkeitsrechts bemühen müsste. Zudem dürften die nahen Angehörigen - nämlich die Wahrnehmungsberechtigten bezüglich der ideellen Interessen - in der Regel die gesetzlichen Erben (§§ 1924 ff. BGB) sein. Sofern der Erblasser mittels Verfügung von Todes wegen[926] etwas anderes bestimmte, ist dieser Wille vorrangig. Ist dies der Fall, kann wohl davon ausgegangen werden, dass der Erblasser eine umfassende Anordnung sowohl im Hinblick auf die ideellen als auch die materiellen Aspekte getroffen hat.

923 So *Lichtenstein*, 303 ff., der das Ergebnis auf Seite 361 festhält.

924 Vgl. Teil 2 § 3 B. 2. b).

925 So auch *Lichtenstein*, 303.

926 Weiterführend zur Gestaltungsmöglichkeit: *Ahrens*, Fragen der erbrechtlichen Gestaltung postmortaler Persönlichkeitsrechtsverwertungen, ZEV 2006, 237 - 242.

c) Die Trennungslösung

Das Auseinanderfallen der Befugnisse führt dazu, dass die Erben materielle Ansprüche geltend machen können; die Angehörigen haben hingegen nur Abwehransprüche wegen der Beeinträchtigung der ideellen Interessen, so dass eine Gemengelage hinsichtlich finanzieller Ausgleichsansprüche nicht besteht[927]. Die Erben erhalten somit ein Kontrollrecht über eine unautorisierte Verwertung des Persönlichkeitsrechts durch Dritte. Die Wahrnehmungsberechtigten seien hingegen „Kontrolleure der Kontrolleure“[928], weil sie gegen unwürdige, die ideellen Persönlichkeitsinteressen verletzende Verwertungen vorgehen können[929].

Die Konzeption der unterschiedlichen Berechtigungen führt zu einer doppelten Sicherung der Interessen des Verstorbenen. Die konsequente Trennung beider Bestandteile und der Schutzgedanke sprechen für das Trennungsmodell.

d) Zwischenergebnis

Das Abstellen auf ein zivilrechtliches postmortales allgemeines Persönlichkeitsrecht in der Kinski - Entscheidung[930] scheint für die Einheitslösung zu sprechen. Selbst wenn dadurch einige Probleme beseitigt wären, entstehen jedenfalls auch Einordnungsschwierigkeiten, denn es bleibt unklar, wie sich der Übergang der ideellen Aspekte über § 1922 BGB erfassen ließe. Ferner wäre zu klären, was es mit den Erklärungsmodellen zum postmortalen Persönlichkeitsrecht auf sich hat; ggf. würden diese trotz aller Kritik hinfällig werden.

Die bisherigen Konzepte lassen den vermögenswerten Bestandteil außen vor. Das führt zu der Frage, ob das allgemeine Persönlichkeitsrecht als Rahmenrecht über den Tod hinaus fortgesetzt werden soll. Zudem ist unklar, warum der BGH trotz der Schwierigkeiten bei der Trennung der beiden Aspekte sowohl in der Marlene Dietrich - Entscheidung[931] als auch in der Kinski - Entscheidung[932] entgegen der Einheitslösung argumentiert. Um den Rahmen der Arbeit nicht zu sprengen, können diese Fragen nicht abschließend geklärt werden, sondern sind auf den hier relevanten Aspekt begrenzt. Aber es bleibt festzuhalten, dass der vermögenswerte Bestandteil des Persönlichkeitsrechts vererbbar ist. Zudem ist durch die unterschiedliche Befugniszuweisung seitens des BGH das Erklärungsmodell, auf welches sich die weiteren Ausführungen der Arbeit stützt, nicht ausgeschlossen, sondern legt es eher nahe.

927 So auch *Jung*, AfP 2005, 317, 320.

928 *Götting*, GRUR 2004, 801, 807.

929 *Götting*, GRUR 2004, 801, 807. Ebenso zutreffend *Jung*, AfP 2005, 317, 320, der das System von „checks and balances“ als Verstärkung des ideellen Schutzes betrachtet.

930 BGH, Urt. v. 05.10.2006, I ZR 277/03, NJW 2007, 684, 685.

931 BGH, Urt. v. 01.12.1999, I ZR 49/97, BGHZ 143, 214 ff.

932 BGH, Urt. v. 05.10.2006, I ZR 277/03, NJW 2007, 684 ff.

4. Fazit

Ob ein Recht der Erbfolge unterliegt, richtet sich danach, ob die entsprechende Position einen Vermögenswert verkörpert. Nach § 1922 BGB geht das gesamte Vermögen, also die Summe der geldwerten Rechtsbeziehungen einer Person, auf die Erben über. Ideelle Beeinträchtigungen lösen keine vermögenswerten Ansprüche aus, die im Wege der Gesamtrechtsnachfolge nach § 1922 Abs. 1 BGB übergehen könnten. Etwas anderes gilt für die Beeinträchtigung vermögenswerter Interessen, die auf den Erben übergehen. Dies gilt jedenfalls solange, wie die ideellen Bestandteile geschützt sind. Das hat der BGH in der Marlene Dietrich - Entscheidung[933] ausdrücklich bestätigt. Mit der Anerkennung der Vererblichkeit und damit der Anerkennung des Bestandes einer vermögensrechtlichen Position wird der Rechtsschutz effektiver gestaltet. Dadurch werden unbillige Ergebnisse vermieden, sachgerechte Rechtsfolgen erzielt und die Geltendmachung vereinfacht.

Zu Recht stellte das BVerfG fest, dass keine verfassungsrechtlichen Bedenken bezüglich der Anerkennung vererblicher vermögenswerter Bestandteile des allgemeinen zivilrechtlichen Persönlichkeitsrechts bestehen[934].

Die Vererbbarkeit rechtfertigt es nicht, die Übertragbarkeit zu Lebzeiten anzunehmen, denn die Übertragung und die Vererbung sind nicht deckungsgleich[935]. Ein wesentlicher Unterschied ist, dass sich die Alternative Übergang einerseits Untergang andererseits nicht im Zusammenhang mit der Übertragung stellt, sondern nur bei der Vererblichkeit. Teilweise wird hier mit der Menschenwürde argumentiert[936]. Der Einzelne könne nicht generell auf seine Persönlichkeitsrechte verzichten. Das wäre nicht mehr von der Ausübung des Selbstbestimmungsrechts umfasst. Ob das Argument schlüssig ist, kann zunächst dahinstehen[937], da es sich bei der Vererbung um eine andere Situation handelt. *Schulze Wessel* stellt zutreffend fest, dass sich die Verzichtsproblematik hier nicht eröffnet, denn „[w]ährend Übertragungsakte unter Lebenden grundsätzlich mit der Gefahr eines Rechtsverlusts auf der Seite des Übertragenden behaftet sind, geht es im Rahmen der Rechtsnachfolge von Todes wegen nur um die Frage, ob ein gewissermaßen ‚herrenlos' gewordenes Rechtsgut einer lebenden Person zugeordnet werden kann"[938]. Ähnlich argumentiert *Büchler*[939], die darauf verweist, dass mit dem Tod die Sicherung fortdauernder Selbstbestimmung und damit auch das Differenzierungskriterium entfalle. Damit sei der Verlust des Zugriffsschutzes verbunden. Letztlich werde durch die erbrechtliche Zuordnung die Er-

933 BGH, Urt. v. 01.12.1999, I ZR 49/97, BGHZ 143, 214, 227 f.
934 BVerfG, Beschl. v. 22.08.2006, 1 BvR 1168/04, NJW 2006, 3409.
935 Vgl. Teil 2 § 4 A. V. 2. So auch *Büchler*, AcP (206), 2006, 300, 342 f.
936 *Götting*, 38; *Schricker*, BGH EWiR § 22 KUG 1/87, 79, 80.
937 Vgl. Teil 2 § 4 B.
938 *Schulze Wessel*, 118.
939 Auch im Folgenden *Büchler*, AcP (206), 2006, 300, 343.

tragszuweisung geregelt. Im Ergebnis führt dies zu einem wirkungsvollen, lückenlosen Schutz der Persönlichkeit des Verstorbenen.

B. Argument gegen eine Verwertung

Die Rechtsordnung zeigt, dass die menschliche Persönlichkeit nicht umfassend einer wirtschaftlichen Nutzung unterliegen soll. Der Schutz der Persönlichkeit liegt in der Achtung der Menschenwürde begründet. Sie ist der oberste Grundwert der Verfassung, Art. 1 Abs. 1 GG. Niemand kann auf den Schutz der Menschenwürde verzichten, denn die Würde des Menschen ist etwas *Unverfügbares*[940]. Aus der Unübertragbarkeit des Persönlichkeitsrechts im Ganzen, kann im Umkehrschluss allerdings nicht gefolgert werden, dass einzelne Merkmale nicht übertragen werden dürfen.

Wenn eingewandt wird, dass die kommerzielle Nutzung von Persönlichkeitsmerkmalen die Würde des Menschen verletzt[941], sind solche kaum begründeten Aussagen wenig hilfreich. In jedem Falle ist eine Grenzziehung bzw. Abwägung zwischen Verletzung und Nichtverletzung erforderlich.

So wie sich der Gehalt der Menschenwürde nicht abschließend bestimmen lässt, ist es schwierig, die Grenzen festzulegen. Schon aus diesem Grund bereitet es erhebliche Probleme eine abschließende Definition zu formulieren[942]. Wenn der Mensch zu Recht nicht vollständig auf seine Würde verzichten kann, gilt es deshalb zu klären, ob es Abstufungen gibt, in denen ein „Teilverzicht“ respektive die Ausübung der Selbstbestimmung zulässig erscheint. Zudem müssen folgende Fragen beantwortet werden: Verstößt die freiwillige Kommerzialisierung der Persönlichkeit gegen das Grundgesetz? Wann ist der verfassungsrechtlich unverzichtbare Kernbereich, die Menschenwürde, verletzt?

Dazu bedarf es zunächst der begrifflichen Fassung von „Menschenwürde“. Zur Veranschaulichung einer nachvollziehbaren Grenzziehung sollen deshalb einige Beispiele dienen. Dabei ist die Antwort im Spannungsfeld zwischen zulässig und unzulässig sowie zwischen bewusster Eigenverantwortlichkeit und Fremdbestimmung, zu finden.

I. Die Würde des Menschen

Der Wortlaut des Art. 1 Abs. 1 des Grundgesetzes lautet: Die Würde des Menschen ist unantastbar. Sie zu achten und zu schützen ist Verpflichtung aller staatlichen Gewalt.

---

940 BVerfG, Urt. v. 21.06.1977, 1 BvL 14/76, BVerfGE 45, 187, 229.

941 *Hubmann*, 134; *Götting*, 65, 132 f. hinsichtlich einzelner Ausprägungen.

942 Das ist auch nicht Ziel dieser Arbeit. Siehe nur *Dreier, H./Dreier, H.*, Art. 1 GG Rdnr. 50 ff. m.w.N.

Das Grundgesetz geht gemäß Art. 1 Abs. 1, 2 Abs. 1 GG von der Würde der freien, sich selbst bestimmenden menschlichen Persönlichkeit als höchstem Rechtswert aus[943]. Das Grundgesetz selbst definiert den Begriff Würde nicht. Die Wertordnung der Verfassung bezieht sich auf die Würde des Menschen und nicht auf die Menschenwürde; also explizit auf den Schutz des Einzelnen. Die Würde des Menschen ist abstrakt nicht definierbar, kann aber im Kern wie folgt beschrieben werden: Jeder Mensch selbst bestimmt, wie er sich entfaltet, wie er sich und seine Umwelt gestaltet, d.h. er kann (nur) über sich selbst verfügen und damit sein Schicksal eigenverantwortlich gestalten[944].

Grundsätzlich gibt es zwei Möglichkeiten den Schutzbereich zu bestimmen[945]: Zum einen die Erfassung als objektivierbarer Wert und zum anderen subjektiv, aufgrund der Selbstbestimmung. Dies führt zu der Frage, ob diesbezüglich an das Individuum als Träger der Menschenwürde angeknüpft wird oder ob vielmehr die Gesamtheit aller Menschen betrachtet wird. Zunächst ist anzumerken, dass der Einzelne entmündigt wäre, wenn ihm der Staat seine Auffassung von Würde aufzwingen würde[946]. Der Vorteil der subjektiven Konzeption ist, dass eine Auseinandersetzung mit objektiven Werten nicht erforderlich ist; es ist dem Betroffenen überlassen die Bestimmung vorzunehmen[947].

Zum Teil wird behauptet, dass der Mensch zum Objekt degradiert werde, beispielsweise in Peepshows oder bei der Ausübung der Prostitution. Die Argumentation ist allerdings teils widersprüchlich oder fehlt gänzlich. Auch wenn eine Frau freiwillig, d.h. aus ihrer eigenen Entscheidung und Verantwortung heraus in einer Peepshow auftritt oder ihren Lebensunterhalt durch Prostitution verdient, wird darin eine Herabwürdigung der Person zu einem Objekt gesehen. Auf die Freiwilligkeit komme es nicht an, da niemand auf seine Menschenwürde verzichten könne. Das wirft natürlich die Frage auf, wann jemand zum Objekt herabgewürdigt wird. Ein Herabwürdigen liegt dann vor, wenn das Verhalten „Ausdruck der Verachtung des Wertes [ist], der dem Menschen kraft seines Personenseins zukommt“[948]. Dies ist aber nur denkbar, wenn die Handlung gegen bzw. ohne seine Einwilligung passiert. Nur durch die Missachtung seiner Eigenverantwortlichkeit wird der Mensch zum Objekt degradiert. Der Mensch wird jedoch nicht wie eine Ware angeboten, sondern er bietet sich selbst freiwillig an.

Fraglich ist, ob die Einwilligung des Betroffenen den Staat von seiner objektiven Wertschutzverpflichtung freistellt[949]. Dabei darf zunächst nicht außer Acht gelassen werden, dass sich neben dem subjektivrechtlichen Grund- und Menschenrecht in Art. 1 Abs. 1 GG zugleich die objektivrechtliche Achtungs- und

943 BVerfG, Urt. v. 21.06.1977, 1 BvL 14/76, BVerfGE 45, 187, 227; BVerfG, Urt. v. 13.04.1978, 2 BvF 1, 2, 4, 5/77, BVerfGE 48, 127, 163.

944 BVerfG, Beschl. v. 11.10.1978, 1 BvR 16/72, BVerfGE 49, 286, 298.

945 *Pieroth/Schlink*, Rdnr. 354 ff.

946 *v. Olshausen*, NJW 1982, 2221.

947 So auch *Discher*, JuS 1991, 642, 645.

948 BVerfG, Urt. v. 15.12.1970, 2 BvF 1/69, 2 BvR 629/68 und 308/69, BVerfGE 30, 1, 26.

949 Verneinend: OVG NW, Urt. v. 16.02.1983, 4 A 2145/81, GewArch 1983, 262, 263.

Schutzpflicht des Staates verbürgt[950]. Jedoch ist die Pflicht zur Achtung der Würde (Art. 1 Abs. 1 S. 2 GG) kein zwingendes Argument. Sie eröffnet vielmehr ein Spannungsfeld zwischen der Pflicht zur Achtung und der Pflicht zum Schutz. Es geht um die Respektierung der Freiheit eines jeden Menschen über und für sich selbst. Der Staat ist *kein* Vormund. Würde der Staat die richtige, würdige Verhaltensweise vorschreiben, dann würde er sich über den Art. 1 GG stellen und den Menschen zum Objekt degradieren[951]. Eine solche Vorgehensweise wäre eine Verfügung über den Menschen, die jedoch schon deshalb nicht gestattet ist, weil die Würde des Menschen etwas Unverfügbares ist[952]. Das Bemühen des Staates für das Wohl der Staatsbürger zu sorgen genügt nicht, zumal der einzelne Mensch weitestgehend eigenverantwortlich das Leben zu gestalten angehalten ist. Der Staat mag dem Einzelnen diesbezüglich auch den Weg eröffnen, so z.B. in dem er ihm eine möglichst weitgehende Entfaltung seiner Persönlichkeit sichert[953]. Es ist jedoch nicht die Aufgabe des Staates seine Bürger zu „bessern“. Der Staat hat die Entscheidungen der Bürger zu respektieren, und zwar solange der Einzelne weder sich selbst noch andere gefährdet[954]. Andere Erwägungen würden dem Grundrechtsschutz zuwiderlaufen, denn die Grundrechte sind als Abwehrrechte gegenüber dem Staat und nicht gegen den Bürger selbst konstituiert.

II. Das Spannungsfeld zwischen der freien Persönlichkeitsentfaltung und der Verletzung der Menschenwürde

Die Grenze zwischen Verletzung der Menschenwürde und Nichtverletzung ist nicht einfach zu bestimmen. Unter welchen Umständen die Menschenwürde verletzt ist, lässt sich „nicht generell sagen, sondern immer nur in Ansehung des konkreten Falles. Allgemeine Formeln ... können lediglich die Richtung andeuten, in der Fälle der Verletzung der Menschenwürde gefunden werden können.“[955]

Es gibt Verhaltensweisen die unlässig sind, wie z.B. der Organhandel, oder mittlerweile als zulässig angesehen werden, wie die Prostitution. Zwischen diesem Schwarz und Weiß gibt es aber auch Grauzonen, in der die Verletzung der Menschenwürde umstritten ist[956]. Um diese Grauzone näher zu bestimmen, sol-

950 *v. Münch/Kunig - Kunig,* Art. 1 GG Rdnr. 29, 40.
951 So auch *Klass*, AfP 2005, 507, 510.
952 BVerfG, Urt. v. 21.06.1977, 1 BvL 14/76, BVerfGE 45, 187, 229.
953 BVerfG, Urt. v. 17.08.1956, 1 BvB 2/51, BVerfGE 5, 85, 204 f.
954 BVerfG, Urt. v. 18.07.1967, 2 BvF 3, 4, 5, 6, 8/62; 2 BvR 139, 140, 334, 335/62, BVerfGE 22, 180, 219 f.; *v. Olshausen*, NJW 1982, 2221, 2223.
955 BVerfG, Urt. v. 15.12.1970, 2 BvF 1/69, 2 BvR 629/68, 2 BvR 308/69, BVerfGE 30, 1, 25.
956 So z.B. das Fernsehformat „Big Brother“, vgl. dazu *Dreier, H./Dreier, H.*, Art. 1 GG Rdnr. 153 m.w.N.

len drei Entscheidungen untersucht werden. Allen Entscheidungen ist gemein, dass sich Menschen scheinbar durch die Darstellung „verkaufen".

Ähnlich sieht die Situation des Sportlers aus. Die entscheidende Frage ist dabei nicht, ob der Sportler durch die Erbringung der sportlichen Leistung seinen Körper verkauft, auch wenn man unter dem Aspekt des Hochleistungssports, nämlich wegen der zeitlich begrenzten Belastbarkeit auf diesem Niveau, einiges dafür sprechen mag. Vielmehr soll es hier um die Fragen gehen, ob der Sportler seine Persönlichkeitsmerkmale - die über die bereits anerkannten Rechte am Bild, an der Stimme etc. hinausgehen - zum Gegenstand des Rechtsverkehrs ausgestalten kann; ob er Merkmale veräußern kann, ohne seine Würde zu verletzen und ob diese kommerzielle Selbstbestimmung in seinen Händen liegt. Die folgenden Ausführungen werden zeigen, dass nicht jede Veräußerung rechtens ist, aber auch rechtmäßige Veräußerungen existieren. Es ist nicht auf das Alles-oder-Nichts-Prinzip abzustellen, vielmehr ist eine differenzierte Betrachtungsweise angebracht.

1. Der unzulässige Organhandel

Mit dem Stichwort der Verkäuflichkeit kann allgemein ein Handel verbunden werden. Das Transplantationsgesetz (TPG) verbietet in § 17 TPG[957] den Handel mit menschlichen Organen. Damit legt der Gesetzgeber die Grenze der Selbstbestimmung fest. Zudem nimmt er in § 6 TPG ausdrücklich auf die Würde des Organspenders Bezug. Die §§ 18 ff. TPG[958] enthalten die Straf- und Bußgeld-

---

957 **§ 17 TPG** (Verbot des Organhandels) lautet:
(1) Es ist verboten, mit Organen, die einer Heilbehandlung zu dienen bestimmt sind, Handel zu treiben. Satz 1 gilt nicht für
1. die Gewährung oder Annahme eines angemessenen Entgelts für die zur Erreichung des Ziels der Heilbehandlung gebotenen Maßnahmen, insbesondere für die Entnahme, die Konservierung, die weitere Aufbereitung einschließlich der Maßnahmen zum Infektionsschutz, die Aufbewahrung und die Beförderung der Organe, sowie
2. Arzneimittel, die aus oder unter Verwendung von Organen hergestellt sind und den Vorschriften des Arzneimittelgesetzes über die Zulassung oder Registrierung unterliegen oder durch Rechtsverordnung von der Zulassung oder Registrierung freigestellt sind.
(2) Ebenso ist verboten, Organe, die nach Absatz 1 Satz 1 Gegenstand verbotenen Handeltreibens sind, zu entnehmen, auf einen anderen Menschen zu übertragen oder sich übertragen zu lassen.

958 **§ 18 TPG** (Organhandel) lautet:
(1) Wer entgegen § 17 Abs. 1 Satz 1 mit einem Organ Handel treibt oder entgegen § 17 Abs. 2 ein Organ entnimmt, überträgt oder sich übertragen läßt, wird mit Freiheitsstrafe bis zu fünf Jahren oder mit Geldstrafe bestraft.
(2) Handelt der Täter in den Fällen des Absatzes 1 gewerbsmäßig, ist die Strafe Freiheitsstrafe von einem Jahr bis zu fünf Jahren.
(3) Der Versuch ist strafbar.

vorschriften. Damit steht dem Staat bei Zuwiderhandlungen, seien diese auch selbstbestimmt und frei verantwortlich, eine zum Eingriff berechtigende Ermächtigungsgrundlage zur Verfügung.

2. Diskussionswürdige Entscheidungen

a) Die Peepshow I - Entscheidung (1981)

Der Kläger begehrte die nach der Gewerbeordnung erforderliche Erlaubnis zum Betrieb einer Peepshow. Das Berufungsgericht führte aus, dass § 33 a Abs. 2 Nr. 1 GewO gewerbliches Ordnungsrecht sei und ausschließlich dazu diene, das Zusammenleben der Menschen zu ordnen. „Es sei nicht Zweck dieser Rechtsnorm, die Sittlichkeit um ihrer selbst willen zu wahren oder den Menschen ein Mindestmaß an Sittlichkeit vorzuschreiben...“[959] Die Revision führte zur Klageabweisung. Folgende Passagen sind dabei von Bedeutung:

> „Der Begriff der guten Sitten ist ein unbestimmter, ausfüllungsbedürftiger Rechtsbegriff ... Mit ihm verweist das Gesetz auf die dem geschichtlichen Wandel unterworfenen sozialethischen Wertvorstellungen, die in der Rechtsgemeinschaft als maßgebliche Ordnungsvoraussetzungen anerkannt sind.“[960]
>
> „Den Kern des somit maßgeblichen sozialethischen Ordnungsgefüges bilden die wertethischen Prinzipien, über deren Verbindlichkeit die Rechtsgemeinschaft im Verfassungskonsens befunden hat ... Achtung und Schutz der Menschenwürde gehören zu den Konstitutionsprinzipien des Grundgesetzes...“[961]
>
> „Art. 1 Abs. 1 des Grundgesetzes schützt den personalen Eigenwert des Menschen. Die Menschenwürde ist verletzt, wenn die einzelne Person zum Objekt herabgewürdigt wird. Dabei kann der die Menschenwürde verletzende Angriff ... auch von privaten Personen ausgehen. Aufgrund seiner verfassungsrechtlichen Schutzpflicht ist der Staat in einem solchen Falle gehalten, die mit der Rechtsanwendung gegebenen Möglichkeiten zur Abwehr eines derartigen Angriffs auszuschöpfen.“[962]

Das BVerwG[963] stellt ferner im Urteil fest, dass die Situationen bei einer Peepshow und einer Stripteasedarbietung grundverschieden seien. Mehrere Umstände wirken dergestalt zusammen, dass „der auftretenden Frau eine entwürdi-

---

(4) Das Gericht kann bei Organspendern, deren Organe Gegenstand verbotenen Handeltreibens waren, und bei Organempfängern von einer Bestrafung nach Absatz 1 absehen oder die Strafe nach seinem Ermessen mildern (§ 49 Abs. 2 des Strafgesetzbuchs).

959 OVG Münster, Urt. v. 28.09.1979, XIII A 2873/78, GewArch 1980, 56; so bereits das BVerwG, Urt. v. 16.09.1975, I C 44.74, BVerwGE 49, 160, 163.

960 BVerwG, Urt. v. 15.12.1981, 1 C 232/79, BVerwGE 64, 274, 276.

961 BVerwG, Urt. v. 15.12.1981, 1 C 232/79, BVerwGE 64, 274, 276 f.

962 BVerwG, Urt. v. 15.12.1981, 1 C 232/79, BVerwGE 64, 274, 278.

963 Auch im Folgenden BVerwG, Urt. v. 15.12.1981, 1 C 232/79, BVerwGE 64, 274, 278.

gende objekthafte Rolle zugewiesen“ werde. Dies wird u.a. durch die Art der Bezahlung deutlich, weil „der Anblick der nackten Frau wie eine Ware eines Automaten durch Münzeinwurf verkauft und gekauft“ werde. Zudem sei die Atmosphäre, nämlich „die durch den Fensterklappenmechanismus und einseitigen Sichtkontakt hervorgehobene verdinglichende Isolierung der als Lustobjekt zur Schau gestellten Frau vor im Verborgenen bleibenden Voyeuren; der durch den Geschehensablauf besonders kraß hervortretende Eindruck einer entpersonifizierenden Vermarktung der Frau...“[964] zu berücksichtigen. „Diese Verletzung der Menschenwürde wird nicht dadurch ausgeräumt oder gerechtfertigt, daß die in einer Peep-Show auftretende Frau freiwillig handelt. Die Würde des Menschen ist ein objektiver, unverfügbarer Wert ..., auf dessen Beachtung der einzelne nicht wirksam verzichten kann ...“[965]

Besonders bemerkenswert ist das sich anschließende obiter dictum: „Hierbei mag offen bleiben, ob und inwieweit der in seiner Menschenwürde geschützte einzelne seinen individuellen privaten Lebensbereich nach seinem Belieben - insbesondere nach seinen Anschauungen darüber, was die Würde seiner Person ausmacht - ohne staatliche Einwirkung gestalten kann ... Aufgrund des gewerberechtlichen Erlaubnisvorbehaltes untersteht die Art und Weise der Ausübung des vom Kläger beabsichtigten Gewerbes der unmittelbaren Mitverantwortung des Staates, dessen Behörden nach Art. 1 Abs. 1 Satz 2 GG nach näherer Maßgabe der Gesetze zum Schutze der Menschenwürde verpflichtet sind.“[966]

In der Entscheidung wird der Zusammenhang mit dem gewerblichen Ordnungsrecht deutlich. Menschenunwürdiges Verhalten soll auch durch die Erteilung der ordnungsrechtlichen Erlaubnis keine Anerkennung erlangen.

b) Die Peepshow II – Entscheidung (1990)

1990 - 9 Jahre später - musste das BVerwG erneut Stellung zur Erlaubniserteilung für das Betreiben einer Peepshow nehmen und hielt an der bisherigen Auffassung fest.

Das OVG Hamburg hatte die Berufung der Beklagten zurückgewiesen: Die Menschenwürde der in Peepshows auftretenden Frauen werde nicht verletzt, zudem befanden sich die streitigen Betriebe in einem Hamburger Vergnügungsviertel, so dass auch aus anderen Gründen kein Verstoß gegen die guten Sitten in Betracht kam[967]. Der wesentliche Aspekt ist auch bei dieser Entscheidung die maßgebliche „vorherrschende sozialethische Überzeugung. Diese muß sich weder ... lautstark äußern, noch muß sie mit der Forderung einhergehen, die dem sozialethischen Unwerturteil unterliegenden Erscheinungen niemals und nir-

964 BVerwG, Urt. v. 15.12.1981, 1 C 232/79, BVerwGE 64, 274, 279.
965 BVerwG, Urt. v. 15.12.1981, 1 C 232/79, BVerwGE 64, 274, 279.
966 BVerwG, Urt. v. 15.12.1981, 1 C 232/79, BVerwGE 64, 274, 279.
967 Zitiert nach BVerwG, Urt. v. 30.01.1990, 1 C 26.87, BVerwGE 84, 314, 315.

gends zu dulden. Auch wenn die Rechtsgemeinschaft ein bestimmtes Geschehen sozialethisch missbilligt und somit als Verstoß gegen die guten Sitten ansieht, kann sie Gründe haben, das Geschehen in gewissen Grenzen hinzunehmen ... Nicht entscheidend ist auch die vom Berufungsgericht hervorgehobene Tatsache, daß Peep-Shows von einem Teil der Bevölkerung gelegentlich aufgesucht werden. Diese Umstände bedeuten nicht einmal notwendig, daß die Darstellerinnen und die Besucher die Veranstaltungen als sittlich einwandfrei bewerten, und sie besagen vor allem nichts über die in der Allgemeinheit herrschende Überzeugung."[968]

c) Die sog. „Zwergenweitwurf" - Entscheidung (1992)

Im Mittelpunkt steht die Entscheidung eines Menschen, sich von einem weitaus stärkeren Menschen möglichst weit werfen zu lassen, und damit öffentlich aufzutreten. Die Frage ist nun, ob sich der Mensch verkauft hat bzw. ob er dadurch zum Objekt degradiert wurde. Diese Entscheidung ist geeignet, weil es sich zum einen um eine „demütigende und gefährliche Sportart" [969] handelt und zum anderen hat das VG Neustadt entgegen dem Willen des Menschen, sich als „Sportgerät" zur Verfügung zu stellen, entschieden. Aus der Entscheidung ergibt sich, dass beim Zwergenweitwurf nicht der sportliche oder akrobatische Charakter im Vordergrund stehe. Es handle sich eher um eine derbe Volksbelustigung, einen Menschen zur allgemeinen Belustigung möglichst weit zu werfen, wobei eine Besonderheit in der Kleinwüchsigkeit des Geworfenen zu sehen sei. Im Einzelnen wird eingewandt: „Dadurch, dass der Geworfene hierbei wie ein Sportgerät gehandhabt wird, wird ihm eine entwürdigende, objekthafte Rolle zugewiesen. Der geworfene Mensch ... wird zum Zwecke der allgemeinen Belustigung zum bloßen Objekt der Werfer aus dem Publikum gemacht. Die Attraktivität der Darbietung liegt nicht in der vom Ast. in den Vordergrund gerückten artistischen Leistung, der professionellen Beherrschung des Flugverhaltens, sondern in der vom Veranstalter gebotenen Möglichkeit, unter dem Beifall des Publikums seine körperliche Überlegenheit an einem Menschen zu demonstrieren, der sich dies gegen Geld gefallen und wie ein Objekt behandeln lässt. Ein solcher Umgang mit Menschen ist herabwürdigend und trägt nicht zuletzt das beachtliche Risiko des Abbaus von Hemmschwellen im Umgang mit anderen Menschen in sich. Allein das Werfen eines Menschen wie ein Sportgerät begründet deshalb bereits das Urteil der Sittenwidrigkeit. Im konkreten Fall kommt als besonders anstößiges Moment hinzu, daß es sich bei dem Geworfenen um einen kleinwüchsigen Menschen handelt, wobei in diskriminierender Weise dieser als ‚Zwerg' und die

968 BVerwG, Urt. v. 30.01.1990, 1 C 26.87, BVerwGE 84, 314, 318.

969 Vgl. auch im Folgenden VG Neustadt, Beschl. v. 21.05.1992, 7 L 1271/92, NVwZ 1993, 98.

Veranstaltung als ‚Zwergenweitwurf' bezeichnet wird."[970] Auf die Freiwilligkeit des zu Werfenden komme es nicht an; der Einzelne könne nicht auf die Würde des Menschen verzichten. Zudem stünde die Ausübung der Veranstaltung aufgrund des gewerberechtlichen Erlaubnisvorbehalts unter „der unmittelbaren Mitverantwortung des Staates, dessen Behörden nach Art. 1 I 2 GG nach näherer Maßgabe der Gesetze zum Schutze der Menschenwürde verpflichtet sind. Dieser Schutz verlöre seine normative Kraft und seine für die verfassungsmäßige Ordnung des sozialen Zusammenlebens konstitutive Bedeutung, wenn die Frage, ob sozialrelevante gewerbliche öffentliche Veranstaltungen durch die Art und Weise ihrer Darbietung die Menschenwürde des Darstellers verletzten, dem Belieben … des Darstellers anheimgegeben würde."[971]

d) Stellungnahme

Die Entscheidungen scheinen auf den ersten Blick widersprüchlich, denn trotz ausdrücklicher Klarstellung, dass man die Rolle des Vormundes nicht ausfüllen möchte, wird es dennoch getan, indem man seine Bewertungen für maßgebend hält. Die Anmerkung des BVerfG „[d]as Urteil darüber, was der Würde des Menschen entspricht, kann ... nur auf dem jetzigen Stande der Erkenntnis beruhen und hat keinen Anspruch auf zeitlose Gültigkeit …"[972], scheint wenn man die oben genannten Entscheidungen des BVerwG betrachtet, eine Leerformel zu sein. Es wird zwar eine Veränderung gesehen, aber scheinbar muss man dieser nicht zwingend folgen.

In der Regel werden Rechtssysteme unter Berücksichtigung von Gerechtigkeitsprinzipien entwickelt und von der Rechtsprechung weiterentwickelt[973]. In einer Population finden jedoch nur die weite Anerkennung, die dem Rechtsgefühl entsprechen. In Demokratien ist die Akzeptanz des Rechts in der Bevölkerung erforderlich. Was akzeptiert wird, hängt vor allem davon ab, ob die Rechtsnormen als legitim eingeschätzt werden. Das Verhältnis zwischen Rechtsgefühl und Rechtsordnung ist damit als wechselseitig zu betrachten.

Das Ergebnis scheint Folgendes zu sein: Solange der Mensch sich „objektiv richtig" verhält, gibt es kein Problem. Verhält sich der Mensch jedoch anders und entscheidet danach, was seiner Auffassung nach richtig oder falsch ist, ergeben sich jedenfalls dann Probleme, wenn die Vorstellung des Einzelnen mit den „objektiv richtigen" kollidiert.

Die Wahrnehmung des Rechts auf Selbstdarstellung im Rahmen *selbst* definierter Würde ist zwar möglich, aber nur insofern es als zulässig angesehen wird. Letztlich verbleibt ein fader Beigeschmack. Der *frei* bestimmende Mensch

970 VG Neustadt, Beschl. v. 21.05.1992, 7 L 1271/92, NVwZ 1993, 98, 99.
971 VG Neustadt, Beschl. v. 21.05.1992, 7 L 1271/92, NVwZ 1993, 98, 99.
972 BVerfG, Urt. v. 21.06.1977, 1 BvL 14/76, BVerfGE 45, 187, 229.
973 Auch im Folgenden *Zippelius*, 113 ff.

soll selbst entscheiden, wie er die von ihm bestimmte Menschenwürde wahrnimmt. *Kunig* ist zuzustimmen, wenn er meint, dass der Staat unter normalen Umständen nicht verpflichtet ist, die Peepshows zu verbieten[974]. Zutreffend wird in der Literatur vertreten, dass in der freiwilligen Teilnahme an genannten oder ähnlich gelagerten Veranstaltungen nur die Wahrnehmung, aber kein Verzicht auf die Menschenwürde gesehen werden kann[975]. Hinsichtlich der Freiwilligkeit kommt es darauf an, die realen Bedingungen und nicht die Idealvorstellungen zu berücksichtigen, wie z.B. finanzielle oder soziale Zwänge, Notlagen, Abhängigkeiten und Unterlegenheiten etc.[976]

3. Die Zulässigkeit der Prostitution

„Der Satz ‚der Mensch muß immer Zweck an sich selbst bleiben' gilt uneingeschränkt für alle Rechtsgebiete; denn die unverlierbare Würde des Menschen als Person besteht gerade darin, dass er als selbstverantwortliche Persönlichkeit anerkannt bleibt."[977] Zutreffend fragt *Eidenmüller*, wie sich die objektive Werteordnung im Zivilrecht bemerkbar macht. Als Antwort auf die Frage führt er an, dass bestimmte Güter dem legalen Transfer auf dem Markt entzogen sind.[978]

Vor nicht allzu langer Zeit wurden Verträge zwischen der Prostituierten und dem Freier allgemein als sittenwidrig im Sinne des § 138 Abs. 1 BGB angesehen.

a) Die Änderung der Rechtsprechung durch das Berliner Verwaltungsgericht

Das Berliner VG änderte die Rechtsprechung, „die sich bislang ohne Angaben konkreter (neuer) Erkenntnisquellen lediglich zu wiederholen pflegte"[979]. Deutlich kritisierte das Gericht, dass die Würdelosigkeit der Prostitution behauptet wurde, ohne dass versucht wurde, dies auch nur ansatzweise nachzuweisen. Zudem sei weder die Person selbst noch ihr Körper, sondern vielmehr die Dienstleistung die „Handelsware"[980]. Die Menschenwürde sei jedenfalls vorhanden, auch wenn der Einzelne die Möglichkeit der Selbstgestaltung auch zur Selbsterniedrigung missbrauche. Das sei hinzunehmen, sofern das Verhalten nicht Rechte anderer verletze. Die Verpflichtung zum Schutz der Menschenwürde

974 v. *Münch/Kunig - Kunig*, Art. 1 GG Rdnr. 36 vgl. Stichwort Peep-Show.
975 *Köhne*, GewArch 2004, 285, 287; *Schwabe*, JZ 1998, 66, 70.
976 *Klass*, AfP 2005, 507, 510.
977 BVerfG, Urt. v. 21.06.1977, 1 BvL 14/76, BVerfGE 45, 187, 228.
978 *Eidenmüller*, 363 f.
979 VG Berlin, Urt. v. 01.12.2000, VG 35 A 570/99, NJW 2001, 983, 985.
980 Auch im Folgenden VG Berlin, Urt. v. 01.12.2000, VG 35 A 570/99, NJW 2001, 983, 986.

dürfe nicht dazu missbraucht werden, den Einzelnen durch Eingriffe in sein Selbstbestimmungsrecht vor sich selbst zu schützen.

b) Das Prostitutionsgesetz

Prostitution und objektive Werteordnung *standen* bislang im Widerspruch[981]. Das Anstandsgefühl aller billig und gerecht Denkenden[982] unterliegt dem Wandel. Zu berücksichtigen sind die herrschenden Wertanschauungen zum Zeitpunkt der Vornahme des Rechtsgeschäfts. Hier findet eine Rückkopplung an die wahrgenommenen Rechtsgefühle der Bevölkerung statt.

Menschen sind wandelbar. Ihre Werte, Ziele oder Lebenspläne ändern sich. Das beruht auf der dynamischen Entwicklung der menschlichen Persönlichkeit. Die Fragen, die sich diesbezüglich stellen sind Folgende: Wer legt fest, was der richtige Wert ist? Ist der objektive Wert ein Eingriff in die Privatautonomie?

Aus der Gesetzesbegründung[983] ergibt sich, dass die Prostitution eine gesellschaftliche Realität ist. Nach Schätzungen im Jahr 2004 gibt es in Deutschland 400.000 Personen - überwiegend Frauen - die der Prostitution nachgehen. Ihre Dienste werden täglich von über einer Million Personen in Anspruch genommen. Dabei werden jährlich Umsätze in zweistelliger Milliardenhöhe erzielt. Zwar erhebt der Staat auf die Einkünfte der Prostituierten Steuern, allerdings waren die Prostituierten weitgehend ohne Rechte und in ein „Milieu“ gedrängt.

Um die Prostituierten zu schützen und Abhängigkeiten zu vermeiden und somit die rechtliche und soziale Situation von Prostituierten zu verbessern, trat am 01.01.2002 das Gesetz zur Regelung der Rechtsverhältnisse der Prostituierten, das sog. Prostitutionsgesetz (ProstG), in Kraft. Eine Vereinbarung begründet gemäß § 1 S. 1 ProstG eine rechtswirksame Entgeltforderung, wenn sexuelle Handlungen gegen ein vorher vereinbartes Entgelt vorgenommen worden sind. Nach § 2 ProstG kann die Forderung nicht abgetreten und nur im eigenen Namen geltend gemacht werden; schließlich geht es um die Besserstellung von Prostituierten und nicht um die Besserstellung Dritter. Insgesamt lassen die Wertungen des Gesetzes erkennen, dass zumindest die Entgeltvereinbarung nun nicht mehr gegen die guten Sitten verstößt.

Ob damit der Makel der Sittenwidrigkeit von Anfang an genommen wird[984] oder fortbesteht[985], soll hier dahingestellt bleiben, da es darauf für die weitere Bear-

---

981 Ob das Prostitutionsgesetz vom 20.12.2001 die Rechtslage grundsätzlich verändert hat, ist streitig, aber nicht Gegenstand dieser Arbeit. Die Aufarbeitung dieser Problematik bleibt anderen vorbehalten. Vgl. u.a. *Staudinger/Sack*, § 138 BGB Rdnr. 455.

982 Motive zum BGB II, 727.

983 Vgl. auch im Folgenden die Begründung zum Entwurf eines Gesetzes zur Verbesserung der rechtlichen und sozialen Situation der Prostituierten, BT-Drucksache 14/5958, 4 ff.

984 So wohl *Jauernig/Jauernig*, § 138 BGB Rdnr. 7; *MünchKomm/Armbrüster* Anh. zu § 138 BGB § 1 ProstG Rdnr. 19 m.w.N.; VG Berlin, Urt. v. 01.12.2000, VG 35 A 570/99, NJW 2001, 983, 986; VG Weimar, Beschl. v. 05.04.2006, 2 E 441/06.We, http://www.vgwe.thueringen.de/vg-weimar/index.html> (letzter Zugriff: 23.06.2007).

beitung nicht ankommt. Dennoch sei darauf verwiesen, dass auch der BGH argumentierte, dass die Vereinbarung zwischen Prostituierten und Kunden „nicht mehr dem Verdikt der Sittenwidrigkeit“[986] unterfalle und begründete dies mit dem gewandelten Verständnis in weiten Teilen der Bevölkerung.

Dabei gilt es folgende Aspekte zu berücksichtigen: Die Prostitution ist erlaubt; anders hingegen - und zu Recht unter Strafe gestellt gemäß §§ 180a ff. StGB - die Förderung von Prostitution und Zuhälterei. Unter dem Blickwinkel der Menschenwürde muss die Bereitschaft zu geschlechtlichem Verhalten jederzeit widerruflich bleiben, d.h. der Freier soll keinen Anspruch auf Erbringung der Leistung haben. Nach Erbringung der Leistung ist die Prostituierte schützenswert. Die Entgeltzahlung ist schon aus diesem Grund nicht sittenwidrig, sondern neutral. Sofern eine selbstbestimmte Entscheidung über die Ausübung getroffen wurde und sexuelle Handlungen vorgenommen worden sind, wird die Umsetzung der Entscheidung toleriert.

c) Zwischenergebnis

Um das Verhältnis zwischen Verkäuflichkeit und Menschenwürde zu verdeutlichen, sei auf die folgenden Sätze des Berliner VG verwiesen:

> „Prostitution, die von Erwachsenen freiwillig und ohne kriminelle Begleiterscheinungen ausgeübt wird, [ist] nach den heute anerkannten sozialethischen Wertvorstellungen in unserer Gesellschaft allgemein im Sinne des Ordnungsrechts nicht (mehr) als sittenwidrig anzusehen.“[987]

> „Der Schutz der Menschenwürde kann sich also nicht gegen die darin mitgeschützte Freiheit der Selbstbestimmung richten ... und die staatliche Verpflichtung zum Schutz der Menschenwürde (Art. 1 I 2 GG) darf nicht dazu missbraucht werden, den Einzelnen durch den Eingriff in die individuelle selbstbestimmung gleichsam vor sich selbst zu schützen.“[988]

III. Fazit

Man wird beim Austarieren der zulässigen, gerade noch zulässigen und nicht mehr zulässigen Verhaltensweisen auf Grenzen stoßen. Es wird nach allgemeinen Wertvorstellungen immer ein Verhalten geben, was der Mensch nicht mit sich selbst machen dürfe[989]. Verwertet jemand selbstbestimmt seine Persönlich-

---

985 *Palandt/Heinrichs*, § 138 BGB Rdnr. 52, Anh. zu § 138 BGB § 1 ProstG Rdnr. 2; *Staudinger/Sack*, § 138 BGB Rdnr. 398, insbesondere die Einordnung Rdnr. 455.

986 BGH, Urt. v. 13.07.2006, I ZR 241/03, NJW 2006, 3490, 3491.

987 VG Berlin, Urt. v. 01.12.2000, VG 35 A 570/99, NJW 2001, 983, 985.

988 VG Berlin, Urt. v. 01.12.2000, VG 35 A 570/99, NJW 2001, 983, 986.

989 *Discher*, JuS 1991, 642, 647.

keitsmerkmale, so nimmt er seine Grundrechte wahr. Ein Verstoß gegen die Menschenwürde kann in der Ausübung derselben jedoch nicht gesehen werden. Zudem kann der Staat gegen „würdeloses“ Verhalten nur dann einschreiten, wenn eine entsprechende Ermächtigungsgrundlage vorliegt. Ob der aufgezwungene Selbstschutz legitimiert ist, ist mehr als fragwürdig. Es kann prinzipiell keine aus den Grundrechten abgeleitete Befugnis geben, Rechtsgüter gegen den Willen des Trägers zu schützen, also gegen denjenigen, dem diese Grundrechte die Disposition über die Rechtsgüter einräumt[990].

Der Einwand der Verwertungsgegner, dass die kommerzielle Nutzung gegen die Menschenwürde verstoße, ist damit entkräftet. Es liegt keine Verletzung der Menschenwürde vor, weder bei Peepshows noch bei der Prostitution und infolgedessen erst recht nicht bei der kommerziellen Nutzung von Persönlichkeitsmerkmalen eines Fußballspielers.

C. Stellungnahme

„Es ist natürlich immer mißlich, wenn man mit dem Prügel der Systematik gegen ein Ergebnis andrischt, das man eigentlich für gut hält, das auch allgemein für gut gehalten wird.“ [991] Die Rechtsprechung tat sich schwer, ihre Ergebnisse zu begründen. So wurden Kriterien vermengt und Argumentationslinien aufgebaut, die nicht zwingend der Dogmatik folgen. Dazu zählt auch die Einordnung des Persönlichkeitsrechts unter allen Umständen als ideelles Recht, so dass kein Vermögensschaden bei einer Verletzung entstehen kann. Hingegen wurde der Schaden wie bei der Verletzung von Immaterialgüterrechten im Wege der dreifachen Schadensberechnung ermittelt, damit erfolgte eine „verdeckte“ Behandlung als Vermögensrecht. Die Motivation, einen effektiven Schutz zu gewährleisten, ist erkennbar und als solche positiv zu bewerten. Hingegen ist der Weg zu kritisieren. Fehlende Konturen gewinnen durch schleierhafte Begründungs-/Argumentationsversuche nicht an Präzision. Deshalb sollte man also aus der Grauzone heraustreten und dann nicht nur das Ergebnis, sondern auch den Weg konsequent vertreten.

Insgesamt zeigt die Entwicklung von ideellen Rechten zu Vermögensrechten, dass die vermeintliche Dichotomie zwischen Persönlichkeits- und Vermögensrechten nicht besteht. Die Qualifizierung der Beziehung eines Individuums zu seinem Rechtsgut ist weder ein ausschließlich vermögens- noch persönlichkeitsrechtliches Verhältnis[992]. Erst durch den Einsatz im Geschäftsverkehr zur Erzielung eines Gegenwerts wird die Benutzung auch vermögensrechtlich relevant.

Der Vermögenswert des Guts hängt davon ab, ob es abstrakt geeignet ist, zur Ertragserzielung eingesetzt zu werden. In der Regel sind Persönlichkeitsgüter

990 *Schwabe*, JZ 1998, 66, 70.
991 *Weyers*, in: Karlsruher Forum 1996, 86, 87.
992 Auch im Folgenden *Kobbelt*, 216.

schlechter verwertbar als allgemeine Vermögensgüter, weil letztgenannte meist vielfältiger einsetzbar sind. An der prinzipiellen Möglichkeit ihrer Verwertung ändert dies allerdings nichts. Für die Verwertung sprechen folgende Gründe:

1. Eine klare Trennung zwischen ideellen und materiellen Persönlichkeitsrechtsverletzungen führt zur vollen Entfaltung des Persönlichkeitsschutzes. Wertungswidersprüche werden aufgehoben. Beide Gesichtspunkte sollten - nicht nur theoretisch, sondern auch in der Praxis - strikt getrennt und in verschiedenen Ansprüchen (Schadensersatz und/oder Geldentschädigung) behandelt werden. Die Trennung trägt erheblich zur Rechtsklarheit und somit zur Rechtssicherheit bei. Damit wird auch dem Vorurteil der „Klassenjustiz" entgegengetreten. Es ist dann nachvollziehbar, dass ein Prominenter bei einer Verletzung des vermögenswerten Bestandteils des Persönlichkeitsrecht aufgrund seines höheren Marktwertes einen im Umfang nach höheren materiellen Anspruch erhält. Für die Höhe des Entschädigungsanspruchs ist Prominenz hingegen nicht relevant. Bereits der Begründungsansatz Prävention zeigt, dass der kommerzielle Persönlichkeitsschutz nicht im Bereich des Schmerzensgeldes angesiedelt werden kann. Die Summen, die als Schmerzensgeld[993] gezahlt werden, können kein Ausgleich für immaterielle Schäden und kein effektiver Schutz sein[994]. Ferner ist zu berücksichtigen, dass eine wirkungsvolle Summe im Sinne der Gewinnabschöpfung nicht mit dem Ausgleichsgedanken vereinbar ist.

2. Das Persönlichkeitsrecht weist einen eigenen Zuweisungsgehalt auf, unabhängig davon, ob ein Nutzungswille vorliegt. Zudem ist im Bereicherungsrecht die Möglichkeit der Gewinnabschöpfung gegeben.

3. Insbesondere wird dem Fußballspieler im Rahmen der Bilanzierung durch die Aktivierbarkeit seines „Spielerwertes" ein Vermögenswert beigemessen.

4. Wie das Firmen-, Warenzeichen- und Markenrecht zeigen, ist dem deutschen Recht ein Wandel des Rechtscharakters nicht fremd. Das ursprünglich als reines Abwehrrecht konzipierte Persönlichkeitsrecht weist nunmehr auch einen Vermögenswert auf.

5. Die konsequente Trennung der Bestandteile führt zur Vererblichkeit der vermögenswerten Position des postmortalen Persönlichkeitsrechts. Es gibt also Bestandteile, die sich so weit von dem Rechtsinhaber gelöst und verselbstständigt haben, dass sie ihn überleben. Damit handelt es sich um eine selbstständige Position. Indessen kann ohne rechtliche Verselbstständigung der vermögensrechtlichen Bestandteile keine Vererblichkeit eintreten. Diese Anerkennung könnte gleichzeitig eine neue Dimension eröffnen. Damit stehen „die Signale ... auf

993 Vgl. Teil 2 § 4 A. I.
994 So zutreffend *Hoppe*, 140.

Verdinglichung der vermögenswerten Bestandteile des Persönlichkeitsrechts unter Lebenden, auf Übertragbarkeit und Lizenzierbarkeit"[995].

6. Eine eigenkommerzialisierte, also selbstbestimmte Verwertung verstößt nicht gegen die Menschenwürde[996]. Vielmehr spricht es für diese, die Person selbst entscheiden zu lassen, ob sie sich vermarkten möchte oder nicht. Hinsichtlich der unerlaubten Kommerzialisierung hat sich der Schutz bereits bewährt. Hier geht es nun darum, dass der Rechtsträger sein Selbstbestimmungsinteresse nicht gegen, sondern auf die Verwertung seiner Persönlichkeit richtet. Wenn bereits fremd kommerzialisierte Verwertungsinteressen geschützt sind, dann erst recht eigene Verwertungsinteressen. Das gehört zur Entfaltung der Person und damit zur Selbstbestimmung.

7. Selbst das BVerfG hat den vom BGH eingeschlagenen Weg - die Anerkennung eines vermögenswerten Bestandteils des Persönlichkeitsrechts - als verfassungsrechtlich unbedenklich eingeordnet, sofern nicht eine Verletzung der Menschenwürde damit verbunden ist[997]. Gleichzeitig legt das Gericht die Verwertungsgrenze mit dem Kern der Persönlichkeitsentfaltung[998], dem Schutz der ideellen Interessen, fest. Dieser Entscheidung des BVerfG ist zuzustimmen. Damit ist auch dem Einwand der Kritiker der Verwertung, dass die „Verkäuflichkeit" von Personen gegen die Würde des Menschen verstoße, widerlegt.

Festzuhalten bleibt, dass aus dem ursprünglichen Schutz rein ideeller Interessen ein umfassender Persönlichkeitsschutz wurde. Wie die vorangegangenen Erörterungen zeigen, ist dem Persönlichkeitsrecht ein Vermögenswert immanent. Die Argumentation zeigt ferner, dass es keines Rückgriffs auf die Behauptung einer wirtschaftlichen Faktizität bedarf. Insgesamt ist zu konstatieren, dass das Recht keine Barrieren enthält, eine selbstbestimmte Vermarktung persönlichkeitsrechtlicher Positionen zu verhindern, demnach steht der Weg dafür offen. Wie bereits betont, geht es nicht um die Alternative eine oder keine rechtliche Verwertungsmöglichkeit persönlichkeitsrechtlicher Positionen. Es geht einzig darum zu zeigen, dass die eigene Kommerzialisierung grundsätzlich zulässig ist.

---

995 *Ullmann*, WRP 2000, 1049, 1052.

996 Anders hingegen fällt die Beurteilung aus, wenn der Mensch ohne seine Zustimmung als „Verkaufsobjekt" eingesetzt wird. Das steht aber in Frage dieser Arbeit.

997 BVerfG, Beschl. v. 22.08.2006, 1 BvR 1168/04, NJW 2006, 3409.

998 BVerfG, Beschl. v. 22.08.2006, 1 BvR 1168/04, NJW 2006, 3409, 3411.

§ 5 Die Ausgestaltung des Verwertungsrechts von Persönlichkeitsmerkmalen

Die Frage der Ausgestaltung, und zwar der Absteckung des Rahmens, ist nicht Inhalt der gerade beantworteten Frage des „ob“, sondern eine Frage des „wie“.

Zunächst soll die Ausgangslage skizziert werden, um dann den Möglichkeiten der Erfassung eines Verwertungsrechts von Persönlichkeitsmerkmalen nachzugehen. Einerseits kann bereits an anerkannte Rechte anknüpft werdem, z.B. an das allgemeine Persönlichkeitsrecht oder an das Markenrecht; andererseits kann auch ein neues Immaterialgüterrecht begründet werden. Der Schutz des Persönlichkeitsrechts reicht über den ideellen Bereich hinaus. Angelehnt an das US-amerikanische Right of Publicity könnte man an ein Recht auf kommerzielle Selbstbestimmung denken, dessen Folge die gewünschte dingliche Wirkung der Übertragung sein könnte. Nach der Entscheidung zur rechtlichen Einordnung, erfolgt eine Auseinandersetzung mit der Dauer des Schutzes.

A. Der Ausgangspunkt

Sowohl das Persönlichkeitsrecht als auch das Immaterialgüterrecht schützen weitestgehend immaterielle Aspekte. Sie unterscheiden sich insofern, als dass dem Persönlichkeitsrecht ein umfassender Schutz widerfährt, zumindest im ideellen Bereich. Im Immaterialgüterrecht dagegen ist der Schutz begrenzt; er ist nur vorhanden, sofern ein Gesetz den Schutz verleiht[999].

Häufig werden beide Rechte als sich gegenseitig ausschließend betrachtet. Das auf *Kohler*[1000] zurückgehende Abgrenzungskriterium ist der Grad der Verkehrsfähigkeit und der Veräußerlichkeit des Rechts. Das Immaterialgüterrecht ist durch die Herrschaft eines Subjekts über gegenständlich abgrenzbare geistige Güter gekennzeichnet, wogegen das Persönlichkeitsrecht das Individuum und seine Ausprägungen schützt. Dies führt zur Vorstellung von höchstpersönlichen und daher grundsätzlich nicht übertragbaren und unvererblichen Persönlichkeitsrechten. Anders dagegen der auf verkehrsfähige Güter gerichtete Immaterialgüterschutz. Der wesentliche Unterschied ist das rechtlich geschützte Schutzobjekt/-gut. Unkörperliche Schutzgegenstände dürfen jedoch nicht mit der körperlichen Sache verwechselt werden, die sie verkörpern[1001]. Denn der verkörperte Gegenstand und das immaterielle Gut teilen nicht das gleiche Schicksal. Jedes für sich ist Rechtsobjekt eines eigenständigen Ausschließlichkeitsrechts.

---

999 *Peifer*, 133.

1000 *Kohler*, AcP 82 (1894), 141, 157; nach *Ullmann*, AfP 1999, 209, 210.

1001 Auch im Folgenden *Dreier, T.*, 58 f., der anführt, dass z.B. die patentierte Erfindung mit der Maschine, das Geisteswerk mit dem Buch, der CD, auf der das geschützte Werk gespeichert ist und hier relevanter das Bildnis als Teil der Persönlichkeit mit dem konkreten Foto nicht zu verwechseln sind.

Zwischen Persönlichkeitsrechten und Immaterialgüterrechten haben sich im Laufe der Zeit Mischformen entwickelt, so z.B. die Persönlichkeitskennzeichen wie der Name, das Bildnis oder die Stimme. Weil sie von der Person weitgehend abgelöst sind[1002], nähern sie sich den Immaterialgütern an. Trotz dieses Ineinandergreifens bestehen erhebliche Unterschiede zwischen dem Persönlichkeitsrecht und dem Immaterialgüterrecht, so etwa im Hinblick auf die Übertragbarkeit. Dieses häufig genutzte Unterscheidungskriterium ist nicht trennscharf[1003]. Die Übertragbarkeit ist die Folge, aber nicht die Ursache der Unterscheidung. Im Bereich der Immaterialgüterrechte befinden sich auch unübertragbare Persönlichkeitsrechte, z.B. Erfinderpersönlichkeitsrecht oder Urheberpersönlichkeitsrecht. Zudem existieren Mischformen und ein Wandel des Rechtscharakters ist möglich[1004]. Als Ansatz für die dogmatische Erfassung eines Verwertungsrechts von Persönlichkeitsmerkmalen kommen sowohl das Markenrecht, als auch eine immaterialgüterrechtliche Ausgestaltung oder aber das allgemeine Persönlichkeitsrecht in Betracht.

B. Möglichkeiten der Erfassung der Verwertung von Persönlichkeitsmerkmalen

I. Das kommerzielle Persönlichkeitsrecht als Marke im Sinne des Markenrechtes

Der systemkonforme Weg zur Kommerzialisierung führt nach einer Ansicht über die Eintragung einer Marke[1005]. Überzeugend mag der Begründungsansatz des Markenrechts sein, dass der kommerzielle Erfolg demjenigen zugute kommt, auf dessen Leistung er beruht. Die Marke dient nur als Mittler; nicht die kommerzielle Verwertung des Zeichens selbst, sondern die Präsentation des Angebots am Markt soll zur angemessenen Entlohnung des Markeninhabers führen. Zudem differieren im Markenrecht der Gegenstand des Rechts und die Leistung, deren marktrelevante Anerkennung und Durchsetzung die Marke zu dienen bestimmt ist[1006]. Weitere Aspekte sind zum einen die Bezeichnung der Marke bzw.

1002 *Helle*, 39; *Schulze Wessel*, 17.

1003 *Schulze Wessel*, 16.

1004 Auf die Einordnungsfrage möchte *Seemann*, 127 „nur sporadisch" eingehen. Schließlich sei nicht das Etikett, sondern das jeweils erzielbare Ergebnis im Einzelfall ausschlaggebend. Das mag durchaus praktisch sein, doch diese eine ergebnisorientierte Vorgehensweise genügt in der dogmatischen Auseinandersetzung nicht.

1005 *Schack*, JZ 2000, 1060, 1062; *Boeckh*, GRUR 2001, 29, 34 sieht eine vorhandene Marke als vorteilhaft an, da die Person ansonsten auf die nachträgliche Geltendmachung von Schadensersatzansprüchen angewiesen wäre. A.A. *Götting*, GRUR 2001, 615, 623. *Götting* meint der „Schlüssel ... liegt nicht im Markenrecht, sondern im Persönlichkeitsrecht".

1006 *Kur*, GRUR 1990, 1, 4.

des von ihr symbolisierten Produkts nach betriebswirtschaftlicher Terminologie als (Produkt-)Persönlichkeit. Zum anderen besteht eine Parallele hinsichtlich der Verletzlichkeit zur Persönlichkeit: ihr Ansehen kann ebenso durch Herstellung negativer oder peinlich empfundener Assoziationen herabgewürdigt werden. So kann das Markenimage dadurch leiden, dass es in unerwünschte Zusammenhänge dargestellt wird[1007].

1. Die Markenfähigkeit

Um die Einschlägigkeit des Markenrechts zu prüfen, ist zunächst der Frage nachzugehen, ob und inwieweit eine Person überhaupt eine Marke sein kann. Die Markenfähigkeit ergibt sich aus § 3 MarkenG. Danach können alle Zeichen geschützt werden, die geeignet sind, Waren oder Dienstleistungen eines Unternehmens von denjenigen anderer Unternehmen zu unterscheiden. Ausdrücklich genannt werden unter anderem Wörter einschließlich Personennamen, Abbildungen, Buchstaben und Zahlen. Die Persönlichkeitsmerkmale Name, Bildnis und Stimme sind damit als Marke eintragungsfähig[1008]. Der Wortlaut des § 3

1007 *Kur*, GRUR 1990, 1, 9. Erinnert sei nur an die Absetzung der Ausstrahlung der Werbespots der Telekom als Jan Ulrich (nur) unter Dopingverdacht stand und dieser sich später bestätigte.

1008 So (vgl. unter <https://dpinfo.dpma.de/protect/mar.html> [letzter Zugriff: 13.08.2007]) z.B. Oliver Kahn als Wort-/Bildmarke, Registerzeichen 30428625.7, Anmeldung 18.05.2004, Eintragung am 01.09.2004; Oliver Kahn als Wortmarke, Registerzeichen 30424148.2, Anmeldung 20.04.2004, Eintragung am 16.07.2004; Michael Ballack als Wortmarke, Registerzeichen 30361450.1, Anmeldung 24.11.2003, Eintragung 18.03.2004. Beim Vergleich großer Namen aus der Fußballbranche fiel auf, dass viele Spieler - selbst Weltmeister (ob 1990 oder 1974) - sich nicht mittels Marke geschützt haben. So fiel die stichprobenhafte Suche nach Völler, Brehme, Helmer, Aumann, Augenthaler negativ aus. Hingegen existierte seit der Eintragung vom 31.03.1969 der Markentext „FRANZ BECKENBAUER", Inhaber ist allerdings die adidas AG (Registerzeichen 861405), hingegen „uwe seeler" als Wort-/Bildmarke (10058.91), Anmeldung 16.06.1980, Eintragung 01.08.1980. Selbst einige der großen Fußballvereine schützen die Kurzbezeichnung ihres Vereins erst seit Mitte der 90-iger Jahre per Marke, so u.a. der FC Bayern München - „FCB" als Wortmarke (39518310.3), Anmeldung 28.04.1995, Eintragung am 13.09.1995; „FC Schalke 04" als Wort-/Bildmarke (39522474.8), Anmeldung 27.05.1995, Eintragung am 11.01.1995 oder „Hertha BSC" als Wort-/Bildmarke (39546243.6), Anmeldung 15.11.1995, Eintragung 24.04.1996. Traditionsvereine haben vereinzelt bereits vorher den Vereinsnamen als Wort-/Bildmarke schützen lassen, so z.B. Borussia Dortmund, Registerzeichen 1043813, Anmeldung 04.06.1982, Eintragung am 25.01.1983.

Allerdings weisen die verschiedenen Anmeldungen des FC Bayern München deutlich auf das Problem der Reichweite des Schutzes hin, so z.B. eine Anmeldung der Wort-/Bildmarke „FC BAYERN MÜNCHEN E.V." vom 02.04.1979, Eintragung am 22.08.1980 unter Registerzeichen 1006562; eine Anmeldung der Wort-/Bildmarke „FC BAYERN MUENCHEN E.V." vom 06.05.1994, deren Eintragung am 02.08.1994 unter 2073755 erfolgte; die bereits oben erwähnte „FCB" Anmeldung, gefolgt von der An-

MarkenG „insbesondere“ zeigt, dass es nicht um eine abschließende Regelung handelt. Nach *Kaufmann*[1009] eignet sich ein Persönlichkeitsmerkmal dann zur Kennzeichnung eines Produkts, wenn es von der Person ablösbar ist. Daher sei das Image selbst als Wirk- und Lebensbild der Persönlichkeit nicht markenfähig; es sei vielmehr einem stetigen Wandel unterlegen. Dennoch eignen sich „im Einzelfall besondere konkretisierbare Attribute der Gesamterscheinung“[1010] als Kennzeichen, so z.B. einzelne biographische Lebensdaten, charakteristische Stilmerkmale, so z.B. die „Becker - Faust“ oder der „Klose - Salto“ als Bildmarke. Grundsätzlich sind alle abtrennbaren Persönlichkeitsmerkmale markenfähig[1011].

2. Die Vorteile

Die Vorteile des Schutzes von Persönlichkeitsmerkmalen über das Markenrecht sind Folgende: Die Marke ist als selbstständiges Wirtschaftsgut ein Immaterialgut[1012] und sie kann frei auf Dritte übertragen werden, vgl. § 27 Abs. 1 MarkenG. Damit eröffnen sich vielfältige Möglichkeiten der Vertragsgestaltung. Der Erwerber erhält das Markenrecht mit dem Schutzinhalt, d.h. das Recht geht so über wie es besteht[1013]. Der Erwerber behält die Priorität, aber Eintragungshindernisse sowie Schutzschranken wirken fort, so etwa auch die zuvor erteilten Lizenzen. Der Erwerber muss diese gegen sich gelten lassen, § 30 Abs. 5 MarkenG.

Ein Scheinproblem ist das Spannungsfeld von der Umlauffähigkeit und dem Schutz der persönlichen Interessen. Wenn man die Marke an persönlichkeitsrechtlichen Merkmalen zulässt, dann ist sie konsequent dem Markenrecht zuzuordnen. Die Folge der freien Übertragbarkeit der nichtakzessorischen Marke ist deren freie Verwertbarkeit als selbstständiges Vermögensgut[1014]. Die Marke hat sich verselbstständigt. Sie wurde also aus dem persönlichen Bereich ausgegliedert und ist damit ein frei verkehrsfähiges Immaterialgut. Sofern der Persönlichkeitsrechtsinhaber seine markenfähigen Persönlichkeitsmerkmale kommerzialisiert, indem er sie als Marke einträgt oder nutzt, existiert ein selbstständiger Ausschnitt seiner Persönlichkeit[1015]. Das bedeutet, dass eventuelle Absprachen

meldung der Wort-/Bildmarke „FC BAYERN MÜNCHEN EV“ vom 06.10.1998, eingetragen unter 39857353.0 am 09.02.1999 bzw. die Wort-/Bildmarke „FC BAYERN MÜNCHEN“ angemeldet am 25.06.2002, eingetragen am 30.08.2002 unter 30231006.1.

1009 Auch im Folgenden *Kaufmann*, Rdnr. 32.

1010 *Kaufmann*, Rdnr. 37 und 36.

1011 *Kaufmann*, Rdnr. 98.

1012 *Fezer*, Vor § 27 MarkenG Rdnr. 2; *Kaufmann*, Rdnr. 371.

1013 *Fezer*, § 27 MarkenG Rdnr. 21.

1014 *Fezer*, § 29 MarkenG Rdnr. 23.

1015 *Kaufmann*, Rdnr. 371.

schuldrechtlicher Natur über die Art der Nutzung nur inter partes wirken. Sofern der Persönlichkeitsrechtsinhaber Einwirkungsmöglichkeiten über seine Marke erhalten möchte, dürfte er die Personenmarke nicht völlig übertragen, sondern allenfalls dingliche Lizenzen einräumen, da er dann nach § 314 BGB aus wichtigem Grund kündigen kann[1016]. Dem steht gegenüber, dass die Verwertungsmöglichkeit attraktiver erscheint, wenn sie unabhängig vom Willen des Merkmalsträgers erfolgt. Mit der Eintragung treten die persönlichkeitsrechtlichen Interessen hinter den vermögensrechtlichen Interessen zurück[1017]. Das Ergebnis stützt sich, wie *Kaufmann*[1018] zu Recht feststellt, auf die Gesetzessystematik. Im Markenrecht ist die Übertragung nicht mit einem Zustimmungsvorbehalt (wie etwa im Firmenrecht, §§ 22 Abs. 1, 24 Abs. 2 HGB) versehen. Ein weiteres Argument ergibt sich aus § 51 Abs. 2 S. 3 MarkenG. Danach kann eine eingetragene Marke nicht gelöscht werden, wenn der Inhaber eines prioritätsälteren Rechts im Sinne der §§ 9 bis 13 MarkenG der Eintragung der prioritätsjüngeren Marke vor der Stellung des Antrags auf Löschung zugestimmt hat. Genügt bereits die Zustimmung des Dritten zur Eintragung, um Persönlichkeitsrechte zu verlieren, dann genügt erst recht die Eintragung durch den Persönlichkeitsrechtsinhaber selbst.

Daraus folgt, dass das Markenrecht insgesamt gut zur Verwertung von Persönlichkeitsmerkmalen geeignet zu sein scheint.

3. Die Nachteile

Insbesondere das Bestimmtheitsgebot und der Benutzungszwang bilden die Kehrseite der Medaille. Der gewerbliche Rechtsschutz steht jeweils nur im Zusammenhang mit konkret bezeichneten Waren und Dienstleistungen (Bestimmtheitsgebot). Das ergibt sich aus den Erfordernissen bei der Anmeldung der Marke, § 32 Abs. 2 Nr. 3 MarkenG. Problematisch ist z.B. der Schutz des Bildnisses. Geschützt sind nur die eingetragenen Abbildungen. Hinzukommt, dass der Schutz des Markenrechts aufgrund der fehlenden Selbstständigkeit der Ware häufig ins Leere läuft, insbesondere beim Namensmerchandising, denn nicht selten ist der Name selbst die Hauptsache[1019]. Unter Umständen ist der Name oder das Bildnis ein integraler Bestandteil der Ware, weil diese die Ware zu dem machen, was sie ist. Die der identifizierenden Funktion der Marke folgende funktionale bzw. begriffliche Verschiedenheit der Marke von der Ware ist so nicht gegeben[1020]. Zudem ist der Zweck des Markenschutzes zu berücksichtigen. Gemäß § 3 Abs. 1 MarkenG dient die Marke als Unterscheidungszeichen und nicht der

1016 *Kaufmann*, Rdnr. 365 - 368.
1017 *Fezer*, § 29 MarkenG Rdnr. 23.
1018 Auch im Folgenden *Kaufmann*, Rdnr. 373 f.
1019 *Seemann*, 256 f.
1020 *Götting*, GRUR 2001, 615, 619.

ausschließlichen Verwendung der Persönlichkeitsmerkmale[1021]. Mit Ausnahme des § 14 Abs. 2 Nr. 3 MarkenG ist es nicht möglich, eine Marke umfassend gegen ihre Benutzung im Zusammenhang mit allen nur denkbaren Produkten zu schützen[1022]. Mithin ist der Schutz infolge des Bestimmtheitsgebots lückenhaft.

Darüber hinaus erfolgt eine Einschränkung durch den Benutzungszwang, vgl. §§ 26, 49 Abs. 1 MarkenG. Um nämlich Ansprüche, wie auf Unterlassung oder auf Schadensersatz gemäß § 14 Abs. 5 - 7 MarkenG, geltend zu machen, müsste der Inhaber die Marke benutzt haben bzw. benutzen, und zwar innerhalb der letzten fünf Jahre vor der Geltendmachung des Anspruchs, § 25 Abs. 1 MarkenG, der die sog. Benutzungsschonfrist normiert. Im Falle einer Rechtsnachfolge bedeutet das, dass der Rechtsnachfolger gezwungen wäre, die Persönlichkeitsmerkmale so zu verwerten, dass eine ernsthafte Benutzung im Sinne des § 26 Abs. 1 MarkenG vorläge. Bei der Abwehr einer nicht gewünschten Verwertung wäre das Markenrecht kontraproduktiv[1023]. Bei einer Übertragung könnte sich die bestehende Benutzungsschonfrist als Nachteil erweisen. Den Rechtsnachfolger treffen dann die Rechtsfolgen der mangelnden Benutzung; ein neuer Fristbeginn ist nicht gegeben[1024].

Im Eintragungsverfahren findet zudem nur eine kursorische Prüfung der Voraussetzungen statt, zwecks schneller Abwicklung der Anmeldungen[1025]. Eine Eintragung ist nur zu versagen, wenn ihr absolute Eintragungshindernisse entgegenstehen, §§ 33 Abs. 2 S. 2, 8 MarkenG (oder die Anmeldungserfordernisse nicht erfüllt sind). Eine umfassende rechtliche Prüfung erfolgt erst im Wege des Löschungsverfahrens.

4. Fazit

Das Markenrecht bietet einen Weg zur Kommerzialisierung der Persönlichkeitsmerkmale, und zwar unabhängig davon, ob durch den Merkmalsträger oder durch Dritte. Sowohl die effektive Eigenvermarktung der Persönlichkeitsmerk-

---

1021 *Kaufmann*, Rdnr. 424. Die „Endlichkeit des Schutzes“ zeigte sich im Zusammenhang mit der WM 2006. Dort hatte die FIFA die Bezeichnung „WM 2006“ und „Fußball-WM 2006“ zunächst erfolgreich in Deutschland und als Gemeinschaftsmarke eintragen können. Bedenklich war das Vorliegen der Unterscheidungskraft. Der BGH verneinte dies (Beschl. v. 27.04.2006, I ZB 96/05 und I ZB 97/05, NJW 2006, 3002, 3003 f.) mit folgender Begründung: Die Unterscheidungskraft sei die einem Zeichen innewohnende Eignung, vom Verkehr als Unterscheidungsmittel aufgefasst zu werden, dass die Ware bzw. Dienstleistung von einem bestimmten Unternehmen stamme oder sich von anderen Waren/Dienstleistungen anderer Unternehmen unterscheide. Der Verkehr verstehe die Bezeichnung als Beschreibung des sportlichen Ereignisses als solchen und nicht als Hinweis auf seinen Veranstalter.

1022 *Gregoritza*, 95.

1023 So auch *Kaufmann*, Rdnr. 425.

1024 *Fezer*, § 27 MarkenG Rdnr. 21.

1025 *Kaufmann*, Rdnr. 160.

male als auch ein effektiver Schutz gegen Fremdvermarktung lassen sich mit dem Markenrecht jedoch nicht bewerkstelligen[1026]. Der Vorteil des Bestimmtheitsgebots, nämlich die einzeln konkretisierten Attribute, ist zugleich sein entscheidender Nachteil. Der markenfähige Bestandteil des Persönlichkeitsrechts ist als Marke für den Markt und für den Vermarkter nicht flexibel genug, da die Marke auf bestimmte Zeichen und bestimmte Produkte beschränkt ist[1027]. Insgesamt ist der Schutz der Persönlichkeitsmerkmale über das Markenrecht nicht ausreichend.

II. Das Immaterialgüterrecht

Aufgrund der Unkörperlichkeit der Persönlichkeitsmerkmale könnte das Immaterialgüterrecht einschlägig sein. Dieses bezweckt den Schutz der Ergebnisse des geistigen Schaffens. Immaterialgüterrechte sind Rechte an verselbstständigten, verkehrsfähigen geistigen Gütern[1028]. Sie sind Vermögensrechte. Der persönlichkeitsrechtliche Gehalt, den viele Immaterialgüterrechte aufweisen, ändert nichts an der Einordnung. Immaterialgüter sind geistige Güter, die geeignet sind, ideellen oder materiellen Nutzen zu verschaffen. Es gibt viele Immaterialgüter, die nicht geschützt und daher für den Gemeingebrauch freigegeben sind.

Von einem Immaterialgüterrecht kann erst dann gesprochen werden, wenn die Rechtsordnung es einem bestimmten Rechtssubjekt zuordnet. Diese Herrschaftsbeziehung begründet die Ähnlichkeit zu dinglichen Rechten und ist insoweit ausschlaggebend für die Übertragbarkeit. Genau das macht die Annahme attraktiv, eine verwertungsfähige, übertragbare Position zu erhalten.

Um Rechtssicherheit und Rechtsklarheit zu schaffen, gibt es auch im Immaterialgüterrecht einen numerus clausus der geschützten Güter[1029]. Dieser bedeutet jedoch nicht, dass zwangsläufig der Gesetzgeber tätig werden muss. Art. 14 Abs. 1 S. 2 GG enthält keinen Parlamentsvorbehalt. Demnach ist ein Gesetz jede Rechtsnorm, also auch eine aufgrund richterlicher Rechtsfortbildung entstandene Norm[1030].

1026 So bereits *Kaufmann*, Rdnr. 426.
1027 *Kaufmann*, Rdnr. 579.
1028 Auch im Folgenden *Schönherr*, FS Troller, 57, 62 f.
1029 *Troller*, 12; *Larenz/Wolf*, BGB AT, § 15 Rdnr. 12.
1030 *Forkel*, GRUR 1988, 491, 495; *Götting*, 140; *Ernst-Moll*, GRUR 1996, 558, 562; *Kaufmann*, Rdnr. 434 m.w.N. in Fn. 833; *Lichtenstein*, 96; a.A. *Hubmann*, 134, der mit der Gegenüberstellung von Art. 14 GG und Art. 1 und 2 GG argumentiert.

1. Eine Anlehnung an das Namensrecht

Bei der Einordnung mag der Blick auf das Namensrecht, dessen Entwicklung vom Persönlichkeitsrecht zum Immaterialgüterrecht bereits[1031] kurz dargestellt wurde, hilfreich erscheinen. In dem Doppelcharakter - Persönlichkeitsrecht und zugleich Vermögensrecht - wird teilweise ein dualistisches System[1032] gesehen, bestehend aus dem Namenspersönlichkeitsrecht und dem Namensimmaterialgüterrecht.

Peifer hingegen ordnet den Namen in Abhängigkeit zum Bezugsobjekt ein. Bei einer Anknüpfung an eine natürliche Person handle es sich um ein Persönlichkeitsrecht[1033]. Wird auf ein Objekt Bezug genommen, so sei der Name ein Immaterialgüterrecht. Nicht alle Namensrechte sind Persönlichkeitsrechte, da Objekte mit Namen kennzeichenbar sind. Das führt dazu, dass man nicht von einer Doppelnatur des Namens sprechen könne, vielmehr handle es sich um zwei verschiedene Rechte[1034].

Nach dem Grad der Objektivierung und dem Grad der Verkehrsfähigkeit nimmt *Koos*[1035] die Einteilung vor. Danach seien für die Anerkennung eines Namensimmaterialgüterrechts die folgenden drei Voraussetzungen maßgebend: Es tritt kein Verlust des bürgerlichen Namens als Kennzeichen der Person ein, d.h. die Zuordnungsfunktion besteht fort. Selbst wenn der Rechtsträger den Namen veräußert, muss er den Namen im ideellen Bereich unabhängig vom Erwerber verwenden können und trotz Veräußerung muss die Möglichkeit der wirtschaftlichen Nutzung möglich sein.

Zu Konflikten könnte es kommen, wenn man die von *Koos* letztgenannten Punkte betrachtet. Die Kollision von übertragenem Namensimmaterialgüterrecht und eigener wirtschaftlicher Nutzung könnte durch eine relative Prioritätsänderung vermieden werden. Dem Lizenznehmer kommt gegenüber dem Übertragenden kennzeichenrechtliche Priorität zu, die ihm den Vorrang gegenüber der eigenen kommerziellen Verwertung des Namensgebers sichert. Der unantastbare, ideelle Bereich bliebe formell nicht tangiert.

Ob es sich um *die* Lösung der Einordnung handelt, erscheint fraglich, aber um Ausschlusskriterien zu schaffen, ist der Ansatz durchaus geeignet.

Zusammenfassend ist festzuhalten, dass bei der Zuordnung die Funktion des Namens entscheidet[1036]. Als Identifizierungsmittel der Person ist der Name unübertragbar und somit ein Persönlichkeitsrecht. Wird dagegen der Name individuierend als Warenzeichen oder Firma gebraucht, löst er sich derart von der Person, dass er den Charakter einer Sachbeziehung annimmt und gemäß der jeweils

---

1031 Vgl. Teil 2 § 3 B. I. 2. c).
1032 *Götting*, 130.
1033 Auch im Folgenden *Peifer*, 170.
1034 *Peifer*, 171.
1035 Zu den folgenden Ausführungen vgl. *Koos*, GRUR 2004, 808, 813.
1036 So auch *Götting*, 131; *Koos*, GRUR 2004, 808, 809.

einschlägigen Norm (§ 27 MarkenG oder § 22 HGB) übertragbar ist. Das Namensrecht bildet daher ein Beispiel für einen objektivierten, abgelösten, selbstständigen Vermögenswert.

2. Die Möglichkeit der Vorbildfunktion des Urheberrechts

Dem Urheberrecht wohnt sowohl ein verwertungsrechtlicher als auch ein persönlichkeitsrechtlicher Aspekt inne. Die strukturelle Parallelität zwischen diesen könnte dazu führen, dass aufgrund der Vorbildfunktion das Recht auf die Verwertung von Persönlichkeitsmerkmalen ebenso wie das Urheberrecht als Immaterialgüterrecht betrachtet wird.

Beim Urheberrecht stehen zuvorderst die finanziellen Interessen des Urhebers, und erst an zweiter Stelle persönlichkeitsbezogene Belange, die Schöpferpersönlichkeit. Doch trotz individueller Prägung löst sich das Werk von der Schöpferpersönlichkeit und wird zum selbstständigen Geistes- und Verkehrsgut. Der Urheber kann Nutzungsrechte einräumen; gleichwohl verbleiben ihm die persönlichkeitsrechtlichen Befugnisse. Das Urheberrecht ist also weder ein reines Persönlichkeitsrecht noch ein reines Vermögensrecht. Teilweise wird ihm ein eigenständiger Platz im Rechtssystem[1037] zugewiesen; andere betrachten es dagegen als Immaterialgüterrecht[1038].

Streitig war, ob es sich beim Urheberrecht um ein einheitliches Recht handelt (so die monistische Lehre) oder um zwei selbstständige nebeneinander bestehende Rechte, und zwar ein Verwertungsrecht und ein Recht zum Schutz der persönlichen Aspekte (so die dualistische Auffassung).

Nach der dualistischen Theorie schützt das Urheberrecht sowohl die ideellen als auch die vermögenswerten Interessen. Die Vertreter dieser Auffassung gehen jedoch davon aus, dass sich beide Bestandteile voneinander trennen lassen. Demnach sei das Urheberrecht kein einheitliches Recht, sondern ein Doppelrecht oder vielmehr ein Bündel dieser Rechte in der Hand des Urhebers[1039].

Hingegen betrachtet das herrschende monistische Modell[1040] die vermögens- und persönlichkeitsrechtlichen Interessen als eine untrennbare Einheit. Das Urheberrecht ist demnach ein einheitliches Recht - wie auch § 11 UrhG verdeutlicht - in welchem persönlichkeits- und vermögensrechtliche Befugnisse untrennbar miteinander verflochten sind[1041]. Das Urheberrechtsgesetz messe einzig und allein dem durch die geistige Schöpfung erkennbar gewordenen Ergebnis Bedeutung zu[1042]. Nicht die Handlung zur Schöpfung wird geschützt, sondern die Kundgebung der Persönlichkeit, nämlich das aus ihr geschaffene Werk. Mit-

1037 *Ulmer*, § 17 II 2 (113).
1038 *Rehbinder*, Rdnr. 30; *Larenz/Wolf*, BGB AT, § 15 Rdnr. 10.
1039 *Ulmer*, § 17 II 1 (112 f.) m.w.N.; *Rehbinder*, Rdnr. 30.
1040 Vgl. *Ulmer*, § 17 II 2 (113); *Schack*, Rdnr. 306; *Rehbinder*, Rdnr. 31.
1041 *Rehbinder*, Rdnr. 92; *Schack*, Rdnr. 306.
1042 Auch im Folgenden *Fabiani*, FS Hubmann, 87, 91

hin ist die Persönlichkeit nur soweit geschützt wie sie im Werk zum Ausdruck kommt. Das Werk ist Gegenstand des Persönlichkeitsrechts, weil es das Ergebnis einer wertvollen geistigen und schöpferischen Leistung ist, nicht weil es die Persönlichkeit des Urhebers widerspiegelt[1043]. Die sehr enge Verbindung rechtfertigt den monistischen Ansatz.

Dieser Grundsatz gilt nicht nur im Verhältnis zwischen dem Urheber und seinem Werk, sondern generell. Zunehmend wird überall dort, wo ideelle und vermögenswerte Bestandteile zusammentreffen, das ursprünglich für das Urheberrecht konzipierte monistische Modell als allgemeines Erklärungsmodell angewandt, insbesondere bei kommerzialisierbaren Persönlichkeitsrechten[1044]. Der ursprüngliche Inhaber ist weitreichend geschützt[1045], so durch die entsprechende Anwendung der im Urheberrecht geltenden Zweckübertragungsregel des § 31 Abs. 5 UrhG. Im Zweifel erfolgt eine Übertragung jedoch nur in dem Umfang, der für die Erreichung des Vertragszwecks unbedingt erforderlich ist. Nach §§ 41, 42 UrhG bestehen ferner Rückrufsrechte wegen Nichtausübung und gewandelter Überzeugung.

3. Das kommerzielle Persönlichkeitsrecht als Immaterialgüterrecht

Zudem erscheint eine Einordnung des kommerziellen Persönlichkeitsrechts als Immaterialgüterrecht möglich. Eine Auffassung stellt im Ansatz ähnlich, aber unter einer anderen Bezeichnung, auf das vermögenswerte Recht des allgemeinen Persönlichkeitsrechts als Immaterialgüterrecht ab[1046].

Von der Definition des Immaterialgüterrechts ausgehend, könnte es sich bei verwertbaren persönlichkeitsrechtlichen Positionen um geistige Güter handeln, die geeignet sind, ideellen oder materiellen Nutzen zu verschaffen. Mithin könnten die vermögenswerten persönlichkeitsrechtlichen Positionen immaterielle Güter sein.

Einerseits könnte auf die ausdrückliche, normative Zuordnung verzichtet werden, denn diese dient nur dazu, eine Beziehung zwischen einer Person und einer Sache herzustellen. Beim Persönlichkeitsrecht ist es nur dem Rechtsinhaber gestattet, über die Nutzung seiner individuellen Identifizierbarkeit zu entscheiden. Wenn jedoch das Verhältnis bereits besteht, bedarf es keiner erneuten Verbindung[1047].

1043 *Fabiani,* FS Hubmann, 87, 91.

1044 *Götting*, 138; *Seemann*, 265 f.; *v. Holleben*, 92; *Wandtke*, GRUR 2000, 942, 949; *Rehbinder,* Rdnr. 31.

1045 So auch *Götting*, 280; *Magold*, 512; *Schertz*, Rdnr. 382.

1046 *Ullmann*, WRP 2000, 1049, 1053; *Koos*, WRP 2003, 202; *Ladeur*, ZUM 2000, 879, 890 (Recht auf Prominenz als Vermögensrecht); *ders*., NJW 2004, 393, 394 (Wandlung des Persönlichkeitsrechts zumindest teilweise zum eigentumsähnlichen Recht).

1047 *Peifer*, 273.

Andererseits könnte die Zuordnung über die Anerkennung des Rechts auf kommerzielle Selbstbestimmung im Rahmen des § 823 Abs. 1 BGB bzw. über § 812 Abs. 1 S. 1 Alt. 2 BGB sichergestellt werden. Eine explizite positivrechtliche Normierung ist nicht erforderlich. Es existieren zwar spezialgesetzliche Regelungen zur Übertragbarkeit von Immaterialgüterrechten mit personenrechtlichen Einschlag, so z.B. § 15 Abs. 1 S. 2 PatG, § 22 Abs. 1 S. 2 GebrMG, § 27 MarkenG oder § 31 UrhG[1048], aber die Regelungen sind nicht abschließend, wie die Ausführungen zum Namensrecht zeigen.

Die Ablösbarkeit des Gutes von der Person ist eine weitere Voraussetzung für ein Immaterialgüterrecht. Selbst wenn man den Blick auf die vermögenswerten Bestandteile des Persönlichkeitsrechts fokussiert, so heißt das nicht, dass es sich um verselbstständigte, verkehrsfähige Güter handelt. Aus der Überwindung des Dogmas der Unvererblichkeit folgt nicht zwingend die Aufgabe des Dogmas der Unübertragbarkeit. Zwar hat der BGH mit der Marlene Dietrich - Entscheidung[1049] zumindest im Erbgang einen übertragbaren, vermögensrechtlichen Teil des Persönlichkeitsrechts anerkannt, aber das Gericht verfolgte damit primär das Ziel, den Verstorbenen stärker zu schützen[1050]. Bei der obigen Auseinandersetzung mit der Entscheidung wurde deutlich, dass die Frage der Übertragung offen blieb. Der Ansatz, das Aufzählen der einst höchstpersönlichen nunmehr aber übertragbaren Rechte, diente zunächst der Argumentation der Vererblichkeit. Daraus kann man gleichwohl ableiten, die Vererblichkeit spreche auch für die Übertragung zu Lebzeiten. Bei aller Befürwortung für die Übertragung von einzelnen Bestandteilen des Persönlichkeitsrechts darf die einschränkende Aussage bezüglich der Vererblichkeit, dass damit „nicht ein uneingeschränktes positives Benutzungsrecht verbunden“[1051] sei, aber nicht unberücksichtigt bleiben.

Zudem liegt den Immaterialgüterrechten eine außerordentliche Lebensleistung zugrunde. Arbeit und Anstrengungen ermöglichen die Leistung. Die Berühmtheit einer Person ist ein soziales, durch Bedürfnisse, Interessen und Zwecke der Zuschauer bzw. Zuhörer etc. konditioniertes Konstrukt[1052]. Bei dem Persönlichkeitsbild beruht der ihm immanente Wert nicht zwingend auf einer Leistung, sondern u.U. auch auf Schicksalsschlägen oder auf Öffentlichkeitsarbeit sowie der Aufnahme durch das Publikum oder schlichten Zufall[1053]. Aller-

1048 In § 29 Abs. 1 UrhG ist zwar die Unübertragbarkeit geregelt, aber in Abs. 2 wird auf die Einräumung von Nutzungsrechten nach § 31 UrhG verwiesen. Der Sache nach handelt es sich um eine Übertragung, vgl. Teil 2 § 6 C. III. 1. a).

1049 BGH, Urt. v. 01.12. 1999, I ZR 49/97, BGHZ 143, 214, 220 ff.

1050 *Koos*, GRUR 2004, 808, 812.

1051 BGH, Urt. v. 01.12. 1999, I ZR 49/97, BGHZ 143, 214, 226.

1052 *Seemann*, 24, 246; *Kaufmann*, Rdnr. 436.

1053 Sicher war Stefan Effenberg ein begnadeter Fußballer, dennoch trugen seine Äußerungen in der Presse und insbesondere sein „Tiger-Haarschnitt“ erheblich zu seiner Bekanntheit bei. Das ging sogar soweit, dass seine Frau Claudia Effenberg im September 2006, also Jahre nach Beendigung seiner sportlichen Karriere, eine Schmuckkollektion „Tiger“ auf den Markt brachte.

dings gelingt es nicht vielen hervorragenden Sportlern, ein vermögenswertes Image aufzubauen. So stellt *Kaufmann* zutreffend fest, dass es bereits eine Leistung darstelle, die sich ergebende Möglichkeit zum eigenen Vorteil zu nutzen. Zum Erreichen von Popularität sind die ureigensten Fähigkeiten und ihre Persönlichkeit maßgebend[1054]. Ausgangspunkte für die Berühmtheit einer Person bilden unter anderem deren eigene Leistungen, Anlagen oder ihr Erfolg. Deshalb spricht *Kaufmann* zutreffend davon, dass sich die Person als Kapital einbringt[1055].

Als Argument gegen die Einordnung als Immaterialgüterrecht ließe sich der grundlegend auf Abwehr gerichtete Schutz des Persönlichkeitsrechts anführen. Fraglich ist, ob der Schutz durch die Einordnung des Rechts auf kommerzielle Selbstbestimmung als Immaterialgüterrecht reduziert wird. Dabei handelt es sich nicht um die Einführung eines neuen Schutzrechtes, sondern vielmehr um eine inhaltliche Ausgestaltung[1056].

4. Fazit

Es bleibt festzuhalten, dass die Verwertung persönlichkeitsrechtlicher Positionen zunimmt und sich in Zukunft noch deutlich verstärken wird. Es geht nicht mehr nur um den Schutz der Persönlichkeit vor Verletzungen, sondern auch um die Nutzung der vermögenswerten Bestandteile einer Persönlichkeit, also um einen Ausgleich für den Gebrauch der Persönlichkeit, und zwar zum Schutz der kommerziellen Selbstbestimmung. Die Grenze zwischen persönlichkeitsrechtlichem Charakter und immateriellem Wirtschaftsgut verschwimmt zunehmend. Selbst wenn dies für unsere Rechtskultur noch gewöhnungsbedürftig ist, so muss man doch zustimmen, wenn Teilen des Persönlichkeitsrechts auch ein vermögenswerter Zuweisungsgehalt zukommt. Darin kann entweder eine Unterscheidung von Persönlichkeitsrechten und Immaterialgüterrechten oder die Ablösung vom Persönlichkeitsrecht zum Immaterialgüterrecht als ein weiterer Schritt auf dem Weg zur Kommerzialisierung gesehen werden. *Forkel*[1057] ist zuzustimmen, dass das Persönlichkeitsrecht eine immaterialgüterrechtliche Komponente hinzuge-

1054 *Kaufmann*, Rdnr. 438.

1055 *Kaufmann*, Rdnr. 439.

1056 *Magold*, 549 argumentiert mit der Anwendungstiefe des Persönlichkeitsschutzes, nicht mit der Anwendungsbreite. Warum das zu einer Intensivierung des Schutzes gegen rechtswidrige Eingriffshandlungen führen soll, und nicht zu einer Verstärkung der Kommerzialisierung, ist auf den ersten Blick nicht nachzuvollziehen. *Magold*, 549, Fn. 571 begründet dies mit dem Verweis auf die Anerkennung des Zuweisungsgehalts des Persönlichkeitsrechts. Klar ist, dass mit der Anerkennung eines Zuweisungsgehalts des Persönlichkeitsrechts der Schutz verstärkt wird. Ein Zusammenhang mit der Einordnung als Persönlichkeitsrecht bzw. Immaterialgüterrecht vermag sich daraus nicht erschließen.

1057 *Forkel*, GRUR 1988, 491, 498.

wonnen haben mag, aber solange das Gut noch im Bann der zugehörigen Person steht, hat sich das Gut nicht endgültig und ganz von dieser Person gelöst und damit die Grenze des Persönlichkeitsrechts nicht verlassen.

Ob das praktische Bedürfnis an einer gewünschten Übertragbarkeit nicht anders zu befriedigen ist, wird im Anschluss geklärt. Hier kommt es darauf an, ob die neuen Rahmenbedingungen noch von den vorhandenen Systemen erfasst werden. Die Ablösbarkeit eines Persönlichkeitsmerkmals kann eine Verwertungs- und Übertragungsmöglichkeit eröffnen, die sowohl den Interessen des Trägers des Persönlichkeitsmerkmals als auch denen des Verwerters gerecht wird.

III. Das kommerzielle Persönlichkeitsrecht als Teil des Persönlichkeitsrechts im Sinne des § 823 Abs. 1 BGB

Das Persönlichkeitsrecht, das traditionell auf den Schutz ideeller Interessen ausgerichtet war, schützt nunmehr auch vermögensrechtliche Interessen[1058]. Eine Funktionserweiterung fand statt. Durch normative Leitung der Rechtsprechung entwickelten sich Facetten der Persönlichkeit teilweise zu besonderen Persönlichkeitsrechten bzw. die schützenswerten Ausprägungen des allgemeinen Persönlichkeitsrechts wurden durch die Lehre in Fallgruppen typisiert[1059]. Diese Offenheit und die stetige Entwicklung bieten einerseits eine Chance und bergen anderseits das Risiko des dogmatisch schwer erfassbaren allgemeinen Persönlichkeitsrechts. Dies spiegelt sich in den verschiedenen Bezeichnungen des allgemeinen Persönlichkeitsrechts wider: Mutter- und Quellrecht[1060], Auffangtatbestand[1061], Rahmenrecht[1062], Bündel von Integritäts- und Handlungsrechten[1063],

1058 *MünchKomm/Wagner*, § 823 BGB Rdnr. 173; *Soergel/Beater*, § 823 BGB Anh. IV Rdnr. 143 f.

1059 *Erman/Ehmann*, § 12 BGB Anh. Rdnr. 4 f.; *Soergel/Beater*, § 823 BGB Anh. IV Rdnr. 34 m.w.N., insbesondere über abweichende bzw. weiter ins Detail gehende Einteilungen.

1060 Die häufigste zu findende Beschreibung, vgl. *Baston-Vogt*, 101 m.w.N. in Fn. 427; *Larenz/Wolf*, BGB AT, § 8 Rdnr. 7.

1061 *Larenz/Wolf*, BGB AT, § 8 Rdnr. 8. Nach *Baston-Vogt*, 100 ist diese Bezeichnung nicht zutreffend, denn der Schutzbereich erfasst nur solche Persönlichkeitsinteressen, die im gewöhnlichen Privatrechtsverkehr die Bewehrung durch ein absolut subjektives Recht benötigen und verdienen. Sie plädiert vielmehr für § 826 BGB als Auffangtatbestand des zivilrechtlichen Persönlichkeitsschutzes.

1062 *MünchKomm/Rixecker*, § 12 BGB Anh. Rdnr. 8; *MünchKomm/Wagner*, § 823 BGB Rdnr. 172; *Soergel/Spickhoff*, § 823 BGB Rdnr. 29, 90; *Fikentscher, W.*, SchuldR, Rdnr. 1216, 1225; *Schwerdtner*, 97; *Larenz/Wolf*, BGB AT, § 8 Rdnr. 8; *Wenzel/Burkhard*, 5 Rdnr. 13.

1063 *Lehmann*, FS Hubmann, 255, 261.

Kodex von Verhaltensnormen[1064], die dem Rechtskreis einer bestimmten Person zugeordnet werden, oder Oberbegriff mit bloßer Ordnungsfunktion[1065] oder gar als juristische Missgeburt[1066].

Einigkeit besteht darüber, dass das allgemeine Persönlichkeitsrecht als sonstiges Recht im Sinne des § 823 Abs. 1 BGB einzuordnen ist. Häufig wird auf eine weitergehende Charakterisierung verzichtet. Sonstige Rechte sind im Anschluss an die Nennung vom Eigentum als Rechte zu verstehen, die denselben Rechtscharakter wie das Eigentum aufweisen, und die wie die anderen genannten Rechtsgüter von jedermann zu beachten, also absolute Rechte sind[1067]. Das wirft die Frage auf, ob es sich um ein absolutes Recht oder nur um ein Rechtsgut handelt. Der Streit ist nicht rein akademischer Natur, sondern hat eine zentrale Bedeutung bei der Einordnung von Persönlichkeitsrechten. Die wesentlichen Aspekte werden hier[1068] summarisch dargestellt.

Ausgangspunkt ist zunächst das subjektive Recht. Das subjektive Recht ist die dem Einzelnen von der Rechtsordnung verliehene Willensmacht zur Befriedigung seiner geschützten Interessen[1069]. Dieses Recht gewährleistet den Herrschaftsbereich, innerhalb dessen der Rechtsträger nach seinem Willen regiert[1070]. Absolute Rechte zeichnen sich durch ihre Rechtsmacht aus; sie wirken gegenüber jedermann. Sie umfassen das Recht, mit einer bestimmten Position nach Belieben zu verfahren (sog. positive Komponente) und andere von der Einwirkung auszuschließen (sog. negative Komponente). Kennzeichnend sind somit die Zuordnungs- und die Ausschlussfunktion der Position[1071].

1. Die Ausschlussfunktion

Ein Aspekt des subjektiven Rechts ist die Ausschlussfunktion. Damit wird verdeutlicht, dass es entscheidend für ein Herrschaftsrecht ist, allein im zugewiesenen Bereich unter Ausschluss aller anderen Personen zu bestimmen. Für diesen Bereich ist das geschützte Interesse maßgebend. Das geschützte Interesse der Persönlichkeit ist die Person in ihrer Individualität, d.h. das Recht auf Achtung der Person in ihrer Existenz, ihrem Dasein und Sosein[1072]. Mit dem Zuwei-

---

1064 *Esser/Weyers*, § 55 I 2 c (553) und bezeichnen es als Komplex von Verhaltensgeboten, § 54 I 1 b (535).

1065 *Esser*, § 202 1 b ee (847); *Hubmann*, 115 m.w.N., lehnt dies aber ab, 129.

1066 *Medicus*, BR, Rdnr. 615.

1067 *Palandt/Sprau*, § 823 BGB Rdnr. 11; *MünchKomm/Wagner*, § 823 BGB Rdnr. 136.

1068 Eine ausführliche Darstellung findet sich bei *Baston-Vogt*, 85 - 93.

1069 Diese Definition ist eine Kombination der Bestimmungsversuche von *Windscheid* und *v. Jhering*. *Larenz/Wolf*, BGB AT, § 13 Rdnr. 24; *Medicus*, BGB AT, Rdnr. 70 m.w.N.

1070 Vgl. dazu die Ausführungen von *Baston-Vogt*, 87 f.

1071 *Larenz/Canaris,* SchuldR II 2 BT, § 76 I 1 (374); *MünchKomm/Wagner*, § 823 BGB Rdnr. 136.

1072 *Larenz/Wolf*, BGB AT, § 15 Rdnr. 4.

sungsgehalt werden der Inhalt und damit der Schutzgegenstand des subjektiven Rechts bestimmt. Ausgehend vom Wort „zugewiesen" muss das Recht einer bestimmten Person individuell zugeordnet sein. Erst wenn ein Berechtigter in Bezug auf eine Sache andere von der Benutzung ausschließen und über die Sache verfügen kann, wird von individueller Zuweisung gesprochen[1073]. Verfügen ist hier im Sinne von „verfahren" zu verstehen. Denn die Übertragbarkeit und die Vererblichkeit sind keine notwendigen Attribute des subjektiven Rechts[1074]. Erforderlich sind vielmehr die Erkennbarkeit sowie die Bestimmtheit des Schutzgutes und seines Schutzbereiches.

a) Die Erforderlichkeit einer Vergegenständlichung

Die Bestimmtheit ergibt sich bei Sachen aus § 90 BGB und bei Immaterialgütern aus den entsprechenden gesetzlichen Regelungen. Die sog. sozialtypische Offenkundigkeit wird bei Sachenrechten durch den Besitz bzw. die Eintragung ins Grundbuch gewährleistet. Bei Immaterialgüterrechten erfolgt sie durch die Eintragung in das entsprechende Register[1075], damit wird die Publizität und somit die Erkennbarkeit gewahrt. Wie *Wagner*[1076] zutreffend festhält, ist das System nicht stringent, denn es fehlt z.B. beim Urheberrecht an einer öffentlichen Registrierung.

Eine Verkörperung, die als objektive Abgrenzung dient, liegt bei den Ausprägungen der Persönlichkeit nicht zwingend vor. Dennoch scheint den geschützten Persönlichkeits-interessen eine Verkörperung zugrunde zu liegen, wenn die Bezeichnungen[1077] verglichen werden, z.B. das Recht am eigenen Bild oder das Recht am eigenen Namen. Nach *Ehmann* muss der geschützte Raum der Persönlichkeit irgendwie objektiv abgegrenzt sein, so dass der so umgrenzte Raum als geschützter Bereich einer Person allgemein anerkannt ist und damit für den Eingreifenden objektiv erkennbar ist[1078]. Das erscheint zweifelhaft, schließlich ist eine Verkörperung per Definition keine unbedingte Voraussetzung. Vielmehr muss man sich fragen, wozu das Merkmal „Verkörperung" dient. Die Antwort darauf mag einfach erscheinen: Die Verkörperung erleichtert den Adressaten die Achtung des fremden Rechtskreises[1079]. Um Grenzen achten zu können, muss der Mensch zuvor die Grenzen kennen. Das setzt folglich voraus, dass er weiß, worin das Interesse besteht und wie weit der Schutz reicht. Problematisch ist daran, dass selbst bei Annahme gemeingültiger Grenzen, nicht gewährleistet ist,

---

1073 *Larenz/Wolf*, BGB AT, § 14 Rdnr. 17.

1074 *Larenz/Wolf*, BGB AT, § 14 Rdnr. 16.

1075 Z.B. Patentregister, § 30 Abs. 1 PatG oder Register für Gebrauchsmuster, §§ 8 ff. GebrMG.

1076 *MünchKomm/Wagner*, § 823 BGB Rdnr. 137.

1077 Siehe Teil 2 § 1.

1078 *Ehmann*, JuS 1997, 193, 196.

1079 *Baston-Vogt*, 217.

dass diese Grenzen im allgemeinen Verkehr von jedermann wahrgenommen und zutreffend eingeschätzt (und dann akzeptiert) werden.

b) Die Identität von Subjekt und Objekt

aa) Die Ausgangslage

Vom Prototyp des subjektiven Rechts - dem Eigentum - ausgehend, zeichnet sich das subjektive Recht dadurch aus, dass dem Rechtsträger ein nicht innerhalb, sondern außerhalb seiner Person liegendes, selbstständiges Rechtsobjekt zum *Haben* und *Nutzen* zugewiesen ist[1080]. Fraglich ist daher, ob die Anerkennung eines subjektiven Rechts ausgeschlossen ist, wenn das Rechtsobjekt Teil des Rechtssubjekts ist. Die Persönlichkeit ist ein vom Rechtsträger nicht trennbares Rechtsgut, das damit auch nicht Objekt besonderer Rechte sein kann. Persönlichkeit ist Sein und nicht Haben[1081]. Teilweise wird vertreten, das Subjekt könne selbst nicht Objekt sein[1082]. Das könnte auch ein Grund für *Medicus*[1083] Empörung gewesen sein, der das Persönlichkeitsrecht als juristische Missgeburt bezeichnete, wobei er dazu ausführte, dass die einzelnen Ausflüsse sich nicht von der Persönlichkeit trennen lassen. Sie steht gerade nicht auf der gleichen Stufe mit dem Eigentum, daher sei eine Analogie zu den Gütern Leben, Körper, Gesundheit und Freiheit zweckmäßiger, als das Persönlichkeitsrecht als sonstiges Recht zu schützen.

Ansatzpunkte für eine allgemeine Kritik ergeben sich bereits daraus, dass ein Subjekt nicht zugleich Objekt sein könne. *Beuthien/Schmölz*[1084] rügen die begriffliche Vermengung von Wirtschaftsgütern, z.B. menschliche Abbildungen oder die Informationen über das Privatleben, und der Persönlichkeit. Die Fotografien, Aufzeichnungen, Tonbandaufnahmen oder auch Lebensdaten, für die eine Nachfrage durch Dritte besteht, sind Wirtschaftsgüter. Diese seien jedoch nicht Bestandteil der Persönlichkeit. Folgt man dieser Auffassung, so kann man die Persönlichkeit als Bestandteil des lebenden Organismus mithin als Lebensgut[1085] einordnen. Allerdings stelle das kein Recht im Sinne von § 823 Abs. 1 BGB dar, denn Rechte an der *eigenen* Person seien dem Zivilrecht fremd[1086]. Mangels eines Rechts an der eigenen Person bestehe kein Herrschaftsrecht und demzufolge auch kein Verwertungsrecht. Etwas anderes gelte dagegen bei Wirtschaftsgütern. Solche sind außerhalb der Person bestehende materielle oder im-

1080 *Baston-Vogt*, 89 m.w.N.; *Raiser*, JZ 1961, 465, 467.
1081 *Baston-Vogt*, 86.
1082 *Hubmann*, 114 und 137.
1083 Auch im Folgenden *Medicus*, BR, Rdnr. 615.
1084 Auch im Folgenden *Beuthien/Schmölz*, 62 f.
1085 So auch *Schwerdtner*, in: Karlsruher Forum 1996, 27, 32.
1086 *Beuthien/Schmölz*, 62 f.

materielle Gegenstände. Diese eigenpersönlichen Gegenstände seien durch die Zuordnung eines absoluten Herrschaftsrechts geschützt[1087].

Die Konsequenz ist dann, dass nicht vergegenständlichte Persönlichkeitsinteressen gemeinfrei und damit für jedermann nutzbar wären.

bb) Die Konstrukte „Persona" bzw. „Persönlichkeitsgut"

Diese Situation verleitet dazu irgendwie Materialisierbares zu konstruieren, um einen umfassenden Schutz zu gewährleisten und die Hürde des gleichzeitigen Subjekt-/Objektseins zu nehmen. Daher soll kurz auf *Magolds* „Persona" und *Beuthiens* „Persönlichkeitsgut" eingegangen werden.

Die „Persona" - angelehnt an die US-amerikanische Bezeichnung - sei ein immaterielles Gut, welches die nichtgegenständlichen Wirtschaftswerte der Person erfasse. Enthalten seien nur die „wirtschaftlichen Werte, die unmittelbar aus dem Gebrauch der Identität eines Menschen gewonnen werden können"[1088]. Die „Persona" sei ein von der Person trennbares, also ein außerhalb des Subjekts liegendes Wirtschaftsgut[1089]. Damit nimmt *Magold* die scheinbar vorhandene „Objekt/Subjekt - Hürde". Hingegen erscheint problematisch, dass im US-amerikanischen Verständnis „Persona" sehr weitreichend ist. So werden z.B. auch charakteristische Sachen oder Slogans[1090] erfasst. *Magold* beschreibt, dass ein Kennzeichen auch Bestandteil verschiedener Personen sein kann und die Wertungsumstände entscheiden können. Angelehnt an sein Beispiel, den Tennisschläger der Marke „Boris", könnte man mit dem Tennisschläger der Marke „BB" oder der Marke „Becker" nun sowohl Boris Becker als auch Benjamin Becker verbinden. Sicher wird mit der erfolgreichsten deutschen Tennisspielerin die Persona Steffi Grafs verwertet werden können. Dies eröffnet nun die Frage, wie es bei dem erfolgreichsten deutschen Fußballer, Mittelfeldspieler oder Torwart ist. Eine Zuordnung - selbst unter Verwendung der Feldpositionen - kann so nicht erfolgen.

Beuthien[1091] hingegen versteht die Persönlichkeit nicht als Recht, sondern als Schutzgut. So ließe sich über das Persönlichkeitsbild, über das Bild einer Person und zwar so, wie es durch Dritte wahrgenommen wird, ein Vermögensgegenstand außerhalb der Person konstruieren. Schließlich habe sich das Bild von der Person losgelöst und sich quasi im Auge des Betrachters manifestiert. Damit hätte *Beuthien* dann keine Probleme bei der Einordnung in die Kategorie „Person" oder „Gegenstand". Mit der Trennung zwischen dem Rechtsgut „Persönlichkeit" und dem Persönlichkeitsgut und der Kreation eines „Persönlichkeitsgü-

1087 *Beuthien/Schmölz*, 63.
1088 *Magold*, 8.
1089 *Magold*, 470.
1090 Vgl. nur *Magold*, 9.
1091 *Beuthien*, NJW 2003, 1221, 1222.

terrechts“ werde das Persönlichkeitsrecht in einer „fast schizophrenen Weise“, nämlich in zwei Bereiche aufgespalten[1092].

Kritisch ist anzumerken, dass eine begriffliche Unterscheidung von Person und Persönlichkeit bei der Abgrenzung nicht hilft. Allein auf das Bild abzustellen, das von einer Person bei anderen entsteht, vermag nicht zu überzeugen. Denn das hieße in der Konsequenz, dass es sich um ein Gut handelt, das fremdbestimmt ist, was zu dem Problem führt, dass man über etwas herrscht, das nicht beherrschbar nicht. Es ist zwar richtig, dass die Person durch ihr Verhalten ein gewisses Bild auslösen kann, aber auch bei nicht gewünschten Verhaltensweisen wird ein Bild erzeugt, das dann von anderen dementsprechend wahrgenommen wird.

cc) Stellungnahme

Um die Ausgangsfrage zu beantworten, ist festzuhalten, dass der Klassifizierung als subjektives Recht nicht entgegensteht, dass das Rechtsobjekt Teil des Rechtssubjekts ist. Daraus folgt ferner, dass die Idee des subjektiven Rechts sich von den früheren Leitbildern gelöst und fortentwickelt hat[1093]. Indem man die Herrschaftsmacht nicht nur auf Sachen, sondern auch auf nicht körperliche Gegenstände ausdehnt, z.B. auf Immaterialgüterrechte, lässt sich dieses Definitionsproblem[1094] lösen.

2. Die Zuweisungsfunktion

Nach dem heutigen Verständnis ist die konstitutive Zuordnung eines körperlich umgrenzten Herrschaftsobjekts nicht mehr maßgebend; entscheidend ist vielmehr die Verleihung selbstständiger Verfügungsmacht[1095]. Selbst wenn der Person kein außerhalb ihrer selbst liegendes Gut zugewiesen wird, bestünde die Verbindung zwischen Rechtsträger und Objekt aus der Natur der Sache heraus, so dient das subjektive Recht der Sicherung der Verbindung gegen Eingriffe; damit würde Verfügungsmacht verliehen[1096]. Das allgemeine Persönlichkeitsrecht räume dem Rechträger eine Rechtsmacht bezüglich und um der eigenen Person willen ein. Es ermögliche dem Einzelnen die Befriedigung der mit seiner Person verbundenen Interessen und verleihe seinem darauf bezogenen Willen Durchsetzungskraft. Mithin stelle das allgemeine Persönlichkeitsrecht ein subjektives Recht dar. Der Mensch als Subjekt verhalte sich hinsichtlich seiner per-

---

1092 *Götting*, GRUR 2004, 801, 804.
1093 *Baston-Vogt*, 90 m.w.N.
1094 *Schlechtriem*, DRiZ 1975, 65, 68; vgl. die Darstellung bei *Gottwald*, 182 ff.
1095 *Baston-Vogt*, 90 m.w.N. So bereits *Raiser*, JZ 1961, 465, 467.
1096 Auch im Folgenden *Baston-Vogt*, 90 f.

sönlichkeitsrechtlichen Details als Eigentümer[1097]. Die persönlichkeitsrechtlichen Ausprägungen würden zum Objekt des Rechts, und das Subjekt könne diese wie andere Ware veräußern und als sein Eigentum in Anspruch nehmen. Folglich finde ein Prozess der Versachlichung des Rechts statt.

3. Geschützte Persönlichkeitsmerkmale

Das allgemeine Persönlichkeitsrecht weist einen bestimmten Schutzgegenstand auf, da die Persönlichkeit jedes einzelnen Menschen individuell angelegt ist. Zudem wird der Zuweisungsgehalt durch die Schutzinhalte des Persönlichkeitsrechts begrenzt. Bestimmte Positionen sind bereits anerkannt. Die kommerzialisierbaren Persönlichkeitsmerkmale sollten jedoch nicht abschließend und starr bestimmt sein. Maßgebend ist, welche Rechtsposition einen Zuweisungsgehalt aufweist. Zutreffend - wie *Peukert*[1098] verdeutlicht - ist auf den Begründungsansatz des BGH[1099] zurückzugreifen. Danach kann ein wirtschaftlicher Zuweisungsgehalt bejaht werden, wenn der Rechtseingriff nach den Gepflogenheiten des täglichen Lebens, bei der Art des verletzten Rechts üblicherweise gegen Entgelt gestattet würde und eine erhebliche Verletzung ideeller Interessen nicht infrage steht. Entscheidend ist, ob der gewährten Rechtsposition aus allgemeiner Übung eine allgemeine Verwertbarkeit zukommt und diese Verwertbarkeit rechtlichen Schutz genießt. Nachfolgend wird untersucht, welchen Persönlichkeitsinteressen ein solcher Zuweisungsgehalt zukommt.

a) Bereits anerkannte Persönlichkeitsmerkmale

Eine Reihe von Schutzbereichen haben sich bereits herauskristallisiert[1100], so z.B. der Ehrenschutz, der Identitätsschutz, der Schutz von Privatgeheimnissen vor unbefugter Ausspähung, der Schutz von Privatgeheimnissen vor unberechtigter Verbreitung und der Schutz vor kommerzieller Auswertung. Der Auffassung von Rechtsprechung und Literatur, dass das Persönlichkeitsrecht nunmehr auch vermögenswerte Interessen schützt, ist zu folgen. Jedoch ist dann die Be-

---

1097 Auch im Folgenden *Krneta*, GRURInt 1996, 298, 303; *Kobbelt*, 216.

1098 *Peukert*, ZUM 2000, 710, 719.

1099 BGH, Urt. v. 08.05.1956, I ZR 62/54, BGHZ 20, 345, 353 - Paul Dahlke; BGH, Urt. v. 16.02.1973, I ZR 74/71, BGHZ 60, 206, 211 - Miss Petite; BGH, Urt. v. 12.01.1966, Ib ZR 5/64, BGHZ 44, 372, 374 f. - Meßmer Tee II; BGH, Urt. v. 22.03.1990, I ZR 59/88, GRUR 1990, 1008, 1009 - Lizenzanalogie.

1100 *Erman/Ehmann*, § 12 BGB Anh. Rdnr. 4 f.; *Soergel/Beater*, § 823 BGB Anh. IV Rdnr. 34 m.w.N., insbesondere über abweichende bzw. weiter ins Detail gehende Einteilungen.

zeichnung *Beaters* als „kommerzielle Selbstbestimmung“ [1101] treffender. Geschützt werden „alle irgendwie kommerziell nutzbaren oder tatsächlich genutzten Ausprägungen der Persönlichkeit, die ihrer Art nach der Disposition des Betroffenen unterliegen. Der Rechtsinhaber kann unproblematisch darüber entscheiden, ob er Merkmale seiner Persönlichkeit, die ein Wiedererkennen ermöglichen, z.B. sein Bild, seinen Namen, seine Stimme, seine Bekanntheit und sein öffentliches Ansehen, für eine Werbekampagne zur Verfügung stellt“[1102]. Ob davon, wie in den Vereinigten Staaten, auch hier, wie mitunter behauptet, alle vermarktungsfähigen Ausprägungen der Persönlichkeit erfasst werden, wird im Folgenden nachgegangen.

Einige Persönlichkeitsmerkmale bestehen auch außerhalb der Person fort, so dass man von einem verselbstständigten Gut ausgehen kann. Ob nun der Name[1103], das Bild[1104] oder die Stimme[1105], es handelt sich bereits um konturfeste, selbstständige Persönlichkeitsmerkmale, die sich von der Person gelöst und damit verselbstständigt haben.

Bei Namen kann die eindeutige Zuweisung fehlen (z.B. Müller), allerdings kann sich durch eine Merkmalskombination der entsprechende, eindeutige Rückschluss ergeben, beispielsweise „kleines dickes Müller“ für Gerd Müller. Schwieriger wird es schon mit „Kaiser Franz“ oder „Tante Käthe“, wird jedoch mit den beiden Bezeichnungen „Fußball“ erwähnt, so dürften damit ohne Weiteres Franz Beckenbauer und Rudi Völler assoziiert werden.

1101 *Soergel/Beater*, § 823 BGB Anh. IV Rdnr. 143.

1102 *Soergel/Beater*, § 823 BGB Anh. IV Rdnr. 146.

1103 BGH, Urt. v. 26.06.1981, I ZR 73/79, BGHZ 81, 75, 79 - Carrera; BGH, Urt. v. 02.01.1983, I ZR 160/89, NJW 1983, 1184 ff. - Uwe. Ferner LG Düsseldorf, Urt. v. 15.05.1997, 4 O 250/96, NJW-RR 1998, 747 - Berti Vogts. Hintergrund dieser Entscheidung war, dass die Beklagte mit einer Anzeige „Jetzt aber ran, Berti“ verschiedene Artikel bewarb, u.a. ein Energiegetränk bzw. mit der Anzeige „Ihr wollt doch wohl nicht baden gehen“ diverse Badeartikel. Auch OLG München, Urt. v. 26.01.2001, 21 U 4612/00, GRUR-RR 2002, 271 - Hallo, Babs. Gegenstand der Entscheidung waren zwei Werbespots der Beklagten. „Es geht noch einfacher, Boris“ und „Hallo, Babs! Nicht böse sein, dass ich jetzt mit T-Online im Internet bin ... Dein Tekki“. Der Kläger, Boris Becker, warb zuvor - im engen zeitlichen Zusammenhang - für AOL mit einem Werbespot „... Dabei bin ich doch gar kein Tekki. Hah? - ich bin schon drin oder was? Ich bin drin! Das ist ja einfach“. Durch die Bezugnahme auf das von AOL beworbene Produkt als auch auf die als Werbeträger benutzte Popularität des Klägers habe die Beklagte den Namen des Klägers unbefugt gebraucht. Durch die Merkmale „einfach“, „Boris“, „Babs“ und „einfacher“ wird der Kläger in den angesprochenen Verkehrskreisen als Autor bzw. Empfänger der Aussagen angesehen.

1104 Entscheidungen nur bezogen auf Sportler: Tull Harder (RG, Urt. v. 26.06.1929, I 97/29, RGZ 125, 80 ff.), Ligaspieler (BGH, Urt. v. 20.02.1968, VI ZR 200/66, BGHZ 49, 288 ff.), Fußballspieler (BGH, Urt.v. 06.02.1979, VI ZR 46/77, GRUR 1979, 425 ff.).

1105 OLG München, Urt. v. 07.08.1958, 6 U 950/48, NJW 1959, 388, 389 - Nachsynchronisation; OLG Hamburg, Beschl. v. 08.05.1989, 3 W 45/89, GRUR 1989, 666 - Heinz Erhardt; weitere Ausführungen zur Stimme als vermögenswertes Persönlichkeitsmerkmal siehe nur *Lichtenstein*, 133 ff. m.w.N.

Die Identifikation wird durch die Verkehrsauffassung hergestellt. Ohne unterscheidungskräftige Zusätze fehlt nicht nur die Zuordnungsmöglichkeit, sondern auch der Vermögenswert. Zudem kann durch einen Künstlernamen eine höhere Identifikation erreicht werden, beispielsweise „Zecke“ für Andreas Neuendorf. Eine andere rechtliche Einordnung erfolgt für den Namen, wenn er ökonomisch gesehen als Absatzhilfe für ein Produkt verwendet wird. Dann wäre auch an eine Eintragung als Marke zu denken.

Selbst ein Foto, dass einen „Torwart durch das Netz eines Fußballtors hindurch von hinten zeigt“[1106] kann eine Zuordnung begründen. In der Urteilsbegründung stellt der BGH fest, dass es für die Erkennbarkeit der abgebildeten Person nicht erforderlich sei, die Gesichtszüge abzubilden. Es genügt, wenn der Abgebildete durch ihm eigene Merkmale - die sich entweder aus dem Bild oder durch den beigegebenen Text bzw. aus früheren Veröffentlichungen ergeben - erkannt werden könne. Solche Merkmale können z.B. die Statur, die Haltung oder der Haarschnitt der Person sein. Nicht jeder muss die abgelichtete Person erkennen. Die Erkennbarkeit durch einen mehr oder minder großen Bekanntenkreis reicht aus. Demnach wird das Kriterium der Erkennbarkeit weit ausgelegt.

b) Die Bestimmungskriterien für neue Persönlichkeitsmerkmale

Die zu schützenden persönlichen Ausprägungen dürfen nicht starr festgelegt sein, sondern müssen aufgrund der Entwicklungsmöglichkeiten ein bewegliches System bilden.

Betrachtet man die zahlreichen Bezeichnungen für die „persönlichkeitsrechtliche Position“[1107], so ergeben sich zwei maßgebende Aspekte: Einerseits die Gegenständlichkeit bzw. Objektivierbarkeit und anderseits die Identifizierbarkeit. Die älteren Bezeichnungen sind noch von den Begriffen „vergegenständlicht“ oder „objektiviert“ geprägt, was auf die Wahrnehmbarkeit hindeutet, die wiederum mit der sozialtypischen Offenkundigkeit des Herrschaftsrechts zusammenhängt. Wie bereits festgestellt, kommt es allerdings auf die Gegenständlichkeit im Wortsinne nicht mehr an. Gefordert wird vielmehr, dass sich die Position von der Person gelöst hat und aufgrund bestimmter, nämlich identifizierender Merkmale zuordnen lässt. Diese gegenständliche Lösbarkeit eines Merkmals zeigt, ob sich dieses dermaßen verselbstständigt hat, dass es im Rechtsverkehr als eigenständiges Persönlichkeitsmerkmal und nicht bloß als Teil der Persönlichkeit wahrgenommen wird. Insofern ist die Bezeichnung Gegenständlichkeit zweideutig. Vorzugswürdig ist daher der Begriff der Objektivierbarkeit.

Dies wirft nun die Frage auf, wodurch sich ein zu schützendes Persönlichkeitsmerkmal auszeichnet. Um die Bestimmungkriterien darzulegen, wird auf

1106 Auch im Folgenden BGH, Urt. v. 26.06.1979, VI ZR 108/78, NJW 1979, 2205.
1107 Vgl. Teil 2 § 1.

den zutreffenden Ansatz von *Lichtenstein*[1108] Bezug genommen, der hier jedoch nur kurz dargestellt wird. Seine Leitkriterien sind folgende: die Merkmalseigenschaft, ein Persönlichkeitsmerkmal, die Objektivierbarkeit, die zweifelsfreie Zuweisungskraft, die Gepflogenheit zur Identifizierung und keine entgegenstehenden höherrangigen Prinzipien der Rechtsordnung. Im Hinblick auf die Merkmalseigenschaft, das Persönlichkeitsmerkmal und die Objektivierbarkeit ist ihm insofern uneingeschränkt zuzustimmen. In Bezug auf die zweifelsfreie Zuweisungskraft ist der Begriff der Identifizierbarkeit aussagekräftiger, da er seinerseits die Gepflogenheit bereits umfasst. Darüber hinaus ist ihm dahin gehend zuzustimmen, dass höherrangige Prinzipien nicht entgegenstehen dürfen. Allerdings ist dies nicht spezifisch für die Frage der Bestimmungskriterien eines Persönlichkeitsmerkmals.

Nach diesen Vorüberlegungen gilt es die Frage zu beantworten, wie die Persönlichkeitsmerkmale hinreichend bestimmt werden können.

aa) Die Merkmalseigenschaft

Zunächst muss die in Rede stehende Position eine Merkmalseigenschaft aufweisen. Das ist dann der Fall, wenn das Merkmal in bzw. an der Person des Trägers besteht[1109]. Diese Feststellung lässt sich ergänzend begründen, indem eine rechtlich ähnlich gelagerte Situation betrachtet wird. Bei der Begriffsbestimmung des Persönlichkeitsmerkmals mag die Definition der Eigenschaft im Rahmen des § 119 Abs. 2 BGB helfen. Danach sind Eigenschaften neben den auf der natürlichen Beschaffenheit beruhenden Merkmalen auch tatsächliche oder rechtliche Verhältnisse und Beziehungen zur Umwelt; diese müssen jedoch in der Person selbst ihren Grund haben, von ihr ausgehen oder sie unmittelbar kennzeichnen[1110].

bb) Ein Persönlichkeitsmerkmal

Durch die individuelle Prägung seitens des Trägers - also durch eine enge Verbindung zwischen Merkmal und Träger - wird das Merkmal zu einem Persönlichkeitsmerkmal. Daher werden Gegenstände, selbst charakteristische[1111], nicht erfasst. Denn die erforderliche Verbindung wird erst durch die Assoziation seitens der Außenwelt geschaffen.

1108 Für eine umfassende Darstellung siehe nur *Lichtenstein*, 159 ff.
1109 So auch *Lichtenstein*, 159.
1110 Vgl. nur *Palandt/Heinrichs*, § 119 BGB Rdnr. 24.
1111 Ein Tennisschläger der Marke „BB“ ist ebenso wenig wie ein Schuh „+Predator® Absolute ‚Swerve‘“ (in Anlehnung an die wohl einmalige Art und Weise David Beckhams, den Ball um die Freistoßmauer zu zirkeln), wie ein blauer Pullover (Udo Lattek - 1987) geeignet, ein eigenständiges Persönlichkeitsmerkmal zu begründen.

cc) Die Objektivierbarkeit

Die Brücke zur Trennung von Person und Persönlichkeitsmerkmal ist die Objektivierbarkeit. Um das Merkmal und nicht die Person/Persönlichkeit zu nutzen, muss es ablösbar sein, also im Verkehr als eigenständiges Merkmal wahrgenommen werden. Nicht ablösbar sind dagegen jene Merkmale, die ohne Rückgriff auf die körperliche Existenz der Person nicht genutzt werden können[1112].

Die Bezeichnungen wie „Verdinglichung" oder „Gegenständlichkeit" erwecken den Anschein als werden nur Gegenstände im Sinne von körperlichen Sachen erfasst. Als „beschränkte Objektivierung"[1113] kommen sowohl körperliche als auch unkörperliche Merkmale der Persönlichkeit infrage. Die Bezeichnung „Objektivierbarkeit" ist treffender und beugt zugleich Missverständnisse vor. Ein Objekt ist nicht als körperlicher Gegenstand zu verstehen, wobei es hier um die Objektivierung gegenüber der Person geht. Die Loslösung bezieht sich also nur auf die Gegenständlichkeit. Die gedankliche Verbindung zur Person bleibt bestehen, denn schließlich muss sich eine Identifizierung ergeben[1114]. Trotz Loslösung des Persönlichkeitsmerkmals von der Person, muss es der Person aufgrund konkreter, kennzeichnender Merkmale zugeordnet werden können.

dd) Die Identifizierbarkeit

Das nächste Bestimmungskriterium betrifft somit die Identifizierbarkeit. Im Gegensatz zu *Lichtensteins* Bezeichnung als zweifelsfreie Zuweisungskraft[1115] ist der Begriff der Identifizierbarkeit treffender. Andernfalls könnte eine begriffliche Unklarheit zur Vermengung von Ursache (die Identifizierung) und Wirkung (die Begründung eines Zuweisungsgehalts) führen.

Um die Unterscheidbarkeit zu ermöglichen, darf jedes Merkmal nur einem Träger zugeordnet werden. Deshalb muss es sich um ein individuelles Kennzeichen handeln, das eine zweifelsfreie Identifizierung einer Person ermöglicht. Sofern ein Erkennungszeichen keinen eindeutigen Rückschluss auf eine Person zulässt, kommt auch eine Verknüpfung mehrerer Merkmale infrage. Dann wird die Zuweisung aber nur für diese Merkmale im Verbund gewährt[1116].

Fraglich ist, was genau der eigentlichen Identifizierbarkeit dient. Ein weites Verständnis des Vorgangs könnte zu weitreichenden Schutzgütern führen. So

1112 *Magold*, 539.

1113 *Forkel*, GRUR 1988, 491, 498. Misslich ist jedoch, dass *Forkel* seine Objektivierung in seinem Beitrag nicht definiert, sondern Beispiele nennt. „Gewisse Vergegenständlichungen" und „wenn und soweit"- Formulierungen sind bei der Abgrenzung kaum hilfreich. Bei Betrachtung der Veröffentlichung im Jahr 1988 ist seine Auffassung entgegen der traditionellen Ansicht zukunftsweisend.

1114 So bereits *Lichtenstein*, 160.

1115 *Lichtenstein*, 161 ff.

1116 So auch *Lichtenstein*, 161.

wohl *Seemann*, der meint, dass die Steuerungsbegriffe Identifizierbarkeit und Marktwert „tendenziell offen für alles [sind], was vermarktbar ist und mit der Identität des Prominenten irgendwie in Zusammenhang gebracht wird“[1117]. Allerdings muss aufgrund der gegenständlichen Trennung und der u.U. damit einhergehenden Übertragungsmöglichkeit der Bestimmtheitsgrundsatz gewahrt werden. Vor allem bei unkörperlichen Merkmalen ist für die Achtung der geschützten Position eine eindeutige Identifizierung erforderlich. Zutreffend bemerkt *Lichtenstein*[1118], dass nicht auf die Erkennbarkeit im Sinne eines „begründeten Anlasses für die Annahme“, also auf eine bloße Assoziation, abgestellt werden darf.

Bereits in diesem Zusammenhang ergibt sich die Frage, nach welchen Kriterien vorgegangen werden kann. Dem Einzelnen stehen in der Regel keine wissenschaftlichen Ermittlungsmethoden zur Verfügung[1119]. Bezüglich der Abgrenzbarkeit bzw. der Individualisierung kann es also nur auf die üblichen, der Verkehrsauffassung entsprechenden Methoden ankommen[1120].

In diesem Kontext gilt es die Frage zu beantworten, ob allein die Verkehrsauffassung maßgeblich ist. Man mag zu der Auffassung gelangen, dass es bereits genügt, wenn einer kleinen Anzahl die Identifizierung gelingt. Bei den bereits geschützten Persönlichkeitsmerkmalen genügte „die Erkennbarkeit durch einen mehr oder minder großen Bekanntenkreis“[1121]. An dieser weiten Auslegung des Erfordernisses der Erkennbarkeit ist festzuhalten. Anhaltspunkte für strengere Anforderungen sind nicht ersichtlich, so dass die Identifizierbarkeit durch einen kleinen Personenkreis bereits genügt. Wollte man auf die allgemeine Verkehrsauffassung abstellen, so wäre dies zum einen nicht praktikabel und zum anderen würde man mittelbar wirtschaftliche Faktoren, wie z.B. die Bekanntheit, einfließen lassen, obwohl diese nicht entscheidend für die rechtliche Einordnung des Merkmals sind, sondern nur für die Höhe des Zuweisungsgehalts. Es darf nicht außer Acht gelassen werden, dass das Schutzgut nicht die Prominenz ist.

1117 *Seemann*, 266 f.

1118 *Lichtenstein*, 162 f.

1119 Wie z.B. biometrische Verfahren, die helfen sollen, den Einzelnen zweifelsfrei zu identifzieren, beispielsweise die Fingerabdruckerkennung, die Erkennung des Gesichtsbildes, der Augeniris oder der Stimme.

1120 Insofern erscheint es treffender, die Eignung zur Identifizierung bereits im Rahmen der Identifizierbarkeit zu prüfen und nicht separat - wie *Lichtenstein*, 165 - als Kriterium anzuführen.

1121 BGH, Urt. v. 26.06.1979, VI ZR 108/78, NJW 1979, 2205.

ee) Zwischenergebnis

Entscheidend für die Bestimmung neuer persönlichkeitsrechtlicher Positionen ist also ein persönliches Merkmal, das objektiviert, also gegenständlich von der Person getrennt, zur zweifelsfreien Identifizierung dient.

c) Die sog. „fußballbezogenen Persönlichkeitsmerkmale“

Anhand der ermittelten Kriterien wird erörtert, welche persönlichen Merkmale einen Fußballer identifizieren[1122]. Im Mustervertrag der DFL wird auf fußballbezogene Persönlichkeitsmerkmale Bezug genommen. Nach § 3a desselben räumt der Spieler dem Klub, „sofern und soweit seine Tätigkeit als Lizenzspieler und nicht ausschließlich seine Privatsphäre berührt ist das ausschließliche Recht ein, sein Bildnis, seinen Namen [auch Spitz- und Künstlernamen], das von ihm gesprochene Wort sowie besondere fußballbezogene Persönlichkeitsmerkmale uneingeschränkt zu nutzen und zu verwerten.“

Neben den bereits anerkannten und oben dargelegten Merkmalen wie den Namen und das Bild kommen also auch das Wort, das Image, die sportliche Leistung, die Trikotnummer oder die Unterschrift des Fußballspielers in Betracht.

aa) Das Wort

Das gesprochene Wort ist zumindest nach dem Mustervertrag ein zur Identifizierung taugliches Persönlichkeitsmerkmal. In diesem Zusammenhang soll die klassische Wendung erwähnt werden, die der Fußballer Franz Beckenbauer häufig verwendete und mit der man ihn - aber nicht nur ihn - verbinden kann: „Schau’n mer mal“.

Es mag zwar vermarktungsfähige persönliche Entäußerungen geben, wie z.B. Tagebücher, Briefe, Biographien etc., aber ob es sich dabei um Persönlichkeitsmerkmale handelt, ist fraglich. In diesem Kontext ist es bereits zweifelhaft, ob es sich um Merkmale handelt, denn in der Person des Trägers besteht die Bekundung nicht. Lediglich das Wort geht von der Person aus. Mit den Äußerungen wird eventuell der Träger assoziiert, aber eine eindeutige Zuordnung ist nicht möglich. Selbst wenn sich durch den Inhalt ein zweifelsfreier Rückschluss auf die Person ergibt, so wird dann nicht auf die Äußerungen unmittelbar, son-

1122 Eine umfassende Zusammenstellung von möglichen Persönlichkeitsmerkmalen, die über den fußballbezogenen Bereich hinausgehen, findet sich sowohl bei *Lichtenstein*, 111 - 156 als auch bei *Peifer*, 151 - 225.

dern mittelbar auf die Daten, die Stimme, das Bild, den Namen etc. abgestellt. Ein erkennbarer Eigenwert fehlt regelmäßig[1123].

bb) Das Image

Das Image eines Sportlers wird - wie bereits unter Teil 1 § 2 dargestellt - häufig in der Werbung genutzt und hat demnach zweifellos einen wirtschaftlichen Wert. Die praktische Relevanz ergibt sich auch aus § 2i u. j des Mustervertrages der DFL. Danach ist der Spieler verpflichtet „i] sich in der Öffentlichkeit und privat so zu verhalten, dass das Ansehen des Clubs, der Verbände und des Fußballsports allgemein nicht beeinträchtigt wird ..." und „j] sich auf alle sportlichen Veranstaltungen des Clubs gewissenhaft vorzubereiten. Dazu gehört insbesondere, den Anweisungen des Trainers bezüglich der Lebensführung Folge zu leisten, sofern sie sich auf die sportliche Leistungsfähigkeit des Spielers beziehen". Eine Bezugnahme in § 3 des Mustervertrages, der die Nutzung und die Verwertung der Persönlichkeitsrechte im Arbeitsverhältnis regelt, findet sich hingegen nicht.

Maßgebend ist, ob das Image ein persönliches, zur Identifizierung geeignetes Merkmal ist. Darauf wies schon *Beuthien* hin, indem er fragte: „Was ist vermögenswert, die Persönlichkeit oder ihr Image?"[1124]

Ausgehend vom Begriff „Image" könnte es bereits an dem Kriterium des Merkmals als solchen scheitern. Das Image umfasst Assoziationen und Emotionen anderer. Eine Person wird von den Mitmenschen wahrgenommen. Daher ist die Bezeichnung „Persönlichkeitsbild"[1125] treffend. Insofern könnte durchaus die Auffassung vertreten werden, dass das Image nur die Vorstellung eines Dritten sei und folglich kein Merkmal[1126]. Hingegen könnte das Image durch die Person begründet werden, insbesondere von ihr ausgehen oder sie unmittelbar kennzeichnen. Charakteristisch für das Image ist die Dynamik, der es unterliegt. Die Beteiligten akzeptieren, dass das Image nach den sich verändernden Standards der Medien auf- und wieder abgewertet wird. Selbst wenn man aufgrund der Eigenbeteiligung noch davon sprechen könnte, dass das Image tatsächlich von der Person ausgeht, wird es aber an dem Kriterium des persönlichen Merkmals

---

1123 „Schau'n mer mal" oder „Na gut, ich sag' mal" sind Phrasen, die häufig Fußballern zugeschrieben werden. Ein eindeutiger Rückschluss auf eine bestimmte Person ist regelmäßig nicht möglich. Etwas anderes kann für bestimmte Einzelfälle gelten. So wird beispielsweise die Wendung „Ich habe fertig" eindeutig auf Giovanni Trappatoni hinweisen.

1124 *Beuthien*, NJW 2003, 1220.

1125 *Beuthien*, NJW 2003, 1220, 1221 f.

1126 So *Lichtenstein*, 145; *Peifer*, 197. Anders hingegen *Beuthien*, NJW 2003, 1220, 1221, der das Image als Persönlichbild und als eigentumsähnliches Persönlichkeitsgüterrecht versteht.

scheitern. *Peifer*[1127] ist zuzustimmen, wenn er meint, dass die mit einem Image behaftete Person zwar das Vorstellungsbild beeinflussen kann, dieses jedoch in der Außenwelt gebildet wird. Es existiert keine aus der Natur der Sache folgende, bei der Person anzuknüpfende Herrschaftsbefugnis. Folglich ist das Image kein Identitätsmerkmal.

cc) Die sportliche Leistung

Ohne Frage sind die Leistungen eines Sportlers bei Sportveranstaltungen und seine persönliche Ausstrahlung sowie sein sportliches Image entscheidend für die wirtschaftliche Verwertung der vermögenswerten Persönlichkeitsmerkmale. In Anlehnung an das US-amerikanische Recht, wo sportliche Darbietungen als vom Right of Publicity umfasst angesehen wurden, könnten auch die Fähigkeiten eines „Ballartisten" als geschütztes Rechtsgut angesehen werden. Wie bereits bei der Darstellung des US-amerikanischen Rechts[1128] erläutert, handelt es sich dabei jedoch um Ausnahmefälle. Geschützt wird nicht die Identität der Person, sondern dessen wahrnehmbare Leistung.

Für Kenner des Fußballsports lassen sich beispielsweise die Begriffe „Dribbelkönig" und „Flankengott" Pierre Littbarski bzw. Manfred Kaltz zuordnen. Bereits durch die Bezeichnung wird deutlich, dass nicht allein auf die Spieltechnik abgestellt wird. Denn jeder Fußballer kann dribbeln oder flanken, aber nicht jeder erreicht jene herausragende Qualität in der Ausführung der Technik, die zu einer besondern Namensgebung führt. Vielmehr müssen zusätzliche Merkmale angeführt werden, um eine eindeutige Zuordnung zu ermöglichen. In der sportlichen Leistung zeigen sich höchstpersönliche, individuelle Fähigkeiten[1129]. Selbst wenn man der Leistung einen Wiedererkennungswert zuspricht, mag sie kaum zur Identifizierung desjenigen dienen, der sie üblicherweise erbringt. Mit der Bezeichnung „Dribbelkönig" lassen sich z.B. auch Mehmet Scholl oder der Brasilianer Ronaldo de Assis Moreira (Ronaldinho) verbinden. Als Flankengott wurden beispielsweise auch David Beckham, Luís Figo oder Didier Drogba bezeichnet. Die Leistung haftet den Betroffenen nicht unmittelbar an. Hier zeigt sich, dass die sportliche Leistung nicht zur zweifelsfreien Identifizierung geeignet ist[1130].

1127 Auch im Folgenden *Peifer*, 198 f. Um sich einen umfassenden Überblick über das Image (einschließlich der Funktion, der wirtschaftlichen als auch rechtlichen Betrachtungen) zu verschaffen, sei auf die Habilitationsschrift *Peifers*, 191 - 200 verwiesen.

1128 Siehe Teil 2 § 3 A. II. 2. b) bb).

1129 Vgl. die Ausführungen unter Teil 2 § 2 B. VI. 2. u. 3.

1130 So auch *Lichtenstein*, 154 ff.

dd) Die Trikotnummer

Bei Betrachtung der Einnahmen aus den Trikotverkäufen, stellt sich die Frage, ob z.B. die häufig dem Spielmacher zukommende Trikotnummer[1131] „10“ bzw. die „1“ des Stammtorwarts oder die früher dem Libero zukommende Nummer „5“ ein persönliches und identifizierendes Merkmal darstellen kann. Die Nummer als solche ist kein Merkmal der Person, allenfalls mag durch die Kombination zwischen Person und Nummer eine individuelle Ausprägung des Identitätsinteresses anzunehmen sein. Dagegen spricht jedoch die Abstraktheit der Nummer, denn in der Regel werden die Zeichen beliebig vergeben[1132]. Scheitern wird es zudem regelmäßig an der zweifelsfreien Identifizierbarkeit. Eine ausschließende Zuordnung ist durch die Rückennummer nicht gewährleistet. Vereinsintern mag dies über einen bestimmten Zeitraum möglich sein, allerdings misslingt eine Zuordnung spätestens dann, wenn man auf die Liga abstellt. Zudem ist es in den Klubs üblich, die Nummer neu zu vergeben, wenn ein Spieler den Verein verlässt[1133]. Eine eindeutige Identifizierung ist damit nicht gegeben.

ee) Die Unterschrift

Eine Unterschrift könnte ein identifikationstaugliches persönliches Merkmal sein. Die Unterschrift ist ein individuelles Merkmal, welches zur Identifizierung dient und im Rechtsverkehr auch dazu benutzt wird. Unabhängig von der möglichen Zugkraft des Namens, und damit einhergehenden Überlagerung durch den Namen, steht wie *Lichtenstein* zutreffend festhält, der Kategorisierung als vermögenswertes Persönlichkeitsmerkmal nicht entgegen[1134].

IV. Fazit

Zusammenfassend lässt sich daher Folgendes festhalten:
1. Weder die Subjekt-Objekt-Relation noch die mangelnde Vergegenständlichung sprechen gegen die Erweiterung des allgemeinen Persönlichkeitsrechts. Im Weg stand, wie *Forkel* zu Recht annimmt, die „Furcht vor uferloser Ausweitung ...[, sowie die] Zaghaftigkeit der Judikatur gegenüber der Aufgabe der Schrankenziehung“[1135]. Bei der Anerkennung wirtschaftlicher Interessen innerhalb des allgemeinen Persönlichkeitsrechts sollte restriktiv vorgegangen werden,

---

1131 So beispielsweise *Magold*, 15.

1132 Ebenso *Lichtenstein*, 152.

1133 Beim FC Bayern München wird beispielsweise die Rückennummer „12“ für den berühmten zwöften Mann, nämlich die Fans, nicht an Spieler vergeben.

1134 *Lichtenstein*, 136 f.

1135 *Forkel*, FS Neumayer, 229, 240.

andernfalls wäre jede Form menschlichen Verhaltens geschützt und damit ließe sich jede Interessenverletzung erfassen[1136].

2. Ziel ist es nicht, jedes wirtschaftliche Interesse zu schützen. Trotz eines immensen wirtschaftlichen Reizes wird das Image vom Persönlichkeitsrecht nicht erfasst. Der Ansatz ist nicht die Person als solche, sondern die Persönlichkeitsmerkmale, die obgleich objektivierbar, also gegenständlich von der Person losgelöst, eine zweifelsfreie Identifizierung ermöglichen. Gerechtfertigt ist die Zuweisung für eindeutig identifizierbare Persönlichkeitsmerkmale. Das sind derzeit fußballspezifisch neben dem Namen und dem Bild auch die Unterschrift.

3. Das kommerzielle Selbstbestimmungsrecht verliert durch seinen ökonomischen Gehalt nicht den ursprünglichen Rechtscharakter; es bleibt ein Teil des Persönlichkeitsrechts. Der von *Forkel*[1137] gewünschte Ausbau der wirtschaftlichen Seite des allgemeinen Persönlichkeitsrechts fand bereits statt. Das allgemeine Persönlichkeitsrecht hat sich als elastisch genug erwiesen, die wirtschaftlichen Interessen angemessen zu berücksichtigen.

C. Die Schutzdauer

Nicht einheitlich wird die Frage nach der Dauer des Schutzes der kommerziellen Bestandteile des Persönlichkeitsrechts beantwortet. Deshalb sollen zunächst die gesetzlichen Anhaltspunkte dargestellt sowie im Anschluss die Ansichten der Rechtsprechung und die Auffassungen in der Literatur untersucht werden.

I. Die gesetzlichen Anhaltspunkte

Es existieren nur wenige gesetzliche Anhaltspunkte für die Bestimmung der Schutzdauer. Der vorgesehene Zeitrahmen liegt zwischen 10 und 70 Jahren. Das Recht am eigenen Bild erlischt 10 Jahre nach dem Tode, vgl. § 22 S. 3 KUG. Das Urheberrecht dagegen erlischt 70 Jahre nach dem Tode des Urhebers, vgl. § 64 UrhG. Gemäß § 76 S. 1 UrhG erlöschen die Leistungsschutzrechte des ausübenden Künstlers nach §§ 74, 75 UrhG erst 50 Jahre nach der Darbietung, wenn der ausübende Künstler vor Ablauf dieser Frist verstorben ist, jedoch erst nach Fristablauf der Verwertungsrechte nach § 82 UrhG. § 82 UrhG enthält allerdings eine Regelung für die Verwertungsrechte der Beteiligten: Beim Künstler beträgt die Frist 50 Jahre, beim Veranstalter lediglich 25 Jahre. Im Vergleich zu § 76 UrhG stellt § 82 UrhG beim Fristbeginn nicht auf die Darbietung ab,

1136 *Haas/Nam*, in Persönlichkeitsrechte im Sport, 43, 49.
1137 *Forkel*, FS Neumayer, 229, 242, 245.

sondern auf die erste erlaubte öffentliche Wiedergabe bzw. auf das Erscheinen des Bild- oder Tonträgers.

Bei den gewerblichen Schutzrechten wird der Schutz nicht am Schöpfer festgemacht, sondern an der Anmeldung. Die Schutzdauer beträgt bei Marken zunächst 10 Jahre (§ 47 Abs. 1 MarkenG), bei Gebrauchsmustern maximal 10 Jahre (§ 23 Abs. 1 GebrMG), bei Patenten 20 Jahre (§ 16 Abs. 1 S. 1 PatG; eine Verlängerung danach ist möglich) und bei Geschmacksmustern maximal 25 Jahre (§ 27 Abs. 1, 2 GeschmMG).

II. Die Erwägungen der Rechtsprechung

Der BGH nahm in der Marlene Dietrich - Entscheidung nicht endgültig Stellung zur Schutzdauer[1138]. Dennoch leitet das Gericht die Dauer des Schutzes der kommerziellen Interessen von denen der ideellen Interessen ab. Insofern bietet sich die 10-Jahresfrist des § 22 S. 3 KUG an. Maßgebend für den zeitlichen Umfang des ideellen postmortalen Persönlichkeitsrechts war die Abwehrfunktion. Daher bot die einzelfallbezogene Interessen- und Güterabwägung eine sachgerechte Lösung. Der Schutz ist zeitlich beschränkt; die Dauer ist abhängig vom Einzelfall.

Die Ausstrahlungen der Persönlichkeit verblassen im Laufe der Zeit, so dass das Interesse an der Nichtverfälschung des Lebensbildes geringer wird und dementsprechend die Schutzbedürftigkeit abnimmt. In der Rechtsprechung wurde zwischen herausragenden Leistungen und Wirken insgesamt sowie Einzelereignissen differenziert, wobei letztere schneller verblassen, und damit zeitlich weniger schutzbedürftig seien[1139].

Für den Achtungsanspruch eines Künstlers, der der Welt ein bleibendes Werk hinterlassen habe, wird eine Schutzdauer von 30 Jahren als angemessen angesehen[1140].

Als abschließendes Beispiel sei hier auf Klaus Manns Roman „Mephisto“ verwiesen. 1971 wies das BVerfG die Verfassungsbeschwerde gegen die statt-

---

1138 BGH, Urt. v. 01.12. 1999, I ZR 49/97, BGHZ 143, 214, 227 f. Vgl. die Ausführungen unter Teil 2 § 3 B. I. 2. d) cc).

1139 LG Berlin, Urt. v. 11.07.1979, 27 O 196/78, GRUR 1980, 187 ff. Gegenstand der Entscheidung war folgender Sachverhalt: Die Erben der vor 40 Jahren verstorbenen Hauptfigur, der die Anregung zum Verfassen des Werks gab, konnten die Verfilmung Hans Falladas Romans „Der eiserne Gustav“ 50 Jahre nach Erscheinen des Romans nicht verhindern. Das öffentliche Interesse an Gustav H. war nicht durch ein herausragendes Leben und Wirken hervorgerufen, sondern durch eine rekordähnliche Leistung (und zwar die Droschkenkutschfahrt Berlin-Paris-Berlin), die aus dem Alltagsleben im Jahr 1928 hervorstach.

1140 BGH, Urt. v. 08.06.1989, I ZR 135/87, BGHZ 107, 384, 393 u. 2. Leitsatz - Emil Nolde; LG Hamburg, Urt. v. 04.12.1992, 324 O 404/92, AfP 1993, 595, 596; OLG Bremen, Urt. v. 13.04.1994, 1 U 149/93, NJW-RR 1995, 84 - Wilhelm Kaisen.

gebende Unterlassungsklage des BGH zurück[1141]. 1980, also gut 17 Jahre nach dem Tode Gründgens', erschien der Roman erneut, ohne dass gerichtliche Schritte unternommen wurden[1142].

In der Kinski - Entscheidung nahm der BGH expressis verbis Stellung zur Schutzdauer, nachdem das Gericht die unterschiedlichen Auffassungen in der Literatur nannte. Der BGH stellte fest, dass der Schutz der vermögenswerten Bestandteile des postmortalen Persönlichkeitsrechts infolge der analogen Anwendung des § 22 S. 3 KUG auf 10 Jahre begrenzt sei[1143]. Nach dieser Schutzfrist ist das Persönlichkeitsbild einer zu Lebzeiten bekannten Person ein Teil der gemeinsamen Geschichte und damit gemeinfrei. Demnach muss das Interesse an der wirtschaftlichen Verwertung des Persönlichkeitsbildes nach Ablauf von 10 Jahren zurücktreten. Eine darüber hinausgehende Schutzdauer wäre mit der Wertung des § 22 KUG nicht vereinbar[1144].

III. Die Erwägungen des Schrifttums

Selbst durch die ausdrückliche Feststellung des BGH, dass die Schutzdauer 10 Jahre betrage, wird die in der Literatur vorherrschende Diskussion nicht beendet[1145]. Das ist vor allem darauf zurückzuführen, dass die inhaltliche Auseinandersetzung mit den abweichenden Literaturansichten in der Entscheidung deutlich zu kurz kam.

In der Lehre wird zur Schutzdauer ein breites Meinungsspektrum vertreten, wobei, ebenso wie im Gesetz, eine Spannbreite von 10 bis 70 Jahren genannt wird. Ein Teil der Literatur[1146] orientiert sich an § 22 KUG und legt sich somit auf eine Schutzdauer von 10 Jahren fest. Damit wird jedoch an den Schutz der Verletzung ideeller Bestandteile angeknüpft. Der Gedanke des verblassenden Rechtsschutzes ist aber keine geeignete Grundlage für die Bestimmung der Schutzfrist bei der Verletzung von vermögenswerten Bestandteilen. Für eine sinnvolle wirtschaftliche Disposition sind vor allem Rechtssicherheit über den Umfang des Schutzes und dessen Dauer zwingend erforderlich. Deshalb ist es geboten, die Schutzfrist einheitlich für alle Identitätsmerkmale zu gestalten.

1141 BGH, Urt. v. 20.03.1968, I ZR 44/66, BGHZ 50, 133 ff. - Mephisto; BVerfG, Beschl. v. 24.02.1971, 1 BvR 435/68, BVerfGE 30, 173, 174 - Mephisto.

1142 *Staudinger/Hager*, § 823 BGB Rdnr. C 45.

1143 BGH, Urt. v. 05.10.2006, I ZR 277/03, NJW 2007, 684, 685.

1144 BGH, Urt. v. 05.10.2006, I ZR 277/03, NJW 2007, 684, 686.

1145 Vgl. u.a. die Anmerkungen von *Götting*, GRUR 2007, 170 f.; *Röthel*, LMK 2007, 213345; *Wanckel*, NJW 2007, 686; *Schack*, JZ 2007, 366 f., begrüßt das Zurückrudern des BGH.

1146 *Magold*, 573 f.; *Ullmann*, AfP 1999, 209, 214; *Hoppe*, 89; *Schulze Wessel*, 142 f., obwohl er es rechtspolitisch für erwägenswert hält, die Schutzdauer auf 30 Jahre zu verlängern.

Für eine 30-jährige Schutzdauer tritt eine weitere Auffassung ein[1147]. 10 Jahre seien zu kurz, wenn man den Erben eine Verwertungsmöglichkeit einräumen möchte. Zu klären ist deshalb, was für eine 30-jährige Schutzdauer spricht. Dies sei die durchschnittliche Überlebenszeit naher Hinterbliebener, an der man sich orientieren müsse[1148], zumal nach 30 Jahren die Erscheinungsformen zum Gemeingut werden.

Jung[1149] hingegen hält eine Schutzfrist von 35 Jahren für angemessen. Damit seien der Partner bzw. die erste Generation der Nachkommen ausreichend geschützt. In der Regel seien diese 35 Jahre nach dem Tod des Erblassers ebenfalls verstorben, so dass die Persönlichkeitsmerkmale des Verstorbenen dann bereits gemeinfrei wären und jedermann sie kostenfrei verwenden könnte.

Götting sind diese Zeitspannen zu kurz. Mangels anderer Anhaltspunkte plädiert er für eine Anlehnung an das Urheberrecht, zumal sich die Rechte auf ein und denselben Gegenstand beziehen könnten. Daher schlägt *Götting* einen 70-jährigen Schutz post mortem vor[1150].

IV. Stellungnahme

Gerade bei der Festlegung der Schutzdauer ist die Trennung von ideellen und vermögenswerten Bestandteilen des Persönlichkeitsrechts zu berücksichtigen. Aufgrund der unterschiedlichen Ansätze ist abschließend zu erörtern, ob die Schutzdauer für die vermögenswerten Bestandteile des Persönlichkeitsrechts variabel oder starr sein soll. Entscheidet man sich für die letzte Variante, ist zu überlegen, wie lange der Schutz dann andauern soll.

Für die variable Schutzdauer scheint zunächst die Parallele zum ideellen postmortalen Schutz zu sprechen. Wird der Schutz an den ideellen Bestandteil angeknüpft, dann könnte die Folge auch eine gleiche Behandlung des vermögenswerten Persönlichkeitsrechts sein. Diese Herleitung ist jedoch nicht unproblematisch. Zum einen läuft sie leer, wenn nur kommerzielle Interessen beeinträchtigt sind. Selbst wenn sowohl kommerzielle als auch ideelle Interessen beeinträchtigt sind, Gegenstand einer Klage aber nur die kommerziellen Interessen sind, wäre dieser Weg nicht prozessökonomisch. Zum anderen führt diese Begründung nicht stets zu sachgerechten Ergebnissen[1151].

1147 *Gregoritza*, 131; *Lichtenstein*, 369; *Wenzel/Burkhardt*, 5 Rdnr. 124.

1148 *Gregoritza*, 131.

1149 *Jung*, AfP 2005, 317, 323.

1150 *Götting*, 281; *ders.*, NJW 2001, 585, 586; *ders.*, GRUR 2004, 801, 806. *Götting* hält auch nach der Kinski - Entscheidung an der Schutzdauer von 70 Jahren fest, da nur so dem Bedürfnis nach Rechtssicherheit Rechnung getragen werde. Er führt dazu wörtlich aus: „Eine unsichere Schutzdauer ist allemal besser als eine mit Sicherheit zu kurze." (GRUR 2007, 170, 171).

1151 Nähere Ausführungen dazu siehe *Müller, T.*, GRUR 2003, 31, 34.

Fraglich ist also, ob die Anlehnung an den postmortalen Schutz der ideellen Interessen schlüssig ist. Zwar scheint eine Einzelfallentscheidung größtmöglichen Schutz zu versprechen, aber gegen die akzessorische Bindung der Schutzdauer der kommerziellen an die der ideellen Interessen spricht bereits die Rechtssicherheit. Die Schutzdauer kann nach der Intensität des Fortdauerns der Persönlichkeit erheblich divergieren. Sachgerechte Ergebnisse in Bezug auf ideelle Interessen können jedenfalls nur getroffen werden, wenn die jeweilige Situation konkret im Kontext betrachtet wird. Dabei muss insbesondere die unterschiedliche Präsenz der Verstorbenen hinreichend gewürdigt werden.

Die entscheidende Frage ist dabei, ob der Schutz durch eine flexible Schutzdauer tatsächlich umfassend gewährleistet wird. Dabei gilt es die verschiedenen Interessen zu berücksichtigen. Anders als bei ideellen Beeinträchtigungen (wie der Abwehr von Eingriffen) geht es hier, wie *Magold* zutreffend erkennt, um die wirtschaftliche Disposition[1152]. Diese wird als solche verstärkt, wenn die Schutzdauer bereits ex ante festgelegt ist. Alles andere widerspricht dem Gedanken der Rechtssicherheit. Zudem vermag beim wirtschaftlichen Aspekt des Persönlichkeitsrechts das Argument der Verblassung nicht zu tragen. Daneben spricht auch der Verkehrsschutz für eine feste Schutzdauer. Für die wirtschaftliche Nutzung ist es erforderlich, dass der Nutzende weiß, wie er sich verhalten muss, um Schadensersatzansprüche anderer zu vermeiden. Dieses Wissen schließt insbesondere den Zeitaspekt ein, und zwar genau den Zeitpunkt, ab wann die Persönlichkeitsmerkmale eines anderen gemeinfrei genutzt werden können.

Aufgrund der unterschiedlichen Interessenlage ist eine differente Behandlung sachgerecht. Deshalb ist eine variable Schutzdauer für ideelle Interessen und eine feste Schutzdauer für kommerzielle Interessen erstrebenswert. Die konkrete Schutzdauer sollte für die vermögenswerten Bestandteile der Persönlichkeit einheitlich sein; insofern ist *Magold* zuzustimmen. Das eröffnet jedoch die Frage, welche Schutzdauer ausreichend ist. Zunächst ist anzumerken, dass kein „Denkmalschutz für Prominenz“[1153] angestrebt wird, sondern vielmehr die vorhandenen Interessen abgewogen werden müssen. Einerseits betrifft dies die gemeinfreie Auseinandersetzung mit einer bekannten Persönlichkeit und andererseits ist die Nutzung des kommerziellen Selbstbestimmungsrechts durch die Erben zu berücksichtigen. Es vermag nämlich nicht zu überzeugen, einen vorhandenen Wert nicht durch die Erben realisieren zu lassen.

Die vom BGH und einer Literaturauffassung bevorzugte Schutzdauer von 10 Jahre erscheint zu kurz, um die vorhandenen kommerzialisierten Werte der Person zu nutzen. Insbesondere die Argumentation des BGH[1154] - eine über die 10 Jahre hinausgehende Schutzdauer sei mit § 22 KUG nicht vereinbar - ist so jedenfalls befremdend. Lediglich die Einheitlichkeit der Schutzdauer überzeugt.

1152 So bereits *Magold*, 573.

1153 *Seemann*, 262, der darauf verweist, dass die Publizitätsrechte diesen Denkmalschutz zumindest in wirtschaftlicher Hinsicht garantieren.

1154 BGH, Urt. v. 05.10.2006, I ZR 277/03, NJW 2007, 684, 686.

Der BGH ist insofern dahingehend zu kritisieren, dass aus den Entscheidungsgründen nicht hervorgeht, warum ein Schutz von 10 Jahren genügen soll. Anführen könnte man, dass anderweitige Regelungen fehlen. Anstelle einer Indizwirkung oder Anlehnung scheint § 22 KUG zur Lösung des Problems beizutragen. Dennoch stellt sich die Frage, ob das Ergebnis mit einem Wandel begründet werden kann. Bemerkenswert sind in diesem Zusammenhang die Erwägungen des BVerfG im Nichtannahmebeschluss zu der „Blaue Engel" - Entscheidung. Das BVerfG[1155] wies darauf hin, dass die erkennenden Gerichte die sich aus dem KUG resultierende Rechtslage für ergänzungsbedürftig halten durften. „Diese Norm [§ 22 S. 3 KUG] ist keine nach Wortlaut, Systematik und Sinn abschließende Regelung auch der Frage, wer einen Vermögenswert aus der Verwertung des Bildes geltend machen kann. Die Norm steht historisch in ihrem Bezug auf den Schutz ideeller Interessen."[1156] Wenn allerdings der Gesetzgeber schon nicht geklärt hat, wem die Vermögensvorteile zustehen sollen, warum sollte dann ausgerechnet in der Norm eine abschließende Regelung zum Schutzumfang gesehen werden?

Zu berücksichtigen ist ferner, dass die herangezogene Norm im Jahr 1907 entstanden ist. Ob die Regelung sachlich angemessen und zudem noch zeitgemäß ist, darf zu Recht bezweifelt werden[1157], insbesondere weil der Schutz der Persönlichkeit ständig weiter entwickelt wurde.

Betrachtet man beide Interessenseiten, erscheint eine Schutzdauer von 70 Jahren zu lang. *Göttings* Ansatz, eine Parallele zum Urheberrecht zu ziehen, ist zwar nachvollziehbar, jedoch ist das kommerzielle Selbstbestimmungsrecht (noch) kein Immaterialgut. Selbst wenn dies der Fall wäre, findet sich - wie gesehen - auch im Immaterialgüterrecht keine einheitliche Schutzdauer. Bei einer entsprechenden Anwendung der 70-jährigen Schutzfrist wird verkannt, dass die Schutzobjekte - nämlich die Identität der Person und das Werk - nicht vergleichbar sind. Es darf nicht vergessen werden, dass, sofern ein Schutz der Leistung anerkannt ist, dieser anderweitig erfolgt. Insoweit ist *Gregoritza*[1158] zuzustimmen, wenn sie meint, dass das Wertungsgefälle zwischen urheberrechtlichem Schutz und der Verwertung von Persönlichkeitsattributen deutlich zum Ausdruck kommen müsse. Eine Schutzdauer von 70 Jahren scheidet folglich aus.

Für eine Schutzdauer von 30 Jahren wird auf die Nachkommen des Erblassers, in der Regel eine Generation, abgestellt; teilweise wird auch von einer vom Gesetz gebilligten Nachwirkung von Erblasserinteressen gesprochen[1159]. Der Schutzbeginn knüpft an den Tod der Person an, die kommerzielle Bestandteile ihres Persönlichkeitsrechts hinterlassen hat. Von diesem Standpunkt aus betrachtet, ist es durchaus zweckmäßig, im Erbrecht nach Anhaltspunkten für die

1155 BVerfG, Beschl. v. 22.08.2006, 1 BvR 1168/04, NJW 2006, 3409, 3410.
1156 BVerfG, Beschl. v. 22.08.2006, 1 BvR 1168/04, NJW 2006, 3409, 3410.
1157 So auch *Götting*, GRUR 2007, 170; *Wanckel*, NJW 2007, 686.
1158 *Gregoritza*, 130.
1159 *Lichtenstein*, 367.

Bestimmung der Schutzdauer zu suchen. So weisen §§ 1954 Abs. 4, 2044 Abs. 2 S. 1, 2109 Abs. 1 S. 1 BGB jeweils eine 30-jährige Frist auf. So lange kann der Erblasser in die Nachwelt durch entsprechende Anordnungen wirken. Insofern stellt *Lichtenstein*[1160] zutreffend fest, dass sich ein Gleichlauf anbietet. Mit einer Schutzdauer von 30 Jahren wird dem Erben auch eine ausreichende Zeitspanne gegeben, um die kommerziellen Aspekte des Erblassers hinreichend wirtschaftlich zu nutzen. Ein darüber hinausgehender Schutz ist nicht gerechtfertigt. Nach dem Verstreichen der Schutzdauer von 30 Jahren soll die Allgemeinheit das Persönlichkeitsmerkmal nutzen können, und zwar gemeinfrei.

Zusammenfassend ist folgende Differenzierung angebracht: Ideellen Interessen kommt wie bisher eine variable Schutzdauer zu, abhängig von der Verblassung der Persönlichkeit. Hingegen ist ein auf 30 Jahre angelegter Schutz der vermögensrechtlichen Bestandteile des Persönlichkeitsrechts, beginnend mit dem Ableben, sachgerecht und damit uneingeschränkt empfehlenswert.

§ 6 Die Übertragbarkeit von Persönlichkeitsrechten

Die Vermarktung von Persönlichkeitsmerkmalen verlangt nach der rechtlichen Entscheidung dahingehend, ob und gegebenenfalls inwieweit die Rechtsordnung die Übertragung zulässt und in welchen rechtlichen Formen dies geschehen kann. Die Entscheidung dieser Frage steht bis heute aus. Folglich besteht ein enormer Klärungsbedarf. Nicht nur, weil es ein wesentlicher Faktor für die Verwertung selbst ist, sondern weil die Praxis, wenn auch nicht expressis verbis, aber doch anhand der Gestaltungswege erkennbar, Interesse an der Übertragung zeigt. Die Überwindung des Dogmas der Unvererblichkeit führt dazu, über die Übertragung von Persönlichkeitsrechten zu Lebzeiten nachzudenken. Dennoch ist die Ausgestaltung der gewollten Kommerzialisierung nach wie vor mit zahlreichen Unsicherheiten belastet.

A. Die Ausgangssituation

Mangels gesetzlicher Regelung des Persönlichkeitsrechts fehlt es an einer Normierung, ob und gegebenenfalls wie Persönlichkeitsrechte übertragen werden können. Soweit eine gesetzliche Regelung Dispositionsmöglichkeiten für Persönlichkeitsrechte vorsieht, erfolgt diese infolge einer Einwilligung, so beispielsweise bei § 22 KUG. Dies entspricht auch dem konventionellen Dreisatz der (bislang) herrschenden Meinung[1161], dass Persönlichkeitsrechte nicht über-

1160 *Lichtenstein*, 370.

1161 BGH, Urt. v. 20.03.1968, I ZR 44/66, BGHZ 50, 133, 137 - Mephisto. Bereits in dieser Entscheidung werden die vermögenswerten Bestandteile von der Unübertragbarkeit und Unvererblichkeit ausgenommen. Mangels ausdrücklicher Anerkennung vermögenswerter Bestandteile des Persönlichkeitsrechts wurde pauschal das Persönlichkeitsrecht als

tragbar, unverzichtbar und nicht vererblich sind. Diese These wird vor allem auf die Höchstpersönlichkeit des Rechts gestützt, so dass diese Bindung nicht gelöst werden könne. Das scheint auch nahe liegend, da man beim Wort „Übertragung" an „Veräußerung" denken und damit einen völligen, endgültigen Verlust assoziieren könnte[1162].

Zunehmend mehren sich jedoch Stimmen in der Literatur[1163], die unter differenzierter Betrachtung eine Übertragung von Persönlichkeitsrechten fordern, jedoch keine umfassende Veräußerung der Persönlichkeit (als Ganzes), da dies ohne Zweifel unvereinbar mit der Menschenwürde wäre. Einigkeit besteht dahingehend, dass der unveräußerliche Kern beim Berechtigten verbleiben müsse.

Das Persönlichkeitsrecht schützt - wie gezeigt - mehr als den unverzichtbaren Kern und die Persönlichkeit. Wird der Schutz nur auf den Kern reduziert, wird das der Persönlichkeit nicht gerecht.

Eine klare Stellungnahme der Rechtsprechung fehlt. Bereits in der Mephisto-Entscheidung[1164] wurde der Grundsatz der Unübertragbarkeit des Persönlichkeitsrechts, mit Ausnahme der vermögenswerten Bestandteile, statuiert. In der Nena - Entscheidung[1165] konnte eine Verwertungsgesellschaft sogar die Rechtsverletzung geltend machen. In der Marlene Dietrich - Entscheidung führte der BGH aus, dass die Unübertragbarkeit nicht unumstritten[1166] ist, obwohl die herrschende Meinung damals die Übertragbarkeit verneinte. Die Ausführungen des Gerichts können folglich als Hinweis verstanden werden, dass das Dogma der Unübertragbarkeit nicht unüberwindbar ist.

Das Dogma der Unvererblichkeit ist durchbrochen, zumindest für die vermögenswerten Bestandteile des Persönlichkeitsrechts[1167]. Problematisch ist jedoch, dass der Begriff der „vermögenswerten Bestandteile des Persönlichkeitsrechts" unbestimmt ist, „weil er tragend von den daran bestehenden Interessen geformt wird"[1168] und Interessen keine festen Größen und variabel seien. Fest steht nur, dass der Kreis der kommerzialisierbaren Persönlichkeitsmerkmale nicht abschließend ist.

Die Höchstpersönlichkeit, die der Übertragung entgegenstand, ist durch die Trennung von ideellen und vermögenswerten Bestandteilen kein schlüssiges

---

solches als nicht übertragbar bezeichnet. Erst seit der Marlene Dietrich - Entscheidung wird deutlicher zwischen den Bestandteilen differenziert, so dass es für die ideellen Bestandteile bei der der Unverzichtbarkeit und Unveräußerlichkeit bleibt, vgl. BGH, Urt. v. 01.12. 1999, I ZR 49/97, BGHZ 143, 214, 220 ff.; *Götting*, 38, 142; *Münch-Komm/Rixecker*, § 12 BGB Anh. Rdnr. 26.

1162 *Forkel*, GRUR 1988, 491, 492.

1163 Vgl. u.a. *Forkel*, 244 f.; *ders.*, GRUR 1988, 491, 492 ff.; *Götting*, 279; *Magold*, 516; *Schertz*, Rdnr. 380; *Ullmann*, AfP 1999, 209, 214; *ders.*, WRP 2000, 1049, 1052; *Wagner*, GRUR 2000, 717, 718.

1164 BGH, Urt. v. 20.03.1968, I ZR 44/66, BGHZ 50, 133 ff.

1165 BGH, Urt. v. 14.10.1986, VI ZR 10/86, GRUR 1987, 128 f.

1166 BGH, Urt. v. 01.12.1999, I ZR 49/97, BGHZ 143, 214, 220 f.

1167 Vgl. Teil 2 § 4 A. V.

1168 *Peukert*, ZUM 2000, 710, 714.

Gegenargument mehr. Bei der Bestimmung der Kriterien für neue vom kommerziellen Selbstbestimmungsrecht umfasste Persönlichkeitsmerkmale gibt es zwar eine gegenständliche Trennung - also eine Objektivierung -, aber die gedankliche Bindung zur zweifelsfreien Identifizierbarkeit besteht fort.

Des Weiteren ist der deutschen Rechtsordnung eine Übertragung von Rechten, die ebenfalls eine persönlichkeitsrechtliche Komponente aufweisen, nicht fremd, so beispielsweise im Urheber- oder Markenrecht. Deshalb gilt es zu klären, ob man trotz einer ähnlichen Ausgangssituation an dem Dogma der Unübertragbarkeit festhalten sollte. Dabei ist zu berücksichtigen, dass es nicht um die komplette Übertragung des Persönlichkeitsrechts geht, sondern nur um die der vermögensrechtlich ablösbaren Persönlichkeitsmerkmale. Es ist zu prüfen, ob ein Übertragungsmodus besteht, der sowohl Verwertungs- als auch Individualinteressen in gleicher Weise berücksichtigt. Eine Einschränkung des Schutzes der Persönlichkeit ist damit nicht verbunden. Nicht zu überzeugen vermag die Aussage, dass die Anerkennung der Übertragung von Persönlichkeitsrechten der einseitigen Durchsetzung der Interessen des Verwerters diene[1169]. Dabei bleibt völlig unberücksichtigt, dass es eine nicht unbeachtliche Anzahl von Sportlern gibt, die weder die Zeit noch das Know-how mitbringen[1170], um ihre Rechte und Verwertungsinteressen umfassend durchzusetzen und sich daher Dritter bedienen müssen. *Forkel* betont daher zutreffend die Kooperation und die Arbeitsteilung ebenso wie das Angewiesensein auf Hilfe und Mitwirkung[1171].

B. Ein monistischer oder ein dualistischer Ansatz

Bevor der Frage nachgegangen wird, ob und gegebenenfalls wie eine Übertragung stattfinden kann, muss geklärt werden, wie das Verhältnis von ideellen und vermögenswerten Bestandteilen ist. Die Behandlung der Doppelnatur des Persönlichkeitsrechts ist umstritten. Hinsichtlich der Verbindung der ideellen und vermögenswerten Bestandteile existieren zwei Erklärungsmodelle, und zwar ein monistischer und ein dualistischer Ansatz.

Die obigen Ausführungen verweisen auf die Interpretationsmöglichkeiten im Hinblick auf beide Konstruktionen, nämlich das monistisch geprägte Urheberrecht oder die dualistisch geprägte Umsetzung im US-amerikanischen Right of Publicity und Right of Privacy[1172]. Der grundlegende Unterschied ist der Grad der Verflechtung. Mit der Unterscheidung vermögenswerter und ideeller Bestandteile ließe sich rein formal betrachtet ein Abgrenzungskriterium finden. Die Begriffe als solche lassen sich zwar noch trennen, jedoch ist deren Ausfüllung

1169 *Peifer*, 320.

1170 *Wenzel/v. Strobl-Albeg*, 7 Rdnr. 61.; *Magold*, 503; *Lichtenstein*, 228.

1171 *Forkel*, 201 ebenso 195; auch wenn er sich nur auf urheberpersönlichkeitsrechtliche Befugnisse bezieht.

1172 Vgl. die Ausführungen unter Teil 2 § 3 A. II. 2. b).

schwieriger[1173]. Entscheidend ist vielmehr, wie der Einwand der Verflechtung von ideellen und materiellen Aspekten zu entkräften ist. Zu klären ist also, wie die vermögenswerten von den höchstpersönlichen Bestandteilen abzuspalten sind.

I. Das monistische Modell

Nach dem monistischen Modell[1174] bilden der ideelle und der materielle Aspekt des Persönlichkeitsrechts ein einheitliches Recht. Es liegen gerade nicht zwei Bestandteile vor, die infolge des gemeinsamen Ausgangspunkts in der Person aus Zweckmäßigkeitsgründen unter einem Namen zusammengefasst sind.

Als Erklärungsmodell wird *Ulmers* sog. „*Baumtheorie*"[1175] entsprechend herangezogen. Danach stelle sich das Persönlichkeitsrecht als einheitliche Wurzel eines Baumes dar, dessen Äste und Zweige die einzelnen Befugnisse bilden. Seine Kraft bezieht der Baum aus den Wurzeln, mal aus der einen, mal aus der andern. Dieser Ansatz berücksichtigt, dass die Interessen nicht klar getrennt sind und sich gegenseitig beeinflussen. Durch die Einwirkungsmöglichkeiten des Inhabers des Persönlichkeitsrechts bleibt er quasi „Herr der Verwertung", so dass er sich seines Persönlichkeitsrechts nicht entäußert hat. Andererseits werden zusammen mit den Nutzungsrechten auch die zur vertragsgemäßen Nutzung unumgänglichen persönlichkeitsrechtlichen Befugnisse übertragen. Die monistische Prägung könnte entsprechend auch im Persönlichkeitsrecht ihre Wirkung entfalten. Konsequent angewandt bedeutet dies aber, dass die Übertragung von Nutzungsrechten auch die der ideellen Seite des Persönlichkeitsrechts nach sich zieht[1176]. Will man den wirtschaftlichen Wert des vermögenswerten Persönlichkeitsrechts übertragen, so hieße das, dass ein erhebliches Maß des ideellen Aspekts mit übertragen wird. Im Rahmen der urheberrechtlichen Diskussion ist das weniger relevant, da der Urheber immer noch selbst gegen Beeinträchtigungen durch Dritte vorgehen kann, auch gegen den Willen des Nutzungsberechtigten[1177]. Dennoch hat *Hartl* recht, dass ein Verwerter befugt wäre, gegen eine ideelle Persönlichkeitsrechtsverletzung vorzugehen, wenn die Verletzung Einfluss auf den Verkauf der produzierten Ware hätte[1178].

Ob sich das Persönlichkeitsrecht als Einheit darstellt, kann bezweifelt werden. Denn die Entstehung und Beendigung sind verschieden, ebenso die Schutzdauer der Bestandteile. Die vermögenswerten Bestandteile des Persönlichkeits-

1173 Die Abgrenzung zwischen ideellen und vermögensrechtlichen Interessen ist - wie unter Teil 2 § 4 A. II. 3. gesehen - nicht einfach.

1174 *Forkel*, FS Neumayer, 229, 243 f.; *Götting*, 138; *ders.*, NJW 2001, 585, 586; *ders.*, GRUR 2004, 801, 804; *Schertz*, Rdnr. 378.

1175 *Ulmer*, § 18 I 4 (116) entwickelte diesen Erklärungsansatz für das Urheberrecht.

1176 Auch im Folgenden *Hartl*, 164 f.

1177 *Wandtke/Bullinger - Grunert*, Vor §§ 31 ff. UrhG Rdnr. 37.

1178 *Hartl*, 167.

rechts sind vererblich. Demnach spricht die Zweiteilung von ideellen und materiellen Interessen gegen das monistische Modell.

Zudem vermag nicht zu überzeugen, warum sich das Erklärungsmodell nach dem Tod des Inhabers ändern sollte. Vielmehr sollte es ausschließlich darauf ankommen, ob das Recht eine entsprechende Lösung bietet. Die Anwachsung des ideellen um den materiellen Aspekts des Persönlichkeitsrechts beim Angehörigen als auch umgekehrt beim Erben sieht das Recht nicht vor. Aufgrund der Fortwirkung des Persönlichkeitsrechts scheitert das völlige Erlöschen des Rechts. Sachgerecht erscheint es daher, beide Bestandteile rechtlich auch gesondert zu behandeln.

II. Das dualistische Modell

Der dualistische Ansatz geht von zwei nebeneinander stehenden getrennten Rechten aus. Neben dem Schutz des ideellen Persönlichkeitsrechts existiert ein selbstständiges wirtschaftliches Persönlichkeitsrecht, das dann auch voll übertragen werden kann[1179]. Die Spaltung des Rechts kann nach dem Tod zu unterschiedlichen Berechtigten führen, wobei Familienstreitigkeiten nicht auszuschließen sind. Aber ob der Dualismus - wie *Schack*[1180] anmerkt - dem „Merchandiser Steine statt Brot" gibt, erscheint zweifelhaft. Durch die klare Aufteilung der Berechtigungen - die vermögensrechtliche Befugnis für den Erben; die ideellen Aspekte werden von den nahen Angehörigen wahrgenommen - findet der Merchandiser zunächst einen Ansprechpartner im Erben für die kommerzielle Nutzung des Persönlichkeitsmerkmals. Insofern kann dahingestellt bleiben, ob es Einzelfälle geben mag, in denen nahe Angehörige per se eine Verwertung von Persönlichkeitsmerkmalen eines Verstorbenen verhindern.

Das dualistische Modell wird teilweise mit dem Argument abgelehnt, dass die Loslösung des kommerziellen Teils zur Wahrung des ideellen Teils der Persönlichkeit kontraproduktiv sei[1181]. Die konsequente Umsetzung führe dazu, dass der kommerzielle Teil vollständig übertragbar sei. Diese Entäußerung sei nicht mit den durch das Persönlichkeitsrecht geschützten Rechtsgütern vereinbar. Würde die strikte Trennung zwischen ideellen und materiellen Teil des Persönlichkeitsrechts tatsächlich zu dem angedeuteten „Totalausverkauf" der Persönlichkeit führen[1182], da zwischen beiden Bereichen keine Rückkopplung stattfindet? Ist der Inhaber dem Verwerter - unabhängig von einem Wandel seiner

1179 *Lehmann*, FS Hubmann, 255, 262; *Ullmann*, WRP 2000, 1049, 1052. *Beuthien/Hieke*, AfP 2001, 353, 355 bezeichnen hingegen das wirtschaftliche Persönlichkeitsrecht als Persönlichkeitsgüterrecht.

1180 *Schack*, Rdnr. 51a.

1181 Auch im Folgenden *Götting*, GRUR 2004, 801, 805.

1182 *Götting*, 278 f.; *Peifer*, GRUR 2002,495, 499, 500, der provozierend fragt: „Wird das Black-Baby jemals die Limonandenmarke wechseln dürfen, wenn Pepsi Cola seinen Namen erwirbt?"

persönlichen Verhältnisse und Überzeugungen - „hilflos ausgeliefert“[1183]? Die vollständige Übertragung des kommerziellen Teils bedeutet nicht zwangsläufig einen Verzicht des ideellen Teils. Das zeigen die unterschiedlichen Rechtsfolgen. Der ideelle Kern bleibt trotz der Veräußerung des kommerziellen unantastbar. Es ist zuzugeben, dass der Kern nicht absolut festgelegt ist. Er ergibt sich durch die Abwägung der Interessen der Beteiligten. Maßgebend könnte jedoch der Zweck des Rechtsgeschäfts sein, so dass die Zweckübertragungslehre aus dem Urheberrecht analog anzuwenden ist[1184].

Richtig ist, dass das Persönlichkeitsrecht den gemeinsamen Ausgangspunkt bildet. Dennoch erfordern die einzelnen Ausprägungen unterschiedliche rechtliche Behandlungen. Der BGH spricht auch von „vermögenswerten Bestandteilen des Persönlichkeitsrechts“[1185]. Daraus ergibt sich allerdings nicht zwingend, dass es sich um ein Recht handelt. Eine Differenzierung zeigt sich im Sinne des dualistischen Modells.

Nicht schlüssig erscheint der Einwand, dass die historische Entwicklung dem dualistischen Modell widerspreche. Bereits die Architekten des Persönlichkeitsrechts - *von Gierke* und *Kohler* - stellten fest, dass einzelne Persönlichkeitsrechte zugleich Vermögensrechte sein können[1186]. Die Trennung zwischen den zugeordneten Interessenkreisen und der häufig unterstellte antinomische Gegensatz existieren nicht notwendig[1187]. Die Aussage ist vielmehr so zu verstehen, dass ein Recht sowohl Persönlichkeitsrecht als auch Vermögensrecht sein kann. Es lässt sich daraus nicht ableiten, ob es sich um ein Recht (Monismus) oder um zwei Rechte (Dualismus) handelt.

Für das dualistische Modell sprechen die verschiedenen Rechtsfolgen, und zwar der Ersatz des immateriellen Schadens, der Ersatz des materiellen Schadens, die Abtretbarkeit und die Vererblichkeit. Des Weiteren berücksichtigt dieser Ansatz die heterogenen Schutzgegenstände und die Schutzdauer. Zudem ist diese lückenschließende Funktion des Persönlichkeitsrechts im System des zivilrechtlichen Vermögensschutzes konsequenter[1188]. Das dualistische Modell stellt demzufolge den sachgerechten Ansatz dar.

1183 *Kaufmann*, Rdnr. 408, die den Ansatz über das Markenrecht präferiert. Anders als bei der Eintragung einer Marke, soll der Verlust der Einwirkungsmöglichkeit nicht gerechtfertigt sein. Schlüssig ist das nicht. Durch die Eintragung einer Marke für ein Persönlichkeitsmerkmal wird ein selbstständiges, von der Person unabhängiges Wirtschaftsgut geschaffen. Nichts anderes ergibt sich aus der Rechtsfolge der Übertragung. Vgl. Erörterungen unter Teil 2 § 6 C. III. 2. b).

1184 So für die urheberpersönlichkeitsrechtlichen Befugnisse *Forkel*, 193.

1185 So beispielsweise in der Marlene Dietrich - Entscheidung, vgl. BGH, Urt. v. 01.12. 1999, I ZR 49/97, BGHZ 143, 214, 220 ff.

1186 *Kohler*, AcP 82, 141, 228; *v. Gierke*, § 81 II 2 (706).

1187 So bereits *Götting*, 4 ff.; *Büchler*, FS Rey, 177, 194 f.

1188 So zumindest *Peifer* (GRUR 2002, 495, 497), der einerseits die Kommerzialisierung persönlicher Kennzeichen infolge der Novellierung des Markengesetzes als überholt ansieht, andererseits aber stets auf die bloße Abwehrfunktion des Persönlichkeitsrechts hinweist und eindringlich vor der Fremdbestimmung warnt.

C. Die Gestaltungsmöglichkeiten

Beim kommerziellen Selbstbestimmungsrecht, also der Verwertung der ablösbaren Persönlichkeitsmerkmale, steht nicht deren Schutz, sondern deren Nutzung im Vordergrund. Häufig diskutierte Gestaltungsformen sind dabei die Einwilligung, die Gestattung, die Ermächtigung und der Vertrag[1189]. Ferner wird gezeigt, wie man die maßgebende Frage der Übertragbarkeit von einzelnen ablösbaren Persönlichkeitsmerkmalen einerseits scheinbar offen lässt, aber andererseits zugleich konstruiert. Anschließend wird erörtert, ob es eine dogmatische und nicht nur ergebnistechnische Gestaltungsmöglichkeit gibt, die zugleich die Interessen beider Seiten angemessen berücksichtigt.

I. Weniger geeignete Gestaltungsmöglichkeiten

1. Die Einwilligung

Die Einwilligung scheint das ideale Instrument der Verwertung zu sein, zumindest von der traditionellen Sichtweise des unübertragbaren Persönlichkeitsrechts betrachtet. Denn so wird eine Auseinandersetzung mit der Frage der (Un-)Übertragbarkeit vermieden. Bereits der Begriff „Einwilligung" erzeugt leicht eine Assoziation von Eingriff und Schutz. Eine Verwertung liegt nicht zwingend nahe.

Der scheinbaren Attraktivität, dass die Einwilligung für jede Disposition geeignet ist, stehen einige Kritikpunkte entgegen. Die wesentlichen Einwände[1190] sind die Fragwürdigkeit der Bindungswirkung, einschließlich der freien Widerruflichkeit, die umstrittene Rechtsnatur und die uneinheitliche Terminologie.

Ferner ist das Verhältnis von Einwilligung und Rechtsübertragung problematisch. Durch die Einwilligung wird lediglich das Schutzrecht des Einwilligenden beschränkt. Mit dem Modell der Stufenleiter hat *Ohly*[1191] deutlich auf das Rangverhältnis hingewiesen. Der Rechtsinhaber erteilt in allen oben genannten Gestaltungsformen eine Erlaubnis, die die Eingriffshandlung rechtfertigt. Lediglich die Intensität der Bindungswirkung sei unterschiedlich. *Ohly* wirft die Frage auf, ob die Einwilligung als Instrument der Kommerzialisierung betrachtet werden kann[1192], verneint dies jedoch, weil es bei der Einwilligung nur um eine einseiti-

---

1189 Da der Schwerpunkt der Arbeit in der Verwertung von Persönlichkeitsmerkmalen liegt, werden die weniger geeigneten Formen nur im Überblick dargestellt. Es sei angemerkt, dass in der Arbeit nicht sämtliche Dispositionsmöglichkeiten umfassend erörtert werden, da dies den Rahmen der Arbeit sprengen würde.

1190 *Ahrens*, 310 ff. äußert sich ausführlich zur Einwilligung. Seine Kritik folgt auf den Seiten 321 ff. Zum Streitstand der Einwilligung als Verwertungsformat siehe *Ohly*, § 8 insbes. II 3 (151 - 165).

1191 Auch im Folgenden *Ohly*, 143 passim, insbes. das Schaubild auf 147.

1192 Auch im Folgenden *Ohly*, 159 f.

ge widerrufliche Erklärung handelt. Dabei bleibt der Wille der Parteien unberücksichtigt. Sofern beide Parteien dem Begünstigten eine eigene Klagebefugnis gegen Dritte einräumen wollten, muss das beachtet werden. Wenn beispielsweise die Sängerin Nena der Verwertungsagentur sämtliche Verwertungsrechte einräumte, wird anzunehmen sein, dass sie die Rechtsverfolgung nicht wahrnehmen wollte und es speziellen Beratern überließ, die Rechte umfassend zu nutzen als auch zu schützen. Darüber hinaus erscheint es zweckmäßig, die Befugnis auf Dritte übertragbar auszugestalten.

Es bleibt festzuhalten, dass die Einwilligung als Gestaltungsform für die Verwertung ausscheidet, da die Interessen der Beteiligten dadurch nicht äquivalent berücksichtigt werden. Zudem erscheint es äußerst fraglich, ob sich in praxi ein Verwerter zu diesen Bedingungen findet, und falls ja, zu welcher Gegenleistung der Sportler dafür verpflichtet werden würde.

2. Die schuldrechtliche Gestattung

Die Gestattung ist ein schuldrechtlicher Vertrag, mit der eine Partei der anderen ein Verhalten erlaubt, was der Gestattende verbieten könnte. Wenn man aber die Verpflichtung zur Gestattung und ihre Erfüllung, also die Gestattung, trennt, so ergibt sich eine starke Ähnlichkeit zur Einräumung eines gegenständlichen Rechts[1193]. Die rechtliche Einordnung der Gestattung ist - ebenso wie bei der Einwilligung - nicht eindeutig[1194]. Unabhängig von den Begrifflichkeiten wird diese zum einen als Verzicht[1195] und zum anderen als ein pactum de non petendo aufgefasst.

Folglich gilt es zu klären, warum die Gestattung unabhängig von der konkreten Ausgestaltungsvariante für die Verwertung von Persönlichkeitsmerkmalen nicht geeignet ist.

Anknüpfung hierfür sind die verschiedenen Interessen. Einerseits bezweckt die Gestattung die Ausdehnung der Nutzung mittels Verwertung, andererseits ist der Verzicht auf die Schutzansprüche gegen den Verwerter deutlich vom Eingriffsaspekt geprägt. Die Einwände gegen diese Verwertungsform sollen an dieser Stelle nur kurz dargestellt werden[1196]. Der Verzicht wirkt nur gegenüber dem Verwerter, seine Übertragbarkeit erscheint zweifelhaft. Zudem stellt der Verzicht eine Vorausverfügung dar, die zumindest nur dann zulässig ist, wenn der Gegenstand der Verfügung bestimmbar ist. Erschwerend kommt hinzu, dass die Übertragung nur auf der Rechtsfolgenseite stattfindet. Durch den Verzicht wird keine Rechtsposition erworben, sondern die allgemeine Handlungsfreiheit wie-

1193 *Ohly*, 169.

1194 Eine weitergehende Erörterung zur Gestattung findet sich bei *Ahrens*, 330 - 339.

1195 *Schricker*, FS Hubmann, 409, 412 f.

1196 Ausführlich *Ahrens*, 332 - 336, der dennoch meint, dass der Verzicht grundsätzlich ein geeignetes Gestaltungsmittel sei (336).

derhergestellt, welche zuvor durch das subjektive Recht beschränkt war[1197]. Insofern ist der Verzicht als Gestaltungsform für die Verwertung nicht geeignet.

Die Argumentation zur Ablehnung der Gestattung als pactum de non petendo, also einer Verpflichtung eines Beteiligten, einen ihm zustehenden Anspruch nicht geltend zu machen[1198], ist ähnlich. Es handelt sich insofern um eine rechtshemmende Einrede. Nach *Ahrens* ließe sich zwar die Umlauffähigkeit noch konstruieren, jedoch sei zu bedenken, dass man Dispositionen über Sekundäransprüche nur dort vereinbare, wo das derartige Ansprüche auslösende Recht nicht disponibel erscheine[1199].

Die Gestattung ist demgemäß ebenfalls ungeeignet, um ablösbare Persönlichkeitsmerkmale zu verwerten. Das Lavieren um die entscheidende Frage der Übertragbarkeit von Persönlichkeitsmerkmalen hilft nicht weiter.

II. Konstruierte Gestaltungsmöglichkeiten - Hilfskonstruktionen

Um sich einer dogmatischen Entscheidung der Übertragbarkeit von ablösbaren Persönlichkeitsmerkmalen zu entziehen, gestaltete man die schuldrechtliche Gestattung so aus, dass eine der dinglichen Wirkung Ähnelnde erzeugt wurde. Diese wird teilweise auch als quasi-dingliche bezeichnet[1200]. Der Begriff „quasidinglich" suggeriert sowohl Ähnlichkeiten als auch Unterschiede mit dinglichen Rechten und deutet bereits auf den inneren Widerspruch hin. Aufgrund juristischer Undifferenziertheit soll diese Bezeichnung jedoch vermieden werden[1201]. Eine schuldrechtliche Regelung entfaltet eben nur eine schuldrechtliche Wirkung. Sofern eine dingliche Wirkung erzielt werden soll, kann gerade nicht auf schuldrechtliche Gestaltungsformen zurückgegriffen werden. Es ist nicht konsequent, die dingliche Wirkung eigentlich zu präferieren, sie zugleich zu leugnen, und den Weg dann dennoch über eine Hintertür, wie dieser schuldrechtlichen Konstruktion, einzuräumen.

Obgleich die schuldrechtliche Wirkung maßgebend sein sollte - bedingt durch das Festhalten an den Grundsätzen der Höchstpersönlichkeit und der Unübertragbarkeit - versuchte man, die Rechte des Erwerbers zu stärken. Dieser kann infolge der inter partes Wirkung nur gegen seinen Vertragspartner, den Inhaber des Persönlichkeitsrechts, vorgehen; nicht hingegen gegen Dritte. Ein höheres Entgelt ließe sich jedoch nur über eine sicherere Rechtsposition verschaffen. Deshalb wurden Gestaltungsformen entworfen, die darauf abzielten, dem Vertrag auf irgendeine Art und Weise eine dingliche Wirkung einzuräumen. Um die gewünschte Wirkung zu erhalten, konstruierte man sowohl eine Ermächti-

1197 *Ohly*, 148.
1198 *Larenz*, SchuldR I AT, § 19 I 1 a (270).
1199 *Ahrens*, 338 f.
1200 Z.B. *Götting*, 69; *Seemann*, 166.
1201 *Hilty*, 110.

gung nebst Einräumung der Aktivlegitimation über die Prozessstandschaft als auch eine Abtretung der Ansprüche.

1. Eine Ermächtigung nebst Prozessstandschaft

Nach einer Ansicht[1202] kommt die Prozessstandschaft, also die Geltendmachung fremder Rechte im eigenen Namen, infrage, da keine enge Verknüpfung vorliege, wenn persönlichkeitsrechtliche Ansprüche gegen die Verwendung des Namens in der Werbung etc. erhoben werden. *Schulze Wessel* meint, dass „die Möglichkeit, eine wirtschaftliche Nutzung von Identifizierungmerkmalen zu gestatten, gerade Ausfluß des Selbstbestimmungsrechts [sei]. Sie ist daher rechtlich unbedenklich. Wenn aber der Rechtsträger eine wirtschaftliche Nutzung eines Identitätskennzeichens materiellrechtlich wirksam gestatten kann, spricht auch nichts gegen die Zulässigkeit einer Prozeßstandschaft."[1203] Dem Ergebnis ist zuzustimmen, allerdings versäumt es *Schulze Wessel* dies zu begründen. Wichtig ist, dass die Ablösbarkeit oder die Trennung der ideellen von den materiellen Interessen geklärt wird. Um die Verwertung attraktiver zu gestalten, wird der Verwerter berechtigt, im Wege der gewillkürten Prozessstandschaft gegen Eingriffe Dritter vorzugehen. So heißt es z.B. in § 3 lit. b Abs. 3 des Mustervertrages der DFL: „Der Club kann die ihm von dem Spieler eingeräumten Rechte gegenüber Dritten auch gerichtlich geltend machen. Er ist berechtigt, bei der Übertragung der hier eingeräumten Rechte auf den DFB, den Ligaverband oder die DFL Deutsche Fußball Liga GmbH auch die Befugnis zu übertragen, die betreffenden Rechte gegenüber Dritten gerichtlich geltend zu machen."

Auf diesem prozessrechtlichen Wege wird, obwohl der Prozessstandschafter keine materielle Rechtsstellung erlangt, eine Drittwirkung eingeräumt, so etwa - wenngleich nicht explizit erwähnt - in der Nena - Entscheidung des BGH.

a) Die Nena - Entscheidung

Die Sängerin Nena hatte einer Verwertungsgesellschaft sämtliche Rechte für die kommerzielle Nutzung der Persönlichkeitsmerkmale „übertragen". Die Beklagte nutzte das Bild von Nena für diverse Merchandisingartikel, jedoch ohne Einwilligung von Nena bzw. der klagenden Verwertungsgesellschaft[1204]. Nach dem stattgebenden Urteil und dem abweisenden Berufungsurteil hatte die Revision der Verwertungsgesellschaft Erfolg.

1202 *Schricker*, BGH EWiR § 22 KUG 1/87, 79, 80; *Schulze Wessel*, 121.

1203 *Schulze Wessel*, 123.

1204 Zur Darstellung des Sachverhalts wird auf den Rechtsprechungsüberblick unter Teil 2 § 3 B verwiesen.

Das Berufungsgericht, das OLG Celle[1205], vertrat die Auffassung, dass das Recht am eigenen Bild nur Nena als Rechtsträgerin selbst zustehe. Als Persönlichkeitsrecht sei es nicht auf andere übertragbar. Der Vertrag zwischen Nena und Verwertungsgesellschaft wirke nur schuldrechtlich, so dass der Vertrag der Verwertungsgesellschaft keine Rechte gegenüber Dritte verschaffe. Eine Prozessstandschaft einer Verwertungsgesellschaft sei ausgeschlossen.

Der BGH ließ die „umstrittene Frage" der Übertragbarkeit von Persönlichkeitsrechten ausdrücklich offen, gewährte jedoch der klagenden Verwertungsgesellschaft einen Anspruch gemäß § 812 Abs. 1 S. 1 Alt. 2 BGB[1206]. Bemerkenswert ist in diesem Kontext, dass der BGH jeweils drei Vertreter für und gegen die Übertragbarkeit nannte und *Forkel* (1981) als unentschiedenen Vertreter angab. Das so dargestellte ausgeglichene Verhältnis lässt vermuten, dass auch der BGH Zweifel an der Unübertragbarkeit hegte.

Die entscheidende Frage, welche Gründe dafür sprechen, dass der Verwertungsgesellschaft der Anspruch zusteht, ließ das Gericht jedoch unbeantwortet. Mit der Übertragbarkeit des Rechts habe das nichts zu tun. Der Verwertungsvertrag sei als Generalermächtigung zu werten und der Vergütungsanspruch stünde der Verwertungsgesellschaft zu[1207]. Die Entscheidung ist außerdem auch deswegen zu kritisieren, weil sich der BGH nicht mit der ablehnenden Auffassung des OLG Celle bezüglich der Prozessstandschaft auseinandergesetzt hat. Folglich weist die Entscheidung nicht nur ein Begründungsdefizit auf, sondern es mangelt auch an einer eindeutigen Festlegung. Daraus lässt sich schlussfolgern, dass der BGH (wohl) stillschweigend davon ausgeht, dass der Rechtsinhaber über sein Persönlichkeitsrecht verfügen kann. Offen bleibt dabei aber eben, wie die Geltendmachung des Rechts erfolgte, entweder über eine Prozessstandschaft[1208] oder obwohl nur schuldrechtlich gestattet infolge dinglicher Wirkung.

b) Die Prozessstandschaft

Sofern die gerichtliche Geltendmachung fremder Rechte im eigenen Namen aufgrund einer Ermächtigung seitens des Rechtsinhabers erfolgt, spricht man von einer gewillkürten Prozessstandschaft[1209]. Neben dieser Zustimmung, die sich bereits aus dem Verwertungsvertrag ergeben kann, wird ein schutzwürdiges Eigeninteresse des Ermächtigten gefordert. Dieses Interesse liegt immer dann vor, wenn die Entscheidung Einfluss auf die eigene Rechtsstellung des Prozessführungsbefugten hat. Ein rechtliches Interesse ist (nicht mehr) erforderlich; zu-

1205 Auch im Folgenden zitiert nach BGH, Urt. v. 14.10.1986, VI ZR 10/86, GRUR 1987, 128.

1206 BGH, Urt. v. 14.10.1986, VI ZR 10/86, GRUR 1987, 128.

1207 BGH, Urt. v. 14.10.1986, VI ZR 10/86, GRUR 1987, 128 f.

1208 Es mag dahingestellt bleiben, ob dabei der Status der „Abtretbarkeit" des Rechts verkannt oder einfach ignoriert wurde.

1209 *Musielak/Weth*, § 51 ZPO Rdnr. 16.

nehmend genügt bereits ein wirtschaftliches Interesse[1210], welches bei der Verwertung regelmäßig gegeben ist.

Problematisch ist allerdings, dass sich die Ermächtigung auf einen bestimmten oder bestimmbaren Anspruch beziehen muss. Eine Generalermächtigung ist demnach unwirksam[1211]. Schwierigkeiten könnten sich ferner ergeben, wenn dem Grundsatz zu folgen wäre, dass die Prozessstandschaft die Abtretbarkeit des streitgegenständlichen Rechts voraussetzt. Dies ist jedoch umstritten. Bei höchstpersönlichen Rechten scheidet eine Prozessstandschaft grundsätzlich[1212] bzw. „jedenfalls“[1213] aus. Etwas anderes gilt, sofern unübertragbare Rechte zur Ausübung überlassen[1214] werden. Hintergrund ist die enge Verknüpfung des höchstpersönlichen Charakters mit dem Rechtsinhaber, so dass die gerichtliche Geltendmachung durch einen Dritten im eigenen Namen widersprüchlich erscheint[1215]. Das soll aber nicht gelten, wenn der ursprüngliche Rechtsträger verstorben ist[1216] bzw. bei der Geltendmachung eines Namensrechts[1217]. Kaum nachvollziehbar ist die Begründung, sofern überhaupt eine erfolgt. So heißt es lediglich: „Für derartige Fälle ist in der Rechtsprechung anerkannt, daß in erster Linie der vom Verstorbenen zu Lebzeiten Berufene und daneben seine nahen Angehörigen als Wahrnehmungsberechtigte anzusehen sind ...“[1218] Diesbezüglich wäre eine Prozessstandschaft bei der Marlene Dietrich - Entscheidung zulässig gewesen, anders hingegen bei der Nena - Entscheidung. Bei einer lebenden Person und höchstpersönlichen Rechten käme es dann wieder auf eine Ablösbarkeit an. Dabei ist problematisch, dass die Prozessstandschaft die Übertragbarkeit des (geltend zu machenden) Rechts voraussetzt. Bejaht man die Prozessstandschaft, so wird in der Sache eine dingliche Wirkung anerkannt[1219], obwohl die Ermächtigung nur eine schuldrechtliche Wirkung entfaltet.

1210 St. Rspr., BGH, Urt. v. 23.09.1992, I ZR 251/90, NJW 1993, 918, 919 - Universitätsemblem; BGH, Urt. v. 03.12.1987, VII ZR 374/86, BGHZ 102, 293 297; *Hk-ZPO/Kayser*, § 51 ZPO Rdnr. 23; *Musielak/Weth*, § 51 ZPO Rdnr. 27; *Zöller/Vollkommer*, Vor § 50 ZPO Rdnr. 44. Eine andere Ansicht, die nur auf das rechtliche Interesse abstellt, vertreten: *Baumbach/Lauterbach - Hartmann*, Grdz § 50 ZPO Rdnr. 30 und *Thomas/Putzo - Hüßtege*, § 51 ZPO Rdnr. 34.

1211 *Hk-ZPO/Kayser*, § 51 ZPO Rdnr. 21; *Musielak/Weth*, § 51 ZPO Rdnr. 26; *Zöller/Vollkommer*, Vor § 50 ZPO Rdnr. 45.

1212 *Baumbach/Lauterbach-Hartmann*, Grdz § 50 ZPO Rdnr. 38; *Hk-ZPO/Kayser*, § 51 ZPO Rdnr. 24; *Thomas/Putzo - Hüßtege*, § 51 ZPO Rdnr. 36.

1213 *Musielak/Weth*, § 51 ZPO Rdnr. 30.

1214 *Hk-ZPO/Kayser*, § 51 ZPO Rdnr. 24; *Thomas/Putzo - Hüßtege*, § 51 ZPO Rdnr. 36.

1215 BGH, Urt. v. 17.02.1983, I ZR 194/80, GRUR 1983, 379, 381 - Geldmafiosi.

1216 BGH, Urt. v. 08.02.1989, I ZR 135/87, BGHZ 107, 384, 389 - Emil Nolde; *Baumbach/Lauterbach - Hartmann*, Grdz § 50 ZPO Rdnr. 34; *Zöller/Vollkommer*, Vor § 50 ZPO Rdnr. 46.

1217 LG München I, Urt. v. 15.03.2000, 1 HKO 22387/99, GRUR-RR 2001, 161, 163; *Baumbach/Lauterbach - Hartmann*, Grdz § 50 ZPO Rdnr. 42; *Zöller/Vollkommer*, Vor § 50 ZPO Rdnr. 46.

1218 BGH, Urt. v. 08.02.1989, I ZR 135/87, BGHZ 107, 384, 389 - Emil Nolde.

1219 *Helle*, AfP 1985, 93, 99.

2. Abtretungsvarianten

Möglicherweise findet neben der Einwilligung gleichzeitig eine Abtretung von Ansprüchen statt, so dass der (ermächtigte) Dritte selbst gegen den Verletzer vorgehen kann. Um eine Übertragbarkeit zu gewährleisten, könnte die Einwilligung nach §§ 413, 398 ff. BGB direkt[1220] oder analog[1221] übertragen werdem. Gemäß § 413 BGB sind grundsätzlich auch andere Rechte als Forderungen übertragbar. Persönlichkeitsrechtliche Argumente stehen dem jedenfalls nicht entgegen. Der ideelle Schutz könnte über § 404 BGB analog gesichert werden. Bezüglich des Übertragungsumfangs, also, ob der Dritte die Rechte an andere übertragen kann, ist auf den Inhalt abzustellen. In Anlehnung an § 399 Alt. 1 BGB sowie an § 34 Abs. 1 und 3 UrhG ist die Weiterübertragung von der Zustimmung des Persönlichkeitsrechtsträgers abhängig.

Des Weiteren wird auch „eine der Drittschadensliquidation … vergleichbare Figur“ [1222] angedacht, die noch einer genauen Prüfung und Ausarbeitung bedarf. Der Ausgangspunkt ist ein ähnlicher „Dilemma-Ansatz“. Für den Verletzer fielen Rechtsträgerschaft und wirtschaftliches Integritätsinteresse „zufällig“ auseinander. Diese Möglichkeit bietet zwar keine größere Rechtssicherheit und Rechtsklarheit, aber sie entspricht dem praktischen Bedürfnis, der Geltendmachung der Verletzung. Zudem ließe sie die Stellung des Verwerters im dogmatischen Einklang erscheinen.

Im Rahmen der Abtretung spiegelt sich die Thematik der Übertragbarkeit des Rechts wider. Problematisch erscheinen daran die Bestimmbarkeit und die Höchstpersönlichkeit. Selbst wenn die Abtretung „aller Forderungen“ bestimmbar ist, bezieht sich die Abtretung im Zweifel nur auf die bestehenden Forderungen. Die Formulierung einer Klausel, die beide Interessen umfassend regelt, dürfte insofern kaum gelingen.

3. Stellungnahme

Den Hilfskonstruktionen, die sich eher als Umgehungsversuche darstellen, steht insgesamt entgegen, dass sie der heutigen Interessenlage, nämlich der Verwertung der rechtlich anerkannten kommerzialisierten Persönlichkeitsmerkmale, nicht gerecht werden. Sie führen zwar zum gewünschten Ergebnis, können aber dogmatisch nicht überzeugen. Sie sind umständlich und dahingehend zu kritisieren, dass sie zur Umgehung der vorgeblichen Unübertragbarkeit der Persönlichkeitsrechte führen.

1220 *Helle*, AfP 1985, 93, 99; *Ahrens*, 407.

1221 *Götting*, 162, Fn. 104, der anmerkt, dass eine Analogie notwendig sei, da die Einwilligung kein subjektives Recht sei, wie es § 413 BGB voraussetze, dennoch ähneln die Nutzungsbefugnisse der aus dem subjektiven Recht folgenden Rechtsmacht.

1222 Auch im Folgenden *Esser/Weyers*, § 50 I 1 f. (468).

Der Vorteil der Prozessstandschaft ist, dass der Rechtsträger auch der Inhaber des Persönlichkeitsrechts bleibt. Demgegenüber stehen aber die fehlenden Antworten auf die aufgeworfenen Fragen der Abtretbarkeit respektive der Unübertragbarkeit bzw. der Reichweite der Ermächtigung.

Prantl meint, „[w]er die kommerzielle Verwertbarkeit des allgemeinen Persönlichkeitsrecht akzeptiert hat, kann sich hier [im Hinblick auf die Zulässigkeit der gewillkürten Prozessstandschaft] nicht auf eine Ansicht zurückziehen, die die Unübertragbarkeit persönlichkeitsrechtlicher Positionen vertritt.“[1223] Im Ergebnis ist *Prantl* zuzustimmen. Schon aus diesem Grund muss das Problem konsequent gelöst werden. Es gilt ein in sich schlüssiges, selbsttragendes Konzept zu entwickeln, dass die Übertragung der ablösbaren Bestandteile des Persönlichkeitsrechts anerkennt. Das erscheint praktikabler als die Ablehnung der Übertragbarkeit bei gleichzeitiger verdeckter Einräumung über diverse Hilfskonstruktionen.

III. Geeignetere Gestaltungsmöglichkeiten - die dingliche Übertragung

Das typische Element der Rechtsgestaltung im Privatrecht ist der Vertrag. Durch die Privatautonomie wird eine Gestaltungsvielfalt für eine Feinabstimmung eingeräumt. Grundsätzlich wirkt die Vereinbarung nur inter partes. Sportler schließen in der Regel sog. Exklusivverträge[1224]. In diesem Kontrakt räumen sie Dritten die Möglichkeit der Nutzung von Persönlichkeitsmerkmalen ein. Ob diese Gestattung eine dingliche Wirkung entfalten kann, ist umstritten, die noch h.M.[1225] verneint das.

Die Unterscheidung zwischen rein schuldrechtlicher bzw. dinglicher Wirkung hat erhebliche praktische Relevanz, zum einen für die Geltendmachung von Ansprüchen im eigenen Namen und zum anderen für die Frage der Mehrfachlizenzierung bei Exklusivverträgen[1226]. Fraglich ist, ob der Inhaber der Persönlichkeitsrechte nach Abschluss eines Exklusivvertrages dieselben Rechte einem Dritten einräumen kann. In der Lehre werden im Wesentlichen drei Hauptansichten zur Übertragung vertreten, wobei zwei extreme Positionen beziehen,

1223 *Prantl*, AfP 1984, 17, 21.

1224 Dem Vertragspartner werden bestimmte Nutzungen ausschließlich zugänglich gemacht. Empfehlenswert ist die Lektüre von *Karakaya/Buch*, Sittenwidrigkeit von Sportmanagementverträgen - Exklusivverträge und die Vermarktung der Persönlichkeitsrechte, ZRP 2002, 193 - 196. Provokant sind *Seitz'* Ausführungen mit dem Titel: Einmal nackt - immer frei? - Vom Recht auf Bloßstellung „etwa nach Exklusivverträgen“, NJW 2000, 2167 f. Zum Spannungsfeld von Berichterstattungs- und Vertragsfreiheit im Medienbereich sei zudem auf *Krones* Beitrag, Der Exklusivvertrag, im AfP 1982, 196 - 204 verwiesen.

1225 *Helle*, 111 ff. insbes. 114 f.

1226 So bereits *Schertz*, Rdnr. 376; *Magold*, 503.

nämlich keine Übertragbarkeit oder eine uneingeschränkte Übertragbarkeit[1227]. Eine vermittelnde Ansicht spricht sich dagegen für eine gebundene Übertragung aus.

Da vom Verwertungsaspekt aus betrachtet die rein schuldrechtliche Übertragung keine geeignete Gestaltungsform darstellt, werden hier nur kurz die dabei zu kritisierenden Punkte angesprochen. Allgemein anerkannt ist, dass sich der Persönlichkeitsrechtsinhaber einem anderen gegenüber zur Gestattung von Eingriffen wirksam verpflichten kann. Der Persönlichkeitsrechtsinhaber kann diesem folglich gestatten, seine Persönlichkeitsmerkmale zu benutzen und sich verpflichten, keine Schadens- und Unterlassungsansprüche geltend zu machen[1228]. Dies bedeutet, dass der von der Gestattung Begünstigte infolge der inter partes Wirkung nur gegen den Persönlichkeitsrechtsinhaber vorgehen kann, nicht hingegen gegen Dritte.

Relevanter, sowohl rechtlich als auch ökonomisch (höhere Entgelte für sicherere Rechtsposition), ist eine darüber hinausgehend wirkende Übertragung, also eine Übertragung, die eine absolute Wirkung entfaltet. In der Literatur mehren sich die Stimmen, die unter Berücksichtigung der realen Vermarktungssituation eine dingliche Wirkung fordern[1229], jedoch keine Totalveräußerung der Persönlichkeit. Eine klare Stellungnahme der Rechtsprechung fehlt, so ließ der BGH in der Nena-Entscheidung[1230] die von ihm als umstritten bezeichnete Frage der Übertragbarkeit offen.

1. Die gebundene (konstitutive) Rechtsübertragung

Das Persönlichkeitsrecht soll nicht translativ, also unbeschränkt, übertragen werden. Nutzungsbefugnisse dürfen abgespalten und übertragen werden. Da sich der Rechtsinhaber nicht völlig und endgültig von seinen Rechten löst, spricht man von einer konstitutiven Rechteeinräumung. Teilweise wird wiederum der ungenaue Begriff des quasi-dinglichen Rechts genutzt[1231]. Die rechtsgeschäftliche Einräumung von Nutzungsrechten ist keine Vollübertragung, da das Mutterrecht beim Inhaber verbleibt. *Forkel* bezeichnete die Übertragung aufgrund

1227 Als Folge der Anerkennung als Immaterialgüterrecht, vgl. u.a. *Beuthien/Schmölz*, 34, 64; *Ullmann*, AfP 1999, 209, 214; *ders.* WRP 2000, 1049, 1052.

1228 *Larenz/Wolf*, BGB AT, § 15 Rdnr. 21 f.; *Magold*, 502 f.

1229 *Forkel*, GRUR 1988, 491, 492 f.; *Hubmann/Rehbinder*, 221; *Magold*, 510 f.; *Schertz*, Rdnr. 380; *Götting*, 65 spricht von der Einräumung von quasidinglichen Nutzungsrechten im Hinblick auf das Recht am eigenen Bild. A.A. Zur Anerkennung der Ermächtigung zur Geltendmachung bzw. Ausübungsüberlassung vgl. *Ulmer*, § 89 I, II (379 f.); *Fromm/Nordemann - Hertin*, Vor § 12 UrhG Rdnr. 4.

1230 BGH, Urt. v. 14.10.1986, VI ZR 10/86, GRUR 1987, 128 f.

1231 *Götting*, 65, 69.

der Verbindung von Stamm- und Tochterrecht als „gebundene Rechtsübertragung“[1232].

a) Die Parallele zum Urheberrecht

Dabei orientiert sich *Forkel* an der Einräumung von Nutzungsrechten im Urheberrecht. Angelehnt an *Ulmers* Baumtheorie[1233] bleibt das Persönlichkeitsrecht als Stammrecht beim Inhaber; hingegen werden Nutzungsrechte an den objektivierbaren Persönlichkeitsmerkmalen eingeräumt. Die Parallele zum Urheberrecht (§§ 31 ff. UrhG) ist damit unverkennbar. Zwar kann das Urheberrecht nicht übertragen werden (§ 29 Abs. 1 Hs. 1 UrhG mit der Ausnahme der erbrechtlichen Spezialfälle gemäß § 29 Abs. 1 Hs. 2), jedoch können Nutzungsrechte, schuldrechtliche Einwilligungen und Vereinbarungen zu Verwertungsrechten eingeräumt werden, vgl. §§ 29 Abs. 2, 31 UrhG. Der Sache nach handelt es sich bei der Einräumung von Nutzungsrechten um eine Übertragung[1234]. Der Umfang richtet sich danach, ob ein einfaches oder ausschließliches Nutzungsrecht übertragen werden soll. Daraus ergibt sich die Frage, ob wegen der engen Verflechtung von verwertungs- und urheberpersönlichkeitsrechtlichen Bereichen durch die vorgesehene Übertragung über die urheberpersönlichkeitsrechtlichen Befugnisse „verfügt“ wird.

Die Konstruktion dient insgesamt dem Interessenausgleich. Einerseits kann der Urheber anderen das Werk zur Verwertung überlassen, andererseits ist gewährleistet, dass seine persönlichen und geistigen Interessen nicht übermäßig gefährdet sind. Der Einzelne kann somit über den wirtschaftlichen Wert seiner Persönlichkeitsmerkmale verfügen und behält jedoch zum Schutz seiner ideellen Interessen das letzte Wort über ihre Vermarktung. Damit wird explizit dokumentiert, dass das Persönlichkeitsrecht insgesamt nicht übertragbar ist.

Das Urhebergesetz enthält einige Bestimmungen, die dem Urheber einen „unverlierbaren Mindestschutz“[1235] einräumen, so z.B. die in § 31 Abs. 5 UrhG geregelte Zweckübertragungslehre oder die Vorschrift des § 31 Abs. 5 UrhG betreffend der neuen Nutzungsarten. Ferner das Rückrufrecht wegen gewandelter Überzeugung nach § 42 UrhG, auf welches überdies gemäß § 42 Abs. 2 UrhG nicht im Voraus verzichtet werden kann und dessen Ausübung nicht ausgeschlossen werden kann. Wegen Nichtausübung besteht des Weiteren ein Rückrufrecht gemäß § 41 UrhG. Zudem normiert § 14 UrhG das Recht gegen Entstellungen und andere Beeinträchtigung vorzugehen. Diese Vorschriften erzeugen einen hinreichenden Schutz des persönlichkeitsrechtlichen Teils des Ur-

1232 *Forkel*, 45 ff.; *ders.*, GRUR 1988, 491, 493 ff. Diesem Konzept folgen auch *Götting*, 279; *Magold*, 516 und *Schertz*, Rdnr. 380.

1233 *Ulmer*, § 18 I 4 (116).

1234 *Hubmann/Rehbinder*, 221; *Ulmer*, § 83 II (358 f.); *Wandtke/Bullinger - Grunert*, Vor §§ 31 ff. UrhG Rdnr. 21.

1235 *Forkel*, 168; *ders.*, GRUR 1988, 491, 497.

heberrechts. Mag die Übertragung auch weitgehend sein, eine völlige Entäußerung liegt dagegen nicht vor. Gleiches sollte für den Persönlichkeitsschutz gelten.

Ahrens bezweifelt, ob die Übertragung der Zweckübertragungslehre im Bereich des Persönlichkeitsrechts förderlich ist, denn letztlich würde im Streitfall der Richter entscheiden, was die Parteien beim Vertragsschluss bezweckten[1236]. *Ahrens* erkennt jedoch zutreffend, dass man bei Annäherung an ein Immaterialgüterrecht auch dessen Mechanismen zur Bewältigung offener Fragen einsetzen kann[1237]. Allerdings kann das nur dort gelten, wo der Schutzgedanke nutzt. Aufgrund des permanenten dynamischen Entwicklungsprozesses der Persönlichkeit verwundert es nicht, wenn dem Träger ein Recht eingeräumt werden soll, welches dem Rückrufrecht wegen gewandelter Überzeugung (§ 42 UrhG) ähnelt[1238]. Zu berücksichtigen ist jedoch, dass diese Vorschrift in der Theorie „greifen" mag, in der Praxis aber kaum zum Tragen kommt[1239].

Bei umfangreichen Klauseln, die möglicherweise als allgemeine Bedingungen verwendet werden, erscheint zudem die umstrittene geltungserhaltende Reduktion problematisch. Eine vom Schutzzweck geleitete Argumentation wird zumindest bei Vertretern, die der Verwertung ablehnend gegenüberstehen, zur Nichtigkeit der gesamten Klausel führen. Insoweit erscheint die Zweckübertragungslehre hemmend. *Ahrens*[1240] ist zuzustimmen, wenn er meint, dass weder ein rechtspolitisches noch ein rechtsdogmatisches Bedürfnis an der Übertragung der Zweckübertragungslehre auf die Persönlichkeitsrechte besteht. Das gleiche Ergebnis wird mit den herkömmlichen Instrumentarien des Allgemeinen Teils des BGB erreicht, insbesondere durch die Auslegung bzw. durch die Schranken der §§ 134, 138 BGB.

b) Die Vorteile

Bei der gebundenen Rechtsübertragung wird „nur ein Teil des Rechtsgehalts abgespalten und vom Inhaber des Mutterrechts auf den Erwerber, der ein Tochterrecht erlangt, weitergegeben ... Die Teilung ist keine einfach quantitative und keine das betroffene Recht auflösende"[1241]. Entsprechend der konkreten Interessen werde ein Teilrecht übertragen, das der Erwerber nach Absprache der Beteiligten verfolgen solle. Aufgrund dieser Einschränkung bei der Übertragung trenne sich der Verfügende von keiner Befugnis ganz, denn ihm verbleibe stets das

1236 *Ahrens*, 456 f.

1237 Vgl. unten Teil 2 § 6 D. I. 5. im Mustervertrag der DFL § 3 c.

1238 *Götting*, GRURInt 1995, 656, 668.

1239 *Peifer*, GRUR 2002, 495 Fn. 55 und *Götting*, 151, der dies aber erst im Zusammenhang mit der aus § 42 Abs. 3 S. 1 UrhG vorgesehenen Entschädigung erwähnt.

1240 *Ahrens*, 457.

1241 Auch im Folgenden *Forkel*, GRUR 1988, 491, 494 f.

Mutterrecht. Sofern das abgeleitete Recht erlösche, falle sein Gehalt wieder an den Inhaber des Mutterrechts.

Durch die gebundene Rechtsübertragung soll der Gegensatz zwischen Übertragbarkeit und Unübertragbarkeit relativiert werden[1242]. Damit wird in Teilbereichen des Persönlichkeitsrechts, nämlich bei ablösbaren Persönlichkeitsmerkmalen, dem Bedürfnis nach Übertragung Rechnung getragen, ohne gleichzeitig eine totale Veräußerung der Persönlichkeit vorzunehmen. Eine schematische Lösung ist nicht tragbar, denn schließlich besteht das Leben nicht aus scharfen Grenzen, sondern aus Übergängen, wie *Hubmann*[1243] zutreffend klarstellte. Hinter dieser Lösung steht ein Interessenausgleich[1244]. Vorzug dieser Übertragungsart ist, dass der Verwerter seinerseits unabhängig vom Persönlichkeitsrechtsinhaber Dritten die Nutzung übertragen oder lizenzieren kann. Diese Umlauffähigkeit erhöht den Wert des persönlichkeitsrechtlichen Merkmals und liegt daher auch im Interesse des Persönlichkeitsrechtsinhabers[1245]. Die Rechtsposition des Erwerbers wird gesichert, so soll er sich selbst aus eigenem Recht verteidigen können. Das Recht soll ihm nicht willkürlich entzogen oder eingeschränkt werden können. Das lässt sich aber nur durch eine gegenüber jedermann wirksame Verfügung begründen.

Zudem ist die beschränkte Übertragung, welche auch als Lizenzierung bezeichnet wird, dem deutschen Recht nicht fremd. Nach § 15 Abs. 1 S. 2 PatG kann das Recht auf Patent, der Anspruch auf Erteilung des Patents und das Recht aus dem Patent beschränkt übertragen werden. Gemäß § 15 Abs. 2 S. 1 PatG können ausschließliche und nicht ausschließliche Lizenzen eingeräumt werden. Eine dem § 15 PatG entsprechende Regelung findet sich in § 22 GebrMG. Die einfache Lizenz beinhaltet eine schuldrechtliche Benutzungsgestattung ohne Verbietungsbefugnis gegenüber Dritten. Der Lizenzgeber kann das lizenzierte Recht weiter benutzen und weitere Lizenzen erteilen. Demgegenüber gewährt die ausschließliche Lizenz je nach Vertragsinhalt ein gegen jedermann wirkendes alleiniges Benutzungsrecht. Der Lizenznehmer ist bezüglich der Verbietungsrechte aktivlegitimiert und kann weitere einfache Lizenzen vergeben. Diese Wirkung verleiht der ausschließlichen Lizenz einen dinglichen Charakter[1246]. Eine Vielzahl der gesetzlich geregelten Lizenzen sind einfache Lizenzen und entfalten eine schuldrechtliche Wirkung; das ist der gesetzlich normierte Regelfall. Die gleiche Wirkung müssten erst recht die gesetzlich nicht geregelten Fälle entfalten[1247]. Dem steht nunmehr entgegen, dass das Markenrecht eine dingliche Lizenz einräumt, vgl. § 30 MarkenG. So kann der Lizenznehmer wegen einer Markenrechtsverletzung mit Zustimmung des Inhabers klagen, § 30 Abs. 3 MarkenG. Im Hinblick auf eine Rechtsverletzung macht der Lizenzneh-

1242 *Forkel*, GRUR 1988, 491, 493.
1243 *Hubmann*, 133.
1244 *Forkel*, GRUR 1988, 491, 497.
1245 *Kaufmann*, Rdnr. 428.
1246 *Forkel*, 75 ff.; *Mes*, § 15 PatG Rdnr. 39.
1247 So auch *Helle*, 114.

mer sein eigenes Recht geltend. Hierin unterscheidet er sich vom Prozessstandschafter, der ein fremdes Recht beansprucht.

c) Die Nachteile

Die gebundene Rechtsübertragung erscheint fast als *die* Lösung. Denn sie erfordert keine Aufspaltung des „nicht teilbaren“ Persönlichkeitsrechts; trotzdem könne ein Teilrecht übertragen werden. Das bedeutet, dass sich der Rechtsinhaber bei der konstitutiven Rechtsübertragung nicht eines Teils seines Rechts entäußert. Das ist nicht nachvollziehbar, und zwar aus folgenden Gründen:

1. Die ideellen Persönlichkeitsmerkmale werden durch die Anerkennung einer gebundenen Rechtsübertragung „nicht unangemessen beeinträchtigt. Sie werden von der Lizenzierung nicht in den Rechtsträger stärker belastendem Maße erfaßt, als es im herkömmlichen deliktischen Rechtsschutzverzicht mittels Einwilligung der Fall ist.“[1248]
2. *Forkel* meint, dass der Inhaber des Rechts bei der gebundenen Übertragung „den Rechtsschutz nicht ein[büßt]. Er behält alle Ansprüche, allerdings mit der Einschränkung, daß sie ihm nur um der Interessen willen zustehen, deren Schutz ihm verblieben ist“[1249]. Damit räumt *Forkel*[1250] selbst einen Rechtsverlust ein.
3. Gegen Verletzungen ideeller Bestandteile des Persönlichkeitsrechts kann der Lizenznehmer aber nur vorgehen, wenn sie vom Zweck des Vertrages erfasst sind. Es mangelt jedoch an Rechtssicherheit, insbesondere dann, wenn der Vertragszweck nicht feststellbar ist[1251]. In diesem Fall kann nur der Lizenzgeber gegen die Verletzung vorgehen, und im Zweifel wird dann im gerichtlichen Verfahren geklärt, ob der Kläger aktivlegitimiert ist.
4. Sämtliche Beeinträchtigungen des vermögenswerten Bestandteils könnte der Verwerter im eigenen Namen geltend machen, Verletzungen des ideellen Bestandteils hingegen nur der Inhaber des Persönlichkeitsrechts.

Insofern erscheint dieses Konzept im Ergebnis nicht von dem Ansatz der Rechtsübertragung bzgl. des vermögenswerten Bestandteils des Persönlichkeitsrechts abzuweichen.

2. Die translative Übertragung

Bei der translativen, also unbeschränkten, Rechtsübertragung geht das gesamte Recht vollständig auf den Erwerber über[1252]. Neben dem praktischen Bedürfnis und den bereits aufgezeigten Umgehungsversuchen weisen auch die gericht-

1248 *Lichtenstein*, 243.
1249 *Forkel*, 241.
1250 *Forkel*, 241.
1251 Vgl. BGH, Urt. v. 14.10.1986, VI ZR 10/86, GRUR 1987, 128 f. - Nena.
1252 *Ohly*, 147.

lichen Entscheidungen, in denen zwischen ideellen und vermögenswerten Bestandteilen unterschieden wird und man ferner die Vererblichkeit der vermögenswerten Bestandteile bestätigt, in Richtung einer Anerkennung der dinglichen Übertragbarkeit der vermögenswerten Bestandteile. Das entspricht der Grundidee des US-amerikanischen übertragbaren Right of Publicity.

a) Die Übertragung des gesamten Persönlichkeitsrechts

Sollte es sich um eine Vollübertragung, also um eine Übertragung des Persönlichkeitsrechts im Ganzen handeln, so ergeben sich zu Recht erhebliche Einwände. Eine mitunter prophezeite Totalveräußerung, und zwar ein dadurch minimierter Schutz, ist damit aber nicht zwingend verbunden. Allerdings ist die Gefahr der Fremdbestimmung ungleich höher und kann zum Verlust der Menschenwürde führen. Es mag zutreffen, dass auch derjenige, der sich für eine Verwertung entschieden hat, gleichwohl durch eine Tätigkeit des Verwerters in den ideellen Bestandteilen seiner Persönlichkeit verletzt wird. Doch dann bleibt es dem Inhaber vorbehalten, dementsprechende Ansprüche gegen den Verletzer geltend zu machen. Ob dieser Schutz ausreicht, ist stark zu bezweifeln. Aus diesen Gründen ist es undenkbar, das gesamte Persönlichkeitsrecht zu übertragen[1253].

b) Die Übertragung des vermögenswerten Bestandteils des Persönlichkeitsrechts

Differenziert man hingegen zwischen den Bestandteilen, so erscheint zumindest eine beschränkte Übertragung möglich, und zwar insoweit als nur der vermögenswerte Bestandteil des Persönlichkeitsrechts übertragen wird. Unter dem Verwertungsaspekt sind nur die Persönlichkeitsmerkmale bedeutsam, denen ein vermögenswerter Zuweisungsgehalt zukommt[1254]. Die Vertreter des Persönlichkeitsimmaterialgüterrechts[1255] sind für eine Übertragung der vermögenswerten Bestandteile, da diese ihrer Ansicht nach abspaltbare persönlichkeitsbezogene Immaterialgüterrechte darstellen.

1253 Im Ergebnis so auch *Lichtenstein*, 229 mit zahlreichen Nachweisen.

1254 Siehe Teil 2 § 4 A. II. 3.; so bereits *Brandl*, AfP 1981, 349, 351; *Karakaya/Buch*, ZRP 2002, 193, 195; *Lichtenstein*, 229 m.w.N.

1255 *Ullmann*, AfP 1999, 209, 212, 214; *ders.*, WRP 2000, 1049, 1052; *Beuthien/Schmölz*, 34; *Palandt/Sprau*, § 823 BGB Rdnr. 125. *Sprau* verwendet zwar nicht den Begriff des Persönlichkeitsimmaterialguts. Bei Beeinträchtigung vermögenswerter Interessen kann der Verletzte aber den Schaden - wie in anderen Fällen der Verletzung eines immateriellen Ausschließlichkeitsrechts - auf dreifache Weise herausverlangen. Vgl. dazu auch die Ausführungen unter Teil 2 § 4 A. I. 3. b).

aa) Die Vorteile

Die Vorteile dieser Übertragung sind die Berücksichtigung der unterschiedlichen Schutzrichtungen, nämlich die Abwehr bzw. die Verwertung, und die Verwirklichung der Interessen der Beteiligten - nicht nur die des Verwerters, sondern auch die des Sportlers. Der Verwerter erhält eine dingliche Rechtsposition. So kann er aus eigenem Recht gegen Dritte vorgehen. Der Sportler hingegen braucht sich dann zum einen nicht mit der Rechtsverfolgung beschäftigen und zum anderen erhält er - durch die absolute Wirkung - ein höheres Entgelt. Dadurch wird der Sportler umfassend geschützt.

bb) Die Einwände

Diesem Ansatz wird die praktische Untrennbarkeit der Bestandteile entgegengehalten. Unabhängig davon, ob dem dualistischen oder dem monistischen Konzept gefolgt wird, ist stets eine Wechselwirkung gegeben. Der Einwand ist berechtigt. Fraglich ist jedoch, ob er in jedem Falle zutrifft. Es gibt Persönlichkeitsmerkmale, die ablösbar sind und einen vermögenswerten Zuweisungsgehalt aufweisen. Durch die Ablösbarkeit ist die Abgrenzbarkeit gegeben.

Wie beim Zuweisungsgehalt an der Schnittstelle von ideellen und vermögenswerten Bestandteilen, vor allem in Grenzfällen, mag die Bestimmung nicht einfach sein[1256]. Es ist kaum nachvollziehbar, dass man auf die übrige Spannbreite verzichten sollte, nur weil möglicherweise ein minimaler Grenzbereich nicht erfasst zu sein scheint. Der Schutz wäre kaum gewährleistet. Man hätte nichts gewonnen, aber viel verloren[1257].

Verständlich für jemanden der - wie *Kaufmann* - das Markenrecht als Verwertungsmöglichkeit präferiert, ist der Einwand, dass die Verletzungsgefahr der ideellen Interessen größer als bei der Eintragung der Marke durch den Persönlichkeitsrechtsinhaber ist. Denn bei der Marke läge bereits ein gegenständlich fixierter Ausschnitt der Person vor. Da sich der Rechtsträger nicht gegen rechtsverletzende Benutzungen wehren könne, sei diese Form der Übertragung abzulehnen[1258].

Dem ist Folgendes entgegenzuhalten: Sofern sich bestimmte Merkmale vom Rechtsträger gelöst haben, also eine Verselbstständigung erfahren haben, treten die persönlichkeitsrechtlichen Belange hinter den Verwertungsinteressen zurück. Im Markenrecht wird das als Rechtfertigung für eine Übertragbarkeit angenommen. Daher erscheint es konsequent, diese Rechtfertigung auch für ablösbare Persönlichkeitsmerkmale zu akzeptieren. Schließlich verbleibt dem Inhaber die Möglichkeit, falls ideelle Interessen verletzt werden sollten, gegen den Ver-

---

1256 Vgl. die Ausführungen unter Teil 2 § 4 A. II. 3.
1257 *Lichtenstein*, 232.
1258 *Kaufmann*, Rdnr. 409.

letzer vorzugehen. Denn beim dualistischen Modell bestehen beide Interessenkreise unabhängig nebeneinander. Der Betroffene steht ohne Übertragung nicht schlechter, vielmehr ist das Gegenteil der Fall. Sofern sich jemand entschließt, seine vermögenswerten Persönlichkeitsmerkmale auf einen Dritten zu übertragen, kann der Dritte auch gegen Verletzungen anderer einschreiten. Dadurch wird der Schutz erhöht. Es ist zudem unzutreffend, dass per se in jeder Nutzung des wirtschaftlichen Bestandteils des Persönlichkeitsrechts zugleich eine Verletzung des ideellen Persönlichkeitsrechts liegt.

In der Vereinbarung, die die Nutzung des Persönlichkeitsmerkmals regelt, wird ex ante der Rahmen festgelegt. Bei einer Überschreitung besteht dann u.U. ein Anspruch auf Schadensersatz wegen Pflichtverletzung und/oder bei einer schwerwiegenden Beeinträchtigung auch ein Anspruch auf eine Entschädigung. Davon ausgehend, dass mit der Übertragung der vermögenswerten Bestandteile des Persönlichkeitsrechts juristisches Neuland betreten wird, werden die Formulierungen in den Verträgen vorerst sicher vorsichtig und präzise sein. Gegebenenfalls kommt es zu einer ex post Prüfung durch die Gerichte. Im Laufe der Zeit werden sich dann die Maßstäbe für die Übertragung in der Praxis entwickeln und sie werden der rechtlichen Überprüfung standhalten. Selbst wenn man davon ausgeht, dass das eine oder andere ablösbare Persönlichkeitsmerkmal ein höheres Gefahrenpotenzial bezüglich einer ideellen Verletzung aufweist, so wird sich eine Kasuistik herausbilden, die zur Rechtsklarheit und Rechtssicherheit führt. Die bislang fehlenden klar formulierten Übertragungsklauseln werden von Praxis und Lehre fortschreitend herausgearbeitet. Selbst eine weniger gut abgefasste Klausel hat einen Mehrwert, sie dient (wenn auch nur) als schlechtes Beispiel, wird weniger wiederholt und die Kriterien der Abgrenzung werden ausgefeilter. Insofern kann im Vergleich zu heute langfristig viel an Rechtssicherheit gewonnen werden.

cc) Zwischenfazit

Die Aufspaltung der Schutzbereiche ist weniger gekünstelt, als sie zunächst erscheinen mag. Es handelt sich tatsächlich um zwei Schutzkreise. Die Ausführungen zum US-amerikanischen Recht, also die Trennung von Right of Publicity und Right of Privacy[1259] zeigen, dass die Aufspaltung funktionieren kann.

Dagegen wendet *Lichtenstein* ein, dass das US-amerikanische Vorbild (Right of Publicity) in den Bundesstaaten, die dies anerkennen, verschieden ausgestaltet ist[1260]. Nicht nachvollziehbar ist sein Gegenargument, dass eine saubere Her-

1259 Siehe Teil 2 § 3 A. II. 2. b).

1260 *Lichtenstein*, 233 f. Allein der Verweis auf *Peifer*, 282, stellt keine Begründung dar. Zudem ist nicht nachvollziehbar, warum ein abspaltbares Persönlichkeitsverwertungsrecht keine Entsprechung im deutschen Recht finden solle.

auslösung des vermögensrechtlichen Bestandteils nicht möglich sei[1261]. Denn nicht jede Verletzung des einen Bestandteils führt zwangsläufig zur Verletzung des anderen. Es mag auch Fälle geben, in denen eine vermögenswerte Nutzung durch die Art und Weise der Verwertung zu einer ideellen Verletzung führen kann. Dennoch stellt dies nicht den Regelfall dar. Sofern ein Verhalten sowohl eine materielle als auch eine ideelle Verletzung darstellt, ist eine Anspruchskumulierung zutreffend.

Voraussetzung für ein mögliches, heute noch nicht bestimmtes, kommerzielles Persönlichkeitsmerkmal ist, dass die Verbindung zur Person vorhanden sein muss, um als identifizierendes Merkmal zu dienen. Jene Verknüpfung macht den wirtschaftlichen Wert aus, was insofern nicht bestritten wird. Allerdings besteht die gedankliche Verbindung zur gesamten Person, und nicht nur bezüglich des ideellen bzw. des vermögenswerten Bestandteils. Damit ist die dualistische Orientierung sachgerecht.

3. Stellungnahme

Entgegen dem ersten Anschein ist die gebundene Rechtsübertragung nicht die Lösung für die Übertragung der vermögenswerten Bestandteile des Persönlichkeitsrechts. Die Beweggründe sind anerkennenswert und nachvollziehbar:

1. Einerseits kann eine gebundene Übertragung auch bei Rechten zulässig sein, die von der freien Übertragung ausgeschlossen sind und deshalb als unübertragbar bezeichnet werden; andererseits ist die gebundene Rechtsübertragung auch besonders geeignet für „Verhältnisse, in denen die Interessenlagen besonders diffizil und wenig typisiert sind"[1262].
2. Für die gebundene Rechtsübertragung spricht ferner, dass eine Konstruktion einer Prozessstandschaft nicht erforderlich ist.
3. Zudem ist die Lösung sowohl interessengerecht als auch dogmatisch konsequent.
4. Des Weiteren kann auf die bewährte Praxis im Urheberrecht zurückgegriffen werden.

Aber insgesamt überzeugt die gebundene Rechtsübertragung deshalb nicht, weil sie nicht weit genug reicht. Es handelt sich um mehr als eine terminologische Frage[1263], so dass bereits in der Bezeichnung die erfolgte Entwicklung zum Ausdruck kommen sollte. Vom Ergebnis ähneln sich die gebundene Rechtsübertragung und die Übertragung des vermögenswerten Bestandteils.

1261 *Lichtenstein*, 229. Sein Verweis auf die 217 ff. hilft jedoch nicht weiter. Dort möchte er „verhehlen, daß eine Vielzahl von Verletzungshandlungen beide Aspekte betrifft" (218). Eine Vielzahl bedeutet gerade nicht alle. Zudem geht es hier gerade nicht um die Abwehr von Eingriffen, sondern um eine positive Nutzung.

1262 *Forkel*, 244.

1263 So *PHB SportR/Fritzweiler/Pfister*, 3. Teil Rdnr. 86.

Durch eine Übertragung des vermögensverwerten Bestandteils wird der Persönlichkeitsschutz nicht verringert. *Ahrens*[1264], der von der Überschätzung der Folgen der Übertragung und der Furcht vor einer zu weitgehenden Verfügung spricht, ist zuzustimmen. Denn nicht die Leugnung, sondern die sachgerechte Differenzierung führt zum Ziel.

Der vermögenswerte Bestandteil des Persönlichkeitsrechts ist übertragbar. Persönlichkeitsrechtliche Schutzbedürfnisse werden nicht tangiert. Folglich ist das Dogma der Unübertragbarkeit auch zu Lebzeiten überwunden.

IV. Fazit

1. Die Praxis zeigt, dass die Vermarktung von persönlichkeitsrechtlichen Merkmalen nicht mehr hinwegzudenken ist. Einerseits möchte der Erwerber des Rechts eine sichere Rechtsposition innehaben. Andererseits hat der Inhaber des Persönlichkeitsrechts sowohl ein Interesse an einem höheren Entgelt (das der Erwerber für eine dingliche Position zu zahlen bereit ist) als auch am Schutz seiner Persönlichkeit.

Es hat Jahrzehnte gedauert, um festzustellen, dass das Persönlichkeitsrecht nicht gänzlich unübertragbar ist, wie das Dogma der Unübertragbarkeit zunächst vermuten ließ. Ein interessengerechter Ausgleich ist erstrebenswert. Das widerspricht weder dem Schutz der Persönlichkeit noch steht dem entgegen, dass sich das zu übertragende Recht aus dem Persönlichkeitsrecht entwickelt hat.

2. Wie erläutert, gibt es Übergänge bzw. Stufen zwischen einer bloß schuldrechtlichen Bindung und endgültiger Entäußerung. Das charakteristische Element der gebundenen Übertragung ist die Verbindung trotz der Teilung. Nachvollziehbar ist dabei, dass der Inhaber des Mutterrechts zwar das Tochterrecht nicht aus seinem Einflussbereich freigibt, was aber wiederum bedeutet, dass er „eine gewisse Kontrolle"[1265] behält. Dabei ist zu betonen, dass „gewiss" ein unbestimmter Begriff ist. Trotz einer vertraglichen Abrede ist die Kontrollmöglichkeit kaum gegeben, wenn diese Vereinbarung verletzt wird. Ein überwiegend verfestigter Standpunkt bezüglich der Übertragung ist auch heute noch nicht erreicht, jedoch haben sich einige charakteristische Züge herausgebildet.

3. Gründe, die gegen eine Übertragung des vermögenswerten Bestandteils sprechen, sind nicht ersichtlich. Demnach ist sie zu zulassen, was sachgerecht ist. Durch den rechtlichen Rahmen werden Rechtsunsicherheiten minimiert. Entgegen dem Zickzackkurs der Rechtsprechung sollte man konsequent sein: Eine Übertragung der vermögenswerten Bestandteile kommt auch zu Lebzeiten infrage. Mit der Übertragung des vermögenswerten Persönlichkeitsrechts wird nicht

---

1264 *Ahrens*, 472.
1265 *Forkel*, GRUR 1988, 491, 495.

zwangsläufig der ideelle Teil übertragen. Deshalb sollte es auch nicht als Scheinargument genannt werden, um den Eindruck zu erwecken, dass jemand sich seiner Persönlichkeit entäußere.

4. Die Übertragung der vermögenswerten Persönlichkeitsmerkmale ist zunächst die letzte Stufe der Entwicklung. Das hat weder etwas mit Totalentäußerung der Persönlichkeit, noch mit der Vorschubleistung einer Kommerzialisierung gemein. Letztlich ist es nur die entschlossene Fortführung der Entwicklung. Die Interessen aller Beteiligten werden gewahrt. Der Erwerber erhält mit der Übertragung des vermögenswerten Bestandteils ein absolutes Recht, welches er gegen jedermann durchsetzen kann. Der ursprüngliche Rechtsträger erhält dagegen die Sicherheit, dass Rechtsverletzungen verstärkt verfolgt werden und ein höheres Entgelt für die Veräußerung erzielt werden kann. Folglich ist *Forkel* dahingehend zuzustimmen, dass eine Ablehnung der Übertragung aus dogmatischen Gründen den Interessen der Inhaber der Persönlichkeitsrechte nicht gerecht wird[1266]. Der falsch verstandene, nämlich überzogene Persönlichkeitsschutz, dass der Grundsatz der Unübertragbarkeit dem Schutz des Trägers dient, wendet sich dann gegen dessen Interessen.

D. Beispiele aus der Praxis

Ob die Ansätze praktikabel sind, wird die Kautelarjurisprudenz zeigen. Den Vertragsgestaltern bleibt es zunächst überlassen - so weit es rechtlich zulässig ist - eine weitreichende Übertragungsklausel zu formulieren oder den Umfang entsprechend dem Willen des Persönlichkeitsträgers zu beschränken. Im Rahmen der Privatautonomie wird die Grenze des Zulässigen mittels der vom Gesetz gegebenen Schranken gesetzt, z.B. § 134 BGB oder § 138 BGB. Dies eröffnet dem Einzelnen die Möglichkeiten, sein Selbstbestimmungsrecht in seiner Weise auszuüben und die Verwertung interessengerecht auszugestalten. Da die vermögenswerten Bestandteile des Persönlichkeitsrechts bereits zu Lebzeiten übertragbar sind, stellt sich nunmehr die Frage, wie die entsprechenden Klauseln in den Spielerverträgen zu gestalten sind. Die nachfolgenden Beispiele[1267] werden chronologisch wiedergegeben. Bereits am Ausmaß lässt sich ablesen, wie im Laufe der Zeit die Differenziertheit der Klauseln zunahm.

1266 *Forkel*, GRUR 1988, 491, 493.

1267 Sofern es nicht um allgemein zugängliche Verträge handelt, folgt aus Vertraulichkeitsgründen keine Quellenangabe. Die Auszüge liegen der Verfasserin vor und sind unter Wahrung der Vertraulichkeit einsehbar.

I. Auszüge im Hinblick auf die Ausgestaltung der Klauseln bezüglich der Verwertung von Persönlichkeitsrechten

1. Auszug aus einem Arbeitsvertrag eines Fußballvereins aus dem Jahr 1992

„§ 2 Pflichten des Spielers
Der Spieler verpflichtet sich, seine ganze Kraft und seine sportliche Leistungsfähigkeit uneingeschränkt für den Verein einzusetzen, alles zu tun, um sie zu erhalten und zu steigern und alles zu unterlassen, was ihm im allgemeinen und im besonderen vor und bei Veranstaltungen des Vereins abträglich sein könnte. Gemäß diesen Grundsätzen ist der Spieler insbesondere verpflichtet

a) an allen Vereinsspielen und Lehrgängen, am Training, sei es allgemein vorgesehen oder sei es besonders angeordnet -, an allen Spielerbesprechungen und sonstigen der Spiel- und Wettkampfvorbereitung dienenden Veranstaltungen teilzunehmen. Dies gilt auch, wenn ein Mitwirken als Spieler oder Ersatzspieler nicht in Betracht kommt; ...

e) an allen Vereinsspielen und Lehrgängen sowie sonstigen Darstellungen des Vereins oder der Spieler zum Zwecke der Öffentlichkeitsarbeit für den Verein, insbesondere in Fernsehen, Hörfunk und Presse, teilzunehmen bzw. daran mitzuwirken. Bei diesen Veranstaltungen ist die vom Verein gestellte Sportkleidung (Clubanzüge, Reisekleidung, Spielkleidung, Trainings- und Spielschuhe sowie alle sonstigen Bekleidungs- und Ausrüstungsgegenstände) entsprechend der jeweiligen Weisung des Vereins zu tragen. *Andere Werbung des Spielers*[1268] an und auf der Kleidung für Firmen, Einrichtungen, Erzeugnisse oder Leistungen *sowie jede Werbung für Konkurrenzerzeugnisse der vom Verein bereitgestellten Kleidung ist unzulässig*;
Alle dem Spieler für die Dauer des Vertrages zur Verfügung gestellten einheitlichen Bekleidungen und Ausrüstungsgegenstände bleiben Vereinseigentum und sind vom Spieler pfleglich zu behandeln.

f) sich in der Öffentlichkeit und privat so zu verhalten, daß das Ansehen des Vereins, der Verbände und des Fußballsports allgemein nicht beeinträchtigt wird. Äußerungen in der Öffentlichkeit, insbesondere Interviews für Fernsehen, Hörfunk und Presse bedürfen der vorherigen Zustimmung des Vereins.
Äußerungen gegenüber außenstehenden Personen über innere Vereinsangelegenheiten, insbesondere über den Spiel- und Trainingsbetrieb, sind zu unterlassen;

g) sich auf alle sportlichen Veranstaltungen des Vereins gewissenhaft vorzubereiten. Dazu gehört insbesondere, den Anweisungen des Trainers bezüglich der Lebensführung Folge zu leisten; ...

1268 Die folgenden kursiven Hervorhebungen erfolgten durch die Verfasserin, um so die Entwicklung bzgl. einzelner Formulierungen besser nachverfolgen zu können.

§ 3 Persönlichkeitsrechte im Arbeitsverhältnis
Der Spieler *überträgt* dem Verein *die Verwertung seiner Persönlichkeitsrechte, soweit sein Arbeitsverhältnis als Lizenzspieler berührt wird.* Dies gilt insbesondere für die vom Verein veranlaßte oder gestattete Verbreitung von Bildnissen des Spielers als Mannschafts- oder Einzelaufnahmen in jeder Abbildungsform, besonders auch hinsichtlich der Verbreitung solcher Bildnisse in Form von Spielszenen und/oder ganzer Spiele der Lizenzligamannschaft durch öffentlich- und/oder privatrechtliche Fernsehanstalten und/oder andere audiovisuelle Medien.
Auch hat der Spieler dem Verein jederzeit seine Autogrammunterschrift im Originalschriftzug, als Faksimile oder in gedruckter Form für Zwecke der Öffentlichkeitsarbeit und/oder zur Wiedergabe auf vom Verein beschafften Souvenir- und Verkaufsartikeln - ggf. auch in Verbindung mit Werbung Dritter - zu leisten bzw. verarbeiten zu lassen.
Die aus diesen Maßnahmen der Öffentlichkeitsarbeit und Werbung erzielten Erlöse stehen ausschließlich dem Verein zu.
Die Ausschöpfung anderer Verdienstmöglichkeiten, z.B. aus Interviews, schriftstellerischen Tätigkeiten und sonstigen Nebentätigkeiten, *ist dem Spieler nur nach vorheriger Zustimmung des Vereins gestattet, die nur verweigert werden kann, wenn das Arbeitsverhältnis unmittelbar betroffen wird.* Eine einmal gegebene Zustimmung kann *jederzeit widerrufen* werden."

2. Auszug aus einem Mustervertrag für Sportleistungen[1269]

„§ 2 Pflichten des Spielers
(1) Der Spieler verpflichtet sich, seine ganze sportliche Leistungsfähigkeit für den Verein einzusetzen, alles zu tun, um diese zu erhalten und zu steigern und alles zu unterlassen, was seiner sportlichen Leistungsfähigkeit abträglich sein könnte.
Im einzelnen ist der Spieler verpflichtet ...

a) an allen Vereinsspielen und Lehrgängen, am Training, an Spielerbesprechungen und sonstigen der Spiel- und Wettkampfvorbereitung dienenden Veranstaltungen teilzunehmen. Auch für den Fall, dass ein Einsatz als Spieler oder Ersatzspieler entfällt; ...

e) sich an allen Vereinsspielen und Lehrgängen, sowie Darstellungen, Publikationen des Vereins zum Zwecke der Öffentlichkeitsarbeit für den Verein (Fernsehen, Hörfunk, Presse), sowie bei öffentlichen Anlässen, Ehrungen, Veranstaltungen etc., zu beteiligen und mitzuwirken. Hierbei sind die vom Verein gestellten Sportbekleidungen (Clubanzüge, Reisekleidung, Spielkleidung, Trainings- und Spielschuhe etc.) nach Anordnung zu tragen. *Andere Werbung des Spielers* an und auf der Kleidung für Firmen, Einrichtungen, Erzeugnisse oder Leistungen *sowie jede Werbung für Konkurrenzerzeugnisse*

1269 PHB SportR[1]/Fritzweiler, Anh. C.1.

der vom Verein bereitgestellten Kleidung und Ausrüstung ist dabei nicht zulässig;
f) sich in der Öffentlichkeit und privat so zu verhalten, daß das Ansehen des Vereins oder des Verbandes nicht beeinträchtigt wird. Äußerungen in der Öffentlichkeit, insbesondere Interviews für Fernsehen, Hörfunk und Presse bedürfen der vorherigen Zustimmung des Vereins. Äußerungen über interne Vereinsangelegenheiten, insbesondere über den Spiel- und Trainingsbetrieb des Vereins gegenüber Dritten sind nicht zulässig;
g) sich an alle Anweisungen des Trainers bezüglich sportlicher Leistungsfähigkeit und Lebensführung zu halten; ...

(2) Der Spieler *überträgt* dem Verein *die Verwertung seiner Persönlichkeitsrechte, soweit sein Arbeitsverhältnis als Lizenzspieler berührt wird und bestätigt, diese keinem anderen übertragen zu haben.* Dies gilt für die vom Verein veranlaßte Verbreitung von Bildnissen des Spielers als Mannschafts- oder Einzelaufnahme in jeder Abbildungsform, besonders auch hinsichtlich der Verbreitung solcher Bildnisse in Form von Spielszenen und/oder ganzer Spiele der Lizenzligamannschaft, um somit durch öffentlich- und/oder privatrechtliche Fernsehanstalten und/oder andere audiovisuelle Medien die erforderlichen Nutzungen zu ermöglichen.

Der Spieler verpflichtet sich weiter, dem Verein jederzeit seine Autogrammunterschrift im Originalschriftzug als Faksimile oder in gedruckter Form für Zwecke der Öffentlichkeitsarbeit und/oder zur Wiedergabe auf vom Verein beschafften Souvenir- und Verkaufsartikeln - ggf. auch in Verbindung mit Werbung Dritter - zu leisten bzw. verarbeiten zu lassen. Der Spieler erkennt an, daß die aus diesen Maßnahmen der Öffentlichkeitsarbeit und Werbung erzielten Erlöse ausschließlich dem Verein zustehen.

Dem Spieler ist nur nach vorheriger Zustimmung des Vereins die Ausschöpfung anderer Verdienstmöglichkeiten, z.B. aus Interviews, schriftstellerischen Tätigkeiten und sonstigen Nebentätigkeiten, *gestattet. Die Zustimmung kann nur verweigert werden, wenn das Arbeitsverhältnis unmittelbar betroffen wird.* Ein *Widerruf* einer gegebenen Zustimmung *ist zulässig.*“

3. Auszug aus einem Arbeitsvertrag eines Vereins aus dem Jahr 2002

„§ 11

Der Spieler *überträgt* dem Verein *die Verwertung seiner Persönlichkeitsrechte, soweit diese im Zusammenhang mit seiner Ausübung des ... [S]ports im Sinne dieses Vertrages steht.* Dies gilt sowohl für die vom Verein veranlasste oder gestattete Verbreitung von Bildern des Spielers im Zusammenhang mit Mannschafts- oder Einzelaufnahmen als auch für die Verbreitung von Spielszenen oder ganzer Spiele durch Fernsehanstalten und/oder andere audiovisuelle Medien. Der Spieler hat dem Verein auch jederzeit seine Autogrammunterschrift im Originalschriftzug, als Faksimile oder in gedruckter Form für Zwecke der Öffentlichkeitsarbeit und/oder zur Wiedergabe auf vom Verein beschaffter Souve-

nir- und vergleichbarer Artikel gegebenenfalls auch in Verbindung mit Werbung Dritter - zu leisten - bzw. verarbeiten zu lassen.
Die aus diesen Maßnahmen der Öffentlichkeitsarbeit und Werbung erzielten Erlöse stehen ausschließlich dem Verein zu.
Sofern der Verein die Vermarktung seiner Bundesligamannschaft, Öffentlichkeitsarbeit und Werbung sowie alle damit zusammenhängenden Maßnahmen, *auf einen Dritten überträgt oder diesen damit beauftragt, ist der Spieler verpflichtet, nach besten Kräften an den entsprechenden Aktivitäten teilzunehmen.* Eine Verletzung dieser Pflicht ist nach vorheriger Abmahnung ein wichtiger Grund zur fristlosen Kündigung des Vertrages."

4. Auszug aus einem Arbeitsvertrag eines Vereins aus dem Jahr 2004

„§ 3
Der Spieler *überträgt* dem Verein *die Verwertung seiner Persönlichkeitsrechte, soweit sein Arbeitsverhältnis als Lizenzspieler berührt wird.* Dies gilt insbesondere für die von dem Verein veranlasste oder gestattete Verbreitung von Bildnissen des Spielers als Mannschafts- oder Einzelaufnahme in jeder Abbildungsform, besonders auch hinsichtlich der Verbreitung solcher Bildnisse in Form von Spielszenen und/oder ganzen Spielen der Lizenzligamannschaft durch öffentlich und/oder privatrechtliche Fernsehanstalten und/oder audiovisuelle Medien.
Der Spieler hat außerdem den Verein jederzeit seine Autogrammunterschrift in Originalschrift, als Faksimile oder in gedruckter Form für Zwecke der Öffentlichkeitsarbeit und/oder zur Wiedergabe auf vom Verein beschafften Souvenir- und Verkaufsartikeln - ggf. auch in Verbindung mit Werbung Dritter, zu leisten bzw. verarbeiten zu lassen.
Die aus diesen Maßnahmen der Öffentlichkeitsarbeit und Werbung erzielten Erlöse stehen ausschließlich dem Verein zu.
Die Ausschöpfung anderer Verdienstmöglichkeiten z. B. aus Interviews, schriftstellerischen Tätigkeiten und sonstigen Nebentätigkeiten *ist dem Spieler nur nach vorheriger Zustimmung des Vereins gestattet, die nur verweigert werden kann, wenn das Arbeitsverhältnis unmittelbar betroffen wird.*
Eine einmal gegebene Zustimmung kann *jederzeit widerrufen werden, sofern sich daraus Ein-schränkungen des diesseitigen Vertrages* für die Tätigkeit des Spielers für den Verein ergeben.

§ 4
Der Spieler verpflichtet sich, seine ganze Kraft und sportliche Leistungsfähigkeit für den Verein einzusetzen und alles zu tun, um sie zu erhalten und zu steigern und alles zu unterlassen, was seiner Leistungsfähigkeit und dem Ansehen des Vereins und des Teams schaden könnte. Entsprechend diesen Grundsätzen ist der Spieler insbesondere verpflichtet:

a) an Teamspielen, Lehrgängen, Trainingsveranstaltungen, Spielerbesprechungen und sonstigen der Spiel- und Wettkampfvorbereitung dienenden Veranstaltungen des Vereins teilzunehmen. Dies gilt auch, wenn ein Mitwirken als Spieler oder Ersatzspieler nicht in Betracht kommt...
f) an allen Veranstaltungen zum Zwecke der Öffentlichkeitsarbeit für den Verein, insbesondere in Fernsehen, Hörfunk und Presse teilzunehmen und daran mitzuwirken."

5. Auszug aus dem Musterarbeitsvertrag der DFL aus dem Jahr 2007

„§ 2 Pflichten des Spielers
Der Spieler verpflichtet sich, seine ganze Kraft und seine sportliche Leistungsfähigkeit uneingeschränkt für den Club einzusetzen, alles zu tun, um sie zu erhalten und zu steigern und alles zu unterlassen, was ihr vor und bei Veranstaltungen des Clubs abträglich sein könnte. Gemäß diesen Grundsätzen ist der Spieler insbesondere verpflichtet

a) an allen Spielen und Lehrgängen des Clubs, an jedem Training - gleich ob allgemein vorgesehen oder besonders angeordnet -, an allen Spielerbesprechungen und an allen sonstigen der Spiel- und Wettkampfvorbereitung dienenden Veranstaltungen teilzunehmen. Dies gilt auch, wenn ein Mitwirken als Spieler oder Ersatzspieler nicht in Betracht kommt. Der Spieler ist bei entsprechender Anweisung auch verpflichtet, an Spielen oder am Training der zweiten Mannschaft des Clubs teilzunehmen, falls diese in der Oberliga oder einer höheren Spielklasse spielt; ...
e) an allen Darstellungen und Publikationen des Clubs oder der Spieler zum Zwecke der Öffentlichkeitsarbeit für den Club, insbesondere in Fernsehen, Hörfunk und Presse, sowie bei öffentlichen Anlässen, Ehrungen, Veranstaltungen, Autogrammstunden etc. teilzunehmen bzw. mitzuwirken. Bei diesen und bei den unter a) genannten Veranstaltungen ist die vom Club gestellte Sportkleidung (Clubanzüge, Reisekleidung, Spielkleidung, Trainings- und Spielschuhe sowie alle sonstigen Bekleidungs- und Ausrüstungsgegenstände) entsprechend der jeweiligen Weisung des Clubs zu tragen. Der Club behält sich vor, die von ihm gestellte Sportkleidung mit Werbung zu versehen;
f) von Sponsoren des Clubs zur Verfügung gestellte Gebrauchsgüter (z.B. Kraftfahrzeuge) bei dienstlichen Anlässen ausnahmslos und bei privaten Unternehmungen regelmäßig zu nutzen;
g) *Werbung für andere Partner als die des Clubs*, auch durch oder auf der Bekleidung, nur *mit vorheriger Zustimmung des Clubs zu betreiben*. Der Club kann diese Zustimmung *insbesondere dann verweigern, wenn durch Werbemaßnahmen des Spielers berechtigte Interessen des Clubs beeinträchtigt würden*. Dies ist insbesondere der Fall, wenn der Spieler beabsichtigt, Werbung für Unternehmen zu betreiben, die in Konkurrenz zu den Partnern

des Clubs stehen. Eine einmal gegebene Zustimmung kann *widerrufen* werden, *sofern sachliche Gründe hierfür vorliegen*;
h) alle für die Dauer des Vertrages vom Club oder dessen Ausrüstern bzw. Sponsoren zur Verfügung gestellten einheitlichen Bekleidungs- und Ausrüstungsgegenstände pfleglich zu behandeln und bei Beendigung des Vertragsverhältnisses dem Club zurückzugeben;
i) sich in der Öffentlichkeit und privat so zu verhalten, dass das Ansehen des Clubs, der Verbände und des Fußballsports allgemein nicht beeinträchtigt wird. Stellungnahmen in der Öffentlichkeit, insbesondere Interviews für Fernsehen, Hörfunk und Presse, bedürfen, soweit sie im Zusammenhang mit dem Spielbetrieb, dem Club oder dem Arbeitsverhältnis stehen, der vorherigen Zustimmung des Clubs jedenfalls dann, wenn der Spieler Gelegenheit hatte, diese zuvor einzuholen. Gegenüber außenstehenden Personen ist jegiche Äußerung über innere Clubangelegenheiten, insbesondere über den Spiel- und Trainingsbetrieb, zu unterlassen; dies gilt auch nach der Beendigung des Arbeitsverhältnisses;
j) sich auf alle sportlichen Veranstaltungen des Clubs gewissenhaft vorzubereiten. Dazu gehört insbesondere, den Anweisungen des Trainers bezüglich der Lebensführung Folge zu leisten, sofern sie sich auf die sportliche Leistungsfähigkeit des Spielers beziehen; ...

§ 3 Nutzung und Verwertung der Persönlichkeitsrechte im Arbeitsverhältnis

a) *Der Spieler räumt dem Club, sofern und soweit seine Tätigkeit als Lizenzspieler und nicht ausschließlich seine Privatsphäre berührt ist, das ausschließliche Recht ein, sein Bildnis, seinen Namen (auch Spitz- und Künstlernamen), das von ihm gesprochene Wort sowie besondere fußballbezogene Persönlichkeitsmerkmale uneingeschränkt zu nutzen und zu verwerten.*

Die *hier eingeräumte wirtschaftliche Verwertung der Persönlichkeitsrechte in Bezug zu der Tätigkeit des Spielers als Lizenzspieler ist etwa gegeben bei* einer Verwertung durch Fernsehen, Internet, mobile Dienste, Computerspiele, Sammelbilder *u.Ä.*

Zu der ausschließlich der Privatsphäre des Spielers zugeordneten und bei diesem verbleibenden wirtschaftlichen Verwertung der Persönlichkeitsrechte gehören insbesondere schriftstellerische Tätigkeiten sowie die Testimonial-Werbung für nicht fußballbezogene Produkte. Die Regelung des § 2 lit. g) dieses Vertrages bleibt hiervon unberührt.

Die *vorgenannten Aufzählungen* sind *nur beispielhaft* und *nicht abschließend.*

Falls *der Spieler die dem Club zur exklusiven Verwertung eingeräumten Persönlichkeitsrechte durch Eigenvermarktungsmaßnahmen auch selbst wirtschaftlich verwerten möchte*, bedarf es dazu stets der *vorherigen schriftlichen Zustimmung* durch den Club. Diese *ist zu erteilen, falls* dem *nicht ausnahmsweise ein besonderes berechtigtes Interesse* des Clubs *entgegensteht.*

Der Spieler erklärt, die wirtschaftliche Verwertung seiner Persönlichkeitsrechte, sofern und soweit seine Tätigkeit als Lizenzspieler berührt wird, keinem anderen eingeräumt zu haben.
b) *Der Club ist in dem Umfang der Einräumung berechtigt*, das Bildnis, seinen Namen (auch Spitz- und Künstlernamen), das von ihm gesprochene Wort sowie besondere fußballbezogene Persönlichkeitsmerkmale des Spielers *uneingeschränkt zu nutzen und zu verwerten, insbesondere sie* dem DFB, dem Ligaverband oder der DFL Deutsche Fußball Liga GmbH zur Erfüllung ihrer vertraglichen Verpflichtungen *einzuräumen*.
Der Spieler erkennt ausdrücklich an, dass die Verwertung der oben genannten Rechte für Maßnahmen im Rahmen der Gruppenvermarktung der Bundesliga und/oder der 2. Bundesliga und/oder weiterer Wettbewerbe des Ligaverbandes nach § 16 der Ordnung für die Verwertung kommerzieller Rechte (OVR) auch durch den Ligaverband bzw. die DFL Deutsche Fußball Liga GmbH erfolgen kann. Unter Gruppenvermarktung verstehen die Arbeitsvertragsparteien alle Vermarktungsmaßnahmen, welche die Vereine bzw. Kapitalgesellschaften der Bundesliga und/oder der 2. Bundesliga in ihrer Gesamtheit oder in wesentlichen Teilen umfassen.
Der Club kann die ihm von dem Spieler eingeräumten Rechte gegenüber Dritten auch gerichtlich geltend machen. Er ist berechtigt, bei der Übertragung der hier eingeräumten Rechte auf den DFB, den Ligaverband oder die DFL Deutsche Fußball Liga GmbH *auch die Befugnis zu übertragen, die betreffenden Rechte gegenüber Dritten gerichtlich geltend zu machen.*
c) Die Einräumung der Nutzungs- und Verwertungsrechte bezieht sich auch auf den Bereich aller gegenwärtigen und künftigen technischen Medien und Einrichtungen einschließlich Multimedia-Anwendungen (Internet, Online-Dienste, mobile Dienste etc.) und Softwareprodukte, insbesondere interaktive Computerspiele. Dies gilt insbesondere für die vom Club veranlasste oder gestattete Verbreitung von Bildnissen des Spielers als Mannschafts- oder Einzelaufnahmen in jeder Abbildungsform, auch der virtuellen Darstellung, besonders auch hinsichtlich der Verbreitung solcher Bildnisse in Form von Spielszenen und/oder ganzer Spiele der Lizenzligamannschaft, um somit öffentlich- und/oder privatrechtlichen Fernsehanstalten und/oder anderen audiovisuellen Medien und/oder weiteren Interessenten Nutzungen hieran zu ermöglichen.
d) Der Spieler stellt dem Club außerdem jederzeit seine Autogrammunterschrift im Originalschriftzug, als Faksimile oder in gedruckter Form für Zwecke der Öffentlichkeitsarbeit und/oder zur Wiedergabe auf vom Club beschafften Souvenir- und Verkaufsartikeln - ggf. auch in Verbindung mit Werbung Dritter - zur Verfügung.
e) *Die aus der wirtschaftlichen Verwertung der eingeräumten Rechte erzielten Erlöse stehen ausschließlich dem Club zu, soweit nicht in diesem Vertrag ausdrücklich Abweichendes geregelt ist.*

f) *Die Rechteeinräumung ist grundsätzlich begrenzt auf die Laufzeit dieses Arbeitsvertrages.* Diese Begrenzung gilt nicht für die mediale und multimediale Nachverwertung in Form von Archivbildern. Außerdem gilt für die Vermarktung und den Vertrieb von Produkten eine Abverkaufsfrist von 5 Jahren. *Die Parteien sind sich einig, dass mit der vertraglichen Vergütung auch die Rechteeinräumung abgegolten ist.*"

Aus der Zusatzvereinbarung zum Arbeitsvertrag:

„§ 7 Homepage
Für den Fall, dass der Spieler bereits eine unter seinem Namen veröffentlichte Website im Internet (Homepage) betreibt bzw. beabsichtigt eine in Zukunft zu betreiben, ist er an die Verabredungen im Arbeitsvertrag wie unter §§ 2 e, f, h, 3 beschrieben, verpflichtet.
Insbesondere ist er verpflichtet, Werbung für andere Partner als die des Vereins nur mit vorheriger Zustimmung von - Verein - zu betreiben. Äußerungen auf der Website im Internet (Homepage), die inhaltlich - Verein - oder Vereinsangestellte betreffen, bedürfen der vorherigen Zustimmung durch - Verein. Der Spieler hat sich so zu verhalten, dass das Ansehen von - Verein - allgemein nicht beeinträchtigt wird ..."

6. Auszug aus dem (ausführlichen) Spielervertrag[1270]

„§ 2 Pflichten des Spielers

...(3) Der Spieler verpflichtet sich zur Aufrechterhaltung seiner sportlichen Leistungsfähigkeit und wird alle Maßnahmen vornehmen, die zur Steigerung der Leistungsfähigkeit beitragen und alles unterlassen, was ihr abträglich sein könnte...

(6) Der Spieler verpflichtet sich zur Teilnahme und Mitwirkung an öffentichen Auftritten des Vereins, insbesondere in Medien und anlässlich sonstiger Veranstaltungen (Ehrungen, Autogrammstunden etc.). Das öffentliche Auftreten ist zuvor mit dem Verein abzustimmen.

(7) Der Spieler verpflichtet sich, während aller Vereinsspiele und öffentlicher Auftritte die vom Verein zur Verfügung gestellte Sportkleidung zu tragen. Ebenso sind die vom Verein zur Verfügung gestellten Ausrüstungsgegenstände zu nutzen. Die Sportbekleidung und sonstigen Ausrüstungsgegenstände werden für die Dauer des Vertrages zur Verfügung gestellt und sind pfleglich zu behandeln und bei Beendigung des Vertrages an den Verein zurückzugeben.

(8) *Die Anbringung anderer Werbung* auf der vom Verein zur Verfügung gestellten Sportbekleidung und den Ausrüstungsgegenständen *ist nicht gestat-*

1270 *Partikel*, 116 ff.

tet. Im Übrigen bedarf die Werbung stets der *vorherigen schriftlichen Zustimmung* des Vereins.

§ 7 Persönlichkeitsrechte des Spielers
Der Spieler *überträgt dem Verein hiermit die ausschließliche und örtlich unbegrenzte Verwertung seiner Persönlichkeitsrechte, soweit sein Arbeitsverhältnis als ... berührt wird und erklärt, diese keinem anderen übertragen zu haben. Der Spieler überträgt dem Verein insbesondere seine Persönlichkeitsrechte mit Blick auf* die vom Verein veranlasste oder gestattete Verbreitung von Bildnissen des Spielers als Mannschafts- oder Einzelaufnahmen in jeder Abbildungsform, auch hinsichtlich der Verbreitung solcher Bildnisse in Form von Spielszenen und/oder ganzer Spiele der … - Mannschaft. Die Vermarktungsrechte umfassen Abdruckrechte, Sonderrechte (insbesondere Fernsehrrechte und Multimedia-Anwendungen im Internet, Online-Dienste etc.), Lizenzrechte zur Nutzung im Rahmen gegenwärtiger und künftiger vertraglicher Verpflichtungen des Vereins sowie Verarbeitung auf sonstigen Informationsträgern (EDV-Software, Bild- und Tonträger jeder Art etc.).“

II. Anmerkungen zu den Übertragungsklauseln aus der Praxis

1. Allgemeine Erwägungen

Um die vollzogene Entwicklung nachzuzeichnen, werden nun die Übertragungsklauseln näher betrachtet. Im obigen Arbeitsvertrag aus dem Jahr 1992 (D I.1.) hieß es zunächst:

> „Der Spieler überträgt dem Verein die Verwertung seiner Persönlichkeitsrechte, soweit sein Arbeitsverhältnis als Lizenzspieler berührt wird.“

Im Jahr 2002 lautet die Klausel in einem anderen Vertrag (D I.6):

> „Der Spieler überträgt dem Verein die Verwertung seiner Persönlichkeitsrechte, soweit diese im Zusammenhang mit seiner Ausübung des …[S]ports im Sinne des Vertrages steht.“

Was das im Einzelnen bedeutet, wurde in den älteren Versionen allenfalls kurz angedeutet. Relativ kurz ist die Regelung zur Übertragung der Persönlichkeitsrechte im von *Partikel* so bezeichneten ausführlichen Spielervertrag:

> „Der Spieler überträgt dem Verein hiermit die ausschließliche und örtlich unbegrenzte Verwertung seiner Persönlichkeitsrechte, soweit sein Arbeitsverhältnis … berührt wird … Der Spieler überträgt dem Verein insbesondere seine Persönlichkeitsrechte mit Blick auf …“

Diese Formulierung ist mehrdeutig und wirft folgende Fragen auf: Welche Rechte werden übertragen - die Verwertungsrechte oder die Persönlichkeitsrechte? *Partikel* meint, dass die mustervertragliche Regelung dem Rechnung trage, dass ein Sportverein, der den Namen und die Bilder der für ihn tätigen Spieler nutzen möchte, sich die Verwertungsrechte an diesen Persönlichkeitsrechten des Spielers einräumen lasse, und zwar nach Maßgabe des § 15 UrhG bzw. der §§ 31 ff. UrhG[1271]. Das trifft nicht zu, bereits aus der Formulierung ergibt sich eine Abweichung. Es werden gerade nicht die Verwertungsrechte übertragen, sondern in dem von *Partikel* benutzten Muster ist auch von der Übertragung der Persönlichkeitsrechte die Rede. Dem Ergebnis ist zuzustimmen, aber nicht dem Erklärungsansatz. Der Vergleich zum Urheberrecht wird mit nur einem Satz begründet. Das ist so nicht tragfähig. Insofern spiegelt sich in der misslichen Formulierung das wider, was die bisherige Rechtslage prägte, nämlich Unklarheit.

2. Die Auseinandersetzung mit dem Musterarbeitsvertrag der DFL

Demgegenüber zeichnet sich der Vertrag der DFL mit dem Lizenzfußballer, nicht nur durch seine Regelungsbreite, sondern auch durch Präzision aus. Diesen Mustervertrag empfiehlt der Ligaverband den Klubs.

Bereits der Umfang zur Nutzung und Verwertung der Persönlichkeitsrechte im Arbeitsverhältnis (§ 3) zeigt, dass eine Klausel, die dem Ausgleich beider Interessenten der Verwertung dient, nicht in einem Absatz geregelt werden kann. Vielmehr ist eine weitreichende Differenzierung angebracht. Auch wenn der Mustverertrag diesbezüglich als fortschrittlich bezeichnet werden kann, ist der Vertrag aus der Perspektive des Spielers wohl noch nicht mustergültig, denn dafür ist § 3 zu einseitig, so vergleichsweise die folgenden Passagen:

> „sofern und soweit seine Tätigkeit als Lizenzspieler und nicht ausschließlich seine Privatsphäre berührt“ oder „Die vorgenannten Auszählungen sind nur beispielhaft und nicht abschließend.“

Gleichwohl enthält der Vertrag vereinzelt Ausgangspunkte für den Ansatz einer stärkeren Berücksichtigung der Interessen des Sportlers. Die Möglichkeit zur Eigenvermarktung seitens des Sportlers mit Einwilligung des Vereins wurde in den Vertrag aufgenommen. Allerdings ist die vorherige Zustimmung zu erteilen, sofern kein besonderes berechtigtes Interesse des Klubs entgegensteht. Aus der Formulierung ergibt sich grundsätzlich die Möglichkeit der Eigenvermarktung. Die Einwilligung steht dem nicht entgegen, denn nur wenn besondere Umstände vorliegen, kann sie verweigert werden. Diesbezüglich trägt der Klub die Beweislast. Wünschenswert wäre gewesen, auch ein entsprechendes Entgelt zu

1271 *Partikel*, 121.

vereinbaren, so bleibt ein (Streit-)Punkt offen. Der Sportler darf die Rechte auch verwerten, obwohl er sie dem Klub exklusiv eingeräumt hat. Folglich wird auch der Klub einen Anteil verlangen.

Im Gegensatz zu den anderen oben genannten Verträgen eröffnet die Klausel des § 3e des Mustervertrages zumindest die Möglichkeit, als Spieler an den Erlösen der wirtschaftlichen Verwertung zu partizipieren, obwohl - soweit nichts anderes im Vertrag vereinbart wurde - diese grundsätzlich dem Club zustehen. Der Weg für eine Umverteilung ist damit geöffnet.

Insgesamt entspricht der Mustervertrag dem Kräfteverhältnis der Beteiligten. Die Aufnahme der Eigenvermarktung und eine mögliche, wenn auch aus abweichender ausdrücklicher Regelung folgende, Erlösbeteiligung zeigen, dass diese Interessen als berechtigte wahrgenommen wurden und zumindest bei dem einen oder anderen Spieler zur Anwendung gelangen.

§ 3b des Mustervertrages beinhaltet die Übertragung an Dritte. Der Kreis der Dritten ist namentlich bezeichnet. Zudem wird dargestellt, in welchem Umfang und zu welchem Zwecke die Übertragung dient. Daran schließt sich die Zustimmung der Verwertung im zweiten Unterabsatz an. Auch insofern wird die Regelung dem Kooperationsverhältnis zwischen Spieler und Verwerter gerecht.

Letztlich zeigt jedoch diese Klausel, insbesondere durch die Anlehnung an die Zweckübertragungslehre („zur Erfüllung ihrer vertraglichen Verpflichtungen“) und die Einräumung der gewillkürten Prozessstandschaft, dass sich die Klubs bzw. die DFL absichern wollen, für den Fall, dass eine Übertragung verneint wird und der Spieler dann der Berechtigte bleibt. Insofern spiegelt sich darin die noch vorhandene Unsicherheit im Umgang mit der Übertragung von vermögenswerten Persönlichkeitsmerkmalen wider.

Für die Rechtsklarheit spricht auch § 3f des Mustervertrages, der die konkrete Dauer der Rechteeinäumung auf die Laufzeit des Arbeitsvertrages festlegt. Grundsätzlich liegt damit eine Beschränkung auf fünf Jahre vor, da längere Arbeitsverträge nicht wirksam geschlossen werden können. Ob man darin einen Endtermin gemäß § 163 BGB oder eine auflösende Bedingung nach § 158 Abs. 2 BGB sieht, kann dahingestellt bleiben, da durch den Verweis im § 163 BGB auf § 158 BGB die gleiche Wirkung eintritt. Für die Fünfjahresfrist spricht die Planungssicherheit für den Verwerter auf der einen Seite. Für den Sportler stellen fünf Jahre andererseits auch keine übermäßig lange Bindung dar, so dass entsprechende persönliche Entwicklungen, andere Prioritäten und Auffassungen hinreichend Berücksichtigung finden. Im Vergleich zu anderen Bindungen erscheint diese Frist angemessen und sachgerecht.

§ 7 Mit der Kommerzialisierung verbundene scheinbar problematische Aspekte

An dieser Stelle werden zwei Aspekte erörtert, die für die Kommerzialisierung der Persönlichkeitsmerkmale vermeintlich problematisch sind. Die Darstellung erfolgt in der gebotenen Kürze. Der Schwerpunkt liegt darin, aufzuzeigen, dass die angesprochenen Punkte weder der Kommerzialisierung noch der Übertragung der Persönlichkeitsmerkmale entgegenstehen.

A. Der minderjährige Fußballspieler

An der Rechtslage im Hinblick auf die Verwertung von Persönlichkeitsmerkmalen ändert sich auch hinsichtlich Minderjähriger, also beschränkt geschäftsfähiger Fußballer nichts (§§ 2, 106 BGB). Insofern gelangen hier die Mechanismen des allgemeinen Teils des BGB zur Anwendung, so z.B. die Vertretung durch die Eltern als gesetzliche Vertreter (vgl. §§ 1626 Abs. 1, 1629 Abs. 1 BGB) bei der Vertragsunterzeichnung.

B. Die Zwangsvollstreckung in Persönlichkeitsrechte des Sportlers

Nachvollziehbar ist, dass ein Gläubiger ein Interesse daran hat, aus der Popularität des Schuldners Kapital zu schlagen. Die Frage der Vollstreckung hält *Ahrens* zum einen für brisant, zum anderen aber auch für ein Scheinproblem[1272]. Entgegen der selbstbestimmten Übertragung erfolgt die Zwangsvollstreckung in der Regel gegen den Willen des Rechtsträgers. Deshalb ist fraglich, ob die Kommerzialisierung zu einer Zwangskommerzialisierung, und so zu dem befürchteten Ausverkauf der Person führen kann.

I. Die Voraussetzungen für eine Zwangsvollstreckung

Um der Zwangsvollstreckung zu unterliegen, müsste es sich bei dem vermögenswerten Bestandteil des Persönlichkeitsrechts um einen in Geld umsetzbaren Wert handeln. Erforderlich sind zudem, dass eine zwangsweise Erfassung möglich ist und diese nicht der Interessenabwägung widerspricht, die das Vollstreckungsrecht vorsieht.

1. Ein in Geld umsetzbarer Vermögenswert

Nach dem Prinzip des § 851 Abs. 1 ZPO können Forderungen, die nicht übertragen werden können, auch nicht gepfändet werden. So klar wie dieser Grundsatz erscheint, der nur durch spezialgesetzliche Regelung durchbrochen werden

1272 *Ahrens*, 475.

kann[1273], ist er jedoch nicht. Vom Dogma der Unübertragbarkeit des Persönlichkeitsrechts ausgehend, war das Persönlichkeitsrecht unpfändbar. Bei ideellen Bestandteilen des Persönlichkeitsrechts fehlt zum einen der Vermögenswert, zum anderen hat keine Ablösung stattgefunden. In diesem höchstpersönlichen Bereich wäre dann wiederum § 888 Abs. 3 ZPO[1274] maßgebend, so dass die Zwangsvollstreckung ausgeschlossen ist.

Mit der Anerkennung des vermögenswerten Bestandteils des Persönlichkeitsrechts stellt sich nunmehr die Frage, ob dieses Vermögen dann auch Objekt der Zwangsvollstreckung sein kann. Folgt man dem obigen Grundsatz, müsste dies bejaht werden. Aus dem Vermögenswert folgt jedoch nicht zwingend, dass er der Zwangsvollstreckung unterliegt. Deren Zulässigkeit richtet sich nach den diesbezüglichen Regelungen in der ZPO, insbesondere zur Zulässigkeit und dem Umfang der Zwangsvollstreckung.

2. Die immanente Interessenabwägung bei der Erfassung

Problematisch erscheint, ob der zwangsweise Zugriff noch mit dem Recht der Selbstbestimmung des Schuldners vereinbar ist. Der Sportler kann entgegen seinem Willen nicht zur Erstellung eines Werbespots herangezogen werden. Dies entspricht der Wertung des § 888 Abs. 3 ZPO. Zwar hat der Schuldner den Zugriff auf sein Vermögen zu dulden, ihn trifft jedoch grundsätzlich keine Mitwirkungspflicht[1275]. Eine umfassende Interessenabwägung im Rahmen des § 857 ZPO führt hier zur Lösung[1276].

Es ist zu prüfen, ob der vermögenswerte Bestandteil des Persönlichkeitsrechts ein vollstreckungstaugliches Objekt im Sinne des § 857 ZPO ist. § 857 ZPO regelt, wie Geldforderungen in andere Vermögensrechte - die weder Geld- und Sachforderungen (§§ 808 ff., 829 ff., 846 - 848 ZPO) und noch unbewegliches Vermögen (§§ 864, 865 ZPO) darstellen - vollstreckt werden. Vermögensrechte sind gemäß § 857 ZPO Rechte aller Art, die einen Vermögenswert verkörpern, also einen Geldwert darstellen, der sich zur Befriedigung des Gläubigers eignet[1277]. Teilweise wird ohne weitere Erörterung bzw. Argumentation festgestellt, dass Persönlichkeitsrechte nicht pfändbar sind[1278]. Ein möglicher Erklärungsansatz ist die Höchstpersönlichkeit. Dabei wird jedoch verkannt, dass

---

1273 Eine Ausnahme stellt z.B. § 857 Abs. 3 ZPO dar. Danach ist auch ein unveräußerliches Recht der Pfändung unterworfen, wenn die Ausübung einem anderen überlassen werden kann.

1274 Ausführlicher dazu *Ahrens*, 479 ff.

1275 *Sosnitza,* JZ 2004, 992, 1001.

1276 So bereits *Hubmann*, FS Lehmann, 812, 815; *Sosnitza,* JZ 2004, 992, 996.

1277 BGH, Beschl. v. 05.07.2005, VII ZB 5/05, NJW 2005, 3353; *Zöller/Stöber*, § 857 ZPO Rdnr. 2.

1278 *Baumbach/Lauterbach - Hartmann,* § 857 ZPO Rdnr. 3; *Zöller/Stöber*, § 857 ZPO Rdnr. 2

nicht alle Ansprüche aus dem Persönlichkeitsrecht höchstpersönlichen Charakter aufweisen. Vielmehr ist eine Differenzierung zwischen den beiden Bestandteilen erforderlich[1279], und zwar dahingehend, dass der ideelle Bereich des Persönlichkeitsrechts nicht pfändbar ist, hingegen der vermögenswerte Bestandteil in bestimmten Grenzen der Pfändung unterliegt.

a) Die Parallele zum Urheberrecht

Aufgrund bestehender Ähnlichkeiten kann erneut die Parallele zu den persönlichkeitsrechtlich geprägten Immaterialgüterrechten gezogen werden. Lohnenswert ist insbesondere ein Blick auf die Regelungen zur Vollstreckung. Folgende Rechte sind pfändbar: Patentrechte (§ 15 PatG), Markenrechte (§ 29 Abs. 1 Nr. 2 MarkenG), Gebrauchsmuster (§ 13 Abs. 3 GebrMG), Geschmacksmuster (§§ 30 Abs. 1 Nr. 2, 32 GeschmMG) und Urheberrechte mit den Einschränkungen der §§ 113 ff. UrhG. Diese Rechte weisen eine Doppelnatur auf. Sie haben sowohl eine ideelle als auch eine vermögenswerte Seite. Damit unterliegen sie der Zwangsvollstreckung. Bei konsequenter Beibehaltung der Trennung steht das Zwangsvollstreckungsrecht nicht entgegen.

b) Die Interessenabwägung

Um die Interessenabwägung zu verdeutlichen, sei auf folgendes Beispiel verwiesen: Ein bekannter Fußballspieler, der seine Persönlichkeitsmerkmale vermarktet, hat nicht nur Zahlungsschwierigkeiten, sondern ist auch alkoholkrank. Nach der Meisterfeier verursachte er einen Verkehrunfall, wobei er zum Unfallzeitpunkt unter erheblichem Alkohleinfluss stand. Einer seiner Sponsoren bietet ihm etwas später an, einen neuen Werbespot zu drehen. Die Marketingabteilung meint, wenn sein Alkoholgenuss in den Werbespot eingebaut würde, kann dem Erziehungsziel „Don't drink and drive!" noch größeren Ausdruck verliehen werden.

aa) Der Gläubiger als Partei des Verwertungsvertrages

Der Sportler ist generell nicht abgeneigt für diesen Werbespot tätig zu werden. Allerdings hat er Bedenken hinsichtlich der Umsetzung der Idee. Wie löst man diesen Interessenkonflikt?

1279 Vorsichtig in die Richtung tendiert *Hk-ZPO/Kemper,* § 857 ZPO Rdnr. 6, obwohl *Kemper* nur von Ansprüchen aus der Kommerzialisierung vom Recht am eigenen Bild bzw. des Namens spricht. *Thomas/Putzo - Putzo,* § 858 ZPO Rdnr. 8 verweist, ohne eigene Stellungnahme, auf *Sosnitza*, der die Pfändbarkeit des vermögenswerten Teils fordert, vgl. *Sosnitza,* JZ 2004, 992 ff.

(1) Der Schuldnerschutz

Im Urheberrecht findet sich ein Modell. Eine Zwangsvollstreckung ist gemäß § 113 S. 1 UrhG nur mit Einwilligung des Urhebers zulässig. Daraus lässt sich ableiten, dass das Selbstbestimmungsrecht dem Verwertungsinteresse grundsätzlich vorgeht[1280]. Nur bei vorheriger Zustimmung (§ 183 BGB) darf der Gläubiger vollstrecken und verwerten. Das Modell passt auch für die vermögenswerten Bestandteile des Persönlichkeitsrechts[1281]. Nicht nur die ähnliche rechtliche Ausgangslage, sondern insbesondere die vergleichbare Interessenlage sprechen für das Einwilligungsmodell. Damit wird der Schuldner hinreichend geschützt.

(2) Der Gläubigerschutz

Demgegenüber gilt es hinsichtlich des Gläubigerschutzes folgende Fragen zu beantworten: Kann der Persönlichkeitsträger die Einwilligung verweigern? Braucht er dafür einen Grund? Und was ist rechtlich zulässig?

In Anlehnung an *Breidenbach* kommt es auf die Verwertungsabsicht des Inhabers am Markt an. Sofern der Sportler in Kommerzialisierungsabsicht tätig wurde, also ein Produkt für den Markt entwickelte, so soll es als Wirtschaftsgut auf den Markt gelangen und als solches behandelt werden[1282]. Dann muss das Persönlichkeitsrecht, hier speziell das Selbstbestimmungsrecht des Sportlers, hinter die Verwertungsinteressen zurücktreten. Es bedarf keiner Einwilligung mehr; andernfalls wäre es aus Gläubigersicht rechtsmissbräuchlich.

Wo die Grenze des Rechtsmissbrauchs zu ziehen ist, richtet sich nach dem selbstbestimmten Vorverhalten des Schuldners[1283]. Was der Sportler für sich selbst akzeptiert, kann er dem Gläubiger nicht verweigern. Andernfalls läge ein widersprüchliches Verhalten gemäß § 242 BGB vor. Im Ergebnis bedeutet dies, dass derjenige, der seine Persönlichkeitsmerkmale selbst nicht vermarktet, auch keine Verwertung derselben im Wege der Zwangsvollstreckung zu befürchten hat. Hingegen sollen jene der Zwangsvollstreckung ausgesetzt sein, die diesen Markt nutzen.

Allerdings sind auch hier das Selbstbestimmungsrecht und der Achtungsanspruch zu berücksichtigen. Zu unterscheiden ist dabei die konkrete Art und Weise der Umsetzung der Werbung. „Für Alkohol am Steuer habe ich zu Recht eine rote Karte kassiert." Dieser Inhalt erscheint zulässig. Anders gestaltet sich die Situation, wenn der Slogan lautet: „Seine Schlangenlinien auf der A 9 erinnern

1280 So auch *Breidenbach*, CR 1989, 971; *Sosnitza*, JZ 2004, 992, 997.

1281 So bereits *Sosnitza*, JZ 2004, 992, 998.

1282 *Breidenbach*, CR 1989, 971, 972 f., der sich insbesondere mit der Pfändbarkeit von Urheberrechten auseinandersetzt und den Vorrang der Verwertungsinteressen nach Kundgabe der Verwertungsabsicht auf dem Markt auch bei anderen Immaterialgüterrechten zutreffend als Bestätigung des Grundsatzes ansieht.

1283 So zutreffend *Sosnitza*, JZ 2004, 992, 1000.

an seine Dribbelkünste, offensichtlich hat er den grünen Rasen mit Asphalt verwechselt - dafür steht er gerade, indem er sitzt." Ob das noch zulässig wäre, ist stark zu bezweifeln. Unzulässig wäre in jedem Fall, die Konstellation, einen Sportler, der Antialkoholiker bzw. ein trockener Alkoholiker ist, entgegen seinem Willen zu zwingen, ein Bier zu bewerben, u.a. mit den Worten „Ein Mann - ein Bier oder auch zwei" oder „Ein Bier geht noch, ein Bier geht noch rein...".

bb) Der Gläubiger als Nicht-Partei des Verwertungsvertrages

Zu fragen ist nun, ob die Situation anders zu beurteilen wäre, wenn ein anderer als der Gläubiger aus dem Verwertungsvertrag in den vermögenswerten Bestandteil des Persönlichkeitsrechts vollstrecken möchte. Dabei ist erneut zu differenzieren. Sofern der Inhaber keinen Gebrauch von seinen vermögenswerten Persönlichkeitsmerkmalen machte, können diese bereits mangels Vermögenswert nicht der Zwangsvollstreckung unterliegen. Wurde das Merkmal hingegen genutzt, bleibt es - unabhängig vom Gläubiger - dem Zugriff unterworfen. Dieser Zugriff ist aber nur soweit möglich, wie der Schuldner es zulässt; also in den Grenzen der berechtigten Verweigerung. Insofern wird auf die obigen Ausführungen verwiesen.

II. Fazit

Die Anerkennung des wirtschaftlichen Bestandteils des Persönlichkeitsrechts bedeutet nicht zwangsläufig die Aufgabe des Schuldnerschutzes. Ohne seine Zustimmung werden die Persönlichkeitsrechte nicht zum Objekt der Zwangsvollstreckung. Sofern sich ein Merkmal von der Person abgelöst und sich der Persönlichkeitsrechtsträger für eine Übertragung entschieden hat, muss er auch die Konsequenzen tragen.

Insofern ist das Merkmal ein Wirtschaftsgut, das dann der Vollstreckung unterliegt. Die Ausführungen zum Zwangsvollstreckungsrecht verdeutlichen, dass es auf die Entscheidung des Rechtsträgers ankommt und die Person sich selbst des Hindernisses der prinzipiellen Personengebundenheit[1284] des Merkmals entäußert. Die angemessene Berücksichtigung beider Interessen - gerade durch das Zustimmungserfordernis - führen auch nicht zu einer ungewollten Kommerzialisierung. Damit steht auch das Zwangsvollstreckungsrecht der Anerkennung des vermögenswerten Bestandteils nicht entgegen[1285].

1284 *Ahrens*, 489.
1285 So auch *Ahrens*, 490; *Sosnitza*, JZ 2004, 992, 999.

Teil 3 Schlussbetrachtung

Jede einzelne Person ist ein Unikat und keine Massenware. Jeder Mensch hat individuelle Talente und Fähigkeiten. Diese kann er nach freiem Ermessen nutzen oder auch unbeachtet lassen. Jener Vielfalt würde man nicht gerecht werden, wenn man die Persönlichkeit in ein enges Schema pressen wollte, so dass eine positive Abgrenzung des Inhalts des Persönlichkeitsrechts scheitert.

Um die Entwicklung der Persönlichkeit zu schützen und damit auch zu fördern, ist eine Sensibilisierung mit dem Umgang der beteiligten Interessen erforderlich. Hierfür ist es kein brauchbarer Ansatz, Tatsachen zu ignorieren. Die wirtschaftliche Verwertung von Persönlichkeitsmerkmalen ist in der Praxis seit geraumer Zeit üblich, ebenso wie die Überlassung der vermögenswerten Bestandteile des Persönlichkeitsrechts mit absoluter Wirkung. Lehre und Rechtsprechung haben sich erst spät mit dem kommerziellen Persönlichkeitsrecht und der selbstbestimmten Eigenvermarktung auseinandergesetzt, und dabei praktischen Lösungen den Vorrang vor dogmatisch fundierten Grundsatzentscheidungen eingeräumt. Diese Arbeit soll ihren Teil zum rechtlichen Fundament beitragen. Die wesentlichen Ergebnisse der vorliegenden Untersuchung werden nachfolgend zusammengefasst.

1. Das Persönlichkeitsrecht fungierte zunächst als reines Abwehrrecht. Die ideellen Belange bildeten den Ausgangspunkt für die Entwicklung.
2. Mangels Erfassung vermögenswerter Bestandteile war dem Einzelnen der Rückgriff auf das Persönlichkeitsrecht bei Verletzungen seiner vermögenswerten Interessen verwehrt. Der Schutz war folglich nicht umfassend.
3. Inzwischen ist anerkannt, dass das Persönlichkeitsrecht neben dem ideellen Abwehrrecht auch ein Vermögensrecht darstellt.
4. Seit der Marlene Dietrich - Entscheidung[1286] und der dort erneut verdeutlichten Trennung der ideellen von den vermögenswerten Bestandteilen, hat sich der Weg für eine Kommerzialisierung einzelner Persönlichkeitsmerkmale verstärkt geöffnet. Mit der Anerkennung der Vererblichkeit des vermögenswerten Bestandteils des postmortalen Persönlichkeitsrechts ist das Dogma der Unvererblichkeit überwunden.
5. Der vom Schutz geleitete Gedanke und hierbei insbesondere die sture Zusammenziehung der beiden Bestandteile, führten zu dem dargestellten Zickzackkurs der Rechtsprechung.
6. Bei einer Verletzung des vermögenswerten Bestandteils besteht ein Schadensersatzanspruch; hingegen werden ideelle Beeinträchtigungen billig entschädigt. Damit wird der Vermögenswert nunmehr berücksichtigt und einer sog. „Promi“ - Rechtsprechung ist Einhalt geboten. Sofern

1286 BGH, Urt. v. 01.12.1999, I ZR 49/97, BGHZ 143, 214 ff.

beide Bestandteile des Persönlichkeitsrechts verletzt werden, erfolgt eine Anspruchskumulierung.

7. Die kontinuierliche und konsequente Fortsetzung der Differenzierung zwischen den Bestandteilen führte dazu, dass das Dogma der Unübertragbarkeit von vermögenwerten Bestandteilen zu Lebzeiten infrage gestellt wurde. Schließlich ist nur der ideelle Kern unveräußerlich, unverzichtbar und damit unübertragbar.
8. Die Anerkennung des vermögenswerten Bestandteils stellt keinen Verstoß gegen die Menschenwürde dar.
9. Das Persönlichkeitsrecht ist ein dualistisch angelegtes Recht. Hilfskonstruktionen oder Umwege zum Erreichen angemessener Ergebnisse sind nicht erforderlich. Die unterschiedlichen Schutzbereiche weisen eigenständige Mechanismen auf, die zu unterschiedlichen Rechtsfolgen führen.
10. Das Persönlichkeitsrecht weist einen eigenen Zuweisungsgehalt auf, so dass eine Gewinnabschöpfung - die im Schadensrecht nicht erfolgen kann - über das Bereicherungsrecht möglich ist.
11. Die Schutzdauer beider Bestandteile des Persönlichkeitsrechts ist unterschiedlich. Bei einer ideellen Verletzung des postmortalen Persönlichkeitsrechts bleibt der Schutz flexibel und ist von der Verblassung der Persönlichkeit abhängig.
    Um den vermögenswerten Bestandteil des Persönlichkeitsrechts effektiv zu nutzen, ist eine feste Schutzdauer für alle vermögenswerten Persönlichkeitsmerkmale erforderlich. Die Schutzdauer sollte 30 Jahre betragen, beginnend mit dem Tod der Person.
12. Entgegen den Kritiken liegt in der Trennung der ideellen und vermögenswerten Bestandteile und der Anerkennung der Vererblichkeit der letztgenannten keine Vorschubleistung der Kommerzialisierung, sondern eine nunmehr auch vom BVerfG anerkannte Rechtsfortbildung seitens des BGH.
13. Eine neue Beurteilung des Persönlichkeitsrechts ist als solche nicht unangebracht. Die deutsche Rechtsordnung kennt durchaus wandlungsfähige Rechtsnaturen, wie das Namen- und Warenzeichenrecht zeigen.
14. Um die Facetten der Persönlichkeit umfassend zu nutzen, wird das kommerzielle Verwertungsrecht nicht als Marken- oder Immaterialgüterrecht, sondern als Persönlichkeitsrecht ausgestaltet. Dem steht weder die Objekt-Subjekt-Relation noch die teilweise fehlende Vergegenständlichung entgegen.
15. Aufgrund der Entwicklungsmöglichkeiten können die vermögenswerten Persönlichkeitsmerkmale nicht starr festgelegt werden. Erforderlich für die Bestimmung ist ein persönliches Merkmal, das objektiviert, also von der Person gegenständlich getrennt ist, und zur zweifelsfreien Identifizierung dient. Beim Lizenzfußballspieler sind das neben dem Namen und dem Bild auch seine Unterschrift.

16. Die rein schuldrechtlichen Gestaltungsformen stellen keine befriedigende Lösung für eine effektive Nutzung von Persönlichkeitsmerkmalen dar.
17. Die rechtliche Absicherung des Verwertungsaspekts wird durch eine positive Verwertungsbefugnis realisiert. Der vermögenswerte Bestandteil des Persönlichkeitsrechts kann bereits zu Lebzeiten übertragen werden. Insofern bleibt es jedem Einzelnen überlassen, diese Möglichkeit zu nutzen.
18. Eine übermäßige Bindung wird durch die Dauer der Übertragung auf fünf Jahre beschränkt. Knebelung bzw. Sittenwidrigkeit sind damit nicht verbunden.
19. Die Anerkennung des Vermögenswertes kann unter Umständen auch zur Zwangsvollstreckung in das Persönlichkeitsrecht führen, nicht dagegen zu einer Zwangskommerzialisierung.
20. Die aufgezeigte Gestaltung der Übertragung eröffnet jedem die Möglichkeit, selbst der „23. Mann auf dem Spielfeld“ zu sein. Jeder ist sein eigener Schiedsrichter, der beurteilt, ob die Linie zwischen gewünschter kommerzieller Nutzung und ideellen Belangen überschritten wurde.

Die Rechtsprechung zum Persönlichkeitsrecht ist nicht einfach darzustellen. Im Mittelpunkt der Materie steht der Mensch, der seine Stärken gern zeigt und entsprechend nutzt, und zugleich darauf bedacht ist, seine Schwächen zu verbergen.

Insgesamt zeichnet der Weg der Rechtsprechung das nach, was auch den Einzelnen auszeichnet: Facettenreichtum, Vielschichtigkeit einerseits und der Wunsch nach Anerkennung, Bestätigung, Respekt oder Wertschätzung andererseits. Dem gegenüber steht regelmäßig zugleich das Interesse an Privatsphäre, Familiarität, Ruhe und inneren Frieden.

Sich in der Öffentlichkeit zu präsentieren und die Medien zur Steigerung der eigenen Bekanntheit zu nutzen, ist legitim und gut nachvollziehbar. Dennoch bilden das allgemeine Informationsinteresse der Öffentlichkeit, aber vor allem die Sensationspresse oder die Paparazzi-Fotos, die Kehrseite der Medaille. Auch die Fußballspieler wissen, dass sie die Geister, die sie rufen, unter Umständen nicht (einfach) loswerden. Sofern der Sportler die selbstbestimmte Entscheidung trifft, seine Person zu vermarkten, sollte diese Entscheidung akzeptiert werden.

So mag ein findiger Autovermieter mit einer bekannten Phrase eines Fußballers[1287] „Mailand oder Madrid - Hauptsache Italien“ ein integriertes Navigationssystem bewerben. Ob man Werbekampagnen wie von Sixt mit Matthias Reim und „Verdammt ich hab’ nix“ in Anlehnung an seinen Hit „Verdammt ich lieb Dich“ als äußerst gelungen oder geschmacklos empfindet kann dahinstehen. Jeder Mensch hat seine eigene Auffassung von richtig und falsch, und es muss nicht alles für gut befunden werden, womit ein Mensch (zusätzliche) Einnahmen

---

1287 Andreas Möller.

erzielt bzw. erzielen kann. Wer für sich selbst fordert, selbstbestimmte Entscheidungen treffen zu können, sollte anderen die gleiche Chance einräumen.

Die Praxis hat längst gezeigt, dass sie mit der Verwertung von Persönlichkeitsmerkmalen umgehen kann und war der Lehre in der Umsetzung voraus. Um den Einklang zwischen Theorie und Praxis herzustellen, bedarf es keiner neuartigen Konstruktion. Durch die konsequente Anwendung der bestehenden Regelungen sind der ideelle Teil und der vermögenswerte Bestandteil der Persönlichkeit umfassend geschützt.

Literaturverzeichnis

Bei Kommentaren und Lehrbüchern sind die neuesten verfügbaren Auflagen genannt; sofern ältere Auflagen benutzt wurden, wird dies gesondert in den Fußnoten kenntlich gemacht.

Internet-Zitate werden in der Regel unter Angabe des Uniform Resource Locator - URL angegeben. Etwas anderes gilt für Internet-Zitate für Urteile für die Recherchen bei Westlaw, Findlaw bzw. Internet-Zitaten für deutsche Gerichtsentscheidungen. Es sei darauf hingewiesen, dass sich diese Fundstellen mittels der Suchfunktion unter Eingabe des Aktenzeichens ermitteln lassen. Angaben zum letzten Stand und dem letzten Zugriff durch die Verfasserin auf das jeweils zitierte Dokument sind den Fußnoten zu entnehmen.
Bei aktueller Unauffindbarkeit der Online-Ressource sei auf die „Wayback-Suchmaschine" verwiesen, bei der bestimmte archivierte Webseiten abgerufen werden können, vgl. http://www.archive.org/.

I. Fachpublikationen

Ahrens, Claus: Die Verwertung persönlichkeitsrechtlicher Positionen: Ansatz einer Systembildung, Würzburg 2002.

Amsinck, Michael: Der Sportrechtemarkt in Deutschland - Ursachen und Konsequenzen der Gründung einer Sportrechteagentur von ARD und ZDF, Media Perspektiven 1997, 62 - 72.

Babin, Jens-Uwe: Perspektiven des Sportsponsoring, Frankfurt am Main u.a. 1995.

Bächli, Marc: Das Recht am eigenen Bild: die Verwendung von Personenbildern in den Medien, in der Kunst, der Wissenschaft und in der Werbung aus der Sicht der abgebildeten Person, Basel u.a. 2002.

Baston-Vogt, Marion: Der sachliche Schutzbereich des zivilrechtlichen allgemeinen Persönlichkeitsrechts, Tübingen 1997.

Baumbach, Adolf/Hopt, Klaus J.: Handelgesetzbuch, Kommentar, 31. Auflage, München 2003. (zitiert: Baumbach/Hopt - Bearbeiter)

Baumbach, Adolf/Lauterbach, Wolfgang/Albers, Jan/Hartmann, Peter: Zivilprozessordnung mit Gerichtsverfassungsgesetz und anderen Nebengesetzen, 65. Auflage, München 2007. (zitiert: Baumbach/Lauterbach - Bearbeiter)

Bender, Albrecht W.: Das postmortale allgemeine Persönlichkeitsrecht: Dogmatik und Schutzbereich, VersR 2001, 815 - 825.

Bepler, Klaus: Lizenzfußballer: Arbeitnehmer mit Beschäftigungsanspruch?, in: Sportler, Arbeit und Statuten: Herbert Fenn zum 65. Geburtstag, (Hrsg. Klaus Bepler), Berlin 2000, 43 - 84.

Beuter, Claudia: Die Kommerzialisierung des Persönlichkeitsrechts, 2000, <http://w3.ub.uni-konstanz.de/v13/volltexte/2000/406/pdf/406_1.pdf>.

Beuthien, Volker: Was ist vermögenswert, die Persönlichkeit oder ihrer Image?, NJW 2003, 1220 - 1222.

ders.: Postmortaler Persönlichkeitsschutz auf dem Weg ins Vermögensrecht, ZUM 2003, 261 - 262.

Beuthien, Volker/Hieke, Mario: Unerlaubte Werbung mit dem Abbild prominenter Personen, AfP 2001, 353 - 363.

Beuthien, Volker/Schmölz, Anton: Persönlichkeitsschutz durch Persönlichkeitsgüterrechte, Erlösherausgabe statt nur billige Entschädigung in Geld, München 1999.

Beuthien, Volker/Wasmann, Dirk: Zur Herausgabe des Verletzergewinns bei Verstößen gegen das Markengesetz - Zugleich Kritik an der sogenannten dreifachen Schadensberechnung, GRUR 1997, 255 - 261.

Bizer, Johann: Postmortaler Persönlichkeitsschutz? - Rechtsgrund und Länge der Schutzfristen für personenbezogene Daten Verstorbener nach den Archivgesetzen des Bundes und der Länder, NVwZ 1993, 653 - 656.

Boeckh, Tobias: Markenschutz an Namen und Bildnissen realer Personen, GRUR 2001, 29 - 38.

Bötticher, Eduard: Zur Ausrichtung der Sanktion nach dem Schutzzweck der verletzten Privatrechtsnorm, AcP 158 (1959/60), 385 - 409.

Brandl, Norbert: Anmerkung zu OLG München, Urt. v. 20.12.1979, 6 U 3430/79, AfP 1981, 349 - 351.

Brehmer, Nikolaus/Voegeli, Wolfgang: Das allgemeine Persönlichkeitsrecht (APR), JA 1978, 374 - 384.

Breidenbach, Stephan: Computersoftware in der Zwangsvollstreckung (II), Pfändung von Urheberrechten, CR 1989, 971 - 975.

Bruns, Alexander: Persönlichkeitsschutz und Pressefreiheit auf dem Marktplatz der Ideen, JZ 2005, 428 - 436.

Büchler, Andrea: Persönlichkeitsgüter als Vertragsgegenstand? Von der Macht des Faktischen und der dogmatischen Ordnung, in: Aktuelle Aspekte des Schuld- und Sachenrechts, Festschrift für Heinz Rey zum 60. Geburtstag, (hrsg. v. Heinrich Honsell, Wolfgang Portmann, Roger Zäch, Dieter Zobl), Basel u.a. 2003, 177 - 195. (zitiert: Büchler, FS Rey)

dies.: Die Kommerzialisierung Verstorbener, Ein Plädoyer für die Vererblichkeit vermögenswerter Persönlichkeitsaspekte, AJP 2003, 3 - 12.

dies.: Die Kommerzialisierung von Persönlichkeitsgütern, Zur Dialektik von Ich und Mein, AcP 206 (2006), 300 - 351.

von Caemmerer, Ernst: Bereicherung und unerlaubte Handlung, in: Festschrift für Ernst Rabel, Band 1, Rechtsvergleichung und internationales Privatrecht, (hrsg. v. Hans Dölle, Max Rheinstein, Konrad Zweigert), Tübingen 1954, 333 - 401. (zitiert: v. Caemmerer, FS Rabel)

Canaris, Claus-Wilhelm: Grundrechte und Privatrecht, AcP 184 (1984), 201 - 246.
ders.: Erwiderung (auf Grundrechte und Privatrecht von Schwabe), AcP 185 (1985), 9 - 12.
ders.: Aus der Diskussion, Schutz der Persönlichkeit, Karlsruher Forum 1996, Karlsruhe 1997, 58 - 61. (zitiert: Canaris, in: Karlsruher Forum 1996)
ders.: Gewinnabschöpfung bei Verletzung des allgemeinen Persönlichkeitsrechts, in: Festschrift für Erwin Deutsch: Zum 70. Geburtstag, (hrsg. v. Hans-Jürgen Ahrens, Christian von Bar, Gerfried Fischer, Andreas Spickhoff, Jochen Taupitz), Köln u.a. 1999, 85 - 109. (zitiert: Canaris, FS Deutsch)
ders.: Handelsrecht, 24. Auflage, München 2006. (zitiert: Canaris, Handelsrecht)
Castedello, Marc/Elter, Vera Carina: Der Fußballtransfermarkt, <http://www.kpmg.de/library/pdf/060201_Der_Fussballtransfermarkt_2006_de.pdf>.
Däubler, Wolfgang: Anspruch auf Lizenzgebühr und Herausgabe des Verletzergewinns - Atypische Formen des Schadensersatzes, JuS 1969, 49 - 54.
Dieckmann, Albrecht: Zur Mitwirkung der Lizenzfußballspieler bei der Vergabe von Fernsehrechten, UFITA 127. Band (1995), 35 - 60.
Diederichsen, Uwe: Das Bundesverfassungsgericht als oberstes Zivilgericht - ein Lehrstück der juristischen Methodenlehre, AcP 198 (1998), 171 - 260.
Discher, Thomas: Die Peep-Show-Urteile des BVerwG - BVerwGE 64, 274, und BVerwG, NVwZ 1990, 668, JuS 1991, 642 - 649.
Dreier, Horst: Grundgesetz Kommentar, Band I, Präambel, Artikel 1 - 19, 2. Auflage, Tübingen 2004. (zitiert: Dreier, H./Bearbeiter)
Dreier, Thomas: Kompensation und Prävention: Rechtsfolgen unerlaubter Handlung im Bürgerlichen, Immaterialgüter- und Wettbewerbsrecht, Tübingen 2002. (zitiert: Dreier, T.)
Dreier, Thomas/Schulze, Gernot: Urheberrechtsgesetz, Urheberrechtswahrnehmungsgesetz, Kunsturhebergesetz, Kommentar, München 2004. (zitiert: Dreier, T./Schulze - Bearbeiter)
Duden (hrsg. v. der Dudenreaktion)
Band 2: Das Stilwörterbuch der deutschen Sprache, 8. Auflage, Mannheim u.a. 2001.
Band 5: Das Fremdwörterbuch, 7. Auflage, Mannheim u.a. 2001.
Band 10: Das Bedeutungswörterbuch, 3. Auflage, Mannheim u.a. 2002.
Duvange, Peter: Der Sport im Fernsehen. Die Sicht der Rechteagenturen, Arbeitspapiere des Instituts für Rundfunkökonomie an der Universität zu Köln, Heft 130, Köln 2000, <http://www.uni-koeln.de/wiso-fak/rundfunk/pdfs/13000.pdf>.

Ehmann, Horst: Zur Struktur des Allgemeinen Persönlichkeitsrechts, JuS 1997, 193 - 203.
ders.: Die Nutzung des kommerziellen Wertes von Politikern zu Werbezwecken: Eine Besprechung der Lafontaine-Entscheidung des OLG Hamburg, AfP 2005, 237 - 246.

Eidenmüller, Horst: Effizienz als Rechtsprinzip. Möglichkeiten und Grenzen der ökonomischen Analyse des Rechts, 4. Auflage, Tübingen 2005.

Ekey, Friedrich L./Klippel, Diethelm/Kotthoff, Jost/Meckel, Astrid/Plaß, Gunda: Heidelberger Kommentar zum Wettbewerbsrecht, Heidelberg 2005. (zitiert: Ekey/Klippel/Kotthoff/Meckel/Plauß - Bearbeiter)

Ellger, Reinhard: Bereicherung durch Eingriff: Das Konzept des Zuweisungsgehalts im Spannungsfeld von Ausschließlichkeitsrecht und Wettbewerbsfreiheit, Tübingen 2002.

Elter, Vera-Carina: in: FC €uro AG, Fußball und Finanzen, Analyse der Finanzsituation in der Fußballbranche - Neue Wege der Finanzierung, (hrsg. v. WGZ-Bank/KPMG), 4. Auflage, Düsseldorf u.a. 2004.

Engländer, Julia: Der Werbemarkt 2001: Nach langen Jahren des Wachstums erstmals rückläufige Entwicklung, Media Perspektiven 2002, 242 - 251.

Erman, Walter: Bürgerliches Gesetzbuch, Handkommentar mit EGBGB, ErbbauVO, HausratsVO, LPartG, ProdHaftG, UKlaG, VAHRG, WEG
Band I (§§ 1 - 811), 11. Auflage, Münster u.a. 2004.
Band II (§§ 812 - 2385), 11. Auflage, Münster u.a. 2004.
(zitiert: Erman/Bearbeiter)

Ernst, Stefan: Anmerkung zu LG Hamburg, Urt. v. 25.04.2003 - 324 O 381/02, CR 2004, 227 - 228.

Ernst-Moll, Jürgen: Das Recht am eigenen Bildnis - vor und nach dem Tode, GRUR 1996, 558 - 566.

Esser, Josef: Schuldrecht, Allgemeiner und Besonderer Teil, 2. Auflage, Karlsruhe 1960.

Esser, Josef/Weyers, Hans-Leo: Schuldrecht, Band II, Besonderer Teil, 7. Auflage, Heidelberg 1991.

Fabiani, Mario: Der Schutz der Persönlichkeit im Urheberrecht, in: Beiträge zum Schutz der Persönlichkeit und ihrer schöpferischen Leistungen, Festschrift für Heinrich Hubmann zum 70. Geburtstag (hrsg. v. Hans Forkel und Alfons Kraft), Frankfurt am Main 1985, 87 - 92. (zitiert: Fabiani, FS Hubmann)

Fest, Nicolaus: Bereicherungs- und Schadensausgleich bei der Verletzung von Immaterialgüterrechten, Darmstadt 1996.

Fezer, Karl-Heinz: Aspekte einer Rechtskritik an der economic analysis of law und am property rights approach, JZ 1986, 817 - 824.

ders.: Markenrecht, Kommentar zum Markengesetz, zu Pariser Verbandsübereinkunft und zum Madrider Markenabkommen, 3. Auflage, München 2001.

Fikentscher, Adrian: Kommerzialisierung von Persönlichkeitsrechten im Sport, in: Persönlichkeitsrechte im Sport (Hrsg. Martin Nolte), Stuttgart u.a. 2006, 27 - 42. (zitiert: Fikentscher. A., in: Persönlichkeitsrechte im Sport)

Fikentscher, Wolfgang: Wirtschaftsrecht, Band II, Deutsches Wirtschaftsrecht, München 1983. (zitiert: Fikentscher, W., Wirtschaftsrecht Band II) *ders.*: Schuldrecht, 9. Auflage, Berlin u.a. 1997. (zitiert: Fikentscher, W., SchuldR)

Forkel, Hans: Gebundene Rechtsübertragungen: Ein Beitrag zu den Verfügungsgeschäften über Patent-, Muster-, Urheber- und Persönlichkeitsrechte, Erster Band: Patent, Musterrechte, Urheberrechte, Köln u.a. 1977.

ders.: Allgemeines Persönlichkeitsrecht und „wirtschaftliches Persönlichkeitsrecht", in: Festschrift für Karl H. Neumayer zum 65. Geburtstag (hrsg. v. Werner Barfuß, Bernard Dutoit, Hans Forkel, Ulrich Immenga, Ferenx Majoros), Baden-Baden 1985, 229 - 247. (zitiert: Forkel, FS Neumayer)

ders.: Lizenzen an Persönlichkeitsrechten durch gebundene Rechtsübertragung, GRUR 1988, 491 - 501.

Friedrich, Katrin: Internationaler Persönlichkeitsrechtsschutz bei unerlaubter Vermarktung, München 2003.

Fritzweiler, Jochen/Pfister, Bernhard/Summerer, Thomas: Praxishandbuch Sportrecht,
2. Auflage, München 2007. (zitiert: PHB SportR/Bearbeiter)
1. Auflage, München 1998. (zitiert: PHB SportR[1]/Bearbeiter)

Fromm, Friedrich Karl/Nordemann, Wilhelm (Begr.): Urheberrecht, Kommentar zum Urheberrechtsgesetz und zum Urheberrechtswahrnehmungsgesetz, 9. Auflage, Stuttgart u.a. 1998. (zitiert: Fromm/Nordemann - Bearbeiter)

Frommeyer, Ingo: Persönlichkeitsschutz nach dem Tode und Schadensersatz - BGHZ 143, 214 ff. („Marlene Dietrich") und BGH, NJW 2000, 2201 f. („Der Blaue Engel"), JuS 2002, 13 - 18.

Galli, Albert: Human-Resource-Bewertung im Teamsport, WISU 2005, 645 - 649.

Geese, Stefan/Zeughardt, Claudia/Gerhard, Heinz: Die Fußball-Weltmeisterschaft 2006 im Fernsehen, Daten zur Rezeption und Bewertung, Media Perspektiven 2006, 454 - 464.

von Gierke, Otto: Deutsches Privatrecht, Erster Band, Allgemeiner Teil und Personenrecht, Leipzig 1895, Nachdruck Goldbach 2000.

Gleich, Uli: Merkmale und Funktionen der Sportberichterstattung, Sport und Medien - ein Forschungsüberblick, Media Perspektiven 2000, 511 - 516.

Götting, Horst-Peter: Persönlichkeitsrechte als Vermögensrechte, Tübingen 1995.

ders.: Vom Right of Privacy zum Right of Publicity - Die Anerkennung eines Immaterialgüterrechts an der eigenen Persönlichkeit im amerikanischen Recht, GRURInt 1995, 656 - 669.

ders.: Die Vererblichkeit der vermögenswerten Bestandteile des Persönlichkeitsrechts – ein Meilenstein in der Rechtsprechung des BGH, NJW 2001, 585 - 587.

ders.: Persönlichkeitsmerkmale von verstorbenen Personen der Zeitgeschichte als Marke, GRUR 2001, 615 - 623.

ders.: Sanktionen bei Verletzung des postmortalen Persönlichkeitsrechts, GRUR 2004, 801 - 808.

ders.: Anmerkung zu BGH, Urt. v. 5.10.2006, I ZR 277/03, GRUR 2007, 170 - 171.

Gottwald, Stefan: Das allgemeine Persönlichkeitsrecht: ein zeitgeschichtliches Erklärungsmodell, Berlin u.a. 1996.

Gounalakis, Gregorios: Persönlichkeitsschutz und Geldersatz, AfP 1998, 10 - 25.

Gregoritza, Anna: Die Kommerzialisierung von Persönlichkeitsrechten Verstorbener, Eine Untersuchung der Rechtsfortbildung durch den Bundes-gerichtshof in den Marlene-Dietrich-Urteilen vom 1. Dezember 1999, Berlin 2003.

Groppler, Burkart: Wider den Urheberrechtsmonismus, UFITA 25. Band (1958), 385 - 414.

Grossen, Jacques-Michel: Das Recht der Einzelpersonen, in: Schweizerisches Privatrecht, Zweiter Band, Einleitung und Personenrecht, (Hrsg. Max Gutzwiller), Basel u.a. 1967, 285 - 377. (zitiert: Grossen)

Haas, Ulrich/Nam, Ki-Yeon: Einschränkung der Persönlichkeitsrechte durch Verbandsregelungen und Vertrag - am Beispiel des Dopingregelwerks der (Para-)Olympischen Spiele in Athen -, in: Persönlichkeitsrechte im Sport, (Hrsg. Martin Nolte), Stuttgart u.a. 2006, 43 - 69.

Haas, Ulrich/Prokop, Clemens: Die Autonomie der Sportverbände und die Rechtsstellung des Athleten, JR 1998, 45 - 53.

Haas, Ulrich/Reimann, Christoph: Das „Fernsehrecht" an Sportveranstaltungen als Abwehrrecht, SpuRt 1999, 182 - 187.

Hannawald, Isolde: Kartellverbot und Verhaltenskoordinationen im Sport, Berlin 2001.

Hartl, Michael: Persönlichkeitsrechte als verkehrsfähige Vermögensgüter, 2005, <http://www.ub.uni-konstanz.de/kops/volltexte/2005/1578/>.

Hausheer, Heinz (Hrsg.): Schweizerisches Zivilgesetzbuch, Das Obligationenrecht, Band VI, 1. Abteilung, 2. Teilband, 1. Unterteilband, Die Entstehung durch unerlaubte Handlungen Kommentar zu Art. 41 - 61 OR, 2. Auflage, Bern 1998. (zitiert: Berner Kommentar/Bearbeiter)

Hausmann, Friedrich Ludwig: Der Deutsche Fußball Bund (DFB) - Ein Kartell für „Fernsehrechte"?, BB 1994, 1089 - 1095.

Hefermehl, Wolfgang/Köhler, Helmut/Bornkamm, Joachim: Wettbewerbsrecht, Gesetz gegen den unlauteren Wettbewerb, Preisangabenverordnung, Unterlassungsklagengesetz, 25. Auflage, München 2007.
(zitiert: Hefermehl/Köhler/Bornkamm - *Bearbeiter)*

Helbig, Nikolaus: Die Verwertung von Sportereignissen im Fernsehen, München 2005.

Helle, Jürgen: Die Einwilligung beim Recht am eigenen Bild, AfP 1985, 93 - 101.

ders.: Besondere Persönlichkeitsrechte im Privatrecht: das Recht am eigenen Bild, das Recht am gesprochenen Wort und der Schutz des geschriebenen Wortes, Tübingen 1991.

ders.: Wirtschaftliche Aspekte zivilrechtlichen Persönlichkeitsschutzes, RabelsZ 60 (1996), 448 - 474.

ders.: Privatautonomie und kommerzielles Persönlichkeitsrecht, Abschied von der „Herrenreiter - Doktrin" des BGH?, JZ 2007, 444 - 453.

Hess, Burkhard/Dressler, Wolf-Dieter: Aktuelle Rechtsfragen des Sports, Heidelberg 1999.

Hesse, Günter: Zur Erklärung der Änderung von Handlungsrechten mit Hilfe der ökonomischer Theorie, in: Property Rights und ökonomische Theorie, (Hrsg. Alfred Schüller), München 1983, 79 - 109.

Hillgruber, Christian: Das Vor- und Nachleben von Rechtssubjekten, JZ 1997, 975 - 981.

Hilty, Reto M.: Lizenzvertragsrecht - Systematisierung und Typisierung aus schutz- und schuldrechtlicher Sicht, Bern 2001.

Hirsch, Hans Joachim: Zur Abgrenzung von Strafrecht und Zivilrecht, in: Festschrift für Karl Engisch zum 70. Geburtstag, (hrsg. v. Paul Bockelmann, Arthur Kaufmann, Ulrich Klug), Frankfurt am Main 1969, 304 - 327. (zitiert: Hirsch, LS Engisch)

Hoffman, Richard B.: The Right of Publicity - heirs' right, advertisers' windfall, or courts' nightmare?, 31 De Paul Law Review 1 (1981), 1 - 44.

von Holleben, Kevin: Geldersatz bei Persönlichkeitsverletzungen durch die Medien, Baden-Baden 1999.

Honsell, Heinrich/Vogt, Nedim Peter/Wiegand, Wolfgang (Hrsg.): Basler Kommentar zum Schweizerischen Privatrecht, Obligationenrecht I, Art. 1 - 529 OR, 3. Auflage, Basel u.a. 2003. (zitiert: BSK OR I/Bearbeiter)

Honsell, Heinrich/Vogt, Nedim Peter/Geiser, Thomas (Hrsg.): Basler Kommentar zum Schweizerischen Privatrecht, Zivilgesetzbuch I, Art. 1 - 456 ZGB, 2. Auflage, Basel u.a. 2002. (zitiert: BSK ZGB I/Bearbeiter)

Homberg, Andrea/Elter, Vera-Carina/Rothenburger, Manuel: Bilanzierung von Humankapital nach IFRS am Beispiel des Spielervermögens im Profisport, KoR 2004, 249 - 263.

Hoppe, Tilman: Persönlichkeitsschutz durch Haftungsrecht, Berlin 2001.

Hubmann, Heinrich: Das Persönlichkeitsrecht, 2. Auflage, Köln/Graz 1967.

ders.: Die Zwangsvollstreckung in Persönlichkeits- und Immaterialgüterrechte, in: Das deutsche Privatrecht in der Mitte des 20. Jahrhunderts, Festschrift für Heinrich Lehmann zum 80. Geburtstag, II. Band, (hrsg. in Gemeinschaft mit den Mitarbeitern von H.C. Nipperday), Berlin u.a. 1956, 812 - 836. (zitiert: Hubmann, FS Lehmann)

Hubmann, Heinrich/Rehbinder, Manfred: Urheber- und Verlagsrecht, 8. Auflage, München 1995. (zitiert: Hubmann/Rehbinder)

Jacobs, Rainer: Gibt es einen Posenschutz? - Überlegungen zu den Entscheidungen des BGH vom 1.12.1999 - I ZR 226/97 (Der blaue Engel) und I ZR 49/97 (Marlene Dietrich),WRP 2000, 896 - 899.

Jauernig, Othmar (Hrsg.): Bürgerliches Gesetzbuch, Kommentar, 11. Auflage, München 2004. (zitiert: Jauernig/Bearbeiter)

Jessen, Tanja Carolina: Rechtsfragen der Vermarktung von Sportereignissen im deutschen und englischen Recht, Aachen 1997.

Jung, Alexander: Persönlichkeitsrechtliche Befugnisse nach dem Tode des Rechtsträgers, AfP 2005, 317 - 323.

Kaestlin, H.: Der Persönlichkeitsschutz nach schweizerischem Recht, NJW 1959, 1009 - 1013.

Kaiser, Thomas: Die Behandlung von Spielerwerten in der Handelbilanz und im Überschuldungsstatus im Profifußball, DB 2004, 1109 - 1112.

Karakaya, Ilkin/Buch, Steffen: Sittenwidrigkeit von Sportmanagementverträgen - Exklusivverträge und die Vermarktung der Persönlichkeitsrechte, ZRP 2002, 193 - 196.

Kaufmann, Christine: Die Personenmarke, Köln u.a. 2005.

Kern, Bernd-Rüdiger: Die Genugtuungsfunktion des Schmerzensgeldes - ein pönales Element im Schadensrecht?, AcP 191 (1991), 247 - 272.

Kiefer, Marie-Luise: Kirch-Insolvenz: Ende einer ökonomischen Vision? Zu den medienökonomischen Ursachen und den medienpolitischen Konsequenzen, Media Perspektiven 2002, 491 - 500.

Klass, Nadine: Die zivilrechtliche Einwilligung als Instrument zur Disposition über Persönlichkeitsrechte, AfP 2005, 507 - 518.

Kleinheyer, Gerd: Rechtsgutsverwendung und Bereicherungsausgleich, JZ 1970, 471 - 477.

Knieper, Rolf: Moderne Bereicherungslehren?, BB 1991, 1578 - 1984.

Knobbe-Keuk, Brigitte: Bilanz- und Unternehmenssteuerrecht, 9. Auflage, Köln 1993.

Kobbelt, Arne: Der Schutz von Immaterialgütern durch das Bereicherungsrecht: eine rechtsvergleichende und ökonomische Analyse bereicherungsrechtlicher Haftungsansprüche bei Eingriffen in Immaterialgüter in den U.S.A. und Deutschland, Hamburg 1999.

Köhne, Michael: Abstrakte Menschenwürde?, GewArch 2004, 285 - 288.

Kohler, Josef: Die Idee des geistigen Eigenthums, AcP 82 (1894), 141 - 242.

Koppensteiner, Hans-Georg/Kramer, Ernst A.: Ungerechtfertigte Bereicherung, 2. Auflage, Berlin u.a. 1988.

Koos, Stefan: Geldentschädigung bei Verletzung des postmortalen Würdeanspruchs, Anmerkung zu OLG München, Urt. v. 9.8.2002, Az. 21 U 2654/02, WRP 2003, 202 - 203.

ders.: Der Name als Immaterialgut, GRUR 2004, 808 - 815.

Kubat, Rudolf: Der Markt für Spitzensport, eine theoretische und empirische Analyse, Bern u.a. 1998.

Kuchinke, Kurt: Die Firma in der Erbfolge, ZIP 1987, 681 - 687.

Kur, Annette: Der wettbewerbliche Leistungsschutz Gedanken zum wettbewerbsrechtlichen Schutz von Formgebungen, bekannten Marken und „Characters", GRUR 1990, 1 - 15.

Kußmaul, Heinz/Zabel, Michael: Zur Bilanzierung im Profifußball – Ausgewählte Fragestellungen im Kontext nationaler Rechnungslegung, ZSteu 2005, 235 - 238.

Krneta, Slavica: Kommerzielle Aspekte des Rechts am eigenen Bild, GRURInt. 1996, 298 - 306.

Krüger, Christof: Persönlichkeitsschutz und Werbung - Zugleich eine Besprechung der beiden BGH - Entscheidungen „White-Christmas" und „Fußballtor" -, GRUR 1980, 628 - 638.

Kruse, Jörn: Wirtschaftliche Wirkungen einer unentgeltlichen Sport-Kurzberichterstattung im Fernsehen, Baden-Baden 1991.

Ladeur, Karl-Heinz: Schutz von Prominenz als Eigentum - Zur Kritik der Caroline-Rechtsprechung des Bundesverfassungsgerichts, ZUM 2000, 879 - 890.

ders.: Die Anpassung des privaten Medienrechts an die „Unterhaltungsöffentlichkeit", NJW 2004, 393 - 398.

Lange, Heinrich/Kuchinke, Kurt: Erbrecht, 5. Auflage, München 2001.

Larenz, Karl: Lehrbuch des Schuldrechts, Band I, Allgemeiner Teil, 14. Auflage, München 1987. (zitiert: Larenz, SchuldR I AT)

Larenz, Karl/Canaris, Claus-Wilhelm: Lehrbuch des Schuldrechts, Zweiter Band, Besonderer Teil, 2. Halbband, 13. Auflage, München 1994. (zitiert: Larenz/Canaris, SchuldR II 2 BT)

Larenz, Karl/Wolf, Manfred: Allgemeiner Teil des Bürgerlichen Rechts, 9. Auflage, München 2004. (zitiert: Larenz/Wolf, BGB AT)

dies.: Allgemeiner Teil des Bürgerlichen Rechts, 8. Auflage, München 1997. (zitiert: Larenz/Wolf[8], BGB AT)

Lehmann, Michael: Das wirtschaftliche Persönlichkeitsrecht von Anbieter und Nachfrager, in: Beiträge zum Schutz der Persönlichkeit und ihrer schöpferischen Leistungen, Festschrift für Heinrich Hubmann zum 70. Geburtstag (hrsg. v. Hans Forkel und Alfons Kraft), Frankfurt am Main 1985, 255 - 269. (zitiert: Lehmann/FS Hubmann)

ders.: Präventive Schadensersatzansprüche bei Verletzungen des geistigen und gewerblichen Eigentums, GRURInt 2004, 762 - 765.

Leipold, Dieter: Erbrecht, 16. Auflage, Tübingen 2006.

Lichtenstein, Falk: Der Idealwert und der Geldwert des zivilrechtlichen Persönlichkeitsrechts vor und nach dem Tode, Grundlage für die Verwertung individueller Erkennbarkeit, Baden-Baden 2005.

Lober, Andreas/Weber, Olaf: Entgeltliche und freie Nutzung von Persönlichkeitsrechten zu kommerziellen Zwecken im deutschen und englischen Recht, zugleich Anmerkung zu LG Hamburg vom 25.4.2003 - Oliver Kahn/ Electronic Arts, ZUM 2003, 658 - 675.

Loewenheim, Ulrich: Bereicherungsrecht, 2. Auflage, München 1997.
Locke, John: Zwei Abhandlungen über die Regierung, (übersetzt von Hans Jörn Hoffmann, Hrsg. Walter Euchner), 5. Auflage, Frankfurt am Main 1992.
Lüdenbach, Norbert/Hoffmann, Wolf-Dieter: „Der Ball bleibt rund" - Der Profifußball als Anwendungsfeld der IFRS-Rechnungslegung, DB 2004, 1442 - 1447.

Magold, Hanns Arno: Personenmerchandising, Frankfurt am Main u.a. 1994.
Mailänder, Peter: Freiheit der Hörfunkberichterstattung! Der Torjubel muss hörbar bleiben, ZUM 2003, 820 - 830.
Mazurkiewicz, Dirk: TV-Marketing im Sport - Instrumente und Randbedingungen, Faktoren des TV-Erfolges von Sportverbänden, 2006, http://www.zbsport.de/Hochschulschriften/Dissertationen-Internet/2006/ Dirk_Mazurkiewicz/TV-Marketing-im-Sport-12.2006.pdf>.
McCarthy, Thomas J.: The Rights of Publicity and Privacy, 2. Edition, St. Paul, Minnesota,
Release 5, 3/2003. (zitiert McCarthy, § :)
Release 19, 3/1998. (zitiert: McCarthy, § . [])
Medicus, Dieter: Bürgerliches Recht, 20. Auflage, Köln u.a. 2004. (zitiert: Medicus, BR)
ders.: Allgemeiner Teil des BGB, 8. Auflage, Heidelberg 2002. (zitiert Medicus, BGB AT)
Mes, Peter: Patentgesetz, Gebrauchsmustergesetz, Kommentar, 2. Auflage, München 2005.
Mestmäcker, Ernst-Joachim: Eingriffserwerb und Rechtsverletzung in der ungerechtfertigen Bereicherung, JZ 1958, 521 - 526.
Michel, Frank P.: Schmerzensgeldanspruch nach heimlichen Aids-Test?, NJW 1988, 2271 - 2277.
Mitsch, Wolfgang: „Saddam Hussein in Unterhose" - Strafbares Fotografieren, Jura 2006, 117 - 120.
Möhring, Philipp/Nicolini, Käte: Urheberrechtsgesetz, Kommentar, (hrsg. v. Käte Nicolini und Hartwig Ahlberg), 2. Auflage, München 2000. (zitiert: Möhring/Nicolini - Bearbeiter)
Motive zu dem Entwurfe eines Bürgerlichen Gesetzbuches für das Deutsche Reich, Band II, Recht der Schuldverhältnisse, Berlin u.a. 1888, Nachdruck 1983. (zitiert: Motive zum BGB II).
Mugdan, Benno: Die gesamten Materialien zum Bürgerlichen Gesetzbuch für das Deutsche Reich, Band 2, Recht der Schuldverhältnisse, Neudruck der Ausgabe Berlin 1899, Aalen 1979. (zitiert: Mugdan II)
Müller, Gerda: Möglichkeiten und Grenzen des Persönlichkeitsrechts, VersR 2000, 797 - 806. (zitiert: Müller, G.)
Müller, Peter: Punitive Damages und deutsches Schadensersatzrecht, Berlin u.a. 2000. (zitiert: *Müller, P.*, Punitive Damages)

Müller, Tobias: Vererblichkeit vermögenswerter Bestandteile des Persönlichkeitsrechts - Die neueste Rechtsprechung des BGH zum postmortalen Persönlichkeitsrecht, GRUR 2003, 31 - 34 (zitiert Müller, T.)

Säcker, Franz Jürgen/Rixecker, Roland (Hrsg.): Münchener Kommentar zum Bürgerlichen Gesetzbuch Band 1 Allgemeiner Teil, 1. Halbband, §§ 1 - 240, ProstG, 5. Auflage, München 2006. (zitiert: MünchKomm/Bearbeiter)

Rebmann, Kurt/Säcker, Franz Jürgen/Rixecker, Roland (Hrsg.): Münchener Kommentar zum Bürgerlichen Gesetz

Band 4 Schuldrecht, Besonderer Teil II, §§ 611 - 704, EFZG, TzBfG, KSchG, 4. Auflage, München 2005.

Band 5 Schuldrecht, Besonderer Teil III, §§ 705 - 853, Partnerschaftsgesellschaftsgesetz, Produkthaftungsgesetz, 4. Auflage, München 2004.

Band 5 Schuldrecht, Besonderer Teil III, §§ 705 - 853, Partnerschaftsgesellschaftsgesetz, Produkthaftungsgesetz, 3. Auflage, München 1997. (zitiert: MünchKomm/Bearbeiter^{3})

Band 9 Erbrecht, §§ 1922 - 2385, §§ 27 – 35 BeurkG, 4. Auflage, München 2004.

(jeweils zitiert: MünchKomm/Bearbeiter)

von Münch, Ingo (Begr.)/ Kunig, Philip (Hrsg.): Grundgesetz-Kommentar, Band 1, Präambel, Art. 1 - 19, 5. Auflage, München 2000. (zitiert: v. Münch/Kunig - Bearbeiter)

Musielak, Hans-Joachim: Kommentar zur Zivilprozessordnung mit Gerichtsverfassungsgesetz, 5. Auflage, München 2007. (zitiert Musielak/Bearbeiter)

Neben, Gerald: Triviale Personenberichterstattung als Rechtsproblem: ein Beitrag zur Grenzziehung zwischen Medienfreiheit und Persönlichkeitsschutz, Berlin 2001.

Negus, Keith: The production of culture, in: Production of culture/culture of production, Paul du Gay (Hrsg.), London u.a. 1997, 67 - 118.

Nimmer, Melville B.: The right of publicity, 19 Law & Contemporary Problems 203 (1954), 203 - 223.

Nolte, Martin: Persönlichkeitsrechte und Medienfreiheit, in: Nolte, Martin (Hrsg.), Persönlichkeitsrechte im Sport, Stuttgart u.a. 2006, 13 - 25. (zitiert: Nolte, in: Persönlichkeitsrechte im Sport)

Ogi, Adolf: Sport und Wirtschaft - Eine sportpolitische Herausforderung, in: FEW-HSG, Jaeger, Franz/Stier, Winfried (Hrsg.), Sport und Kommerz, Neuere ökonomische Entwicklungen im Sport, insbesondere im Fussball, 129 - 138. (zitiert: Ogi, in: Sport und Kommerz)

Ohly, Ansgar: „Volenti non fit iniuria", Die Einwilligung im Privatrecht, Tübingen 2002.

ders.: Harmonisierung des Persönlichkeitsrechts durch den Europäischen Gerichtshof für Menschenrechte? - Rechtsvergleichende Anmerkungen zum Urteil in der Sache von Hannover/Deutschland, GRURInt 2004, 902 - 912.

von Olshausen, Henning: Menschenwürde im Grundgesetz: Wertabsolutismus oder Selbstbestimmung?, NJW 1982, 2221 - 2224.

Osterwalder, Simon: Übertragungsrechte an Sportveranstaltungen, Bern u.a. 2004.

Palandt, Otto: Bürgerliches Gesetzbuch, Kommentar, 66. Auflage, München 2007. (zitiert als Palandt/Bearbeiter).

Partikel, Andrea M.: Formularbuch für Sportverträge: Vereine und Gesellschaften, Dienst- und Arbeitsverhältnisse, Sportanlagen, Sportdienstleistungen, Veranstaltungen, Werbung und Sponsoring, 2. Auflage, München 2006.

Pedrazzini, Mario M.: Über den Leistungsschutz der Interpreten, der Ton- u. Tonbildträgerhersteller und der Sendeunternehmen, ZSR Band 96 (1977), 1 - 113.

Pedrazzini, Mario M./Oberholzer, Niklaus: Grundriss des Personenrechts, 4. Auflage, Bern 1993.

Peifer, Karl-Nikolaus: Individualität im Zivilrecht: der Schutz persönlicher, gegenständlicher und wettbewerbsrechtlicher Individualität im Persönlichkeitsrecht, Immaterialgüterrecht und Recht der Unternehmen, Tübingen 2001.

ders.: Eigenheit oder Eigentum - Was schützt das Persönlichkeitsrecht?, GRUR 2002, 495 - 500.

Peukert, Alexander: Persönlichkeitsbezogenen Immaterialgüterrechte?, ZUM 2000, 710 - 721.

Petersen, Jens: Fußball im Rundfunk- und Medienrecht, München 2001.

Pfister, Bernhard: Das „Krabbe-Urteil" - Urteilsanmerkung 2.Teil: Kollisions- und materiellrechtliche Probleme, SpuRt 1995, 250 - 252.

Pieroth, Bodo/Schlink, Bernhard: Grundrechte, Staatsrecht II, 22. Auflage, Heidelberg 2006.

Pietzko, Joachim: Die Werbung mit dem Doppelgänger eines Prominenten, AfP 1988, 209 - 222.

Posner, Richard A.: Economic analysis of law, Fifth Edition, 1998.

ders.: The right of privacy, 12 Georgia Law Review (1978), 393 - 422.

Prantl, Heribert: Der journalistische Exklusivvertrag über Informationen aus der personalen Sphäre, AfP 1984, 17 - 22.

Prosser, William L.: Handbook of the law of torts, Fourth Edition, St. Paul, Minnesota, 1971.

Raiser, Ludewig: Der Stand der Lehre zum subjektiven Recht im Deutschen Zivilrecht, JZ 1961, 465 - 473.

Reber, Nikolaus: Das „right of publicity" als eigenständiges Vermögensrecht des US-Künstlers, GRURInt 1997, 884 - 892.

ders.: Marlene Dietrich - Eine Prozessgeschichte zu den ideellen und kommerziellen Bestandteilen des (postmortalen) Persönlichkeitsrechts, ZUM 2004, 708 - 715.

Rehbinder, Manfred: Urheberrecht, 14. Auflage, München 2006.

Reuter, Dieter/Martinek, Michael: Ungerechtfertigte Bereicherung, Handbuch des Schuldrechts, (Hrsg. Joachim Gernhuber), Band 4, Tübingen 1983.

RGRK - Kommentar (hrsg. v. den Mitgliedern des Bundesgerichtshof), Das Bürgerliche Gesetzbuch mit besonderer Berücksichtigung der Rechtsprechung des Reichsgerichts und des Bundesgerichtshofes, Band II, 5. Teil, §§ 812 - 831 (Anhang nach § 823: I. Verletzung des Persönlichkeitsrechts, II. Arzthaftungsrecht), 12. Auflage, Berlin u.a. 1989. (zitiert als RGRK/Bearbeiter)

Richardi, Reinhard/Wlotzke, Otfried (Hrsg.): Münchener Handbuch zum Arbeitsrecht, Band 2, Individualarbeitsrecht II, 2. Auflage, München 2000. (zitiert: MueHdbArbRII/Bearbeiter)

Rissiek, Jörg: Investitionen in Humankapital, Wiesbaden 1998.

Rodewald, Jörg: Die Bilanzierung von Rechten zur Berichterstattung und Übertragung von Sportereignissen im Fernsehen, BB 1995, 2103 - 2108.

Roth, Wulf-Henning: Rechtsfragen der Rundfunkübertragung öffentlicher Veranstaltungen - Kartellrechtliche Aspekte -, AfP 1989, 515 - 524.

Röthel, Anne: Anmerkung zu BGH, Urt. v. 05.10.2006, I ZR 277/03, LMK 2007, 213345.

Roxin, Claus: Strafrecht, Allgemeiner Teil, Band I, Grundlagen, Der Aufbau der Verbrechenslehre, 4. Auflage, München 2006.

Rybak, Frank: Das Rechtsverhältnis zwischen dem Lizenzfußballspieler und seinem Verein, Frankfurt am Main u.a. 1999.

Sack, Rolf: Die Lizenzanalogie im System des Immaterialgüterrechts, Beiträge zum Schutz der Persönlichkeit und ihrer schöpferischen Leistungen, Festschrift für Heinrich Hubmann zum 70. Geburtstag (hrsg. v. Hans Forkel und Alfons Kraft), Frankfurt am Main 1985, 373 - 396. (zitiert: Sack, FS Hubmann)

ders.: Die eigenmächtige Werbung mit fremden Namen als Delikt, WRP 1984, 521 - 535.

Saenger, Ingo: Zivilprozessordnung Handkommentar, 1. Auflage, Baden-Baden 2006. (zitiert: Hk-ZPO/Bearbeiter).

Samuelson, Pamela: Reviving Zacchini: Analyzing first amendment defenses in right of publicity and copyright cases, 57 Tulane Law Review, 836 - 929.

Schack, Haimo: Das Persönlichkeitsrecht der Urheber und ausübenden Künstler nach dem Tode, GRUR 1985, 352 - 361.

ders.: Anmerkung zu BGHZ 143, 214, JZ 2000, 1060 - 1062.

ders.: Besprechung von Horst-Peter Götting: Persönlichkeitsrechte als Vermögensrechte, AcP 195 (1995), 594 - 600.

ders.: Urheber- und Urhebervertragsrecht, 3. Auflage, Tübingen 2005.

ders.: Anmerkung zu BGH, Urt. v. 5.10.2006, I ZR 277/03, JZ 2007, 366 - 367.

Schaub, Günter: Arbeitsrechts-Handbuch, Systematische Darstellung und Nachschlagewerk für die Praxis, 11. Auflage, München 2005.

Schäfer, Hans-Bernd/Ott, Claus: Lehrbuch der ökonomischen Analyse des Zivilrechts, 4. Auflage, Berlin u.a. 2005. (zitiert: Schäfer/Ott)

Schertz, Christian: Merchandising, Rechtsgrundlagen und Rechtspraxis, München 1997.

ders.: Der Schutz der Persönlichkeit vor heimlichen Bild- und Tonaufnahmen, AfP 2005, 421 - 428.

Schlechtriem, Peter: Inhalt und systematischer Standort des allgemeinen Persönlichkeitsrechts, DRiZ 1975, 65 - 70.

ders.: Bereicherung aus fremdem Persönlichkeitsrecht, in: Festschrift für Wolfgang Hefermehl zum 70. Geburtstag am 18. September 1976, (hrsg. v. Robert Fischer, Ernst Gessler, Wolfgang Schilling, Rolf Serick, Peter Ulmer), München 1976, 445 - 465. (zitiert Schlechtriem, FS Hefermehl)

Schluep, Walter R.: Über Eingriffskondiktionen, in: Mèlanges Paul Piotet, Recueil de travaux offerts à M. Paul Piotet, (Publiè par Fritz Sturm), Bern 1990, 173 - 213. (zitiert: Schluep, Mèlanges Piotet)

Schmid-Petersen, Frauke: Rechtliche Grenzen der Vermarktung von Persönlichkeiten: Computerspiel mit Oliver Kahn - Zugleich Besprechung der Entscheidung des Hanseatischen Oberlandesgerichts vom 13.1.2004 (7 U 41/03), SpuRt 2004, 248 - 251.

Schönherr, Fritz: Zur Begriffsbildung im Immaterialgüterrecht, in: Homo Creator, Festschrift für Alois Troller (Hrsg. Paul Brügger), Basel u.a. 1976, 57 - 87. (zitiert Schönherr, FS Troller)

Schricker, Gerhard: Die Einwilligung des Urhebers in entstellende Änderungen des Werkes, in: Beiträge zum Schutz der Persönlichkeit und ihrer schöpferischen Leistungen, Festschrift für Heinrich Hubmann zum 70. Geburtstag (hrsg. v. Hans Forkel und Alfons Kraft), Frankfurt am Main 1985, 409 - 419. (zitiert: Schricker, FS Hubmann)

ders.: Anmerkung zu BGH, Urt. v. 14.10.1986, VI ZR 10/86, BGH EWiR § 22 KUG 1/87, 79 - 80.

ders.: Hundert Jahre Urheberrechtsentwicklung, in: Gewerblicher Rechtsschutz und Urheberrecht in Deutschland, Festschrift zum hundertjährigen Bestehen der Deutschen Vereinigung für gewerblichen Rechtsschutz und Urheberrecht und ihrer Zeitschrift, Band II, (hrsg. v. der Vereinigung durch Friedrich-Karl Beier, Alfons Kraft, Gerhard Schricker und Elmar Wadle), Weinheim 1991, 1095 - 1124. (zitiert: Schricker, FS Gewerblicher Rechtsschutz).

ders.: Urheberrecht - Kommentar, 3. Auflage, München 2006. (zitiert: Schricker/Bearbeiter)

Schulze, Gernot: Werturteil und Objektivität im Urheberrecht - Die Feststellung der urheberrechtlichen Schutzfähigkeit am Beispiel der „kleinen Münze“, GRUR 1984, 400 - 417.

Schulze Wessel, Lambert: Die Vermarktung Verstorbener: Persönlichkeitsrechtliche Abwehr- und Ersatzansprüche, Berlin 2001.

Schwabe, Jürgen: Der Schutz des Menschen vor sich selbst, JZ 1998, 66 - 75.
Schwendowius, Daniel: Finanzierungs- und Organisationskonzepte für den deutschen Profifußball - Eine Analyse der finanzierungsrelevanten Vertragsbeziehungen von Fußballklubs unter besonderer Berücksichtigung der Spielerfinanzierung - Financial and Organizational Concepts for Professional Football Clubs in Germany, <http://www.diss.fu-berlin.de/2003/21/>.
Schweers, Stefan Christian: Die vermögenswerten und ideellen Bestandteile des Persönlichkeitsrechts nach dem Tod des Trägers, 2006, <http://kups.ub.uni-koeln.de/volltexte/2006/1793/>.
Schwerdtner, Peter: Das Persönlichkeitsrecht in der deutschen Zivilrechtsordnung: Offene Probleme einer juristischen Entdeckung, Berlin 1976.
ders.: Der zivilrechtliche Persönlichkeitsschutz , JuS 1978, 289 - 299.
ders.: Persönlichkeitsschutz im Zivilrecht, Schutz der Persönlichkeit, Karlsruher Forum 1996, Karlsruhe 1997, 27 - 51. (zitiert: Schwerdtner, in: Karlsruher Forum 1996)
Seemann, Bruno: Prominenz als Eigentum: Parallele Rechtsentwicklungen einer Vermarktung der Persönlichkeit im amerikanischen, deutschen und schweizerischen Persönlichkeitsschutz, Baden-Baden 1996.
ders.: Persönlichkeitsvermarktung und virtuelle Realität - Unsterblichkeit im Recht und Rechner, sic! 1997, 259 - 266.
Seitz, Walter: Prinz und die Prinzessin - Wandlungen des Deliktsrechts durch Zwangskommerzialisierung der Persönlichkeit, NJW 1996, 2848 - 2850.
ders.: Einmal nackt - immer frei? - Vom Recht auf Bloßstellung „etwa nach Exklusivverträgen“, NJW 2000, 2167 - 2168.
Siegfried, Michael: Die Fernsehberichterstattung von Sportveranstaltungen, Die Rechtsbeziehungen zwischen teilnehmendem Sportler, Sportveranstalter und Sportverband, München 1990.
Siemes, Christiane: Zur Schmerzensgeldbemessung bei der Zwangskommerzialisierung einer Person zum Zwecke der Auflagensteigerung, Anmerk. zu OLG Hamburg, Urteil vom 25. Juli 1996 - 3 U 60/93, AfP 1997, 542 - 543.
Smith, Adam: An Inquiry into the Nature and Causes of the Wealth of Nations, Volume 1, (Hrsg. William Playfair), Nachdruck der 11. Auflage, London 1805.
Soehring, Jörg/Seelmann-Eggebert, Sebastian: Die Entwicklung des Presse- und Äußerungsrechts 1997 bis 1999, NJW 2000, 2466 - 2480.
Soergel, Hans Theodor (Begr.): Bürgerliches Gesetzbuch mit Einführungsgesetz und Nebengesetzen,
Band 1 Allgemeiner Teil 1, §§ 1 - 103, 13. Auflage, Stuttgart u.a. 2000.
Band 5/2 Schuldrecht IV/2, §§ 823- 853, ProdHG, UmweltHG, 12. Auflage, Stuttgart u.a. 1998. (zitiert: Soergel/Bearbeiter[12])
Band 12 Schuldrecht 10, §§ 823 - 853, ProdHG, UmweltHG, 13. Auflage, Stuttgart u.a. 2005.
Band 21 Erbrecht 1, §§ 1922 - 2063, 12. Auflage, Stuttgart u.a. 2002.
(jeweils zitiert: Soergel/Bearbeiter)

Sosnitza, Olaf: Die Zwangsvollstreckung in Persönlichkeitsrechte - Plädoyer für eine Neuorientierung, JZ 2004, 992 - 1002.

von Staudinger, Julius (Begr.): Kommentar zum Bürgerlichen Gesetzbuch mit Einführungsgesetz und Nebengesetzen,
Erstes Buch, Allgemeiner Teil, §§ 21 - 103, 13. Bearbeitung, Berlin 1995. (zitiert: Staudinger/Bearbeiter[13]).
Zweites Buch, Recht der Schuldverhältnisse, §§ 823 - 825, 13. Bearbeitung, Berlin 1999.
Buch 1 Allgemeiner Teil, §§ 90 – 133, §§ 1 - 54, 63 BeurkG, Neubearbeitung 2004, Berlin 2004.
Buch 1 Allgemeiner Teil, §§ 134 - 163 (Allgemeiner Teil 4), Neubearbeitung 2003, Berlin 2003.
Buch 2 Recht der Schuldverhältnisse, §§ 657 - 704 (Geschäftsbesorgung), Neubearbeitung 2006, Berlin 2006.
Buch 5 Erbrecht, Einleitung, §§ 1922 - 1966, Neubearbeitung 2000, Berlin 2000.
(jeweils zitiert: Staudinger/Bearbeiter)

Steffen, Erich: Schmerzensgeld bei Persönlichkeitsverletzung durch Medien, Ein Plädoyer gegen formelhafte Berechnungsmethoden bei der Geldentschädigung, NJW 1997, 10 - 14.

Steindorff, Ernst: Abstrakte und konkrete Schadensberechnung, AcP 158 (1959), 431 - 469.

Stoll, Hans: Aus der Diskussion, Schutz der Persönlichkeit, Karlsruher Forum 1996, Karlsruhe 1997, 81 - 85. (zitiert: Stoll, in: Karlsruher Forum 1996)

Summerer, Thomas: Die neue Struktur des Profi-Fußballs, SpuRt 2001, 263 - 264.

Tessmer, Dirk: Der privatrechtliche Persönlichkeitsschutz von Prominenten vor Verletzung durch die Medien - mit rechtsvergleichenden Bezügen -, Marburg 2000.

Thomas, Heinz/Putzo, Hans: Zivilprozessordnung mit Gerichtsverfassungsgesetz, den Einführungsgesetzen und europarechtlichen Vorschriften, 27. Auflage, München 2005. (zitiert: Thomas/Putzo - Bearbeiter)

Tirole, Jean: Industrieökonomik, aus dem Amerikanischen von Roland Ladwig u.a., 2., deutschsprachige Auflage, München u.a. 1999.

Troller, Alois/Troller Patrick: Kurzlehrbuch des Immaterialgüterechts, 3. Auflage, Basel u.a. 1989.

Troller, Alois: Originalität und Neuheit der Werke und der Literatur und Kunst und der Geschmacksmuster, in: Das Recht am Geistesgut, Studien zum Urheber-, Verlags- und Presserecht, eine Festschrift für Walter Bappert (Hrsg. Fritz Hodeige), Freiburg 1964, 269 - 282. (zitiert: Troller, FS Bappert)

Tumbrägel, Kai: Die Zentralvermarktung von Sportübertragungsrechten am Beispiel von Fußball und Formel 1 - Eine Untersuchung zur Zulässigkeit der

zentralen Vermarktung von Sportübertragungsrechten anhand des deutschen und europäischen Kartellrechts -, Göttingen 2001.
Ullmann, Eike: Persönlichkeitsrechte in Lizenz?, AfP 1999, 209 - 214.
ders.: Caroline v., Marlene D., Eheleute M. - ein fast geschlossener Kreis, WRP 2000, 1049 - 1054.
Ulmer, Eugen: Urheber- und Verlagsrecht, 3. Auflage, Berlin u.a. 1980.
Ungern-Sternberg, Thomas von/Weizsäcker, Carl Christian von: Marktstruktur und Marktverhalten bei Qualitätsunsicherheit, Zeitschrift für Wirtschafts- und Sozialwissenschaften 101 (1981), 607 - 626.

Vollkommer, Max: Zum Schutz der Persönlichkeit vor unbefugter Vermarktung durch die Medien, in: Freiheit und Eigentum, Festschrift für Walter Leisner zum 70. Geburtstag (hrsg. v. Josef Isensee und Helmut Lecheler), Berlin 1999, 599 - 614. (zitiert: Vollkommer, FS Leisner)

Wagner, Gerhard: Anmerkung zum Marlene Dietrich Urteil, GRUR 2000, 717 - 720.
ders.: Geldersatz für Persönlichkeitsverletzungen, ZEuP 2000, 200 - 228.
ders.: Neue Perspektiven im Schadensersatzrecht: Kommerzialisierung, Strafschadensersatz, Kollektivschaden, NJW 2006, Beilage zu Heft 22, 5 - 10.
ders.: Prävention und Verhaltenssteuerung durch Privatrecht - Anmaßung oder legitime Aufgabe?, AcP (206) 2006, 352 - 476.
Waldhauser, Hermann: Die Fernsehrechte des Sportveranstalters, Berlin 1999.
Walter, Dirk: Preispolitik von Pay-TV-Anbietern, Eine wettbewerbspolitische Analyse, Arbeitspapiere des Instituts für Rundfunkökonomie an der Universität zu Köln, Heft 110, April 1999, <http://www.rundfunk-institut.uni-koeln.de/institut/pdfs/11099.pdf>. (zitiert: Walter, Preispolitik von Pay-TV-Anbietern)
ders.: Der Erwerb von Sportsenderechten unter besonderer Berücksichtigung der ökonomischen Reputationstheorie, Arbeitspapiere des Instituts für Rundfunkökonomie an der Universität zu Köln, Heft 111, April 1999, http://www.rundfunk-institut.uni-koeln.de/institut/pdfs/11199.pdf>. (zitiert: Walter, Der Erwerb von Sportsenderechten)
Wanckel, Endress: Anmerkung zu BGH, Urt. v. 5.10.2006 - I ZR 277/03, NJW 2007, 686.
Wandtke, Artur-Axel/Bullinger, Winfried: Praxiskommentar zum Urheberrecht, 2. Auflage, München 2006. (zitiert Wandtke/Bullinger - Bearbeiter)
ders.: Doppelte Lizenzgebühr im Urheberrecht als Modell für den Vermögensschaden von Persönlichkeitsrechtsverletzungen im Internet?, GRUR 2000, 942 - 950.
Warren, Samuel D./Brandeis, Louis D.: The right of privacy, IV Harvard Law Review (1890), 193 - 220.
Wehrheim, Michael: Bilanzierung von Aufhebungszahlungen im Lizenzfußball, BB 2004, 433 - 435.

Wenzel, Karl Egbert (Begr.): Das Recht der Wort- und Bildberichterstattung, Handbuch des Äußerungsrechts, 5. Auflage, Köln 2003. (zitiert: Wenzel/ Bearbeiter)

Wertenbruch, Johannes: Die „Gewährleistungsansprüche" des übernehmenden Bundesligavereins bei Transfer eines nicht einsetzbaren DFB-Lizenzspielers, NJW 1993, 179 - 184.

ders.: Gibt es lizenzierbare Hörfunk - Übertragungsrechte des Sportveranstalters?, SpuRt 2001, 185 - 187.

ders.: Vertragsnatur, Gewährleistung und Bilanzierung beim Spielerkauf nach Bosman, in: Festschrift für Volker Röhricht zum 65. Geburtstag, Gesellschaftsrecht Rechnungslegung Sportrecht (hrsg. v. Georg Crezslius, Heribert Hirte, Klaus Vieweg), Köln 2005, 1297 - 1306. (zitiert: Wertenbruch, FS Röhricht)

von Westerholt, Margot Gräfin: Übertragung von Sportveranstaltungen im Fernsehen, ZIP 1996, 264 - 270.

Westerloo, van Ed: Sportrechte: Preisskala nach oben offen? Der Kampf um die Sportrechte im Fernsehen, Media Perspektiven 1996, 514 - 520.

Westermann, Harm Peter: Das Recht des Leistungssports - ein Sonderprivatrecht?, in: Festschrift für Fritz Rittner zum 70. Geburtstag (hrsg. v. Manfred Löwisch, Christian Schmidt-Leithoff, Burkhard Schmiedel), München 1991, 771 - 791. (zitiert: Westermann, FS Rittner)

ders.: Geldentschädigung bei Persönlichkeitsverletzung - Aufweichung der Dogmatik des Schadensrechts?, in: Einheit und Folgerichtigkeit im Juristischen Denken, Symposion zu Ehren von Claus-Wilhelm Canaris (hrsg. v. Ingo Koller, Johannes Hager, Michael Junker, Reinhard Singer, Jörg Neuner), München 1998, 125 - 149. (zitiert: Westermann, Symposion Canaris)

Weyers, Hans-Leo: Aus der Diskussion, Schutz der Persönlichkeit, Karlsruher Forum 1996, Karlsruhe 1997, 86 - 88. (zitiert: Weyers, in: Karlsruher Forum 1996)

Witzleb, Normann: Geldansprüche bei Persönlichkeitsverletzungen durch Medien, Tübingen 2002.

Zagouras, Georgios/Körber, Thomas: Rechtsfragen des Game-Designs - Die Gestaltung von Computerspielen und -animationen aus medien- und markenrechtlicher Sicht, WRP 2006, 680 - 690.

Zippelius, Reinhold: Rechtsphilosophie, 5. Auflage, München 2007.

Zöller, Richard (Begr.): Zivilprozessordnung mit Gerichtsverfassungsgesetz und den Einführungsgesetzen, mit Internationalem Zivilprozessrecht, EG-Verordnungen, Kostenanmerkungen, Kommentar, 26. Auflage, Köln 2007. (zitiert: Zöller/Bearbeiter)

II. Tages- und Publikumspresse

Breitner, Paul: Ich will kein Vorbild sein, Unser Fußball - so wie ich ihn verstehe, München 1980.

EU - Pressemittelung vom 08.05.2003, <http://europa.eu/rapid/pressReleases Action.do?reference=IP/03/655>.

Germann, Carsten: Werbe-Ikone Beckham stürmt ins Abseits, Die Welt vom 14.4.2004, <http://www.welt.de/print-welt/article306433/Werbe-Ikone_ Beckham_stuermt_ins_Abseits.html>.

Heider, Oliver: Das Spiel mit dem Kommerz: Fußballvereine als profitorientierte Unternehmen, <http://www.br-online.de/politik-wirtschaft/mittagsmagazin/ dynamisch/specials/Fussballvereine/Fussballvereine.htm>.

Keil, Christopher: „Das wahre Pay TV", Süddeutsche Zeitung vom 19.06.2007, Nr. 138, Seite 17.

Kurp, Matthias: Fußball-Poker: ARD siegt, Premiere verliert, <http://www.medienmaerkte.de/artikel/digital/052112_bundesliga.html>.

ders.: Sportfive als sportiver Fusions-Riese, <http://www.medienmaerkte.de/artikel/unternehmen/011511_sportfive.html>.

Meier, Werner A.: Sport und Fernsehen sind untrennbar miteinander verknüpft, <http://www.unicom.unizh.ch/magazin/archiv/4-96/sportundfernsehen.html>.

Schlammerl, Der Streit mit den Bayern um die Abrechnung des Abschiedsspiels endet mit einem Vergleich, FAZ vom 25.7.2003, Nr. 170, Seite 29.

Taubert, Johannes: Fußball im Fernsehen - Szenen einer Ehe, Budenzauber, Hattrick Fußballmagazin 1996, Heft 6, 26 - 35.

O.V.: Ballack weltweit Top-Verdiener, http://www.sportbild.de/sportbild/ generated/article/fussball/2007/03/30/5870300000.html>.

O.V.: Die FIFA Marketing AG, der neue Marketing-Arm der FIFA, <http://access.fifa.com/de/article/0,4151,100497,00.html>.

O.V.: Die Gehaltsliste in München, Sportbild, Heft 24, vom 13.06.2007, 28 - 29.

O.V.: Sky Italia soll entstehen, Handelsblatt vom 02.04.2003, 17.

O.V.: Fußball ist manchmal brutal, Interview mit Adidas-Vorstandschef Herbert Hainer, Spiegel 2006, Heft 25, 88 - 90.

O.V.: SPORTFIVE - Europas führender Sportrechtevermarkter, <http://www.sportfive.com/index.php?id=170&L=1>.

III. Weitere Online- Quellen

<http://de.fifa.com/aboutfifa/federation/statutes.html>.

<http://de.fifa.com/worldfootball/releases/newsid=94548.html>.

<http://de.uefa.com/competitions/euro/organisation/kind=268435456/newsid=36 5145.html>.

<http://de.uefa.com/competitions/ucl/format>.

<http://de.uefa.com/newsfiles/64675.pdf>.

<https://dpinfo.dpma.de/protect/mar.html>.

<http://www.bundesliga.de/media/native/dfl/ligastatut/neue_lo_2/lizenzordnung _ spieler_los.pdf>.
<http://www.bundesliga.de/de/dfl/interna/index.php>.
<http.//www.dfb.de/index.php?id=200142>.
<http://www.dfb.de/uploads/media/fifa-reglement.pdf>.
<http://www.fcb.tv/de>.
<http://www.fcbayern.t-com.de/de/fun/ringtones/index.php?fcb_sid>.
<http://www.fcenergie.tv/de/f/index.php>.
<http://www.focus.de/sport/fussball/wm2006/einschaltquote_nid_31449.html>.
<http://www.findlaw.com>.
<http://www.Irc.ky.vov/krs/391-00/170>.
<http://www.lsb.state.ok.us>.
<http://www.maxdome.de/sport/schalke/>.
<http://www.premiere.de/premweb/cms/de/abos_start.jsp>.
<http://www.sportfive.com/index.php?id=170&L=1>.
<http://www.transfermarkt.de>.
<http://www.zdf-werbefernsehen.de/sport/ctb_uploads_documents/WM_2006_ 001.pdf>.